THE SECRET LIVES

OF

SOMERSET MAUGHAM

高高国际　出品

毛姆传

MAOMU ZHUAN

[英]赛琳娜·黑斯廷斯 著

赵文伟 译

时代出版传媒股份有限公司
安徽文艺出版社

图书在版编目（CIP）数据

毛姆传 / [英] 赛琳娜·黑斯廷斯著；赵文伟译. —合肥：安徽文艺
出版社, 2015.1
　书名原文: The secret lives of Somerset Maugham
　ISBN 978-7-5396-5185-9

　Ⅰ.①毛… Ⅱ.①赛… ②赵… Ⅲ.①毛姆，W.S.
（1874～1965）—传记 Ⅳ.①K835.615.6

中国版本图书馆CIP数据核字（2014）第262265号

版权登记号：第121414060号

THE SECRET LIVES OF SOMERSET MAUGHAM by SELINA HASTINGS
Copyright © Selina Hastings 2009
This edition arranged with ROGERS, COLERIDGE & WHITE LTD (RCW)
through BIG APPLE AGENCY, LABUAN, MALAYSIA.
Simplified Chinese edition copyright ©
2015 Beijing GaoGao International Culture & Media Group Co., Ltd

出 版 人：朱寒冬　　　特约策划：高 欣 李 翔
责任编辑：岑 杰　　　选题统筹：孙广宇
装帧设计：北京高高国际文化传媒有限责任公司
………………………………………………………………
出版发行：时代出版传媒股份有限公司　www.press-mart.com
　　　　　安徽文艺出版社　www.awpub.com
地　　址：合肥市翡翠路1118号　邮政编码：230071
营 销 部：（0551）63533889
印　　制：北京时捷印刷有限公司　电话：（010）51645685
………………………………………………………………
开本：880×1230　1/32　印张：14.75　字数：375千字
版次：2015年1月第1版　2015年1月第1次印刷
定价：48.00元
………………………………………………………………
（如发现印装质量问题，影响阅读，请与出版社联系调换）

怀着感激和爱意
献给尼尔和雷登·詹曼

W Somerset Maugham

目　录

第一章

黑马厩镇的少年时代

　　1955年，萨默塞特·毛姆81岁，一家报纸在采访他时问他是否愿意出一本传记。他说，不，不愿意。在他看来，这是一种无意义的行为。"现代作家的生活本身就是无趣的。"他轻蔑地说，"……我的生活注定乏味……我可不想跟乏味联系到一块儿。"事实上，根本不存在这种顾虑。正如这段表述，不真诚是有可能的；乏味则绝无可能。

　　在他漫长人生的大部分时间——他活了九十多岁——萨默塞特·毛姆是全世界最著名的作家，他那些优秀的短篇小说和长篇小说在世界各地深受好评，其中最著名的《人生的枷锁》是20世纪拥有最大读者群的虚构作品之一。他的书被译成几乎所有的已知文字，售出数百万册，为他带来了巨大的名望和财富。在将近四十年的时间里，毛姆在他位于法国南部的豪华别墅里被录影、拍照和书写，关于这位传奇人物，公众无法获知的情况似乎已所剩不多。然而，从少年时起，毛姆总有一些关于他个人及其事业的私密之事，是他不愿透露的。毛姆对他的大部分生活确实秘而不宣：同性性行为违法时，他是一名同性恋者；两次世界大战期间，他都曾为英国情报部门服务过，有时还要冒着极大的生命危险；作为一名小说家，他的大部分时间在私密的、想象的世界中度过，被他虚构的人物簇拥着，在他看来，这些人物往往比外部世界的男女更为真实。儿时便有的口吃毛病让他与这个世界进一步疏远，并使他在极其痛苦的同时异常敏感。口吃给他的生活造成了阻碍，因此，成年后，他习惯身边带个翻译，一个善于交际、性格开朗的小伙子——这个人往往也是他的情人——作为他的中间人与陌生人进行初次接触，毛姆则或多或少地退居幕后。虽然毛姆竭力保护自己，但他依然脆弱无比；他是一个激情澎湃、不易相处的人，既冷酷无情，又充满仁慈和魅力，尽管他获得了一切世俗意义上的成功，但他从来都不知道自己想要的是什么。令人心生怜悯的不幸婚姻毁掉了他那些年的生活，从人生的挚爱那里，他也得不到应有的回应。

对于他的很多读者而言，萨默塞特·毛姆等同于大英帝国，毛姆就是英国绅士的象征。他们以为他出身世代望族，实际上，毛姆的父母是新移民，专业人士，属于中产阶层，他们不住在英国，而是法国：毛姆的一生开始并结束于法国。毛姆的父亲罗伯特·奥蒙德·毛姆（1823—1884）是一名律师，律师世家的第三代，祖上是威斯特摩兰郡的农夫和小商人。罗伯特·毛姆的祖父最先来到伦敦，一辈子只混了个书记员做，他的儿子则不仅在律师行业声名显赫，还是英国律师协会的创始人之一。罗伯特的家族产业经营得相当好，19世纪40年代，他把家搬到巴黎，并在那儿开了一家分社，他的合作伙伴威廉·迪克森则留在伦敦。毛姆与迪克森的律师行"英国法律专家（Juriconsultes anglais）"位于富博圣欧诺黑路54号那栋壮丽的沙罗斯特府邸，在英国大使馆的正对面，毛姆和迪克森的事业在这里蒸蒸日上，尤其是在他被英国大使馆半官方地任命为法律顾问之后。

三十五六岁时，罗伯特·毛姆过上了好日子。在拿破仑三世和第二帝国的兴盛时期，巴黎似乎人人都在赚钱，大家高喊着"发财"。几乎每天都有新店铺和新公司开业，巴黎人口急剧增长，毛姆和迪克森的主要生意来源——英国侨民的人数同样如此。后来，罗伯特·毛姆终于觉得自己有钱到可以娶妻了，于是，1863年10月1日，39岁的他娶了一个迷人的、比他小16岁的年轻女子伊迪斯·玛丽·斯奈尔（Edith Mary Snell）。婚礼由罗伯特的牧师弟弟亨利·毛姆主持，婚礼地点设在英国大使馆内。婚礼结束后，毛姆夫妇住进位于丹婷大街（现在的富兰克林·D.罗斯福大街）25号的一套公寓。丹婷大街是条宽阔的林荫路，路两旁矗立着栗子树，在香榭丽舍圆形广场附近，从家去办公室很方便，步行只需五分钟。这套公寓在一幢新公寓楼的四层，采光充足、十分宽敞。大客厅的墙上挂着古斯塔夫·多雷①的版画，摆放着罗伯特·毛姆年轻时从国外旅行带回来的塔纳格拉的小雕像、罗兹岛的器皿和土耳其华丽的匕首。书房里有两个深栗色的书橱，里面塞满了斯科特、狄更斯、查尔斯·金斯利、马里雅特船长的书，还有伊迪斯喜欢的陶赫尼茨出版社出的小说。

毛姆夫人的出身远比她的丈夫更富有异国情调。伊迪斯的大半生是在法国度过的，但她生在印度。她父亲去世时，她只有1岁零1个月，两年后，她的母亲安妮·艾丽西亚带着她和遗腹的妹妹罗斯离开印度，回到英国，不久后又移居法国。两个女孩进入修道院学校读书，母亲为了贴补家用，用法文写点小说和儿童故事，并为客厅歌谣（drawing-room ballad）谱曲。显然，安妮·艾丽西亚是个有文化、有性格、有财力的女人，不仅比她的丈夫年轻很多，社会地位也更高些。查尔斯·斯奈尔是法尔茅斯一个修帆工的儿子，安妮·艾丽西亚则是约克郡一个富有的乡绅的女儿，不过，这个乡绅搬到康沃尔后损失了大部分财产，投资锡矿也失败了。她的母亲是布里尔顿人，出生在柴郡一个可以追溯到12世纪的地主家庭，安妮·艾丽西亚姓布里尔顿，她的一个叔叔给毛姆起了萨默塞特这个教名，为的是纪念他一个杰出的教父——亨利·萨默塞特将军爵士（Gen. Sir），但毛姆从

---

① Gustave Doré，1832—1883，19世纪法国著名版画家、雕刻家和插图家。

来没喜欢过这个中间名。伊迪斯结婚并在巴黎定居后，安妮·艾丽西亚和罗斯搬到了圣马洛，六年后，27岁的罗斯死于肺结核。在19世纪的法国，肺结核是头号杀手。它杀死了罗斯，后来也杀死了她的姐姐伊迪斯，还差点杀死她的外甥威廉·萨默塞特。此后，安妮·艾丽西亚·斯奈尔又活了三十五年，于1904年89岁时于勒芒逝世。

毛姆一家在巴黎惬意地生活了差不多七年时间。性格活泼、喜好交际的罗伯特卖力工作，伊迪斯则负责料理家务，抚养三个接踵而至的儿子。她有两个闺中密友，一个是活泼的美国女人玛丽（米妮）·沃德豪斯，一个是英国女人伊莎贝拉·威廉姆斯-弗里曼，她们都嫁给了大使馆的二等秘书。她们经常结伴出行，去新开的大百货商场购物，或开车去布洛涅森林游玩，拜访伊迪斯的熟人，英式下午茶当时刚在法国流行起来。这段时间，罗伯特赚了不少钱，他很高兴让妻子随意挥霍。二人享受着奢华的生活，他们有自己的马车，经常去看戏、听歌剧，在家里大方地招待客人。伊迪斯打扮入时，家里到处都是鲜花，桌上摆着上好的温室水果和反季的葡萄和桃子。毛姆夫妇的大部分社交生活围绕着大使馆进行，但伊迪斯也有作家和画家朋友，比如普罗斯佩·梅里美①和古斯塔夫·多雷，作为英国侨民圈里的顶尖美女，毛姆夫人因富有同情心和魅力而广受欢迎。她是被列入上流社会年度名录的极少数的外国人之一，死后她被描述为最优雅的沙龙常客，"一个迷人的女人，在巴黎上流社会有无数朋友，并享有崇高的地位。"这样的颂词未免言过其实，但毫无疑问，伊迪斯·毛姆是个魅力无穷的女人。

毛姆夫妇的身材都很矮小，但罗伯特的相貌近乎粗野——圆滚滚的身材，一张蜡黄的脸，白眼球发黄，球状的下巴上长了一圈胡子，还留着浓密的络腮胡；伊迪斯则像个漂亮的洋娃娃，她的头发是鲜艳的赤褐色，苍白的肤色毫无瑕疵，深棕色的大眼睛深陷，两只眼睛分

① Prosper Mérimée，1803—1870，法国现实主义作家、中短篇小说大师、剧作家、历史学家。

得很开。照片中，她漂亮的嘴角稍微有点向下耷拉，她最小的儿子显然遗传了这个特征。伊迪斯娇小的身材在紧身收腰、19世纪60年代依然很流行的钟形裙的衬托下显得十分精致。她有一件华丽的带蕾丝边的黑色钟形裙，她穿着那条裙子的样子真是明艳照人。她或许请不起皇后和法国宫廷贵妇们惠顾的大裁缝沃思，但她确实表现出了极高的时尚天赋，总能打扮得优雅别致，这大概是在法国长期生活的缘故。毛姆夫妇一同出现时的反差感令人忍俊不禁，他们被亲切地称为"美女与野兽"。米妮·沃德豪斯问过伊迪斯怎么会爱上这么一个丑陋的小个子男人，伊迪斯的回答是："因为他永远不会伤我的心呀。"

　　1865年10月，这对夫妇的第一个孩子降生了，是个男孩，取名查尔斯·奥蒙德，一年后，弗里德里克·赫伯特出生，1868年6月，亨利·内维尔出生。三儿子还不到两岁时普法战争爆发，随后不久，拿破仑三世于1870年9月在色当投降。随着普鲁士军队挺进巴黎，毛姆夫妇和大部分英国侨民一起离开巴黎，前往英国，两个仆人留下看家，走之前他们将一面英国国旗固定在阳台上。他们把孩子寄放在伦敦的祖母家，他俩则去了意大利，他们都太需要这个假期了，罗伯特被工作压得喘不过气来，伊迪斯三年内连生了三个孩子。巴黎遭到可怕的围攻，挨饿的民众沦落到拿老鼠和动物园里的动物充饥。五个月的围城后紧接着是血腥的内战，也就是巴黎公社运动，城里的大部分地区被摧毁，造成两万多人死亡。不过，到了1871年5月底，政府军重新夺回控制权。八月，毛姆夫妇返回巴黎，他们忠实的男仆弗朗索瓦去北站接他们，告诉他们家里完好无损，这在很大程度上归功于那面显眼的英国国旗。

　　虽然家没被德国人损毁，但市中心的大部分地区呈现出一派荒凉景象，虽然重建工作立即启动，且进展迅速，但完全恢复商业生活仍需要一段时间，而且很多英国人永远地离开了。罗伯特·毛姆发现自己囊中羞涩，几乎又要白手起家。同时，伊迪斯重操旧业，照顾三个闹哄哄的男孩。1873年，她发现自己又怀孕了。法国政府为了增强军事力量，通过立法强迫出生在法国的外国人家的男孩加入法国国籍，这样将来就可以对其自动拥有征兵资格。为了避开这一点，英国大使里昂斯勋爵批准在使馆二楼设立一间产房，让那些与大法官、法庭有直接关系的人的太太们在英国领土上生孩子。就是在这里，1874年1月25日，伊迪斯生下了她的第四个孩子，又是一个男孩，他的名字叫威廉·萨默塞特。

几乎可以肯定地说，毛姆的幼年是他一生中最美好的时光。他的三个哥哥——查理、弗雷迪和哈利被送到英国读书去了，只在过节的时候回来。所以，小威利①过的是被骄纵、溺爱的独子生活。父亲整天在办公室，他睡着了爸爸才回来，心爱的母亲完全属于他一人。他的乳母离开后，照看威利的是个法国女佣——他的"奶妈"，他们共用一间卧室，早上，她带他去见母亲，那时母亲洗完澡正躺在床上休息，这段充满亲密和爱意的记忆永远留在毛姆心间。见过母亲后，威利会被带出去玩儿，通常是去香榭丽舍大道。那会儿，宽阔的大道两旁是私人住宅和豪华公寓。他和奶妈穿行在马车和时髦的行人中间，向靠近协和广场的一个花园走去。那里有环岛，《潘趣与朱迪》木偶戏表演，卖姜饼和麦芽糖的小摊，圆形广场附近还有一幅用枪炮和身穿法国军服的"尸体"组成的巴黎围城全景图。花园里总是有孩子，年龄稍长后，威利被允许跟他们一起玩儿，他们在灌木丛里冲进冲出，玩儿激烈的打仗游戏。

威利有白皙的皮肤、金色的卷发和棕色的大眼睛，腰间系着一条黑腰带，他和他的玩伴们——那些穿着短裤和系带靴的法国小男孩没什么区别。他的法语比英语说得流利多了，有时还会混在一起说。一天，小儿子逗得伊迪斯哈哈大笑，他从火车的窗口瞥见一匹马，于是，大声喊道，"Regardez, Maman, voilà un'orse."②现存他的第一封信

---

① 毛姆的昵称。

② 法语，"看哪，妈妈，那儿有一匹马。"

是他6岁时写给父母的，用的就是法文：

cher papa, chere maman, votre petit willie est heureux au jour de noel de vous exprimer ses meilleurs souhaits, et sa reconaissante affection. croyez-moi, cher papa, chere maman, votre fils respectueux, willie maugham. （*亲爱的爸爸、亲爱的妈妈，你们的小威利很高兴在圣诞节这天给你们送上最美好的祝福和感激之爱。相信我，亲爱的爸爸、亲爱的妈妈，尊敬你们的儿子，威利·毛姆。*）

下午，母亲或奶妈陪他一起喝茶，有时，威利会被带到客厅向客人们炫耀，有一次未来的法国总理乔治·克列孟梭也在场。有时，他会被要求背诵一则拉·封丹①的寓言，幸运的话，一些好心的先生还会给他小费。毛姆7岁生日那天，母亲的一个朋友给了他十二法郎，他用这些钱第一次买票看了戏；那天是大哥查理陪他去的，看的是萨尔杜写的一部"残暴"的情节剧，莎拉·伯恩哈特②的样子吓得他心惊肉跳。星期天，威利陪母亲去大使馆对面的英国教堂，母亲总是在牧师布道前就带他出来。

对小威利来说，母亲是他整个生活的中心。他毫无保留地爱着她，她的爱也给他实实在在的安全感。父亲则是一个模糊的形象，对他几乎没产生大的影响，他知道，母亲的注意力永远在他身上，除了他们之间亲热的关系，其余的一切他都不太在乎。威利最开始去的是一所法语走读学校，和哥哥们不一样，家里最早给他们请的是英国的家庭教师。哥哥们回巴黎度假的时候会令毛姆兴奋，尽管打破了日常

---

① La Fontaine，1621—1695，法国古典文学的代表作家之一，著名的寓言诗人。他的作品经后人整理为《拉·封丹寓言》，与古希腊著名寓言诗人伊索的《伊索寓言》及俄国著名作家克雷洛夫所著的《克雷洛夫寓言》并称为世界三大寓言。

② Sarah Bernhardt，1844—1923，19世纪和20世纪初著名的法国女演员。

的生活规律。伊迪斯是一个有才华的业余演员，经常邀请成年观众来家里观看演出，孩子们也被允许参与其中。据一个当时的观众讲，伊迪斯的表演"远远高出一般的业余水平"。母亲的朋友们，比如威廉姆斯-弗里曼夫妇也热衷戏剧表演，星期天下午，威利经常陪妈妈去他们家。这个家里有一个威利的同龄人维奥丽特，她也是在大使馆出生的。毛姆给她的兄弟姐妹们留下了深刻的印象，他们觉得威利是个开朗、自信、富有想象力，而且非常勇敢的小男孩，他们甘愿让威利当他们的头儿。他们喜欢听他讲故事，威利也总能想出新鲜的玩法。威利的大哥查理还带他们去看过马戏表演，孩子们经常一起在香榭丽舍大道玩耍，一边吃着糖块，一边看木偶戏，威利还会装出一副天真的样子给售货亭卖气球的人假币，以此逗同伴们开心。

维奥丽特有时会被单独带到毛姆家喝茶，伊迪斯是她的教母。小女孩很崇拜她的教母，不愿看到她老是病歪歪的样子。她漂亮的棕色眼睛饱含悲伤，似乎总被忧郁围绕着，此中缘由维奥丽特不得而知。她后来猜测，或许伊迪斯结婚前有过不愉快的恋爱经历。事实上，生病很可能是她抑郁的原因，因为和她的妹妹罗斯一样，伊迪斯也得了痨病，而且肺结核经常会伴发抑郁症。

医生建议伊迪斯避开极端的温度，巴黎的夏天热得让人受不了，令人窒息的空气也对健康不利。七月，她常带着孩子们去海边租来的一栋房子待上三个月。巴黎上流社会青睐特鲁维尔，毛姆夫妇则选择去诺曼底海边几英里外不太贵的多维尔，当时的多维尔是个旅游胜地，但更像个渔村，这里有繁忙的港口，还有一个小赌场、赛马场和家庭海滩。奶妈照顾威利，他的哥哥们则在广阔的沙滩上跑来跑去，在海边戏水，他们的母亲则坐在一把折椅上绣花，和别的度假者聊天。星期六，罗伯特·毛姆乘火车从巴黎过来陪他们两天。一次，他开了辆铁轮胎的"老爷车"来了，还带着儿子们在海边兜了风。

威利5岁时，伊迪斯又怀孕了。当年的人们认为，分娩会让患肺痨的女人强健起来，这个理论大概和1874年威利的出生有关，这次又是个男孩，但后来流产了，为了养病，伊迪斯在威利的陪伴下前往南部的波城过冬。比利牛斯山脚下的这座小城很受英国人欢迎，这里温和的气候和山里的新鲜空气都对治疗有益，但他们待的时间很短，返家后不久，伊迪斯的病情就恶化了。母亲的身体越来越弱，威利和她在一起的时间也随之缩短，一部分原因肯定是大人不想让他看到母亲痛苦的样子——咳痰，甚至吐血、胸口疼、发热、大汗淋漓。通常，倦怠乏力与充满活力的乐观主义交替出现，短时间内看似恢复了正常，但家里的日常生活渐渐被上门看病的医生取代，医生们身穿大礼服，拎着不吉利的黑包，包里装着当时流行的笨重医疗设备。那个年代的医生基本上已经放弃了放血疗法，取而代之的是拔罐子，据说这样能把病症拔出来。喝奶也很重要，牛奶、羊奶，但最好是驴奶，每天早上，一小串驴会停在毛姆家门口，为伊迪斯提供补品。

从波城回来后不久，1881年春，伊迪斯再次怀孕，但到了这时，她已经对这种疗法不抱多大希望了。快到年底时，她意识到自己快要死了，孩子们将很快失去母亲。怀着八个月身孕且病入膏肓的她用尽全力在黑裙子外面套上她最喜欢的白色锦缎晚礼服。她悄悄出门拍了张照片，想让儿子们永远记住母亲的样子。1882年1月24日，伊迪斯生下一个儿子，取名为爱德华·艾伦，但孩子第二天下午就死了。不到一个星期后，41岁的伊迪斯也死去了，那是当月的第三十一天，威利的8岁生日刚过去六天。

母亲过世后，威利一直生活于其间的那个安全、快乐的世界戛然而止，而且永远终止了。母亲临终时，哥哥们被叫到她的床边，不久后，他们就返回了英格兰，威利留下来尽力应对深切、可怖的痛苦。他对母亲的爱是热情的、没有理性的，失去她后，他永远也没能坦然面对。他一辈子都把她最后的那张照片放在床头，连同她的一缕长发，这是他一生最宝贵的两份财产，甚至在他极其老迈之时还承认，母亲的死让他难以释怀。三十年后，他在自传体小说《人生的枷锁》中回忆起当时的情形，孩子走进死去的母亲的房间：

> 菲利普打开大衣柜，里面挂满了衣服，他一脚跨进柜子，张开手臂尽可能多地抱了一抱衣服，将脸埋在衣堆里。衣服上温馨犹存，那是母亲生前所用香水散发的香味。然后，他拉开抽屉，里面放满了母亲的衣饰用品。他细加端详：内衣里夹着几只薰衣草袋，散发着沁人心脾的阵阵清香。屋子里那种陌生气氛顿时消失了，他恍惚觉得母亲只是刚刚外出散步，待会儿就要回来的，而且还要到楼上幼儿室同他一起用茶点。他的嘴唇甚至依稀感觉到了母亲给他的亲吻。

他父亲被丧妻之痛击垮了，虽然他尽力安慰毛姆，但他很少见到小儿子，两人关系比较生疏。罗伯特·毛姆一周有六天都在办公室，威利则由他母亲最喜欢的法国女佣照顾。威利离开学校去大使馆附属的教堂听英国牧师讲课。这位先生意识到这个学生的英文水平远远不够，就让他大声朗读报纸上的警讯，报上那些可怕的罪案细节困扰了毛姆许多年。

只有星期天毛姆才能跟父亲在一起待上一会儿。罗伯特·毛姆在苏赫斯纳造了一幢夏屋，苏赫斯纳位于巴黎城西几英里处，靠近塞纳河和布洛涅森林。每到星期天，这对悲伤的父子就去检查工程进度，这座房子的建筑风格有点奇怪，一部分是日本风格，一部分是瑞士山间农舍风格，房子被刷成白色，百叶窗是红色的，从这里可以俯瞰美丽的塞纳河全景、龙尚赛马场和更远处的整个巴黎。罗伯特被毛姆形容为一个有"浪漫精神"的人，他从来没有忘记年轻时去过摩洛哥、希腊和小亚细亚，他把他的小房子想象成博斯普鲁斯海峡的一幢别墅。为了加强异域情调，他将摩尔人辟邪的标志雕刻在窗户上，这个标志也成为毛姆成为作家后的个人徽章。这个标记将他和父亲永远地连在了一起。

　　过了没多久，房子盖好了，花园弄好了，家具也搬了进去，罗伯特·毛姆却无福消受。妻子病逝后，他的身体也日渐衰弱，气色越发不好，老是恶心、疲倦、疼痛，这是胃癌的症状。1884年6月24日，妻子去世两年半后，罗伯特·毛姆也撒手人寰。60岁的他虽然职业生涯漫长辛苦，却只留下不到五千英镑的遗产给四个儿子分。"一个家就这么没了，"弗雷迪伤心地回忆道，"很快，我和我的兄弟们被迫分开，此后不常见面。"父亲的合伙人迪克森和罗伯特·毛姆唯一的弟弟，威利的教父，肯特郡惠斯泰布尔（Whitestable，白马厩镇）的牧师亨利·麦克唐纳德·毛姆被指定为男孩们的监护人。二人来到巴黎处理罗伯特的后事。为期三天的拍卖会处理掉了公寓里的东西，个人物品被打包后贴上标签，仆人们被遣散，所有必要的安排完成后，兄弟几个从法国搬到英国。三个大一点的男孩早已习惯了海峡另一边的生活，变化不太大，查理回到剑桥大学，弗雷迪和哈利回到他们就读的学校，但对于10岁的威利来说，一切都是陌生的，他无法想象从此在这个陌生的国度与叔叔婶婶生活在一起将会有怎样的遭遇。

　　毛姆在忠实的保姆的陪伴下踏上了去英国的旅程。九个小时后，海峡客轮终于停靠在多佛港，在上岸的喧嚣声中，威利习惯性地叫着"Porteur! Cabriolet!①"这时，他们看到在码头上等候的亨利·毛姆牧师，他一袭黑衣、留着胡子、面色凝重。他们又走了二十多英里路才来到惠斯泰布尔，威利一直依偎在那个亲切的法国女人身边，抵达牧师寓所时，天色已晚，他们筋疲力尽。不过，在威利上床前，叔叔有话要对他说：他们雇不起保姆，那个女人必须尽快返回法国。第二天，保姆就离去了。

　　回顾在英国的童年生活，毛姆觉得这个时期给他一种彻头彻尾的凄凉感，即便到了晚年，痛苦的回忆仍令他浑身战栗。在当时的情

　　① 法语，"搬运工"和"马车"。

形下，这个孩子确实值得可怜：10岁就成了孤儿，被托付给陌生人照顾，生活在一个陌生的国家。没有了溺爱、放纵、温暖、欢乐和与父母在一起时的奢华生活，没有了舒适的公寓和高雅的社交生活，他发现自己置身于一个荒凉、陌生的环境之中，再没有人把他当成宝贝。20岁出头时，他写过一篇小说：《斯蒂芬·凯里的艺术气质》，这本带有明显自传性质的小说从未出版过，毛姆在书中将自己描绘成这样一个青年，他体会的幸福太少，所以不知如何应对他人的仁慈；四十年后，他在笔记本上写过这样一段话：

> "小时候得到的爱太少，以至于后来被爱都会令他感到尴尬……人们赞美他时，他不知该如何回应，表露情感时又觉得自己像个傻瓜。"

无论是他的叔叔，还是他的婶婶，都并非故意不友善，他们只是一对枯燥乏味、缺乏想象力的夫妻，他们本身就没有子女，也没有跟孩子打交道的经验；或许可以这样理解，他们担心这个小男孩变得吵闹、无礼、粗鲁，打破他们原本井然有序的生活。威利的叔叔尤其自私、顽固不化。他的侄子弗雷迪后来说："他是个心胸狭隘的人，远非有智慧的牧师，作为监护人的他，我无法发自心底地赞美。"就像他的哥哥罗伯特，亨利·麦克唐纳德·毛姆也很矮小，但稍微胖乎一点，脸也比哥哥好看很多。现在五十好几的他做了十三年惠斯泰布尔的牧师，他感觉这种生活很适合自己。他是个懒家伙，幸运的是，有个副牧师埃尔曼先生承担了教区的大部分工作。还有一点很幸运，他的妻子索菲性情温顺，一切都以丈夫的舒适和便利为前提。索菲是个德国人，一个纽伦堡商人的女儿，不知道为什么，1858年，也就是她结婚的时候生活在斯塔福德郡，那年她30岁，比她丈夫大1岁。她身材丰满，长得还算漂亮，金发编成粗辫子盘在头顶，索菲是个安静、谦逊、拘谨且传统的女人，虽然在行为方式上循规蹈矩，不习惯流露情感，但她有一颗善良的心，愿意尽量善待侄子，只要不影响丈夫的喜乐或者家庭的平稳运转。

亨利的牧师寓所位于惠斯泰布尔城外两英里处的坎特伯雷路上，这是一个阴暗的所在，几年前建成的黄砖房是低劣的哥特风格。毛姆形容房子内部充满宗教氛围："门厅里铺着红黄相间的花砖，上面交替印有希腊正十字图案和耶稣基督像。一道气势不凡的楼梯由厅内通向厅外……楼梯栏杆上装饰着象征福音书四作者的寓意图案。"楼下是餐厅，日常活动主要集中在这里，客厅则专门用来接待客人，此外，还有牧师写每周布道文的书房。威利在楼上有一间小卧室，从那里可以俯看车道。房子里还没有煤气，点的是油灯，卧室里点蜡烛。外面有一座大花园，房子后身有一个半圆形的草坪，面对一片放羊的田野；透过树木可瞥见一英里外中世纪诸圣教堂的方形石塔。

最初在牧师寓所的日子所造成的不幸记忆在毛姆心头压了许多年，也为他最著名的小说《人生的枷锁》提供了灵感。毛姆写道，"本书不是一部自传，而是自传体的小说。事实与虚构紧密交织，感情是自己的，发生的事件却未必事事与我相关。"这本书于1915年，他四十多岁时出版，他终于发现自己永远摆脱了一度折磨过他的痛苦和不幸的回忆。书中涉及到主人公菲利普·凯里的童年生活时，有大量来自毛姆本人和其他地方的证据支持这篇虚构作品是以事实为基础的假定。当然，牧师和他妻子的原型再明显不过，所以，这个没有母亲的男孩的不幸大多要归咎于他们了。

不过，在力所能及的范围内，牧师还是努力对他好的。《人生的枷锁》中有这样一段描述：

> 牧师做完了谢恩祈祷，动手把鸡蛋的尖头切下来。
> "哎，"他说，把切下的鸡蛋递给菲利普，"你喜欢的话，可以把这块蛋尖吃了。"

菲利普希望自己能享用一整个鸡蛋，可现在既然没这福分，只能给多少吃多少了……

"那块鸡蛋尖的味道怎么样，菲利普？"他大伯问。

"很好，谢谢您。"

"星期天下午你还可以吃上这么一块。"

凯里先生星期天用茶点时总要吃个煮鸡蛋，这样才有精力应付晚上的礼拜仪式。

有个邻居说过，亨利·毛姆的问题在于"他喜欢孩子，但不理解孩子"。他肯定从来没理解过他的侄子，到了晚年，毛姆才意识到，他的叔叔并非他以为的那么严肃苛刻。比如，牧师的那两句座右铭："牧师是被雇来讲道的，不是被雇来实践的"和"己所欲施于人"。事后想来，叔叔是想逗人笑的。不管怎么说，即使没有故意残忍，亨利·毛姆这个人也够迟钝的。毛姆在他的短篇回忆录《回顾》中描述了他在牧师寓所的第一个星期天。早上去过教堂后，毛姆坐在餐桌前，叔叔要求他背诵当天的短祈祷文，如果在喝下午茶的时候说得好就让他吃一块蛋糕。说完，他去书房休息了，婶婶则躺在客厅里。剩下他一个人。一个小时后，婶婶去花园散步，路过餐厅窗下，向里面偷看。毛姆正把脸埋在手心里，哭得很伤心。她急匆匆走进餐厅，问他怎么了。他哭得更厉害了，说："我看不懂。这么多词，我不知道是什么意思。"婶婶劝他别哭，叔叔不想让他哭。这都是为了他好，希望他能背诵短祈祷文。说完，她就把祈祷书拿走了。下午茶时，叔叔没搭理他，显然他生气了。婶婶大概是说服了叔叔，他还太小，背不下来短祈祷文；总之，叔叔再也没提这个要求。

显然，威利的不快乐触动了索菲，她尽量想让情况有所好转，但她和威利面对彼此时仍会害羞、尴尬。毛姆本身也不好相处：他在巴黎时被女人们宠坏了，不高兴的时候脾气很大。与其和婶婶待在一起，他更喜欢自己拿着玩具去厨房里玩儿。姊姊并不介意，虽然她喜欢整洁，但也任由毛姆把厨房搞得一团糟。如果叔叔被他惹烦了，就告诉他该去上学了。惠斯泰布尔的生活费一年三百英镑，包括寓所在内有二十英亩的土地。虽然算不上富有，却也能让牧师和他的妻子生活得体面、舒适。亨利·毛姆天生节俭：为了省钱，连每天的《泰晤士报》也是和两个邻居分享的；不过，偶尔为了健康起见，他也会奢侈一下，去欧洲大陆旅行，或找个德国的温泉度假地散散心。索菲很少同去，她会留下来照管家务，他们有一个喂鸡、看炉子的园丁，两个女仆，一个主厨和一个打扫卫生的女佣。给威利提供他所习惯的温暖的正是这些女佣，她们在他生病时照顾他，给他洗澡，哄他睡觉，给他讲故事听。讲故事对他来说很重要，他会完全被故事吸引，忘记痛苦和对母亲的思念。越是不快乐的时候就越需要故事，这种瘾伴随了他一生。

随着时间流逝，陌生感渐渐消失，到了1884年秋末，毛姆基本上已经适应了新生活，但新生活是孤独的。叔叔自认高人一等，无耻地奉承当地的乡绅，却拒绝与商人或渔民来往，也不与教众们交谈。惠斯泰布尔寄宿学校的一个男生，毛姆的一个同龄人回忆说，毛姆看起来很孤僻。"他的监护人管得很严，让他远离平民百姓，"他说，"他跟我们的生活方式离得太远，熟悉不起来。"强制隔离和缺少关爱导致毛姆的性格从合群开朗变得离群谨慎。有时，悲伤和对母亲的思念让他无法承受，但他很快就学会了隐藏自己的情绪，特别是受到伤害或不开心的时候，他受不了别人看到他哭。他会独自在花园里玩儿几个小时，在池塘里钓斜齿鳊鱼，或在车道尽头的铁栅栏门上晃来晃去。一个医生的女儿记得这个小男孩孤单的身影，穿着与环境不相衬的法式天鹅绒套装，白色的蕾丝领，孤零零地站在那里，或者在家门口漫无目地溜达。

毛姆孤独的另一个原因是口吃。在法国时他还没这种迹象，到了英国就很明显了，这给他带来了无尽的痛苦和耻辱。害羞、不自信的他还要应付这种新增的恐惧，他很清楚这会让他变得很显眼，引起其他孩子的嘲笑。不知道什么时候他的话就会被曲解，让自己看起来迟钝、可笑。同时，不可避免的，愤怒和沮丧感与非理性的自我厌恶混杂在一起。毛姆曾有过一次惨痛的经历，有一次，叔叔带他坐火车去伦敦，当天叔叔让他自己回去。三等座售票处排着一条长队，终于轮到他时，他却怎么也说不出"惠斯泰布尔"这个词，他站在那里结结巴巴。后面的人等得不耐烦了，他还是说不出来。突然，两个男人一把把他推到一边。"我们可不能等你一个晚上，"他们说，"别浪费时间了。"于是他不得不回到队伍后面重新排队。他永远不会忘记那一刻的耻辱，所有人都盯着他看。

毛姆在肯特郡的生活最奇怪的一点是没有任何他和哥哥们通过信的迹象。在巴黎时，他过的是独子的生活，和三个哥哥之间没有形成牢固的联系。他们被送到新建成的多佛学院，主要原因是去法国方便。老大查理后来去剑桥大学读法律，弗雷迪和哈利还在那所学校。虽然多佛和惠斯泰布尔的距离不过二十多英里，但他们似乎从来没去过牧师的寓所。据毛姆的侄子罗宾说，"他的三个哥哥都专心做自己的事，没空理会悲伤的小弟弟。"可能牧师不允许他们来看威利，威利也可能没想过要抱怨。弗雷迪也被寄养在一个牧师亲戚家里，那个叫帕斯顿的牧师娶了罗伯特·毛姆的一个姐妹，但这两口子性格开朗、为人亲切，弗雷迪可能后来才知道弟弟的处境有多么可怜。

牧师家的生活井井有条、千篇一律，时间表严格围绕着牧师一成不变的习惯。钱不太充裕，且厉行节约：每日粗茶淡饭，家里没有马车，需要时现雇一辆。威利一百五十镑的年金刚刚够他的生活费和教育费。每天四餐，早餐后祷告，下午一点吃正餐，五点是下午茶时间，晚上八点还有一顿冷餐（黄油面包和一点炖水果），接下来又是祷告。冬天的晚上，有时会打惠斯特牌，威利可以参加。"我叔叔总找虚拟搭档，虽然只是打着玩儿，我和姊姊输了的时候，我还是会猫在餐桌下面哭。"一个星期有六天如此，星期天到达顶点，那是牧师布道的大日子，叔叔写布道文时，家里必须保持绝对的安静。早餐时，他会在一杯雪利酒里打一个鸡蛋，吃茶点时再来一个鸡蛋，以便有体力支撑到晚祷结束。威利和叔叔、姊姊坐雇来的马车去教堂，车上一股浓烈的发了霉的稻草味。姊姊永远是那身打扮——黑丝斗篷、羽毛帽子，叔叔身披法衣，威风凛凛，脖子上挂着一条金链子，金十字架垂在胸前。晚上，威利再陪叔叔去教堂，这次是步行。乡间小路黑黢黢的，起初，他很害羞，渐渐地他拉起叔叔的手，这样会让他觉得安全一点。

除了去教堂，毛姆偶尔也会陪姊姊去镇上。他无事可做，她买东西时，他就跟在她屁股后面，或者焦急地等她在银行办事，但总有一些有趣的东西可看。19世纪80年代，海风吹拂下的肯特郡北部沿海，可以眺望北海的惠斯泰布尔是个人口不到五千的小镇，这里的生活仍以渔业为主，牡蛎养殖场远近闻名。港口繁忙，渔船、牡蛎船，从纽卡斯尔开来的破旧小煤船，装载干草和小麦去泰晤士河塔桥的小帆船来来去去。海滩上常有牡蛎搬运工和他们的车，正在卸煤的脏兮兮的矿工，身着蓝色毛线衫的渔民面庞红润，戴着金耳环。从海港向上是网状的窄街，布满了渔民的木屋，天气晴朗的日子里，人们坐在门外吸烟、补渔网。有时，毛姆获准进入一间低矮的民居，欣赏从世界的另一头带回来的宝物——来自日本的漆盒，从伊斯坦布尔的集市上买来的漂亮匕首，主人很乐意讲他年轻时远航的故事。长长的主街两旁是有好几百年历史的老店，还有一家银行，两三栋属于煤船主的黄砖房，一座小博物馆和流动图书馆，三个酒馆，除了出租马车，街上鲜见车辆。惠斯泰布尔的冬天寒冷刺骨，冰冷的风将人们赶进室内。夏天，天气好的时候，小镇上会呈现出一派节日的气氛，伦敦来的游客沿着海滩漫步，他们会租一辆更衣车，轮流玩儿船型秋千，花六便士买一杯虾茶喝。

威利渐渐适应了新环境，开始喜欢上绿意盎然、地势和缓的肯特乡村。惠斯泰布尔和泰晤士河口间的海岸给人狂野之感，阴天时的沼泽地有种灰蒙蒙的荒凉，但半里外的内陆景色就不同了。这里是富饶的农村，有茂盛的牧场、山楂丛和一簇簇古榆树，荫凉的小径和长满树木的山丘。每隔一段距离，远离公路的地方就有一片农舍，带有宽敞的谷仓和烘房，可以俯看蛇麻草田，田间是聚成一团团的雇农的小屋，小花园里盛开着桂竹香、蜀葵和小百合，附近刷成白色的小旅馆门前垂下金银花。冬天，风直接从北海刮来，有时会连下好几天雨，即便如此，毛姆仍能在那片荒芜的海岸线找到令他感动的东西。"冬天，当海雾和天雾融为一体，当大海沉重且静谧，当孤独的海鸥尖叫着掠过水面，它仿佛一个孤独的幽灵，一块神秘的裹尸布，降落于海岸之上。"这个眺望北海冰冷海水的男孩想象着灰色的远方有些什么，即使现在他被锚定在英国，不可能去远方冒险。

在惠斯泰布尔的第一年，毛姆被安排在邻居查尔斯·埃瑟里奇医生家上课。迄今为止，毛姆是用法文接受的教育，所以英语水平有待提高，但新添的口吃毛病让这个任务变得没那么简单。不过，他还是努力取得了很大的进步，他通过在叔叔的书房里读书不知不觉间熟悉了这门语言，他这种安静的娱乐方式也很受大人们欢迎。他长时间独处，翻阅讲道集、游记、圣人长老传记、宗教史话和古典小说；他根据书名挑选书籍，最先读到的是《兰开夏女巫》，然后是《令人钦羡的克里奇顿》，还有富有异国情调的《一千零一夜》，毛姆在这里开发出人生的一大爱好，这种爱好给他带来乐趣和灵感，促使他认清自己有讲故事的天赋，同时也让他变得更加自闭。后来他发现自己在人群中待几个小时就够了，他更渴望与书独处。书对他是莫大的安慰和资源，是最可信赖的庇护所，让他逃离一切生活的痛苦。他为自己创造了一个虚幻的世界，而现实世界中的每一天都令他失望不已。

牧师的书房为他提供了一个合适的避风港，但如果威利以为生活就此安定下来了，他就错了。1885年5月，到英国不到九个月后，他的生活再次有了大的转变，他被送到了学校。

坎特伯雷国王学校位于大教堂管辖区内，是英国最古老的学校之一，由亨利八世建于1541年，前身是6世纪由圣奥古斯丁建立的修道院学校。到了19世纪中叶，坎特伯雷已经没落，有了铁路后，更富有的肯特家庭将孩子送到伊顿公学、哈罗公学和威斯敏斯特公学，国王学校则留给当地的神职人员、骑兵站军官和比较富裕的店主以及制造商的儿子们。尽管如此，它仍被认为是英国最顶尖的私立学校之一，在英国国内备受推崇，而且这里出了几位著名的校友，比如，克里斯托弗·马洛①和沃尔特·佩特②。狄更斯为了向这所学校致敬，还让大卫·科波菲尔在此就读。这是一所圣公会学校，所有的教师均为神职人员，这里提供扎实的传统教育，偏重古典人文学。

叔叔陪毛姆坐火车从惠斯泰布尔来到坎特伯雷。除了在巴黎上过幼儿园，11岁的毛姆还没有上学的经历，他不认识其他男生，满脑子都是《汤姆·布朗的求学时代》③里可怕的场景。到了学校，他们被领进接待室，等校长来时，毛姆惶恐中脱口而出："告诉他我口吃，叔叔。"

初小④部的负责人叫R.G.霍奇森，是个身高六英尺有余的巨人，一把浓密的红胡子，一副很快活的样子。他亲切欢迎毛姆的到来，牧

---

① Christopher Marlowe，1564—1593，英国诗人、剧作家。马洛革新了中世纪的戏剧，在舞台上创造了反映时代精神的巨人性格和"雄伟的诗行"，为莎士比亚的创作铺平了道路。

② Walter Pater，1839—1894，英国著名文艺批评家、作家。他是上世纪末提倡"为艺术而艺术"的英国唯美主义运动的理论家和代表人物。

③ 托马斯·休斯的作品，是英国学童十分喜爱的读物。本书以作者早年在拉格比公学求学时代为背景，通过汤姆和另外几个学生的学习生活，生动地描绘了学校的背景，真实地反映了学生的思想。拉格比公学是维多利亚女王时代最有影响力的公学之一。当时的公学校风不正，出现年长的欺辱年幼的，老师侮辱新同学，教师打骂学生，体罚学生，师生关系紧张等现象。

④ Junior school，英格兰和威尔士收7到11岁的学生的学校。

师随即告辞，任侄子自生自灭。毛姆的行李箱和玩具盒被抬到楼上，他被带到他睡觉的地方，那是宿舍里一个狭窄的、挂着绿帘子的小隔间，每个隔间配有床、盥洗台和椅子。早上，孩子们被钟声叫醒，来到楼下一个长条形的、空荡荡的房间，在两张长桌旁的条凳上坐下来祈祷，然后吃早餐，早餐是茶、面包和黄油。男孩们推推搡搡、吵吵嚷嚷地涌进来，兴奋地炫耀自己的假期，很少有人注意到这个新生。然而，第一天上午上完课，毛姆的担心就变成了现实，他已经成为大家嘲笑的对象。毛姆拼命忍着不让眼泪流下来，心跳得几乎让他透不过气来，他从来没如此害怕过。

即便不口吃，毛姆也不太适合学校生活。他年纪小，身体羸弱，有胸闷气短的毛病，生病让他耽误了第一学期的大部分课程。他渴望融入集体，但他和其他男孩很不一样：他没有父母、没有朋友，不懂规矩和俚语，从来没打过板球，也没踢过足球，英语说得也不够流利。他的哥哥们也有过类似的经历：同学们嘲笑他们的法国口音，但他们的处境要好得多，他们可以互相做伴，身体比弟弟结实很多，也更擅长运动。由于口吃，起初毛姆被人看作是不善辞令、笨头笨脑的家伙。

到坎特伯雷时，毛姆已经习惯了孤独，他对集体生活毫无准备，讨厌没有隐私的生活，同学们的胡闹、玩笑和顶嘴也令他难堪。因口吃而遭受的折磨和奚落让他缩成一团，虽然渴望受欢迎，却缺少讨人喜欢的能力和自来熟的本事。尽管存在这些障碍，毛姆的功课却很棒，三年后，他获得了奖学金和穿黑色短礼服的特权。

读到高级学校①以后，毛姆发现他的生活质量有了显著提高。他和很多男生处得不错，他们对他口吃的毛病没兴趣，尽管没有亲密的朋友，但他已经被默认为群体中的一员。大家普遍认识到毛姆不是个好惹的人。他极其敏锐、机智，只要毛姆没把矛头对准谁，那个人就

_____

① Senior school，学生年龄在11岁以上。

会欣赏他。很多次，他会想出聪明的批评引发哄堂大笑，却没有意识到精准的批评会导致长久的怨恨。他养成了一个奇怪的习惯，把自己想象成一个他喜欢的男孩，用他的腔调讲话，用他的方式嬉笑，模仿他的手势和举止，模仿得惟妙惟肖，一时间连他自己都感觉不是自己了，这种将来被写小说替代的游戏让他领略到了异想天开的乐趣。

从学生的角度来说，毛姆很聪明，而且记忆力强，获得过音乐、神学、历史和法语课的奖励，因此，总体上他不怕老师，不过有一个老师例外，那就是外号叫"拧脖子"的坏脾气的坎贝尔先生。他会抓住一个男生，使劲晃他的脖子。坎贝尔特别喜欢强迫学生用鼻子擦掉黑板上的错误。这个可憎、暴躁的坎贝尔以前在德文郡时还教过吉卜林①。对于其他老师，毛姆的态度中掺杂着容忍和蔑视。他发现大部分老师的教学方法缺乏创见，内容数十年不变，重视拉丁文和希腊文，认为现代语言无足轻重。毛姆尤其瞧不起法语老师，他们虽然精通语法，却不屑于模仿外国口音，认为没这个必要。毛姆觉得，如果他们去布伦的餐馆，无论是谁，肯定连杯咖啡都点不到。

幸运的是，不仅对毛姆，也对整个学校而言，1886年，只有32岁的托马斯·菲尔德牧师被任命为新校长。他平易近人、思路广阔，而且关注时下。他是个令人着迷的老师，他会突然来到学习室讲课，令听者惊讶的是，他谈的不是贺拉斯②或荷马，而是法国小说和德国哲学，他拿迪斯雷利③和亚西比德④做比较，热情讨论现任首相格莱斯顿的优缺点以及地方自治的利弊。菲尔德先生很快就注意到了毛姆这个优等生，把他当成大人看待，鼓励他发展自己的兴趣爱好。渴望得到

---

① Joseph Rudyard Kipling，1865—1936，英国小说家、诗人。1907年获诺贝尔文学奖。
② Quintus Horatius Flaccus，前65—前8，古罗马诗人、批评家。其美学思想见于写给皮索父子的诗体长信《诗艺》。
③ Benjamin Disraeli，1804—1881，英国保守党领袖、第39、41任英国首相，他还是一个小说家。
④ Alcibiades，公元前450？—404，雅典城邦的政治家。

认可和重视的毛姆热切地予以回应，并把菲尔德先生当英雄崇拜，这一度减少了毛姆对学校的不满，并开始希望自己让这个富有同情心和想象力的校长满意。

毛姆有高度发达的视觉感官，一生都对绘画抱有浓烈的兴趣。在坎特伯雷，他第一次萌生出对美的强烈感知。他的心被照亮了，无需担心生活的方方面面，毛姆开始自觉地回应周遭之美。那是一种奇妙的蛛网般令人目眩陶醉的古老景观，整体氛围明亮新鲜，耳中充满钟声和寒鸦飞过钟楼时的鸣叫……他喜欢宽阔的草坪、爬满紫藤的墙，榆树上栖息的白嘴鸦的哀鸣，但最最喜欢的还是，无论寒暑晴雨，无论何时都能看到的壮丽的大教堂。《人生的枷锁》中菲利普买来一张大教堂的照片，钉在他的书桌上方，它给了菲利普"某种奇怪的感受，说不清究竟是痛苦呢，还是喜悦。"成年后，远在他乡时，俄罗斯、中国或马来西亚宏伟的建筑都会勾起他儿时的记忆，让他怀念起坎特伯雷大教堂。

学校的环境改善了，家里也一样。他的假期都是在牧师寓所度过的，但毛姆长大了，不愿完全顺从叔父的指令。他一点也不怕叔叔，知道自己比他聪明得多，必要时他会自信地坚持己见。他真心喜欢上了索菲婶婶，她和蔼可亲，总是满足毛姆的要求，尤其是叔叔不在的时候。亨利·毛姆经常不在家，由于身体开始变差，需要去欧洲大陆疗养，有时他也会带妻子一起去，她的健康状况也越来越糟。牧师不在时，家里的气氛会轻松很多，毛姆可以尽情享受独立的生活。19世纪80年代，年轻人为自行车疯狂，毛姆说服叔叔给他买了辆崭新的低座自行车，他开心地在乡间骑行，探索如网的小路，暖和的日子里带着毛巾和泳裤骑车去海边。15岁的毛姆，虽然个子不高，但已长成一个漂亮的男孩，浓密的黑发、棕色的眼睛、苍白的肤色。这个翩翩少年总是精心打扮，身穿优雅的白色法兰绒裤，蓝色上衣，戴一顶黑白相间的硬草帽。他急于被人当成大人看，为了长胡子开始在唇边抹凡士林，但他讨厌人家叫他"威利老师"。他也不喜欢自己的名字，花心思想更适合自己的名字，首选是罗德里克·雷文斯沃思，他用潇洒的字体在纸上写满签名。卢多维克·蒙哥马利这个名字听着也不赖。在叔叔婶婶的引领下，他慢慢接受了自身所处阶层的习俗，并将其视为自然，他开始认为自己条件优越，变得势利起来，对商界人士一副屈尊俯就的态度，抱怨夏天闯入惠斯泰布尔的伦敦人，觉得他们粗鄙不堪。

家里和学校都重视宗教，毛姆也难免受到影响。叔叔经常引用《圣经》里的话，所有老师都领圣职，他常去坎特伯雷和惠斯泰布尔的教堂，这是他的义务。沉浸在虔诚的气氛当中，毛姆像很多孩子一样经历了一个笃信宗教的阶段，他一遍又一遍阅读《圣经》的旧约和新约，在祷告上投入大量时间和精力，相信真正的信仰能够移山，从未想过上帝不会满足他的请求。然而，这么做换来的却是痛苦和深深的失望，他感觉自己被叔叔和叔叔的上帝背叛了，这标志着毛姆失去信仰的第一步；但在漫长的一生中，他始终保留了对宗教，对所有宗教浓厚的兴趣，他对宗教信仰的情感一直在与智力作斗争，他下意识地寻找一种性灵的归宿，但到头来也没能如愿。离开学校后，他终于放弃了少年时强烈而单纯的信仰，同时体会到解放感和失落感。但最令他难以接受的是，没有了来生也就意味着，他再也见不到他的母亲了。

国王学校以与圣公会有紧密的联系为荣，但这里的学生并不比其他一次被关上几个星期很难瞥见异性一眼的群体更加高尚。两百个寄宿生，如果没有通常男孩间的性互动、纯粹且充满肉欲的身体接触，以及情感更充沛的恋爱，是不可想象的，毛姆也不可能做到"独善其身"。

多年后他和朋友在加里克俱乐部吃饭，他指着一个正在用餐的年长且体面的绅士说："我在国王学校时和那个人上过床。"毛姆天性多情，在惠斯泰布尔时就对镇上一个男孩产生过情感依赖，据他的哥哥哈利说，自从母亲去世后，他只爱上过这么一个人。但更重要的是，他爱上了自己的一个同学。毛姆的两本带有自传色彩的小说《人生的枷锁》和从未发表的《斯蒂芬·凯里的艺术气质》中都提到了主人公痴迷某个同学的情节。斯蒂芬·凯里明显流露出对肉体的迷恋，《人生的枷锁》中的主人公菲利普的性意识则被表现得更加隐晦，但他们都极度渴望情感。罗西（Rose）这个名字显然也有它的意义在，毛姆还把这个名字给了斯蒂芬·凯里倾慕的对象和《寻欢作乐》中那个令人神魂颠倒的女主人公。他爱上的这位同学心地善良、为人随和，人缘很好，与孤独的菲利普形成鲜明对比，罗西漫不经心地把他当朋友对待，菲利普则既惊奇又心怀感激，后来感激蜕变成醋意十足的爱恋，罗西却对此漠不关心。罗西的原型可能是一个叫伦纳德·阿申登的男孩，与毛姆同龄。从现实中取材的《寻欢作乐》中的叙述者叫阿申登，阿申登也是毛姆关于一战的间谍故事集的主角的名字。同学们可能平时管伦纳德·阿申登叫"阿什"（和罗西一样，是个单音节词）。1954年，在回复真正的阿申登的遗孀的信中，毛姆解答了她的疑问："我选择阿申登这个名字是因为，阿申登和甘恩、德利菲尔德一样，是坎特伯雷非常常见的姓氏……而且，对我而言，单音节词有独特的内涵，容易让人产生联想。"

1888年的秋季学期，14岁的毛姆患了严重的胸膜炎，余下的学期不得不回家休息。到了圣诞节，他的病情大为好转，但鉴于他的病史，学校认为他还是等天暖和了再返校，于是，他被送到了法国南部土伦附近的耶尔。他住在一个英国人家里，此人靠辅导养病男生的课业为生。这是段奇怪的经历，离开法国四年后，毛姆再次回到法国，此间他听到的全是不地道的法语。耶尔和妈妈带他去过的波城差不多，到处是奔着这里温和气候来的英国人。空气中的松香、花花绿绿的市场、海滩和棕榈树、普罗旺斯美食纯朴的味道与惠斯泰布尔和坎特伯雷形成鲜明的对比，翻卷起毛姆内心辛酸的往事。

第二年，1889年复活节后，毛姆回到学校，却发现自己已经跟不上步调了。几个月对于学校生活而言是很长的时间，他的老朋友交了新朋友，他被编入另一个班，课业不熟，暴躁的坎贝尔变本加厉。毛姆对他憎恶不已，决心再也不跟这个畜生老师学了。毛姆本打算像哥哥们一样读剑桥大学，菲尔德先生也鼓励他这么做，坚信只要他申请就能拿到奖学金。但现在，他对这个学校的厌恶削弱了他对学业的野心。他一心想尽快离开，即便会牺牲他的剑桥生涯也在所不惜。他说服叔叔，他的身体太弱了，最好还是让他去耶尔，而不是留在坎特伯雷熬过又一个寒冷潮湿的冬季。令他痛心的学期终于结束了，从此毛姆永远地离开了坎特伯雷国王学校。

第二章

圣托马斯医院

　　在耶尔过了第二个冬天后，无所事事的毛姆回到了牧师寓所。16岁的他不知道将来该做什么，除了尽快离开惠斯泰布尔。索菲婶婶同情他的处境，建议他去德国学习语言，她还给她的亲戚们写信，让他们推荐一个可靠的家庭让她年轻的侄子寄宿。牧师同意了这个计划，毫无疑问，再次摆脱对这个男孩的责任让他如释重负。"他不太喜欢我，"毛姆写道，"但我不能因此责怪他，因为，我也不认为自己是个可爱的孩子，我受教育花的是自己的钱，所以，他也很愿意让我自己做主。"于是，毛姆去了海德堡，住在一个教授家里，教授和他的太太经营着一家专门接待留学生的膳宿公寓。

　　1890年5月，一个阳光灿烂的早晨，毛姆抵达海德堡，从火车站出来，脚夫推着装行李的小车走在中世纪狭窄的街道上，毛姆跟在他身后，沿着林荫大道向一座白色的大房子走去，未来的一年，那里将是他的家。眼前的这座城市令他着迷。教授先生是个中年人，高个子，金色的头发有些斑白，他彬彬有礼、举止得体，用很正式，甚至有点古老的英语同毛姆讲话；相反，他的太太是个矮矮胖胖，脸蛋红扑扑的，眼睛像会发光，整日忙忙叨叨，闲聊时德文中夹杂着蹩脚的英语。第一天晚上毛姆就见到了膳宿公寓的其他住客：两个研究神学的美国学生：一个法国人，还有一个中国人，他们都在大学读书。此外，还有一个新英格兰人，那个人瘦高，叫詹姆斯·纽顿（James Newton），他本来在哈佛大学教希腊文，来德国是为了开拓眼界。

毛姆来此的首要目的是学习语言，教授每天给他上课，他是个不错的老师，还别出心裁地让学生把在中学里念过的一册莎翁剧译成德文。毛姆记性好、听力好，很快就学会了德文，等他对这门语言掌握到一定程度时就研究起歌德来，因为他的老师对歌德佩服得五体投地。毛姆也在大学里选修了几门课程，比如，他选了库诺·费舍①的哲学课，他关于叔本华的讲座令听众兴奋不已，叔本华的悲观主义理论，即"人类存在的原因未知，自由意志是一种错觉，来世不存在"等等，给了毛姆极大的启发。

毛姆是个用功的学生，他花很多时间在房间里读书、写作。他不仅读德国作家的书，也读在惠斯泰布尔时不知道的法国作家的书：比如，弗朗索瓦·德·拉罗什富科②、拉辛③、司汤达④、巴尔扎克⑤、福楼拜⑥、莫泊桑⑦、阿纳托尔·法朗士⑧等。他开始动笔写作，雄心勃勃地从作曲家梅耶贝尔⑨的生平写起，被第一家出版社退稿后，他就毁掉

---

① Kuno Fischer，1824—1907，德国哲学家，哲学史家和批评家。

② La Rochefoucauld，17世纪法国古典作家，他把沙龙游戏中的机智问答作为箴言记录下来，成为一部庞杂的著作，这部书主要表现他的愤世嫉俗思想。

③ Racine，1639—1699，法国剧作家、诗人，代表作为《安德罗玛克》和《淮德拉》。

④ Stendhal，1783—1842，19世纪法国杰出的批判现实主义作家，代表作有《红与黑》。

⑤ Balzac，19世纪法国伟大的批判现实主义作家。一生创作甚丰，写了91部小说，合称《人间喜剧》。

⑥ Flaubert，19世纪中叶法国伟大的批判现实主义小说家，莫泊桑就曾拜他为师，著名作品有《包法利夫人》《情感教育》等。

⑦ Maupassant，19世纪后半期法国优秀的批判现实主义作家，与契诃夫和欧·亨利并列世界三大短篇小说巨匠。

⑧ Anatole France，1844—1924，法国作家、文学评论家、社会活动家。

⑨ 贾科莫·梅耶贝尔，1791—1864，德国作曲家，梅耶贝尔虽然出生于德国的柏林，但却是19世纪法国式大歌剧的创建人和主要代表人物。

了自己的手稿。毛姆很开心摆脱了学校和牧师寓所的沉闷和束缚，沉浸在自由之中，并热切地回应新环境带给他的刺激。膳宿公寓里的其他年轻人比他大几岁，他们非凡的才智和成熟给毛姆留下了深刻的印象。他们经常激烈地讨论艺术、文学和神学，每每聊到深夜。他们对他很友好，让他参与讨论。宗教信仰是其中一个热门话题，毛姆对此尤其着迷。起初，一些人的激进观点令他震惊兴奋，直到有一天，他意识到自己再也不信教了，感觉到时他如释重负。偏见、报应，无趣得令人窒息的礼拜仪式，背诵祷文，每天惧怕永久的惩罚，这一切都消散了。"整座可怕的建筑如纸牌屋一般倒塌了，它并非基于对上帝的爱，而是对地狱的惧怕。"他写道，他很高兴自己重获自由，"他只对自己的所作所为负责……他终于成了自己的主人。"

那个美国人，詹姆斯·纽顿，对毛姆尤为关注，纽顿常常友善地带他去附近散步。他们几乎每天都会一起去探索废弃的古堡，或踩着沉重的步子爬上王座山，欣赏内卡河谷的风景，海德堡高高的屋顶和教堂的塔尖，更远处曼海姆和沃姆斯朦胧的轮廓，还有远处闪闪发光的莱茵河水。有时，他们会在枝繁叶茂的啤酒花园里喝茶，晚上则绕着城市花园漫步，听乐队演奏。纽顿打算在瑞士度两个星期的假，毛姆征得叔叔的同意后接受了这个男人的邀请，决定与他同去，旅行费用全部由对方承担。这看似是一段诗情画意的友情；事后毛姆才明白过来，这位"导师"的兴趣主要是在性方面，也就是说，纽顿对他的关注更多源于肉体吸引，而并非为人慷慨。

回到海德堡后不久纽顿就去了柏林，他的房间住进来一个叫约翰·埃林厄姆·布鲁克斯的英国人。布鲁克斯刚从剑桥大学过来，他在伦敦学了一年法律，没学成，又来德国寻求文化。他相貌英俊，一双蓝眼睛，性感的宽口，一头卷发。布鲁克斯迷人、善良、多愁善感、虚荣。他对文学充满了激情，用催眠般的密度谈论他喜爱的作家，这些人的名字很多毛姆都是头一回听说，比如，乔治·梅瑞狄斯①、斯温伯恩②、沃尔特·佩特，以及莪默·伽亚谟③，只要稍微鼓励他一下，他就会大段大段地背诵《德洛丽丝》（Dolores）和《鲁拜集》。他自己也写诗，大部分诗都带有悲观主义色彩，朗诵自己的诗时，他会把金色的发绺甩在脑后，一双先知般的蓝眼睛盯着不远处。他经常表达自己想要献身文学的意愿，并列出他要写的书目。布鲁克斯滔滔不绝地谈论意大利和希腊的荣耀，谈论雪莱、柏拉图、奥斯卡·王尔德，谈论纽曼主教④和马修·阿诺德⑤时，毛姆坐在那里，入迷地听着他讲。毛姆贪婪地阅读布鲁克斯推荐的书，全盘接纳他平凡无奇的观点，当旁人取笑毛姆的论点时——这时常发生——而这个魅力十足的人就站出来为他辩护，这让毛姆感到受宠若惊。

没过多久，布鲁克斯也开始邀请毛姆一起散步，途中，他会吹嘘自己对美的感受力，对世俗成功的漠视，以及对同龄人过的那种可怜巴巴的平凡生活的不屑。布鲁克斯雄心勃勃，他表示到目前为止，只是由于时间不够，否则他早已写出永载史册的杰作。这样的谈话足以令一个孤独且聪慧的男孩陶醉，显然，布鲁克斯想从他那里得到更多，不仅仅是一个崇拜者，毛姆也很愿意为他效劳。多年后，毛姆向一个朋友透露，他把处男之身献给了布鲁克斯，但这似乎也没什么大不了，只是把在学校里司空见惯的行为向前迈了一步。确实，对于16岁的毛姆，这个容易受他人影响、性欲旺盛的少年而言，成为一个貌似才华横溢、特立独行的年轻男子的情人是件颇刺激的事。渐渐地，他

---

① George Meredith，1828—1909，英国维多利亚时代的小说家、诗人。
② Swinburne，1837—1909，英国维多利亚时代最后一位重要的诗人。
③ Omar Khayyam，波斯诗人、数学家、天文学家、医学家和哲学家，创作《鲁拜集》，编撰《代数学》，改革了穆斯林历史。
④ John Henry Newman，1801—1890，他学问渊博，且勇敢讨论许多有关宗教信仰等问题，深入探讨信仰本质及教义的发展。
⑤ Matthew Arnold，1822—1888，英国近代诗人、教育家、评论家。

看透了布鲁克斯，把他当成装腔作势的废物从心中摒弃了，上过此人的当带给他的难堪导致他对布鲁克斯十分刻薄，无论在生活中，还是在作品中。在《人生的枷锁》中，以布鲁克斯为原型的人物被他这样概括：

> 他真诚地错把自己的肉欲当作浪漫的恋情，错把自己的优柔寡断视为艺术家的气质，还错把自己的无所事事看成哲人的超然物外。他心智平庸，却孜孜追求高尚娴雅，因而从他眼睛里望出去，所有的事物都蒙上了一层感伤的金色雾纱，轮廓模糊不清，结果就显得比实际的形象大些。他在撒谎，却从不知道自己在撒谎；当别人点破他时，他却说谎言是美的。

然而，最初在海德堡的那些日子，毛姆与布鲁克斯的交往对他是有启发的，那段日子极大地增强了他的解放之感，使他确信自己终于站在了现实世界的门口。

戏剧是布鲁克斯的爱好之一，冬季演出季开始后，他和毛姆每个星期都会去小剧院两三次，看完戏还会在酒馆里热烈讨论。他们看过当时走在现实主义运动前沿的赫尔曼·苏德尔曼写的《荣誉》，还看过几部易卜生的话剧，知识界赞赏这位剧作家，但大部分体面人认为他的作品粗暴下流：在海德堡，他的作品得到的欢呼声与嘘声基本持平。易卜生的戏剧是毛姆的一大发现。他去过慕尼黑几次，1891年1月，他可能看了《海达·高布乐》的首演；六月份，他也可能去看了新版的《海尔格伦的海盗》，当时易卜生也在场。就是在慕尼黑，他见到这位伟大的挪威人一次，后者一边喝着啤酒，一边安静地读着报纸。除了7岁那年在巴黎看过伯恩哈特的戏，去德国之前，毛姆从未看过其他话剧，他对舞台产生了强烈的兴趣。一走进剧院，他就很兴奋投入，看的剧目越多，就越是被编剧的技巧所吸引，他热切地草拟情节，写下对话片段。他通过把易卜生的作品从德文译成英文来研究这位戏剧家的写作技巧，并从独幕剧开始实验，坚定不移的现实主义和有关私密和花柳病的主题是那个时期戏剧的主要特点。

圣诞节前不久，布鲁克斯离开德国去了佛罗伦萨，他打算沉浸在但丁和薄伽丘的作品中。毛姆本可以继续学业，但布鲁克斯的影响让他变得浮躁起来，海德堡的生活带给他的欢愉也渐趋平淡，他迫不及待地想要回家，表明自己的独立，并开始谋生。1891年7月，毛姆回到惠斯泰布尔，发现他的叔叔婶婶的身体明显抽缩了：两个人都老了。毛姆不知道该做什么，以写作为生显然不可能，于是，他向叔叔征求意见。叔叔当然希望他做神职人员，但他知道侄子口吃，这个提议不太现实。毛姆的哥哥们子承父业，从事跟法律有关的工作，但搞法律也需要口齿流利。后来，毛姆去伦敦看望父亲的合作伙伴迪克森，后者安排他去一家会计师事务所试用几个星期，但他无法忍受这种工作的无聊，很快又回到惠斯泰布尔。最后是埃瑟里奇医生，他们的家庭医生，帮了他一把，他建议毛姆去他的母校圣托马斯医院学医。这时的毛姆一心想逃离现状，于是死记硬背了几个星期后，1892年10月3日，18岁的毛姆成为了圣托马斯医院医学院的一名学生。

毛姆老早就渴望在伦敦生活。从海德堡回来后，惠斯泰布尔无趣的家庭生活愈发令他恼火，自从1892年8月末索菲婶婶去世后，牧师寓所原本阴郁的生活变得越发阴郁，身体欠佳的索菲曾经抱着可以治愈的希望去了德国的巴德埃姆斯，结果却死在了那里。毛姆虽然喜欢他的婶婶，但离家太久，她的离世只给他带来轻微的痛苦。对于一个18岁的男孩来说，服丧之家并不是理想的住处，闷闷不乐的鳏夫也绝不是好的同伴，况且，他不想回忆起童年的丧亲之痛，毛姆不顾一切地想要离开。还是个学童时，他就意识到伦敦对他的诱惑，想象中，那是一座充满无限希望的城市。他的同学里有两个伦敦的孩子，他们吹嘘自己对伦敦的丑恶面多么熟悉时，毛姆简直听入了迷。

似乎萦绕着伦敦街头夜生活的袅袅余音……剧院门口蜂拥的人流；低级饭馆和酒吧间炫目的灯光；一些似醉非醉的汉子坐在高脚凳上同侍女们搭讪攀谈；路灯下影影绰绰的人群，神秘莫测地来来往往，一心想着寻欢作乐。

接下来的五年，毛姆的家在文森特广场2号。毛姆在一楼租了两个房间，月租为一英镑，卧室里有一张窄窄的铁床，一个脸盆架，五斗橱，客厅有一扇凸窗，从窗子望出去是一排高大的悬铃木和被广场围绕的威斯敏斯特公学的一大片绿色操场。房东太太伊丽莎·福尔曼照顾他的起居，她的丈夫也帮着擦鞋、洗衣服，家里还有一个干杂活的小女佣。伊丽莎·福尔曼太太是个很棒的厨师，每天供应两顿饭：丰富的早餐和相当俭省的晚餐。毛姆尽量把客厅装饰得很舒适，壁炉台上蒙着摩尔风格的毯子，挂上厚厚的绿窗帘，墙上还挂了一幅媚俗的画，画中一个乡下女孩怀抱曼陀铃。后来，随着他的品位越来越高，他在苏荷广场的一家商店花几先令买了几幅佩鲁吉诺[1]、霍贝玛[2]、凡·戴克[3]作品的复制品。

医学院九点钟开课。每天早上毛姆听到房东太太在起居室里有动静就必须立刻起床，不然就吃不上早饭了。他匆忙拿出放在床下的锡浴盆，洗澡、吃饭，然后迈着轻快的步子向河堤走去，耳边是喧嚣的马车声，他穿过朗伯斯桥上汹涌的人群后向左转，沿朗伯斯宫殿路去圣托马斯医院。回家的路上，他会买一份晚报，一直读到六点半吃晚饭，然后在同一张桌子上温书、写作，之后坐在扶手椅上看书，一直看到上床睡觉。周一到周五，他的日程排得满满当当。最初的几个

---

① Pietro Perugino，彼得·佩鲁吉诺，约1445—1523，意大利画家，擅长画柔软的彩色风景、人物和脸，以及宗教题材。

② Meindert Hobbema，梅因德尔特·霍贝玛，1638—1709，荷兰画家，作品多描绘乡村道路、农舍、池畔等，代表作《林荫道》《磨坊》等。

③ Van Dyck，1599—1641，佛兰德斯画家。

周末，日子过得缓慢且无聊，毛姆感觉十分孤独。他在国家美术馆闲逛，绕着西区溜达，在ABC茶室吃简餐。星期六晚上，他一般会去剧院。排队进美术馆时，偶尔有男人上来跟他搭讪，但据说起初他是拒绝的，"用这种方式以防进一步熟悉起来。"

圣托马斯医院的大部分学生会选择外科学院和内科学院的联合课程，每年学费是三百英镑多一点，学制五年，冬季学期从十月到来年的三月，夏季学期从五月到七月底。最初几个月的课程有解剖学、生物学、物理和化学，对毛姆来说，大部分内容乏味透顶，但他还是老老实实听课、背书。解剖室漆成不祥的红色，弥漫着消毒水的味道。学生们一般很难接受，但毛姆从没觉得恶心，而且他发现自己很擅长使用手术刀。医院提供的尸体是五英镑一个从济贫院里买来的，尸体用一种朱砂和砷的混合物保存（前者为了突出动脉，后者为了防止腐烂），学生们两人一组，凑份子买人体部位，胳膊和腿12先令6便士，腹部7先令6便士，头和脖子15先令。为了防止呕吐，老师鼓励学生们抽香烟和雪茄，这种特权自然有助于营造一种友善的气氛，于是，学生们一边解剖人体，一边聊着闲天。上午的解剖课结束，示范讲师走了以后，被砍得乱七八糟的肢体被学生们塞回储物柜里。

上午的课结束后，毛姆去地下食堂吃午饭，通常是一杯巧克力和一块黄油司康饼，然后去学生公共休息室读报纸；天气好的话，他就拿着课本坐到外面的露台上，时不时地抬头望一眼河对岸的议会大厦。毛姆依然渴望受欢迎、被接受，但也依旧害羞，口吃始终是个障碍，他对同龄人抱有好感，尽管他们没有多少共同点。他对大家似乎都喜欢的板球和足球不感兴趣，也不想参加课后的酒宴，他知道自己酒量小。他暗恋那么一两个帅气的男同学，但他知道最好还是把感情隐藏起来，巧妙地披上保护色。如此谨慎不可能与任何人深交，同学们都认为毛姆很冷漠，甚至有点令人生畏。

圣托马斯的学生和别处的学生一样，热情地谈论着性，吹嘘自己的战绩，毛姆对这个话题也感兴趣。到目前为止，他只跟男人有过肉体关系，他很惭愧没有过跟女人上床的经验。一个星期六的晚上，他去斯特兰德大街招妓，那个妓女同意给一个英镑就跟他过夜。她年轻、土气的外表打消了他的疑虑，他跟着她来到沙夫茨伯里大街的一家小旅馆，推开房门，一股烟臭味儿，壁纸上粘着油点子，房间里只有一把椅子、一个脸盆架和一张大木床，床单很脏。这次邂逅的结果并不令人惊讶，他染上了淋病，不得不偷偷去看医生。不过，他并没有为此感到难堪，反而有些高兴，骄傲自己终于可以加入其他吹牛皮的男生的队伍了，也许他还暗暗松了口气，原来自己功能"正常"。

很早毛姆就下意识地承认要对自己是双性恋这个秘密讳莫如深。他的法国成长背景加上口吃，本来就让他很显眼，倘若再被归类为性倒错这个不太受欢迎的小群体，他就更难被大众接纳。

有一次，毛姆和示范老师一起检查他解剖的人体部位，他没找到某根神经，老师指给他看，说，"在解剖学上，不普通的现象也是正常的⋯⋯这句话深深印在了我的心底。"毛姆后来写道，"从那以后，我就认识到，这句话适用于解剖学，对人而言亦然。"除了对最亲近的人，毛姆极少坦露心声。20岁时他就清楚自己的性取向了，但有很多年他试图说服自己喜欢男人不过是一种轻微的失常。"我尽力说服自己，"他后来说，"我四分之三正常，只有四分之一同性恋——然而，事实正好相反。"多年后，他出版了当时的日记，表示有时同性会带给他纯粹的肉体吸引，尽管他依然对公众舆论抱有谨慎的态度，否认存在任何露骨的性成分。

> 如动物般互相吸引的友谊⋯⋯是那么不理性、不切实际；讽刺的是，你很有可能对一个不值得的人产生感觉。这种友谊，虽然性并没有积极参与其中，但真的跟爱很类似：它以同样的方式高涨，以同样的方式消减，这也并非不可

能。我不记得是谁引起了这些令人困惑的思考，但是……我想我被某个人吸引过，有过得不到回应的感觉。

毛姆几乎没有融入医学院的生活，也没交上几个朋友，因为他忙着干别的事。虽然对医学兴趣不大，但他知道必须通过考试，万一没做成其他事，至少还有后路可退，不过，他已决心以写作为生，不允许任何事、任何人妨碍他。毛姆是个狂热的自学者，无比自律、勤奋，他的阅读量惊人，不仅读英文的文学作品，也读法文、德文、俄文和意大利文书。两个月内，他读了三部莎士比亚的戏剧，莫姆森的两卷本《罗马史》和一大半朗松的《法国文学史》，几本英文和法文小说，两本科学著作和一部易卜生的戏剧作品。他抄写斯威夫特、德莱顿、杰里米·泰勒的作品片段并熟记部分内容。他的脑子里充满了各种各样的想法，他将故事大纲、故事情节、对话片段，还有他对事物的观察与思考写满一页页纸。他说，"我写作是因为忍不住。"他最早想写一部戏，于是常去看戏，这段时间总有一个英俊的青年陪在他的左右，那就是他在海德堡认识的沃尔特·阿德尼·佩恩。

佩恩的父亲乔治·佩恩是斯特兰德大街的蒂沃利剧院、牛津街的新牛津剧院和皮卡迪利大街的伦敦馆的经理，事实上，他几乎垄断了伦敦西区。毛姆是个医科生，佩恩打算将来当一名注册会计师，两个人都缺钱，老佩恩是个可利用的好资源，经常给他们提供免费票，他们几乎每周六下午都去音乐厅看演出。晚上坐在正厅后排的便宜座位上看戏，比如，王尔德的《无足轻重的女人》《谭格瑞的续弦夫人》和《认真的重要性》。1895年1月5日，他们见证了亨利·詹姆斯的戏《盖伊·汤姆威尔》灾难性的首演，当这位著名作家向观众鞠躬致意时，迎接他的却是山呼海啸般的嘘声和倒彩，这是他在剧院里从未见识过的。面对一群充满敌意的观众，亨利·詹姆斯惊得下巴都快掉下来了，嘴巴微微张着，脸上一副困惑不解的表情。毛姆真希望幕布赶紧拉上。

那时毛姆还有一个性情古怪的导师，名叫温特沃斯·胡舍。此人比他的年龄大一倍，小个子，瘦瘦的，留着伊丽莎白时代风格的胡子，一双浅蓝色的眼睛。胡舍曾是著名的战地记者，为《纽约先驱报》和《伦敦时报》（《泰晤士报》）撰过稿。他在伦敦、巴黎和纽约工作生活过，结过两次婚，第一任妻子是美国人，后来又娶了一个没读过书的农夫的女儿。他和第二任妻子生了九个孩子，定居在埃塞克斯郡哈洛附近的乡村，过着波西米亚式的生活。他有各种各样的兴趣爱好——纹章和盔甲、古代服饰（为此他还和王尔德通过信）、文学、音乐和绘画。起初，他是哈利·毛姆的朋友，当时他年届五旬，觉得毛姆有前途，就带他听音乐会，去画廊和博物馆，教他如何欣赏绘画作品，给他介绍各个艺术门类。毛姆和胡舍夫妇住在长扫帚农舍（Besom Cottage）。上午，他对孩子们的吵闹声充耳不闻，坐在胡舍的书桌前写作，写完了就拿给主人看。"哎呀，这个好！这个太棒了！"胡舍不住地赞叹。几年后，毛姆的第一本小说出版后，他送了温特沃斯·胡舍一本，并附上一封感谢信："我永远不会忘记当我还是个傻孩子时您给予我的友善，您带我去各处，让我了解各种东西，用各种新的想法启发我。在此，我诚挚地对您表示万分的感激，现在，我很高兴将我的头生子献给您。"

与此同时，毛姆开始学习实用药剂学和药物学，他发现这些课程和解剖学相比，没那么枯燥，他很喜欢揉药丸、配置药膏、磨药粉，但直到在门诊部当办事员，他才全身投入。他第一次对工作产生了浓厚的兴趣，被每天来医院求助的男男女女所吸引。晌午刚过，候诊室里就挤满了男人、女人和小孩，有的穿着体面，有的破衣烂衫，尽管消毒水的味道很浓，但没洗澡的身体散发出的臭气还是刺鼻得令人作呕。男人先看病，大部分人得的是慢性支气管炎，也有得性病的，还有各种与酗酒有关的疾病。女人们因多次生育未老先衰，主要原因是营养不良，或肋骨时常被醉酒的丈夫打断。毛姆协助内科住院医师工作，在这里他听到了很多悲惨的故事。医护人员太忙，很少对病人的私人问题感兴趣，遇到这位举止文雅、富有同情心的年轻大夫，他们心里充满感激。毛姆从不自视高人一等，也不把病人仅仅当成医学样本。正如《人生的枷锁》中的另一个他——菲利普·凯里那样，毛姆意识到穷人"并不需要空气流通的大房间；他们觉得冷是因为食物没有营养，血液循环太缓慢。房间一大，他们反而会觉得冷，想要弄些煤来烤火了。几个人挤在一个房间里并无害处，他们宁愿这样住着；他们从生到死从来没有单独生活过，然而孤独感却始终压得他们受不了；他们还喜欢居住在混乱不堪的环境里，四周不断传来喧闹声，然而他们充耳不闻。他们觉得并无经常洗澡的必要，而菲利普还经常听到他们谈起住医院时一定要洗澡的规定，说话的语气还颇有些不满呢……"毛姆从来没遇到过如此形形色色的人，未经加工的生活片段和最不设防的人性令他着迷，哪怕生病了——在给一具高度腐烂的尸体剖检后他得了化脓性扁桃体炎——也会迫不及待地想要回到工作岗位上去。

虽然医院的工作很忙，业余时间毛姆还是会沉浸在读书写作之中，还是会和家人朋友保持联络。如今在欧洲大陆游荡的约翰·埃林厄姆·布鲁克斯写来辞藻华丽的信，谈到爱情、艺术、意大利的荣耀，尤其借助约翰·罗斯金[①]和沃尔特·佩特的视角。毛姆利用他的第一个复活节假期，1894年春的六个星期去意大利旅行。早在前一年，他就在布鲁克斯的鼓动下学起了意大利语，现在他怀揣着二十英镑出发了。他先去巴黎待了几天，见他的哥哥查尔斯和哈利，还顺道参观了卢浮宫，但看到达芬奇的名画《蒙娜丽莎》，他很失望。他继续走，先到热那亚和比萨，然后到佛罗伦萨，他在一个能俯瞰大教堂的

---

① John Ruskin，1819—1900，19世纪英国杰出的作家、批评家、社会活动家。

房子里住了两个星期，房东太太是个和蔼可亲的寡妇，她的女儿是个老姑娘，每天这个姑娘会给毛姆上意大利语课。渴望学习的毛姆充分利用时间，上午读两个小时但丁，然后出去游逛，手里拿着罗斯金的书。只要罗斯金欣赏的东西，他全都欣赏，罗斯金予以谴责的，他也厌恶地扭过头去。罗斯金可能从来没有过如此虔诚狂热的弟子。只有到了晚上，他才允许自己小小地娱乐一下，吃完晚饭出门寻找艳遇，然而，根据他很多年后的说法，"这就是我的天真无邪之处，或者说害羞也罢，每次我回来时都和出去时一样是贞洁无瑕之身。"

回到伦敦后，毛姆认识了几个布鲁克斯的朋友，在这群文艺青年面前，毛姆显得那么无趣而普通。他们能写会画，作曲也手到擒来，真是令人羡妒，他们有他达不到的艺术鉴赏力和批评本领。后来毛姆才意识到，这群人并非天赋异禀，更多的只是拥有高昂的青春激情，他们的导师布鲁克斯有性格缺陷，永远也不会实现他早年间吹嘘的那些美好愿景。

从意大利回来后不久毛姆参加了两场家庭婚礼，最令他感到意外的是，亨利·毛姆牧师做了不到两年的鳏夫就向艾伦·马修斯求婚了，艾伦是巴思的亨利·马修斯将军的女儿，一个50岁的老姑娘。他们的婚礼于1894年6月6日举行。人们很快发现，艾伦性格活泼，在各个方面都与她的前任形成鲜明反差。有艾伦在，拜访牧师寓所变成了一件很愉快的事，显然，她也让牧师生活得很快乐。

两个星期后的6月21日，查理，毛姆四兄弟中的老大在伦敦迎娶了梅布尔·哈代，动物画家海伍德·哈代的女儿。查理作为自家律师事务所的初级合伙人在巴黎工作了五年，后来在"塞维尔和毛姆事务所"（Sewell and Maugham）上班，就是在这里他认识了当时在音乐学院读书的妻子。婚后，他们回到巴黎，过上了毛姆父母当年的生活。查理聪明、和善，梅布尔，大家都叫她贝尔蒂，活泼、有趣，是个有天赋的业余艺术家，两人都是巴黎侨民圈的活跃分子。查理的弟弟哈利跟着大哥工作过一阵子，但这种安排并不成功，哈利不是一个循规蹈矩的人，他对法律没兴趣；他真正的志向，和毛姆一样，是想当一名作家。哈利性情温和、善良，但同样脸皮薄、神经过敏，大部分时间用来创作冗长的诗剧，和志趣相投的艺术家和诗人们泡在咖啡馆里；不久，哈利离开巴黎，在伦敦先住了一段日子，然后移居意大利。他和毛姆有很多共同点：喜欢艺术，头脑敏锐，但他们都是局外人，害羞、内心缺少安全感；他们在性方面都不墨守成规；他们都想写作，但两个人从未走近过，一方面是空间距离的阻隔，再者，似乎从未有过一个合适的契机让毛姆和他的哥哥们建立起牢固的兄弟情谊。

查理和哈利住在欧洲大陆，毛姆见的最多的是弗雷迪，家中的次子，他留在伦敦并加入了林肯律师学院。讽刺的是，他们俩的关系反倒最为紧张。极端传统的弗雷迪总是挑小弟的刺，毛姆对此甚为憎恶。年轻时他们之间的敌意还是温和的、断断续续的，因为有足够多的往事可以分享，也有共同的兴趣爱好——戏剧、高尔夫、电影，可以享受彼此的陪伴，哪怕只是偶尔为之。弗雷迪，大家都叫他F.H.，长大后英俊、健壮，面色阴沉，冰冷的缄默有效地掩盖了他的敏感和脆弱。1896年12月，F.H.与高等法院法官罗伯特·罗默之女海伦·罗默成婚，并很快成为上诉法院的常任法官。F.H.看上去沉闷无趣，一脸严肃，奈丽（海伦的昵称）则温情脉脉、生气勃勃，喜欢交朋友，浑身散发着魅力和幽默感，爱打闹，开些蠢蠢的玩笑。不管怎样，F.H.还是渴望从妻子那里得到关心和温暖，尽管他并未表现出来。奈丽和毛姆一见如故，很快成为密友。奈丽邀请小叔子参加家庭聚会，让他参加业余戏剧表演，还经常邀他一起喝茶聊天。这个阶段，F.H.的事业进展缓慢，案子接得不多，财务方面的焦虑和事业上的挫败感折磨着他，这种压力导致他比平时更为冷淡和疏远。

1894年夏天过去后，毛姆回到医院继续学习，这回他从门诊部调到了病房，开始陪内科住院医师查房、拿化验单、写病历。毛姆依然喜欢跟病人接触，但相对于从前的岗位，病房里少了戏剧性和兴奋点。作为外科助理，他要站在外科医生身边随时准备递手术用具。如果是不寻常的手术，教室外的走廊里会挤满人，平时也就五六个学生观摩，毛姆很喜欢这种感觉，但他也有不冷静的时候，有一次手术令他非常痛苦，那让他想起了母亲的死。"那天我到手术示范室去观摩一场剖腹产手术。"1897年，他在笔记本上写道：

> 手术开始前，C医生做了一段简短的介绍。我听得不是很认真，但大概记得他说这种手术至今鲜有成功的案例。他告诉我们，这个病人无法自然受孕，而且已经流产了两次，但她一心想要个孩子，现在又怀孕了，尽管他已向她解释了手术风险，让她知道她只有百分之五十的机会挺过来，但她仍然表示自己甘愿冒这个风险……手术看起来相当顺利，当取出孩子的时候，C医生脸上乐开了花。今天早上，我在病房，问一个护士那个母亲现在情况怎么样。她告诉我她夜间就去世了。不知为何，这让我无比震惊，我皱紧眉头，生怕自己会哭出来。这有点傻，我并不认识她，只看过她躺在手术台上。我想感动我的是她强烈的情感，她是医院里一个普普通通的病人，无比渴望生下孩子，甘愿冒着可怕的危险；她不得不死去，这似乎太残酷了，残酷得可怕。

1895年的复活节和暑假，毛姆又去了意大利，这次，他和布鲁克斯一块儿去了卡普里岛。毛姆为这个地方的浪漫之美着迷，陶醉在卡普里岛的温暖、香气和梦幻般的静谧中。当时的卡普里还是乡下，有个小小的外国人社区，来此避暑的游客不多。他们乘小汽轮从那不勒斯来到卡普里，住在一个膳宿公寓里，房费一天四先令，从卧室的窗户望出去就是维苏威火山。两人悠闲地散步，陡峭的山坡上覆盖着芳香的灌木丛，走过葡萄园和柠檬园可以看到装饰着玫瑰、茉莉和三角梅的白房子。来到山顶可以俯瞰远处的大海，法拉可列尼巨岩，那两块灰色的岩石仿佛是从清澈碧蓝的海水中升起的大教堂。毛姆利用上午的时间学习，中午游泳，慵懒地晒太阳，然后上山，在葡萄藤架下用午餐。每天晚上，他们都会去大广场旁边的莫嘉诺红酒屋。外国人在这里交换新闻和八卦，毛姆专心听布鲁克斯和他新认识的作家、画家和雕塑家们谈艺术、哲学和文学。由于学识不够，语言表达也不流畅，毛姆觉得自己不如他们；他只是坐在那儿抽烟，很少说话，对他的写作计划只字不提。

或许羞于与人交谈，但21岁的毛姆十分注重外表，他身材纤细，面孔富有表现力、迷人、性感、优雅，而且能敏锐地捕捉到被他吸引的目光。强烈的创作冲动激发出无数想法，每晚他都会写上好几个小时，这种冲动同时化作性能量，即使他只是静静地坐在那里。他和布鲁克斯是情人这件事在卡普里不会招致闲言碎语，不合常规的关系在这里司空见惯。人们习惯宽容这里的外国人，俊美的卡普里男孩和小岛的美景一样吸引人。在卡普里生活过的康普顿·麦肯齐[1]曾说卡普里能腐化人的性情。人们对很多丑品视而不见，比如，臭名昭著的菲尔逊伯爵、恋童癖和大烟鬼；桑德林汉姆的前牧师骚扰唱诗班少年惹上麻烦后突然造访此地，阿尔弗莱德·道格拉斯勋爵[2]做下一大堆丑事，他曾与一个漂亮的男侍者在他的游艇上公然做出不当行为。只有个别人做得太过火了，比如军火大亨弗里德里希·克虏伯，他与未成年男孩的行为引发恐慌，最后被迫离开卡普里岛。不过，总的来说，这里的道德氛围异常宽松，对于那些生活方式被法律和北欧人看不惯的人来说，卡普里是个不错的避风港。约翰·埃林厄姆·布鲁克斯就是这么想的，在卡普里的两个星期让他感觉自由自在，他决定不回英

---

① Compton Mackenzie，1883—1972，爵士，英国小说家、散文家和诗人。

② Lord Alfred Douglas，1870—1945，王尔德昵称他为"波西"，出版过多部诗作，曾与王尔德是一对恋人，在王尔德死后陷入长期的精神问题，曾为王尔德翻译剧作《莎乐美》。

格兰了，要永远地留在卡普里。

布鲁克斯的决定做得很及时，就在他和毛姆到卡普里的那个月，1895年4月，奥斯卡·王尔德在伦敦接受了审判。一个迄今为止大多数报纸读者做梦也想不到的由男妓、男妓院和变态性行为构成的世界展现在他们面前。王尔德被判强迫劳役两年，很多男人颇为震惊，他们原以为稍微谨慎一点就不会惹上麻烦，于是很多人立刻决定前往欧洲大陆。通常，一天中从英国去法国的乘客有六十来人，王尔德被捕那天却有六百多位先生登上了跨海渡轮。王尔德一案影响深远，在接下来的70年之间，毛姆这代人活在真真切切的恐惧之中，担心被敲诈、被曝光，甚至被逮捕。21岁的毛姆不太可能完全明白此事与他自身生活之间到底有怎样的关联，然而，王尔德一案还是让他坚定了保护隐私的决心，并把隐瞒的习惯继续了下去。

这段时间，毛姆的一个同学总是看到他和一个青年在一起，此人大概就是常和毛姆一起去看戏的沃尔特·阿德尼·佩恩。"亲爱的伙伴和我那孤独的青年。"毛姆这样描述他。毛姆一生曾对一系列男性伙伴产生强烈的依赖感，佩恩是最早的一个。这种关系有一种明显的模式，从性关系开始逐渐转变成亲密的朋友、情人，对方身兼数职，既是秘书，又是伴侣，同时也是协调者。他们交往了二十多年，佩恩之后是杰拉德·哈克斯顿和艾伦·塞尔。和他的继任者们一样，从一开始，佩恩就会提供一项必不可少的服务：帮助毛姆和陌生人接触。由于口吃，毛姆觉得自己在公共场合遇到生人时几乎不可能轻松地交流。知道自己一张嘴难免出洋相，毛姆更愿意依赖他人开始一段对话。佩恩仪表堂堂、举止大方，因此是个理想的同伴。

他们定期去戏院和音乐厅，艳遇的机会很多。斯特兰德大街、皮卡迪利大街和沙夫茨伯里大街新建的戏院周围有几十家商店、咖啡馆和酒馆，通常营业到凌晨，吸引着各色男女，并非所有人都有体面的追求。毛姆后来回忆说："西区从沙夫茨伯里大街到查令十字街北边那条街，夜里十一点到十二点，人头攒动……空气中有一种艳遇的感觉。眼神相遇，然后……"标准酒吧和伦敦馆的步行区是最受欢迎的艳遇地点，斯特兰德大街的蒂沃利剧院，莱斯特广场的帝国剧场和阿尔罕布拉剧场的工作人员早已习惯对观众席高处昏暗角落里的男男行为视而不见。户外最受同性恋欢迎的地点是河边的河堤花园和海德公园的阿喀琉斯雕像前。

毛姆抗拒不了底层性世界对他的诱惑，很快他便得知，附近的男人从不在九点前去音乐厅，那是男女卖淫者出来做生意的时间，他们在步行街的酒吧里抽烟喝酒的绅士们中间诱人地走来走去。毛姆最初企图跟一个妓女搭讪，但那个姑娘惊人地沉着，当毛姆磕磕巴巴提议要给她买杯酒时，那妓女一扭头，轻蔑地走开了。斯特兰德大街上的比较便宜，要价高的集中在繁华的皮卡迪利大街上。身材瘦小的毛姆穿着深色大衣、戴着帽子，入迷地看着他们走来走去寻找客人，完全无视普通情侣和向公交车走去的一家家人。1896年，毛姆在笔记本上写下一个对话片段，无可否认，采用的是调情的语气，这段对话可能发生在他和一个比他年长的男人之间。

> 年轻人说："噢，我可不想变老。人生的乐趣都没有了。"
> "但是，会有别的收获。"
> "比如什么？"
> "喏，比如说对青春的思考。如果我现在是你这个年纪，我想我可能会觉得你是个狂妄自大的家伙；但其实，我觉得你是个可爱有趣的男孩。"

半个世纪以后，出版含有这段对话的书之前，毛姆用戏谑的口吻补充道，这话到底是谁说的，他实在是想不起来了。1896年10月，毛姆的学业进入最后阶段，开始学习产科和妇科。第一天早上的课就令他难忘。

"先生们，"妇科老师这样开始他的课程，"女人是这样一种动物，每天排尿一次，每周排便一次，每月排卵一次，每年分娩一次，每当有机会就交媾一次。"最近又增加了一门新课——实用助产术，三个星期内，学生们必须随时待命，在以医院为中心的一英里的范围内至少参与二十次分娩过程，毛姆参与了六十三次接生。他暂时住在大门对面的一间屋子里，方便门房叫他。每天他只能睡两个小时，但他几乎感觉不到累，他在见证生命的时刻十分专注。他第一次在院区以外工作，亲眼目睹了可怕的现实，近距离地感受到噪音、恶臭和拥挤污秽的环境，许多穷人挣扎着活着，根本没有机会逃离。如果一家之主有工作，生活还可忍受；没工作的话，境况更为悲惨，如果这时候再有个孩子来到世上，就只剩下绝望了。"意外情况"不少，婴儿睡觉时，母亲压在了他们身上，婴儿吃错了东西也并不总是粗心的结果。遇到紧急情况，毛姆会求助高级助产士，等他们赶到时，通常已经太迟了，要么婴儿停止了呼吸，要么母亲因失血过多死去。过了这样一个夜晚，他会松一口气，黎明时分走在泰晤士河边，呼吸新鲜空气，望着天空变成粉红色，晨雾消散在水里。

接受助产士培训时，他动了写本小说的念头。过去的几年，他把主要精力放在写戏上，但几个剧本都被拒绝了，于是，他打算先写两三本小说，希望小说出版后剧院经理们会更看好他的剧本。

这是一个令出版业激动的时代。19世纪90年代出现了一大批出版公司：海涅曼、哈钦森、麦修恩、鲍利海。年轻的作家们开始尝试不同风格且篇幅更短的作品。毛姆在书店翻书时被"笔名图书馆"吸引，这是一系列畅销的平装本，出版人是富有开拓精神的托马斯·费希尔·昂温。昂温是个美男子，蓝眼睛、黑胡子，艳丽的领带和易怒的性格同样出名。他在19世纪70年代创建了自己的公司，此人既爱冒险，又善于讨价还价。昂温发掘的著名作家有叶芝、高尔斯华绥、

H.G.威尔斯①、乔治·莫尔②和约瑟夫·康拉德③。毛姆把他的两个短篇小说寄给审稿人爱德华·加内特，其中一篇是《坏榜样》，主人公是个好人，但善良导致他自私的家人认为他精神失常。加内特看后不建议出版，他认为毛姆有一定的能力，但能力不足，觉得他有想象力，可以写得很漂亮，但对社会的讽刺不够深刻，也没有幽默到足以吸引读者。加内特建议他先尝试给小杂志写写稿。昂温虽然拒绝了这两篇故事，但表示如果将来毛姆交来足本小说，他很愿意拜读。受到鼓励的毛姆激动不已，又立刻投入到写作当中。

《兰贝斯的丽莎》最初叫《一曲兰贝斯牧歌》，故事背景是毛姆学医时熟悉的贫民窟。过去的几年里，毛姆的品位深受约翰·埃林厄姆·布鲁克斯的影响，他本可以模仿某些作家的风格，比如，布鲁克斯喜欢的佩特，或者19世纪末的颓废主义者们，于斯曼④或王尔德。但他最终选择效仿法国现实主义作家左拉和莫泊桑，尤其是后者，他的叙事风格非常适合毛姆选择的并不浪漫的题材。毛姆在较晚一个版本的《兰贝斯的丽莎》的前言中写道："我那时特别崇拜盖·德·莫泊桑……他在讲故事方面极具天赋——他不仅叙事清晰，并且总是直接又有效。"用这三个词来形容《兰贝斯的丽莎》也很恰当，无论用哪个标准来衡量，这都是一部成功的虚构作品，作为处女作能给人留下深刻的印象。写《兰贝斯的丽莎》时，毛姆解释道："描述我在医院门诊部和做助产士期间遇到的那些人时，我既没有添枝加叶，也没有夸大其词……匮乏的想象力迫使我将所见所闻直截了当地记录下来。"后来他断言，"《兰贝斯的丽莎》是让英国公众第一次有机会

---

① Herbert George Wells，1866—1946，英国著名小说家，尤以科幻小说创作闻名于世。
② George Moore，1852—1933，爱尔兰小说家、诗人、戏剧家和批评家。
③ Joseph Conrad，1857—1924，生于波兰，后加入英国国籍，康拉德最擅长写海洋冒险小说，有"海洋小说大师"之称。
④ Joris-Karl Huysmans，1843—1907，法国小说家。1903至1907年，于斯曼曾任龚古尔学院第一届主席。

读到描述伦敦贫民窟生活的现实主义作品。"实际上，此前乔治·吉辛[①]和吉卜林等作家都如实地描写过城市贫民的生活。

　　毛姆对笔下的人物既怀有同情心，又冷静客观地对待，对他们的所作所为也不做任何道德评判：他很明白，年轻的姑娘必须过得快活，因为未来无望，无非是辛苦地劳动，酗酒和家庭暴力是家常便饭。毛姆清楚地意识到贫穷的残酷以及乐观而短暂的青春无畏。同时，他深刻理解人对爱的渴望，以及性吸引势不可挡的力量。《兰贝斯的丽莎》写在三个练习本上，写了六个月，1897年1月14日，毛姆把手稿交给昂温并附上一张典型的具有悲观主义色彩的纸条："这是九天内发生在兰贝斯贫民窟的奇迹……表明这个世界上没有什么东西特别重要，在维尔街，一切都不重要。"三个审稿人读了这篇故事，沃恩·纳什不喜欢——粗俗、坦率得令人恶心、缺乏浪漫，另外两个人却很喜欢，尤其是加内特，"作者对女工和小贩的生活进行了一番聪明且颇具现实意义的研究，如果费希尔·昂温先生不出版《一曲兰贝斯牧歌》，肯定有人愿意出版……毛姆先生具有非凡的洞察力和幽默感，我们很可能会再次听到他的名字……此外，对话写得极妙。"

　　四月，托马斯·费希尔·昂温和圣托马斯医院的威廉·萨默塞特·毛姆签了一份合同。他们商定，《兰贝斯的丽莎》将以毛姆的名字出版，并列入笔名图书馆系列，每本售价3先令6便士，初版印数为2000册，卖出的前750册没有版税，后面的1250册有10%的版税。这个条款说不上大方，但也正常：作者籍籍无名，昂温出版他的作品要冒一定的风险，按照当时的惯例，出版公司会给他一点预付款，等制作成本收回来再付版税，付版税的日子经常一拖再拖，这个过程本可以加速，如果昂温能把这本书卖到美国去的话，可是，他没能做到。美国出版商查尔斯·斯克里布纳在写给纽约的报告中说："昂温这个人实在讨厌，

---

　　① George Gissing, 1857—1903, 英国19世纪小说家，他的小说以描写下层社会生活和文坛人物著称。

到伦敦的最后一天我才甩掉他。我拒绝了那个贫民窟的故事……"

《兰贝斯的丽莎》于1897年9月出版，正赶上维多利亚女王的登基钻石纪念庆典。同时期出版的小说还有吉卜林的《勇敢的船长》、布莱姆·斯托克①的《德拉库拉》、H.G.威尔斯的《隐身人》和亨利·詹姆斯的《梅齐知道什么》，尽管竞争如此激烈，默默无闻的毛姆却收获了很大的关注，评论界为他的才华鼓掌，同时也为这个令人震惊的主题感到惋惜。"整本书散发着小酒馆的臭气，实在令人感到压抑。"文学协会也表达了类似的观点，"警告那些不想接触最丑陋的字眼和句子的读者们，毛姆这本书不适合他们。不过，想要了解生活原貌的读者则不难从中发现它的价值。"

昂温非常清楚宣传的重要性，他把这本书送给很多名人，希求获得更广泛的关注，其中包括后来成为威斯敏斯特教堂副主教的巴兹尔·威尔伯福斯牧师，他将这本书作为周日晚上布道的主题。约瑟夫·康拉德也收到了这本书，就在那年，昂温出版了他的《水仙号上的黑水手》。"我相信这本书会大获成功，它就像一幅没有任何气氛的"类型"画……只是旁观，这正是一般读者所喜欢的。这本书让我想起了杜穆里埃的画，一模一样的艺术，只是在不同的领域里。"毛姆很高兴他的书受到关注，更令他开心的是，只过了两个星期，这本书就已售罄并开始加印了。

就在这时，《兰贝斯的丽莎》遭到了攻击。一本名为《学会》的文学杂志上刊登了一篇未署名的文章，作者指责毛姆抄袭了上一年年末出版的一本"贫民窟"小说——亚瑟·莫里森的《雅各的一个孩子》。很快，毛姆给《学会》杂志写信为自己辩解："我尚无机会拜读亚瑟·莫里森先生的作品，所以，说不出他的书和我的书之间有哪些相似之处……我的书在《雅格的一个孩子》出版前三个月就写完了，所以，被人指责抄袭或许有那么一点不痛快。"众所周知，毛姆

---

① Bram Stoker，1847—1912，爱尔兰的小说家及短篇小说家。

总是在日期上含糊其词，他的说法并不严谨：《雅格的一个孩子》是1896年末出版的，当时毛姆并没有写完《兰贝斯的丽莎》，然而他不可能在完成这个小说之前读到莫里森的小说，此外，虽然《兰贝斯的丽莎》和《雅格的一个孩子》都将故事背景设置在伦敦的贫民窟，但真正相似之处却几乎没有，莫里森那部作品的主人公是个可怜的孩子，他笔下的绝望、无助和暴力更加残酷。不过，毛姆极有可能受到了莫里斯的一部早期作品——1894年出版的短篇小说集《穷街往事》的影响，其中的第一篇《Lizerunt》与后来的《丽莎》确实有相似之处，只是莫里森的观点更加阴冷。

毛姆将出版社送给他的六本样书赠给他的家人和朋友，首先送给了沃尔特·阿德尼·佩恩，他在书上写道："阿德尼，爱你的作者。"另一本送给了毛姆的导师温特沃斯·胡舍，其余的送给了他的哥哥们，可没有一个哥哥表达过收到这份礼物时的喜悦之情，哈利贬损弟弟的文学才能，查理则反感小说的内容，奈丽也有同感，她在日记中写道，"《兰贝斯的丽莎》是一本非常令人不舒服的书。"毛姆还把一本书寄到了牧师寓所，题词是："献给牧师和艾伦婶婶，爱你们的作者。"可是，亨利牧师没有时间读，几天后他就去世了，享年69岁，此前他已经病了一段时间了。毛姆和哈利去惠斯泰布尔参加了9月21日举行的葬礼。他对这位老人没有感情，甚至从来没有喜欢过他；他自私了一辈子，对爱他的妻子自私，对由他负责照顾的男孩漠不关心；他并不是一个残忍的人，而是一个愚蠢、严苛的人。

1897年10月，毛姆拿到了圣托马斯医院的毕业证书，从此他可以以英国皇家外科学院会员的身份行医了，同时他还获得了英国皇家内科医师学院的从业执照。令他有点惊讶的是，产科主任医师给他提供了一个职位，但有志于写作的他拒绝了。他已经证明自己有能力从医，并一直对这段生活心怀感激。垂暮之年，他这样写道，"在圣托马斯医院度过的那五年让我对人性有了充分的了解。"假如《兰贝斯的丽莎》这本书失败了，他打算去船上当个医生，至少那样有机会旅行；这本书的成功让他下定决心弃医从文，不过事后想来他有点后悔。"可惜我放弃得太早了，"他说，"我是个十足的傻瓜。我本可以利用晚上的时间写作，这样就不至于在财务困境中苦苦挣扎了。"

昂温极力鼓动毛姆再写一部更长的小说，也是关于贫民窟生活的，他已经出名了，这本肯定比《兰贝斯的丽莎》更为成功，但毛姆不屑地表示，既然已写过一本，他对这个题材就没兴趣了。出版人没想到的是，毛姆说他已经完成了下一部作品《一个圣徒发迹的奥秘》，那是他前一年夏天在卡普里写的一部历史小说。他把手稿留给昂温，不久后动身去了西班牙，他在那里待了小一年。他希望回来时第二本小说已经出版并确立了他作为职业文人的声誉。可惜，他盼来的却是失望。

第三章

本能作家

　　儿时的毛姆就很渴望探索异国风情和未知的事物，这个愿望在惠斯泰布尔一直没有实现，他只能望着窗外冰冷的北海，梦想着有一天逃离。现在，他完全独立了，任何东西、任何人都束缚不了他，或者要求他在场了。"生活就在他眼前，还有无意义的时间。他可以这样游荡，游荡很多年，只要他愿意，在人迹罕至的地方，在陌生人中间……他不知道自己在寻找什么，也不知道旅行会给他带来什么；但他有一种预感，他会从生活中学到新的东西，获得某种解开奥秘的线索。"怀着陌生的自由之感，毛姆起初打算离开两年，先去西班牙待一年，再去意大利和希腊，最后去埃及，他想在那里学会阿拉伯语。这些想法虽然很有诱惑力，但他清醒地意识到，对于一名职业作家而言，伦敦是他的市场，不能离开太久，否则，他的名字会被遗忘。因此，他决定只执行第一部分计划，旅居塞维利亚八个月。

　　还是一名医科生时，毛姆就阅读了大量西班牙文学作品，并喜欢上了西班牙，对他来说，这个国家比任何国家都更能代表浪漫。现实好得超乎想象，西班牙南部的光线和温暖让毛姆心中充满了强烈的幸福感。1897年12月7日，毛姆来到塞维利亚，他立刻爱上了这座城市、这里的人和西班牙"甜蜜的生活","我在伦敦疲惫地生活了许多年,太多的希望令我沮丧,繁重的工作让我的思维变得迟钝,来到这里后,我发现这里仿佛一片自由的乐土,"他写道,"在这里,我终于感受到了青春。"

毛姆住在古兹曼·厄·布宜诺街2号,英国副领事家,这栋房子位于一个叫圣克鲁兹的时髦街区,能够住在这里很可能是通过他的哥哥查尔斯在巴黎的律师事务所的外交关系安排的。狭窄的街道两旁的白色大宅谨慎地隐藏在铸铁大门后面,透过大门可以看见枝叶茂密的庭院。炎热的夏日,帆布伞遮住街道,从一座房子延伸到另一座房子,到了傍晚才会撤去,放凉爽的风进来。毛姆喜欢这个街区的安静,白天只有喷泉水细细流淌,偶尔有乞丐的叫声,驴蹄子嗒嗒落在铺着鹅卵石的地面上,除此之外,再无其他声响。结束上午的工作后,毛姆去城里闲逛;他喜欢在华美的城堡内的花园和橘园里漫步,走到新广场,从翻看斗牛新闻的老人身边经过,走进哥特风格的大教堂,站在巴托洛梅·埃斯特万·牟利罗[1]和苏尔瓦兰[2]的画作前呆看。有时他来到国有卷烟厂(著名的《卡门》所在地)门口正好赶上说起话来粗声大气的吉普赛女郎们从大门里涌出来。晚上散步时他会随着人潮漫步于德里西亚斯(Delicias),瓜达基维尔河边的花园,或在西尔皮斯大街上观看坐在四轮马车上的时髦女郎和琳琅满目的商品,商店大多向街道开放,就像在东方的集市上。

西班牙语水平提高后,毛姆越发深入这座城市的生活。他蓄起胡须,抽起菲律宾人牌雪茄,学会了弹吉他,还买了一顶平顶宽檐帽;他渴望拥有一件用红色和绿色天鹅绒做衬里的披肩,可惜太贵了,于是,他买了一件南美披风;他去戏院,看斗牛,在挂着一串串香肠和火腿的昏暗酒馆里喝雪莉酒。他被当地人请去家里吃饭,听他们就在

---

① Bartolomé Esteban Murillo,1618—1682,巴洛克时期西班牙画家。

② Francisco de Zurbaran,1598—1664,17世纪西班牙僧侣画家。

遥远的古巴爆发的美西战争激烈地辩论，他参加野餐会，开心地看姑娘小伙儿们跳弗拉门戈舞。他甚至托关系参观了监狱，陪着监狱的医生查了一天房。他借了一匹叫阿瓜多尔的马，骑着它来到周边的乡野，来到宽阔的瓜达基维尔河边，穿过围绕城墙的平坦玉米地。春天来到后，他往更远处走，郎达、艾锡加、格拉纳达，腰上别着一支左轮手枪，挂包里装着剃须用品和换洗的衣服。天黑后，穿过严酷的旷野时，他通常借住在农舍或牧羊人的小屋里，主人们并不总是那么热情好客。城市轻松悠闲的魅力也不都是看上去那样。毛姆总结道，

"安达卢西亚人没有法国人和意大利人的开放和率直……相反，那种东方式的保守令我困惑不已……我无法理解他们对陌生人本能且原始的敌意。"

尽管困惑，毛姆还是为西班牙和西班牙人着迷。在塞维利亚的那几个月，他尽情地享受异国情调，唾手可得的东西，还有艳遇。在西班牙，与在法国和意大利一样，反教权的情绪扫荡了天主教会的权威和教会反对鸡奸的古老律法，使一种在信奉新教的北方所不熟悉的自由成为可能。摩尔人占领安达卢西亚八百年留下的遗产随处可见，不只在建筑方面，还有阿拉伯人对待同性恋的宽松态度。正常的表象下面，男女间的求爱也以一种不寻常的放纵仪式进行着。晚上，漫步在寂静的街道上，毛姆不无嫉妒地看着披斗篷的青年抓住装有铁条的窗子，向里面的女朋友低声说着诱人的情话，通常结果是灾难性的。西班牙青年的热血激昂，遇到喜欢的女孩就去勾引，这又让他们显得无情，致使世间多了许多眼泪，女孩被家人拒之门外后情愿落入风尘。在塞维利亚或马德里的妓院里，她至少能找到遮风挡雨的屋檐，有面包吃。薄情郎们则继续逍遥自在。

在《圣洁的天国：安达卢西亚见闻和印象》中，毛姆记录了他在安达卢西亚的一段经历。他说，他从未坠入过爱河，但还是迷上了一个叫罗萨里托的人，他用一种骄傲但很笨拙的方式写道："写到西班

牙女人时，我就会想到你，罗萨里托……你的黑眼睛那么明亮，柔软如天鹅绒，有时充满爱抚，有时目光如火。哎呀！我只能找到平庸的句子来形容那些令人心猿意马的人。"也许罗萨里托就是罗萨里托，也许根本不存在这么一个人，纯粹是他的文学幻想；毛姆提到过很多次轻松的艳遇，还提到他喜欢过一个有双绿眼睛和快乐笑容的"小东西"，他小心翼翼地没有指明性别。他的魅力足以吸引毛姆第二年重返塞维利亚。描述这段时间的生活时，毛姆写道，塞维利亚的生活"太舒适惬意了，我无法专心于文学。"尽管如此，他还是保持了勤奋的习惯，八个月内完成了一本游记、四个短篇小说和一部足本长篇小说。他把这些手稿装进手提箱于1898年秋回到了伦敦。

24岁的毛姆一心想推进他的事业，通过写作来赚钱。然而，原以为等他回来时《兰贝斯的丽莎》会给他带来一大笔版税，结果，他惊愕地发现，版税总共才不过二十英镑。毛姆认为昂温欺骗了他。幸好，他不可能再有机会骗他了，因为毛姆在出国前找了一个文学经纪人科莱斯，科莱斯为毛姆的《一个圣徒发迹的奥秘》争取到了五十英镑的预付款。莫里斯·科莱斯高大魁梧，是个福斯塔夫式[1]的人物。文学经纪人是一门新兴的职业，普遍不被出版商看好，威廉·海恩曼用"寄生虫"来形容他们，出版商习惯直接跟作者打交道。最早的文学经纪人是A. P. 瓦特，他统治了这个行业很多年，到了世纪之交，科莱斯就和他代理著名作家们一样出名了，比如，哈代[2]、美瑞迪斯[3]和阿诺德·本涅特[4]。律师出身的科莱斯1890年接管了提供文学和戏剧顾问服务的"作家辛迪加"，同时，他还是作家协会的法律顾问。科莱斯

---

① 莎士比亚历史剧《亨利四世》中的人物，他是王子放浪形骸的酒友，既吹牛撒谎，又幽默乐观，既无道德荣誉观念，又无坏心，是一个成功的喜剧形象。

② Thomas Hardy，1840—1928，英国诗人、小说家，代表作有《德伯家的苔丝》《无名的裘德》等。

③ George Meredith，1828—1909，英国作家。

④ Aronld Bennet，1867—1931，英国作家。

举止得体、和蔼可亲，他的很多客户，也包括毛姆在内，过了一段时间才发现他并不称职。

《一个圣徒发迹的奥秘》是1898年夏天毛姆不在英国时面世的。毛姆尝试写历史小说是因为受到了多产文人安德鲁·朗的启发，后者断定，对于年轻作家而言，历史小说是理想的形式，因为故事和人物是现成的，不需要真实的生活经历。在这个坏主意的诱使下，毛姆着手写作，当时，他还在圣托马斯医院读书，课余时间他去大英博物馆的阅览室翻阅马基雅维利的《佛罗伦萨史》，其中一个情节吸引了他，《一个圣徒发迹的奥秘》的故事就是围绕这个情节展开的——福尔利被围困时，卡特琳娜·斯福尔扎勇敢反抗将她俘虏的人。毛姆晚年非常蔑视这本书，没有将它收进他的选集里。其实，读者对这本书的评价并没有他以为的那么糟。昂温的审稿人加内特在审读报告中写道："目前看来，毛姆先生是越写越好了……这是一部异常强大的作品，充满了生命力……"评论家们认为，整体来说，作者的努力值得称赞，个别评论人则认为书中露骨的情爱描写冒犯了他们。

动身去塞维利亚前毛姆退掉了文森特广场的公寓，后来他和老朋友沃尔特·佩恩搬进圣詹姆斯公园附近的一间小寓所。不久后，他们又搬到了维多利亚火车站后面的卡莱尔大厦。他们请了一个女佣帮他们做饭、收拾屋子。毛姆在《一个体面的男人》中对典型单身汉的家进行了一番描述，大概说的就是他和沃尔特的家。"书桌上乱糟糟地堆满了文稿和书籍……壁炉两侧各有一把扶手椅；壁炉架上摆放着各种烟具……书架里塞满了书；墙上挂着一两只代夫特盘子，仿罗塞蒂风格的版画，以及安吉利科和波提切利的画。家具简单、不贵……一个阅读大量书籍且乐于把玩美好物件的人的住所。"和这部戏的主人公巴兹尔·肯特一样，毛姆"喜欢烟味，书随便乱放，缺乏责任感"。

毛姆一心一意对待佩恩，十分信任他，佩恩和蔼可亲、头脑清醒，毛姆的性情却反复无常，二人构成了可靠的互补关系。他们都喜欢戏剧，照旧定期去看戏。佩恩是个合格的注册会计师，有很强的经济头脑，他答应帮忙处理毛姆的账务以及毛姆与出版人、经纪人、杂志记者之间的通信，总之，所有莫里斯·科莱斯职权范围以外的事。和佩恩住在一起还有别的好处：最近，他放弃了当会计，正在争取获得律师资格，所以，白天不在家，家完全属于毛姆一人，他可以安静地写作。晚上，佩恩还经常带一些迷人的伙伴回来。毛姆暮年时以一种冷酷且愤世嫉俗的口吻回忆起那段时光，"他（佩恩）长得英俊，把女孩弄上床毫不费力……小演员、女店员、办公室女职员。沃尔特差不多每周都要出去一个晚上。一天，当时我的一个女性朋友来家里和我共进晚餐，吃完饭我们疯狂地做爱。后来，我们穿好衣服下楼，我给她叫了辆出租车，交了车费，约好下周再见。没有浪漫，没有爱，只有性欲。回想起来，我的这些经历真够脏的，不过，我当时才二十出头，我的性欲需要表达。"

　　想尽快扬名立万的毛姆全身心投入到工作之中，只是他当时意识不到，从那时起到他真正获得成功还要等上漫长的九年时间。"我天生富有洞察力，拥有写对话的诀窍……写作对我来说就像呼吸一样自然，我不会停下来思考写得好与不好。"毛姆的当务之急是把他在西班牙写的东西卖出去，他的一个短篇小说《拘谨的塞巴斯蒂安先生》于1898年10月发表在Cosmopolis杂志上。这篇小说没有给他带来预想的成功，发表一个月后，这家杂志就关门了，毛姆也没拿到钱。由于合同条款的限制，毛姆把作品交给了昂温，但他拒绝了毛姆接下来的两本书。昂温表示对安达卢西亚游记毫无兴趣，还拒绝为毛姆的小说《斯蒂芬·凯里的艺术气质》支付一百英镑，但他准备给毛姆出一个短篇小说集，听到这个决定，毛姆很开心，他希望先出短篇小说，再出那个长篇。"《斯蒂芬·凯里的艺术气质》没戏了，"他给科莱斯写信说，"口味确实有点重，但我确实也希望先出点更温和的东西，这样我就不会被人们当成乔治·莫尔①那类的作家了。"

《东向礼拜》这本短篇小说集中的六个故事是他在西班牙写的，还有两篇是早就写好后改头换面的版本。爱德华·加内特读了《坏榜样》，不喜欢，这本书里的故事他几乎没一个喜欢的，"都有点平，有点沉重……我们觉得，如果出版这个集子，毛姆先生的声誉可能会受挫。不过，有一个例外，《黛西》太棒了……时髦、充满洞见、精神饱满。如果毛姆能再写五篇同等水平的，结果会很不一样。"最终版本的《黛西》是在亨利·毛姆死后完成的，参加叔叔的葬礼又勾起了他儿时的回忆。他怀着复仇心理描绘惠斯泰布尔以及生活在那里的人的卑鄙和虚伪；然而，字里行间还是流露出一种失我所爱的悲伤。《东向礼拜》受到了出版界的一致好评。

充沛的活力是毛姆独特的魅力之一。虽然他个子不高，却十分惹眼，黑头发、黑胡子配上苍白的肤色。他的一个熟人，作家路易斯·马洛说，毛姆的脸有一种近乎东方的美："深棕色的眼睛和他富有光泽的黑发很搭……浓重的色彩与苍白的皮肤形成鲜明的反差。"随着收入增加，毛姆把更多的钱花在服装上，并很快拥有了优雅的鉴赏力。回顾往事时，毛姆认为这个阶段的自己看上去是个害羞且不善交际的人，确实，他一直嫌自己个子不够高。"身高五英尺七英寸（1米7左右）和身高六英尺二英寸（1米88左右）的人的世界是完全不同的呀。"他在笔记本上写道。

从西班牙回来后，他已经能在大多数情况下坚持自己的立场，在寻求艳遇方面也没有太多顾虑。"我想，不必让感官需求屈从于精神诱惑，"他写道，"我决心从社交、人际关系，从食物、酒和放纵中获得一切满足。"性欲旺盛且心情急迫的毛姆随时留意着机会，同

① George Moore，1852—1933，爱尔兰小说家、诗人、戏剧家和批评家，一个和时代永不合拍的天才，曾留学法国学习绘画，深受自然主义的影响，其代表作有《一个青年人的自白》《爱洛伊丝和阿贝拉》等。

时，在感情上，他又很脆弱，渴望得到爱。他这样描述自己，"我几乎不停地恋爱，从15岁到50岁。"也许他希望年轻的自己是强悍的、无情的，但事实并非如此：他与男人和女人都有过感情纠葛，他太感性了，这让他痛苦。二十多岁时，他曾与一个女人有过短暂的交往，那个女人这样评价他，"在性方面，他是一个特别感性的男人。"

　　毛姆二十左右岁时大概经历过性和情感方面的动荡。在他最早的小说《兰贝斯的丽莎》《一个圣徒发迹的奥秘》《英雄》《克拉多克夫人》和《旋转木马》中，性激情这个主题占了主导地位，在从未出版的《斯蒂芬·凯里的艺术气质》里表现得尤为明显。晚年时，毛姆将此书赠给了华盛顿的国会图书馆，并严格要求不得引用或复制。幸亏没有出版，不然就没有后来那本好过它无数倍的《人生的枷锁》了。毛姆后来解释说："当时太年轻，不懂得如何正确利用好的题材。我离我所描述的事件还不够远，无法理性地看待。"毛姆认为他的第三本小说"只是一种无意义的好奇"。

　　虽然未能赢得推进事业所需的评论界的关注，萨默塞特·毛姆这个名字还是打响了，很快，毛姆发现自己的社交圈子变宽了。《兰贝斯的丽莎》出版后，他被邀请参加了几次读书沙龙，主要集中在诺丁山和肯辛顿一带，文学界的大人物们开始注意到他，著名的作家和评论家埃德蒙·戈斯邀请毛姆参加周日在他家里举办的聚会。他有很多名人朋友，也喜欢结交未来之星，一封来自戈斯的邀请函相当于得到一张踏入文人核心圈的入场券。戈斯虚荣、易怒，很有幽默感，还有点坏坏的。他和维多利亚时代的一些名人都有私交，比如丁尼生[1]、勃朗宁[2]、斯温伯恩[3]和吉辛；他的阅读量大得惊人，"我所认识的最有趣、最能给人以持续愉悦感的谈话者是埃德蒙·戈斯。"在戈斯的聚

---

[1] Alfred Tennyson，1809—1892，英国维多利亚时代最受欢迎及最具特色的诗人。

[2] Robert Browning，1812—1889，英国诗人。

[3] Swinburne，1837—1909，英国维多利亚时代最后一位重要的诗人。

会上能碰到亨利·詹姆斯和托马斯·哈代，但他家里总是挤满了人，听这些文人们议论出版人和经纪人，诋毁不在场的同事时，很难从容地喝茶或吃黄瓜三明治。这样的文学圈聚会上，女人会特别引起毛姆的好奇，有的女人打扮得很花哨，衣服图案很刺眼，脖子上戴着大珠子，还有一些腼腆的待字闺中的小女人说起话来柔声细气。毛姆一直很纳闷，这些女人总是戴着手套吃黄油吐司，还偷偷地在椅子上揩手指头，以为没人看见。

毛姆新认识的朋友里对他影响最大的人之一是奥古斯塔斯·黑尔。《兰贝斯的丽莎》给他留下了深刻的印象，他通过毛姆的一个神职人员朋友邀他来家里共进晚餐。两个人相见甚欢，不久，他就邀请毛姆到苏塞克斯郡海上圣伦纳德附近的乡下别墅共度周末。奥古斯塔斯·黑尔是个学者，势利眼，也是个挑剔的单身汉，19世纪七八十年代他曾经很成功，写过几本特别的旅游指南。别墅里塞满了他在旅途中收集的各种小玩意——鸟类标本、照片、装饰性的锅、石膏半身雕像——每件物品都有历史，或者一段感伤的回忆，每样东西都被它的主人视若珍宝。奥古斯塔斯在某些领域的知识极其渊博，他一辈子热爱贵族，英格兰任何重要的乡村别墅他都是座上宾，主人们享受他对他们豪宅的恭维。他的两本关于上流社会的传记《弗朗西斯的生活与书信》和《本森男爵夫人和两个贵族的生活故事》大受好评。如今奥古斯塔斯六十多岁，头发花白，一把海象胡，看起来比实际年龄老，他把时间分成两部分，一部分在伦敦，夜夜笙歌，一部分在乡下，过着一种与男孩为友的家庭生活。毛姆说，奥古斯塔斯并非人们认为的那种男人中的男人，他也不认为他天性多情。"有一次，他告诉我，直到35岁，他才跟人发生性关系。每做一次爱，他就在日记本上打个叉，大概三个月一次。男人大多会在这个问题上吹牛，我敢说，为了给我留下深刻印象，他夸大了纵欲的频率。"

毛姆越来越喜欢奥古斯塔斯，认为他"生来就十分轻浮……同时也很善良、好客、大方"。将两个男人联系在一起的是他们都有过不幸的童年。毛姆很感激这个老人的庇护，使他可以在苏塞克斯尽情享受周末时光。奥古斯塔斯的别墅算不上大宅，但也算得上绅士的住所，19世纪建造的灰石房子，带一点哥特风格，说不上不漂亮，四周却围绕着秀美的花园，有一个平台，宽阔的草坪，树林和田野外面就是海。奥古斯塔斯以他的别墅为荣，喜欢邀请朋友来家中做客。他时常邀请两个出身高贵的夫人和两三个文雅的老先生共度周末。家里的用人全是女的，生活舒适。在卧室的壁炉前洗完澡，九点钟，客人们下楼享用丰盛的早餐，吃饭前，他会拿起一本皮面的《圣经》读两三段祈祷文，有些段落被他用笔重重地划掉了，他解释说："上帝是绅士，绅士认为过分恭维是坏品位。"一天剩下的时间还有三顿大餐，他会陪大家去花园里散会儿步，有时候还会写生，晚上听音乐、聊天，还会玩儿乏味得令人无法忍受的哈尔马跳棋。整个过程圆满结束还需黑尔声情并茂地朗诵一篇他写的鬼故事，确保客人们怀着紧张恐惧的心情举着蜡烛上楼回到各自的卧室。

作为一个很少说话，更愿意倾听的人，毛姆很适合这个有点古板的同伴。他很快就学会了主人想教给他的一切。奥古斯塔斯认为毛姆不够高雅：他告诉毛姆，只是坐在那里听是不够的，他必须为聊天做点贡献，让他的闲谈更敏锐。毛姆还得改掉偶尔说粗俗用语的坏习惯。奥古斯塔斯不爱听他说坐公交车（bus）去了哪里，"我更愿意把你所指的那种交通工具称作公共汽车（omnibus）。"他纠正他，同时还指出他另一个缺乏教养的小细节。"昨天散步回来，你说你渴了，想喝杯酒……绅士是不会要酒喝的，而是要点喝的东西。"黑尔很欣赏《兰贝斯的丽莎》，但他希望毛姆放弃和下层社会有关的题材，更多去了解贵族和绅士阶层的礼仪和习惯。为此，他带着"弟子"拜访出身高贵的熟人，鼓励他们邀请这个有前途的年轻人参加他们的聚会。

黑尔推荐的沙龙女主人里包括布兰奇·克拉肯索普，她的丈夫是个著名律师，儿子是作家休伯特·克拉肯索普。克拉肯索普夫人在她拉特兰门的沙龙专门招待文学界名人，把毛姆这样有前途的新人和一些知名的作家，如哈代、高尔斯华绥和亨利·詹姆斯聚在一起。比克拉肯索普夫人社会阶层更高的还有攀龙附凤的圣赫利尔夫人，她喜欢把贵族和专业人士——律师和医生，还有艺术家、作家聚在她位于波特兰广场的家里。毛姆也很乐意有这样的机会观察自然状态下的上层人士。在波特兰广场举办的一次令人炫目的晚宴快结束时，毛姆发现身边坐着年迈的阿伯康公爵。"你喜欢雪茄吗？"公爵一边问他一边从口袋里掏出一个大雪茄盒。"很喜欢。"几乎买不起雪茄的毛姆说。"我也喜欢。"公爵挑出一根雪茄，仔细端详着，说，"赴晚宴时我总是会自带雪茄。"说着，他"啪"地一声关上盒子，把雪茄又揣回兜里，"我建议你也这么做。"

还有一个沙龙女主人是那个曾经在布道时提到《兰贝斯的丽莎》的威斯敏斯特教堂副主教巴兹尔·威尔伯福斯的妻子。从那时起威尔伯福斯夫人就对毛姆感兴趣，邀请他来家里做客，并把他介绍给几个时髦的太太，她们也邀请这个聪明迷人的单身小伙参加午宴、晚宴和舞会。毛姆很喜欢全新的社交生活，虽然费用不菲：招待他的人都很富有，他也不可能节约开支。出去吃饭意味着要穿燕尾服，系白领结，戴羔羊皮手套和丝质礼帽；坐出租车太贵，毛姆选择乘坐双层敞篷巴士。如果受邀去乡下度周末，花费就更高了：他得给男管家和早上给他端茶的一等男仆半英镑的小费，通常还要给充当贴身男仆帮他打开行李的二等男仆半英镑。如果是大型的家庭聚会，年轻的单身汉们有时难免睡一张床，发生性关系也不稀奇。毛姆回忆说，通常结果都是令人愉快的。很多年后，毛姆想知道了这些富人是怎么看他的，他问了一个当时曾招待过他的女主人，"你和别的小伙子不一样，"她说，"你虽然很安静，但身上有一种骚动不安的生命力，很迷人。"

虽然在社交场合很成功，但事业上的成功却似乎一直躲着他。两本书都被拒令毛姆很是泄气，再加上他不想在英国过冬，1898年末，他再次出国，先去了罗马，然后回到塞维利亚，他心里一直惦记着那个有一双绿眼睛和快乐笑容的"小东西"。在安达卢西亚待了两个月后，他再次动身去摩洛哥，毕竟浸淫在西班牙南部摩尔文化中的他走出这一步是很自然的事。1899年4月，毛姆回到伦敦。伦敦在享受过地中海性感诱惑的毛姆眼中显得越发单调乏味：煤烟、雾、散发着肥料味的泥泞街道、丁零当啷的有轨电车。更令他情绪低落的是，科莱斯没把那两本被昂温拒绝的书推销出去，毛姆在罗马写的一部独幕剧《儿子与继承人》也无人问津（这本书从未出版或排成话剧，如今已遗失），这尤其令他沮丧，他本打算成为一名剧作家。两年多来，他只发表了两个短篇小说，此外，萨默塞特·毛姆悄无声息，直到1901年7月他的第三本小说才出版。

写《英雄》这本书是受到了布尔战争[①]的启发，毛姆评价这是一部有诚意的作品。这本书由哈钦森公司出版，出版商预付了七十五英镑的版税。与昂温签的三本书的合约终于到期了，毛姆舒了一口气。这本书得到了评论界温和的赞扬。

写《英雄》之前，毛姆还完成了另一部小说——《克拉多克夫人》，这次同样很难找到出版商。他们认为毛姆的作品不正派，性描写太露骨，语言也直率得让人不舒服，一个又一个出版商拒绝了这本书，包括颇具声望的威廉·海涅曼出版公司。幸运的是，著名批评家罗伯逊·尼科尔说服海涅曼重新予以考虑。这次威廉·海涅曼出版公司的老板亲自读了这本书并答应出版，但条件是必须删掉一些极富煽动性的段落。毛姆在书中将贝莎（Bertha）塑造成一个苛刻、骄纵，

---

① 英国人和布尔人之间为了争夺南非殖民地而展开的战争。荷兰殖民者于17世纪来到南非。他们和葡萄牙、法国殖民者的后裔被称为布尔人。19世纪晚期，德兰士瓦共和国和奥兰士自由国相继发现世界上最大的钻石矿和金矿。英国殖民者觊觎这些宝藏，于1899年8月与布尔人爆发战争。

同时富有同情心、惹人喜爱的女人。他非常了解这个人物，抓住了她自欺欺人和扭曲恋爱的每个微妙之处，揭穿她的诡计，温和地嘲弄她的情感，同时对她汹涌澎湃的多情天性感同身受，毛姆分裂的性取向为他提供了双重视角，以及对女性心理更为深刻的洞察。显然，他在写作上受到了福楼拜的影响，贝莎·克拉多克就像包法利夫人的表姐妹。《克拉多克夫人》写于1900年，维多利亚女王统治的最后一年，出版于1902年11月，爱德华七世统治初期，美国版直到1920年才上市。这本小说受到广泛关注，即便依照毛姆悲观主义的标准，也可谓大获成功。不过，他的沮丧感并未因此散去，他真正的抱负是成为一名剧作家，但到目前为止，还没有人接受他的剧本。既然《克拉多克夫人》引起了公众的兴趣，毛姆则开始盼望"通过小说成名，从而步入戏剧界"。

第四章

白猫餐馆

在他的自传体作品《总结》中，毛姆用自嘲的口吻说，写剧本只是因为"把人们说的话写在纸上似乎没有构建一个故事那么难"。当然不仅如此，他善听的耳朵很快就掌握了口语的节奏，作为一名倾听者，人们表达自己的方式和内容同样吸引他。从16岁那年开始，毛姆就对戏剧产生了浓厚的兴趣，他的阅读面很广，不只英国剧作家的作品，还有法国、西班牙、德国，以及从其他语言译介过来的作品，他还尽可能经常光顾戏院。同时，他也注意到，在戏剧上取得成功能换来及时且可观的经济回报，这是写小说不太可能办到的。

毛姆后来成为一名非常成功的剧作家，他的编剧生涯持续了三十年，给他带来名望、魅力，使他成为大富之人。他写了三十个足本剧，他的作品被搬上全世界的舞台，拍成电影，一次次流行起来，并被译成多国语言。然而，最初毛姆根本没料到这种结果，没一个剧本受到戏院经理们的青睐。十年间，他经历了一次又一次的挫折，吃闭门羹是家常便饭，是钢铁一般的决心让他挺了过来，没有中途放弃。毛姆第一部被搬上舞台的戏是写于1898年的独幕剧《天作之合》，他选择了一个当时很流行的主题，讲的是一个有不光彩过去的上流社会女人。这部戏没能在伦敦上演，毛姆把它译成了德文，1902年1月，麦克斯·莱因哈特的公司将它搬上了一个小歌舞剧场的舞台，但只演了八场。

同一年，也就是1898年，毛姆完成了第一个足本剧——《一个体面的男人》。这部戏的情节明显带有易卜生的烙印：应付社会压力，为了个人的正直而挣扎。第一次去意大利时，他带了一本德文版的《群鬼》，为了熟悉这部作品，他将它译成了英文。然而，伦敦西区并没有接纳这个剧本。第二次被拒后，毛姆进行了大幅度删改，采用了截然不同的手法，并将剧本交给了伦敦戏剧表演社，他们接受了这个本子并决定在1903年2月试演两场。伦敦戏剧表演社成立于1899年，前身是短命的独立剧院俱乐部，创办人是富有开拓精神的剧作家、评论家兼经理人J.T.格伦。格伦喜欢不同类型的作品，认为自己的使命是制作有艺术价值的戏剧作品，尽管可能不受主流观众欢迎。1892年，格伦将萧伯纳的第一部戏《鳏夫的房产》搬上舞台。此前一年，易卜生的《群鬼》只在这里演了一场就招致了大概有史以来最尖刻的骂声。格伦接受了《一个体面的男人》，毛姆感到十年辛苦终于要有出头之日。戏剧表演社是一个私人会员俱乐部，观众很少，但这里是唯一搞实验戏剧的地方，所以吸引了不少关注。著名的学者兼记者W.L.考特尼主动提出在由他担任主编的权威文学杂志《双周论坛》上发表这个剧本。

1903年2月22日，《一个体面的男人》在托希尔街的帝国剧院上演，毛姆的家人和朋友前来捧场。演出很成功，但毛姆紧张得要命。他的嫂子奈丽在日记中写道："去看了威利的首演……观众很热情，演得也很好。威利却吓得面色苍白！"演出结束后在剧院附近的威斯敏斯特酒店举行了酒会，蓬头乱发的哈利·毛姆迟到了，所有人都穿着晚礼服，唯有他穿了件皱皱巴巴的蓝西装，显然他是衣着最差的一个。"我很高兴我的小弟弟取得了一些成就。"他的嗓门大得让人尴尬。可喜的是，这次演出获得了广泛关注，不过，评论家们意见不一：大部分人认为主题太压抑，《雅典娜神庙》杂志把它比作"一个漫长的斯堪的纳维亚之夜，但总的来说，这个剧作者还是有前途的"。格伦亲自在《星期日泰晤士报》上撰文，将毛姆比作温·皮尼罗[1]，并表达了对他的语言风格的欣赏。"很久没有听到如此美妙有力的英文了……简洁贯穿了毛姆先生的整个戏剧脉络……他的戏剧是真实的。"马克斯·比尔博姆[2]的观点介于二者之间，继萧伯纳之后，他负责《星期六文学评论》的剧评专栏。在一篇名为《一出杂乱的戏》的文章中，他写道："第二幕的构思和写作令人赞叹；第三幕是一段不错的情感戏；其余部分四分五裂。毛姆先生太尖刻了……"

　　毛姆在看排练时学到了编剧方面的宝贵经验：如何设计对话，改变节奏的重要性，如何适时地抖包袱，在哪个点上暂停。观众的反应令他开心，但两场演出结束后，他却有了沮丧感，因为他的事业似乎进展缓慢。戏剧表演社令人敬佩，但毛姆渴望更广阔的天地——西区的商业戏院。他写道："只有一小撮知识分子的欣赏不足以令我满意，我不想要这样的观众，我要的是大众。"

　　作为朝此方向迈出的第一步，毛姆将他的剧本交给了查令十字街的大道剧院（如今的表演屋剧院）的经理人穆里尔·韦弗德，韦弗德小姐同意上演，并由她饰演其中的一个角色。1904年2月起，这部戏连演了一个月，同时，以毛姆的一部独幕闹剧《赞帕小姐》（从未出版，手稿也可能遗失了）作开场戏。这部戏一败涂地，不得不撤下，但《一个体面的男人》比较成功。《伦敦新闻画报》说："尽管作者弱化了愤世嫉俗的结局，但这部戏依然是多日以来最有趣、最富有洞察力的作品。"马克斯·比尔博姆也去看了，他认为虽有瑕疵，远不如作者的小说好，但还是很深刻的。最后他断言，不久后毛姆的戏剧作品将可以与他的小说媲美。第一场演出结束，大幕落下时，观众席中

---

① Arthur Wing Pinero，1855—1934，英国演员，后来成为重要的戏剧家和舞台导演。

② Max Beerbohm，1872—1956，英国著名散文家和剧评家。

响起暴风雨般的掌声，观众呼唤剧作家出场。毛姆几乎不敢相信自己的
耳朵，据当时在场的一名演员描述："欢呼声和经久不息的掌声让这位
害羞的年轻作家激动不已，他走到台上，迟迟不愿意谢幕。"

三个哥哥中对毛姆的戏剧作品最感兴趣的是哈利，他也想成为一
名剧作家，他出版过一本诗剧集，可惜，这种类型过时了。哈利还出
过一本诗集和一本意大利游记，给《黑与白》杂志写过一阵子稿子，
署名为"一个和蔼可亲的自我主义者"。1902年，哈利和毛姆合写了
一部戏——《财富猎人》，莫里斯·科莱斯没能将它搬上舞台。哈利
是个严肃的知识分子，看到弟弟的肤浅，他很担忧，提醒毛姆野心勃
勃的社交生活会对他的作品不利。"哈利说我的戏……结构很好，情
节设计得也很简洁，只是很琐碎肤浅，因为我过的日子就是琐碎肤浅
的。"毛姆说。模样俊俏、圆嘟嘟、永远蓬头垢面的哈利似乎永远不
合时宜；他敏感、害羞，越来越离群索居，酒喝得太多，还要和抑郁
作斗争，始终很难交到朋友。"他需要理解，"查理的妻子贝尔蒂
说，"但几乎没人能理解他。"

1899年，哈利离开意大利回到英国，在切尔西的卡多根街租了间
屋子，过着孤独的生活。"他是个十足的同性恋者，"他的一个同龄
人说，"见到女人就紧张，更喜欢跟男人在一起；他为数不多的几
个朋友有作家和画家，属于以毛姆的老导师温特沃斯·胡舍为中心的
波西米亚圈子。"很多年后，哈利的侄女昂娜谈起过一个著名作家，
没提名字，那人曾是哈利的情人。哈利脾气很好，不会嫉妒弟弟的成
功，但无疑这增加了他的自卑感。不知是惧怕失败、不幸的恋情、丑
闻的威胁，还是仅仅因为陷入了慢性抑郁，1904年7月，哈利自杀了。
弗雷迪·毛姆在记事簿上简要记述了事情经过，接到电报后，他赶到
卡多根街，发现哈利脸色发青，极为痛苦——三天前他吞下了硝酸。
他把哈利送进了圣托马斯医院，哈利的生命在医院里延续了将近一个
星期，27日晚七点四十五分，也就是查理和贝尔蒂从巴黎赶到的四十

五分钟后，哈利离开了人世。两天后，检查报告出来了，哈利在结束自己生命时神志不清。紧接着，他们为哈利在兰贝斯公墓举行了葬礼。弗雷迪的日记中根本没提到毛姆到场，但几年后，毛姆说，被叫去的那个人是他，是他发现了哈利，也是他把哈利送进了医院。很可能两兄弟都参与了此事，第一个赶到的哈利的朋友乔治·巴洛给他俩都发了电报。企图自杀是一种刑事犯罪，所以叫医生有危险，毛姆的医学专长必不可少，而且他跟圣托马斯医院很熟，可以利用自己的关系让医生别对外声张。哈利的葬礼后，毛姆去了凡尔赛附近的默东，查理和贝尔蒂在那儿租了一栋房子避暑，他们不停地谈论哈利，分析究竟是什么让他走上了绝路。毛姆意味深长地总结道："我认为并非不得志导致了他的自杀，而是他过的那种生活。"

哈利的自杀令人震惊，但一如往常，家里人很少谈及此事。罗伯特·毛姆的四个儿子个个都有抑郁症：查理在家人眼中"面色苍白、表情严肃……忧郁，是个非常悲伤的男人"。F.H.在他的记事簿上经常用"情绪低沉……非常伤心"来定义自己的精神状态。毛姆从小就不快乐，长大后更是陷入深深的忧郁，"极度悲观"，他这样形容自己。毛姆和F.H.后来经常为噩梦所扰。毛姆的一个侄女有个理论：毛姆家的男孩小时候"应该在某个时间段遭人虐待过，对他们施暴的可能是某个法国保姆"。而她的妹妹写文章谈到他的父亲和威利叔叔时说："这两个人看戏、读小说的时候很容易落泪……但生活中遇到悲惨的事却从来不哭。也许他们尽量让自己与令人无法忍受的悲伤隔绝开来，有时候显得特别冰冷，因此冷却甚至毁掉了人际关系。"毛姆至少在这方面是幸运的，他有充沛的活力和勃勃的野心，以及无法满足的好奇心，所以大部分日子过得很有价值。哈利则不然，尽管毛姆极少有勇气提起此事，但哥哥可怜的自我毁灭困扰了他很多年。

这时的毛姆相信自己已弄明白了更商业的戏院经理们想要的是什么，过去的一年他写了三部戏，他认为非常适合西区：《探索者》《油水》，还有与哈利合作的那部《财富猎人》，但三个都被拒绝了。他还为演员兼戏院经理查尔斯·霍特里写了一部闹剧《下周三》，但霍特里要他改的地方太多，毛姆一气之下就撕了剧本。这一切都令他失望至极，不仅仅是声誉，还有财务的问题，除了他继承的那点遗产，他唯一的收入来源就是偶尔卖给杂志的短篇小说。

毛姆与沃尔特·佩恩分享一间公寓，生活条件还能凑合，可是，在职业和社交场合露面也很重要。他需要结交新朋友，作为一名有前途的受人赏识的青年作家，知识分子圈子也欢迎他的加入。他爱打扮，不时会在家里宴请朋友。他加入了一个绅士俱乐部——多佛街的巴思俱乐部，那里向会员提供游泳池、壁球室、土耳其浴室和桥牌室，这些娱乐活动都耗资不菲，毛姆越来越为自己没有保障的财务状况感到沮丧。毛姆给温特沃斯·胡舍写信说："日子过得很艰难，目前出版商很缺钱，不知道何时头顶这片乌云才会散去！"

毛姆不停地催促科莱斯，让他拿剧本找经理们谈，管杂志要佣金，再版旧作，开拓新渠道，催编辑们给稿费，这么做确实会有一些款子进账。"如果你听说有人想把一部戏从法文、德文、意大利文或西班牙文译过来，或者改编一下，我很愿意做。"他会这样恳求，"我很希望看到六便士一本的《兰贝斯的丽莎》。"这是另一种恳求方式。"你能不能找个《阿罗史密斯年刊》让我做做？我构思了一个特别好的凶杀故事（很正派！），类似埃德加·爱伦·坡[①]的风格……""看看这三个短篇，"写于1904年的一封商务信函这样开头，"《罪犯》，两千三百字，比其他的好一点，应该适合《劳埃德》杂志。《调情》，三百字，可能适合《每日文摘》。《排演》，三千字，太差了，什么都适合。"

尽管毛姆的经济状况不稳定，但依然受人尊敬，被视作文学知

---

① Edgar Allan Poe，1809—1849，19世纪美国诗人、小说家和文学评论家。爱伦·坡被尊崇为美国浪漫主义运动要角之一，以悬疑、惊悚小说最负盛名。

识界一个有前途的年轻成员。他这样说："那是一种受人尊敬的状态，几年后当我成为一名受大众欢迎的轻喜剧作家时这种状态就失去了。"虽然工作量已经很大，他还是受邀成为一本年度选集的联合主编，他的合作者是诗人霍斯曼的弟弟——作家兼插画家劳伦斯·霍斯曼。一群名人为这本书出了力，比如约翰·梅斯菲尔德[1]、G.K.切斯特顿[2]、詹姆斯·乔伊斯[3]、亨利·哈维洛克·艾利斯[4]、托马斯·哈代、E.F.本森[5]。毛姆在第一期中收入了一篇自己的《天作之合》，那个前一年在柏林上演过的开场戏最初的英语版本。之前说好不给稿费，所有的参与者按收入分成，结果都没赚到钱。1903年秋，出了第一期，稍晚，1905年，出了第二期，接下来就声息皆无了。"当然，整件事太阳春白雪了，不可能受大众欢迎，"劳伦斯·霍斯曼高傲地总结道，"如果每本定价一几尼，而不是五先令，或许会好些。"

出现在这个选集中为数不多的女作者里有小说家伊莎贝尔·维奥丽特·韩特，毛姆第一次见到她是在1902年。这个女人能让人对她产生极度喜爱又极度厌恶的感觉。那时，维奥丽特40多岁，因混乱的爱情生活而声名狼藉。她又高又瘦，一头浓密的黑发，大眼睛，鹰钩鼻，尖下巴。她生于1862年，在艺术家和诗人们中间长大。她的父亲阿尔弗雷德·韩特是一名风景画家，他的朋友里有罗斯金、伯恩·琼斯[6]、米莱斯和罗伯特·勃朗宁。维奥丽特给伯恩·琼斯和西克特[7]

① John Masefield，1878—1967，英国诗人，1930年被授予英国第22届"桂冠诗人"称号。
② Gilbert Keith Chesterton，1874—1936，英国作家、文学评论家，经常被誉为"悖论王子"，他创造的最著名的角色是牧师侦探布朗神父。
③ James Joyce，1882—1941，爱尔兰作家、诗人，20世纪最伟大的作家之一，后现代文学的奠基者之一，其作品及"意识流"思想对世界文坛影响巨大。
④ Henry Havelock Ellis，1859—1939，英国性心理学家、作家，他是指出性别与染色体相关的第一人。
⑤ Edward Frederic Benson，1867—1940，英国小说家、传记作者、回忆录作家、考古学家。
⑥ Edward Burne-Jones，1833—1898，新拉斐尔前派最重要的画家之一。
⑦ Walter Richard Sickert，1860—1942，著名美国印象派画家惠斯勒的弟子，1912年创作的《荷兰女人》被誉为传世佳作。

做过模特，从小她就被鼓励着把自己看成一个前拉斐尔派的美女。18
岁时她被年轻的奥斯卡·王尔德爱慕过，王尔德称她为"英格兰最甜
美的紫罗兰"①。二十多岁时，她和比她年长的男人谈过多次恋爱，
其中包括外交官兼出版人奥斯瓦尔德·卡莱福德，还从他那儿染上了梅
毒。后来，她成为H.G.威尔斯众多情妇中的一个，并与比她小11岁
的福特·马多克斯·福特②有过十年痛苦的感情。作为一名"新女性"
风格的小说家，维奥丽特经常给杂志写稿，积极参加图书圈的活动；
同时，她也作为文学圈的女主人而为人所知，她每两个月会在诺福克
街的作家俱乐部举办一次午餐会，在荷兰公园附近坎普登山她的家里
举行花园派对。著名的常客有亨利·詹姆斯、埃兹拉·庞德③、约瑟
夫·康拉德、温德海姆·刘易斯④、H.G.威尔斯、阿诺德·本涅特
和D.H.劳伦斯。他们在草地上溜达，啜饮着冰咖啡，鼓励女主人说
些暧昧的话。"我很喜欢她，"劳伦斯说，"她真是个'杀手'。"
小说家休·沃尔波尔⑤记得有一次在维奥丽特的花园派对里见到毛姆，
他在树丛间徘徊，优雅地戴着一顶灰色礼帽。最初吸引毛姆的是维奥
丽特有一颗八卦的心，她的兴高采烈和毒舌让毛姆很愉快。她在性方
面如饥似渴，毛姆对她有很大的吸引力，没费多大功夫，她就把毛姆
引诱到她的床上去了。"在性方面，他是个特别感性的男人。"这句
话就是维奥丽特说的。

　　肉体方面的友谊差强人意，也短暂得可怜，维奥丽特仍然沉浸在
与马多克斯·福特的恋情所带来的痛苦之中。但他们喜欢彼此，毛姆
给维奥丽特写调情的长信，还给她透露一点自己的隐私。"我的'风

---

① 维奥丽特的名字Violet就是紫罗兰的意思。
② Ford Madox Ford，1873—1939，英国小说家、评论家、编辑，代表作《好兵》(The
　 Good Soldier)，他的一战题材系列小说很受欢迎。
③ Ezra Pound，1885—1972，美国著名诗人，意象派的代表人物。
④ Wyndham Lewis，1882—1957，英国画家、作家，1914年创刊《疾风》杂志，开始倡导旋涡派。
⑤ Hugh Walpole，1884—1941，新西兰出生的英国小说家。

流事'结束了，感谢上帝。"毛姆和维奥丽特·韩特在信中主要讨论他们的文学事业，毛姆阐述自己的计划，并希望她在仔细思考后给出自己的判断。"真希望这辈子再也不用写小说了。"写到《克拉多克夫人》的结尾时，毛姆坦言，"不过，我想我应该，隐隐有一种欲望，想为英格兰写一本小一点的《人间喜剧》。"

1904年，维奥丽特把她和马多克斯·福特不幸的恋情写成小说出版了，毛姆告诉她："我认为你的写作技巧很高超。我承认如果再多一点'淫秽'就好了，因为阿普顿的魅力主要是在性方面，不过，我承认这是不可能的。"1908年，维奥丽特把她的小说《叶子枯萎的白玫瑰》献给了毛姆，感谢他将1905年出版的那本安达卢西亚速写集献给了她；遗憾的是，他疏忽了，没有事先征得她的同意，她生气了。"主要是因为那本书叫《圣洁的天国》，她无法想象自己跟这样一个国家有什么联系。"毛姆打趣地说。不过，很快维奥丽特就恢复了好心情，他们还是朋友。差不多二十年后，毛姆在《月亮和六便士》中将她描绘成柔斯·瓦特尔芙德。"瓦特尔芙德小姐拿不定主意，是照她更年轻时的淡雅装扮，身着灰绿，手拿一枝水仙花去赴宴呢，还是表现出一点年事稍高时的风姿；如果是后者，那就要穿上高跟鞋、披着巴黎式的上衣了……在那些日子里，再没有谁像柔斯·瓦特尔芙德那样关心照顾我了。"他写道，"她既有男性的才智，又有女人的怪脾气……柔斯·瓦特尔芙德的嘴非常刻薄。这种辛辣的话谁也说不出口，但同时，谁做事也没她漂亮。"随着年龄的增长，维奥丽特越来越爱发脾气，也越来越讨厌，但毛姆依然温柔地待他，不像她的很多熟人那样，在她频繁发作的可厌行为面前冷眼旁观。

毛姆很信任维奥丽特的判断力，在把《旋转木马》的手稿交给出版商之前，他先让她读了手稿，并根据她的意见将某些章节整个删掉，还做了小幅的精简。海涅曼公司勉强接受了《旋转木马》。小说中有两个主要作为旁观者存在的角色——莱依小姐和比她小很多的知己弗兰克·赫里尔医生，毛姆将三个独立的故事连在一起。莱依小姐的原型是乔治·斯蒂文斯太太，她的丈夫是《每日邮报》的通讯员，在报道第二次布尔战争时因伤寒而死去。她相貌普通，但很有格调——总是一身干练的黑白色着装。毛姆见到她时，她已经是个老太太了，但仍有一双明亮的眼睛，浑身散发着魅力和活力。她的性格直率，遇到不喜欢的人会出言不逊。恶名始终围绕着克里斯蒂娜·斯蒂文斯：在她的第一段婚姻存续期间，当时她还是罗杰森太太，她曾卷入毁掉自由党议员查尔斯·迪尔克爵士前程的离婚案。有一次她吓到了亨利·詹姆斯，她向他透露，她曾给第一任丈夫下过毒。"如果她生得美丽且神志正常的话，将是世界上最邪恶的女人之一。"詹姆斯断言。斯蒂文斯太太住在萨里郡的默顿坊（Merton Place），那栋房子曾属于纳尔逊将军[1]，不稳定的经济状况也不能妨碍她热情好客。默顿坊离温布尔登不远，从伦敦过去很方便，星期日，客人们源源不断地乘坐双轮马车去她家里吃午餐、喝茶，天气好的时候，在花园或河边散步。这些客人里有演员、作家、画家和他们的帮闲。"奇怪的一群人。"毛姆说。这些人里也有维奥丽特·韩特，还有一些将来对他很重要的人：马克斯·比尔博姆、奥斯卡·王尔德的门徒雷吉·特纳，以及当时很受欢迎的剧作家亨利·阿瑟·琼斯。

琼斯告诉毛姆，他读《兰贝斯的丽莎》时就感觉到他有当剧作家的潜力，这番恭维与斯蒂文斯夫人的另一个客人的观点截然对立。一天下午，毛姆在默顿坊的草地上和文雅迷人的马克斯·比尔博姆散了很长时间的步。那时的马克斯还没有完善他甚为高雅的着装风格：在毛姆眼中，他的花花公子做派"还没有成功地显露出来，他的衬衫袖口很窄，从燕尾服的袖子里露出足足两英寸，看上去有点脏兮兮的，外套需要整理，裤子也得熨一熨……给人感觉像外省剧团里打扮成时髦人士模样的配角"。虽然他本人是剧评家，又是一流演员兼剧场经

---

① Horatio Nelson，1758—1805，英国18世纪末及19世纪初著名的海军将领及军事家。

理赫伯特·比尔博姆·特里同父异母的兄弟，但他年轻时对戏剧的喜爱渐渐淡去了，有时当他不得不看一部糟糕透顶的戏时，为了打起精神，他会提醒自己"至少我不是地铁站的搬运工"。他恳求毛姆别再写剧本了，他认为毛姆的才华主要在写小说上，对于一个能够巧妙塑造人物的作家而言，戏剧这个媒介太粗俗了。当然，马克斯继续说，有的人能从戏剧中赚到很多钱，可是"你，亲爱的，你不是他们当中的一员"。毛姆礼貌地点了点头。如果马克斯以为他影响到了毛姆，那他就错了。毛姆说："他不知道，我当时年轻、贫穷，而且决心已定。"虽然马克斯提出了这个令人气馁的忠告，但毛姆和这个诙谐机智、难以取悦的马克斯的友谊从默顿坊开始一直延续了一生。

《旋转木马》中的弗兰克·赫里尔医生，无论从外形，还是性格，都与作者极为相似。弗兰克是个"强壮的男人，性格不那么随和，自控力令人钦佩。他冷漠的态度令他人不安……一个极其矜持的男人，很少有人知道，弗兰克·赫里尔刻意平静的面容下掩盖了多么情绪化的性情。他意识到自己有这个弱点，于是，训练自己的面部表情，尽量不流露感情；但感情依然在那儿，汹涌澎湃、势不可当……他一刻不停地严密监视自己，就像一个危险的囚犯时刻要挣脱锁链"。即使《旋转木马》不在毛姆最优秀的小说之列，从自传性的角度来讲也十分重要。描绘弗兰克·赫里尔的文字里有大量自画像的成分，更为关键的是，暴露了毛姆的情感状态。写完这部小说后不久，毛姆在写给维奥丽特·韩特的一封信中说："一个人的大部分作品中或多或少都会有自传成分，不一定是发生过的真事，但情绪是一样的……极度痛苦时只有写成书来获得安慰才是公平的。"很多年后，说起那段日子，他表示急需写本小说赚钱。"当时我很喜欢一个有奢侈品位的年轻人……我决心写一本能赚三四百英镑的书，好跟我的情敌对抗。那个年轻人很有吸引力。"

毛姆一贯小心翼翼地掩盖自己的行迹，他没有透露这个年轻人的身份，但有证据坚定地指向一个名叫哈利·菲利普斯的英俊青年。毛姆第一次遇见他时，他正在牛津大学读书，亨利（哈利）·沃恩·菲利普斯是斯托克城附近霍林顿的教区牧师爱德华·菲利普斯的儿子。作为家中五个男孩中的一个，他打算将来子承父业，为此，他要在牛津大学的基布尔学院学习三年，但基布尔学院并不适合哈利。他的一个同学这样描述他："我从未见过如此光芒四射的人，他魅力十足、相貌英俊、十分风趣。"结果，他令父亲十分失望，他只是把在牛津大学读书当成尽情享乐的机会，逮着机会就会用出格的行为让他虔诚的同学们大跌眼镜。第一学年末，论文没有通过的他离开了基布尔学院。他的老师在报告上写道："是个不错的小伙子，只是相对于不强的智力来说，有点太爱美，太感情用事了。"后来，他在牛津大学附属的六个"永久性私人学堂"之一的Marcon's注册，只要死记硬背就能拿到学位，但到头来他还是一无所获。"我总是考不过去。"他欣然承认。

正如十年前奥斯卡·王尔德经常出没于牛津校园追求阿尔弗莱德·道格拉斯一样，毛姆也成为了"校园里熟悉的身影"。他和哈利一起散步，被人撞见在他的房间里抽烟。"我们很喜欢彼此。"哈利说，"我邀请他去斯塔福郡我父母家。我父亲觉得他很聪明，但不喜欢他关于宗教的观点。"这没有什么好奇怪的，毛姆是个不可知论者，而且支持哈利不做牧师的决定。"我忍不住会想，强迫任何人从事他所讨厌的职业是非常残忍的事。"毛姆说，他一定是想起了做牧师的叔叔也曾向他施压。"从事一个需要信仰、自我牺牲和上帝召唤的职业更是如此，那些对老百姓来说不言自明的教义，这个可怜的家伙却一条也不信。"尽管无法达成共识，但哈利的父母并没有反对他们的友谊，于是，两个男人继续交往。

毛姆给哈利提供的娱乐可不便宜，他工作压力大，要拼命赚钱。"我发现金钱就像第六感，没了它，你就无法最佳地发挥其他五感。"他这样写道。每一个便士都至关重要，读科莱斯发来的结算表时，任何细节都逃不过他的眼睛。"我看你要了我一先令的邮资，你以前没这么做过，我不明白你为什么突然这样。"1904年8月，他抱怨道。他盼望新小说能让他摆脱财务困境，他对科莱斯强调了适当宣传这本书的重要性。"我希望你能让海涅曼明白有必要好好宣传一下《旋转木马》。"他写道。结果，1904年9月19日面世的《旋转木马》一败涂地，尽管有评论家说了好话，但销量很差，毛姆把这个结果归咎于出版人和经纪人。书出来三个月后，毛姆挖苦科莱斯："我希望你看到海涅曼多么努力地想向公众证明《旋转木马》是一本好书。"第二年年初，也就是1905年1月，《圣洁的天国：安达卢西亚见闻和印象》终于出版了，但结果没比《旋转木马》强到哪儿去。这本书同样有人欣赏，但也没卖出去几本。《泰晤士报文学副刊》上登了一篇没有署名的文章，作者是年轻的弗吉尼亚·斯蒂芬[1]："（毛姆先生）运笔自如，而且发自内心地想为他真正热爱的'美'找到合适的字眼。"

随着毛姆继续热烈追求诱人的哈利，他对现金的需求也日益紧迫。正如他所说："我因为嫉妒而心如刀绞。"哈利令人目眩神迷，追求者众多，而毛姆只能眼睁睁看着那些更富有的男人们带他去萨伏伊用晚宴，或在梅登黑德的河边用午餐，而他则屈辱地袖手旁观。哈利轻浮的灵魂乐于被这样娇惯；哈利认为没有理由克制自己，他用冷漠的态度对待情人的痛苦，搞得毛姆几乎快要发狂。1904年夏，没有拿到任何学位的哈利离开牛津大学，寻思着当个艺术家。毛姆看到机会来了，便鼓励他认真考虑去巴黎接受培训；而他也会离开伦敦，在巴黎左岸找间公寓和哈利同住。乡下教区的人很单纯，老菲利普斯没觉得这个提议有何不妥：毛姆看上去是个明白事理的小伙子，一个有知名度的勤奋的作家，应该能对不争气的儿子产生好的影响。得到允许后毛姆立刻将计划付诸实施，一想到心爱的男孩将要属于自己，同

---

① 即弗吉尼亚·伍尔夫的本名。

时能借此机会开辟一片新天地，毛姆精神倍增。为了出人头地，他在伦敦挣扎了六年多，突然间，这一切看起来是那么的没有意义，仿佛现状永远也不会改变似的。"一切都好，但我看不到将来。"他写道，"我30岁了……还在原地踏步，我觉得我必须摆脱这种状态。我跟沃尔特·佩恩商量了一下，以极低的价格处理了家具，然后兴奋地去了巴黎。"

二十多岁时，毛姆每隔一段时间就会去一趟巴黎，有时住在大哥查理那儿，有时住在旅馆里，但从来没有称心如意过，他向维奥丽特·韩特解释："跟我哥哥在一起时，家庭生活搞得我不知所措，住在旅馆又捉襟见肘。"找房子时，他向当时住在法国的一个年轻画家杰拉德·凯利[1]求助，他们是1903年夏的一个星期日在查尔斯和贝尔蒂避暑的别墅里认识的。比毛姆小5岁的杰拉德·凯利（出版《凯利企业名录》的那个凯利）是个富裕的教士，坎伯威尔的圣吉尔斯的牧师之子。杰拉德拥有丰沛的神经质能量、暴躁的爱尔兰魅力，身材矮小粗壮，五官精致，圆眼镜后面一双警觉的眼睛，一头浓密凌乱的头发。他小时候娇生惯养，总爱生病，先后在伊顿公学和剑桥大学就读，但在多维茨画廊接受的启蒙教育激发了他对绘画的兴趣。没有接受过任何正规艺术教育的他1901年搬到巴黎，在第一田园大街买下一间很大的工作室，在画商保罗·杜兰德-鲁埃尔的帮助下，他仔细参观了莫奈、德加和塞尚的画室，甚至说服雕塑家罗丹让他做助手。凯利主攻肖像画，偶尔也画风景，1903年，法国政府买了他的一幅画，第二年，他的作品就入选巴黎秋季艺术沙龙，那年他只有25岁。

毛姆和凯利一见如故，吸引毛姆的是他的口若悬河、对艺术和创意的激情，给凯利留下深刻印象的则是毛姆的机智、冷幽默和广泛的兴趣，还有毛姆的相貌。他渴望把毛姆画下来，凯利说："他的整张脸只有一个颜色——苍白……他的眼睛仿佛小块的褐色天鹅绒——像

---

[1] Gerald Kelly，1879—1972，英国肖像画家。

猴子的眼睛。"两个人的举止态度有天壤之别。"我非常依赖他的耐心和智慧,他经常被我的啰嗦激怒。"凯利写道。不过,两人也有很多共同点:都很宽容,不容易被惊到,都很机敏,脾气火爆,不过,毛姆更善于控制自己;两人都热爱旅行,也都为理性的诚实而感到自豪。"如果我们真心不欣赏某样东西就会固执地拒绝假装欣赏,即使有人告诉我们必须欣赏。"凯利说,"威利敢认为梅瑞狄斯和佩特被高估了;我也有足够的勇气喜欢安格尔和马奈——在本世纪初,这种看法被认为是过时的。"

毛姆的视觉艺术教育是他和哈利住在巴黎这段时间真正开始的,这和凯利有很大关系:是凯利借书给他看,教他如何看画,和他一起研究早期绘画大师的作品,把新的画家介绍给他。毛姆在凯利的影响下也喜欢上了委拉斯凯兹。是凯利第一次带毛姆去看印象派画家——莫奈、雷诺阿、马奈和塞尚的作品,带他去看巴黎卢森堡公园博物馆的藏品。尽管凯利热情洋溢,但这个阶段的毛姆并未被印象派打动。"惭愧的是,"他后来写道,"我完全看不懂。"分开后,两人写信畅谈艺术。毛姆成名后,主要由凯利给他画像,画了总共十八次。尽管绘画上凯利懂得比毛姆多,但毛姆教导起这个朋友来可毫不犹豫,他坦率地批评凯利的作品,指出不对的地方,仗着自己比凯利大5岁,说起话来一副慈爱且专横的大哥口气。"我亲爱的杰拉德,"1905年7月,他写道,"你又病了,我很遗憾,但一点也不惊讶。如果你照旧过着在巴黎那样的日子,傻瓜也能料到你会生病的……我不可能平心静气地给你写信。由于愚蠢至极的粗心(我想在你内心深处,培养一种漠视现实的美妙癫狂是一种浪漫如画的感觉),你这个样子等于放弃成为比汤姆、狄克或哈利更优秀的画家的机会。因为你身体欠佳时创作的作品简直糟透了……"

毛姆和凯利建立起兄弟般的友情,这是他在家里从未感受过的。尽管他的某些生活领域还是禁区,比如悲惨的童年、哥哥的死,但除此之外，毛姆几乎向凯利坦承一切。凯利也一样，遇到跟女人的感情问题就向毛姆征求意见。这种亲密的友谊保持了一生。毛姆去世后，杰拉德·凯利的话被登在《泰晤士报》上。"威利是个可爱的家伙，"他说，"绝对是个可爱的家伙。"应毛姆的要求，凯利在自己家附近给他找了间小公寓，蒙帕纳斯附近的维克多·孔西德朗街三号的五楼，从那儿可以俯瞰莫泊桑长眠的公墓，巨大的青铜雕像贝尔福狮像就在不远处。这套公寓有两个卧室和一个厨房，房租一年七百法郎，相当于二十八英镑。他买了一些二手的家具和基本的生活用具，找了个女佣每天上午来做早饭、做家务、洗衣服。毛姆让凯利给哈利·菲利普斯推荐一个美术班。"他又有了奇妙的点子，想从事点小艺术——服装、海报、插图设计什么的……"毛姆从伦敦写来的信上还补充说，"他很迷人……我想，你不会不喜欢他的。"对外界的说法则是，哈利作为毛姆的秘书陪同前往。

哈利每年的零用钱是一百二十法郎，毛姆每年的收入也就这么多，两人被迫过着节俭的生活，能省则省，在餐馆和咖啡馆点最便宜的东西吃。尽管很穷，毛姆还是希望满足他的同伴，不顾一切地希望他快乐。回想起在剧院的许多个夜晚，去凡尔赛旅行，在卢浮宫和卢森堡公园博物馆度过的那些个下午，哈利说："他在各个方面都对我特别好，他对绘画的兴趣极大，那时他最喜欢的画家是委拉斯凯兹，不喜欢现代画家，后来，他才买了那些人的画。"虽然哈利不是书痴，但毛姆的文学知识让他印象深刻，还有他的语言天赋，他不仅会说法语，还会说德语、西班牙语和意大利语。哈利有意识地尊重毛姆的寡言少语，也可能是他感觉迟钝：他模糊地感觉到毛姆早年生活得并不快乐，哥哥的死给他造成深深的忧伤，他从不追问，而是尽量鼓励毛姆轻松愉快的一面。"毛姆喜欢大笑，"哈利回忆道，"他很有幽默感。"

　　20世纪初的巴黎仍然处于美好时代①，毛姆刚刚离开街道狭窄、昏暗、肮脏的伦敦，尤其喜爱这座城市的优雅和宽阔。二十年前，他和父母生活在巴黎，这么多年过去了，这里还是发生了一些变化：以前没有地铁，街上只有马拉的公共汽车，没有机动车和黄色出租马车，没有高耸入云的埃菲尔铁塔，艺术也没像现在这样遍地开花——如今巴黎有四十多家剧院，莎拉·伯恩哈特是绝对的女王；画廊里的人兴奋地讨论着印象派。蒙帕纳斯欢迎艺术家，不过，新来的这群画家和雕塑家更倾向于定居在蒙马特，因为那里的生活费更便宜，而且保留着村落的气息。世纪之交的蒙帕纳斯就像一个外省的城镇，有自己的地铁站、社区剧院、舞厅，有歌手驻唱的咖啡馆，还有酒吧和餐馆，吃一顿像样的饭——两道菜加半瓶葡萄酒——还用不了两个法郎。到了晚上，节目就更多了，也更有活力，在便宜快活的布里尔舞厅跳舞，在阿尔罕布拉剧院观看胡迪尼②的表演，在塔芭林舞厅看"贪食者"③跳舞，或者花七十五个生丁在红色音乐厅忍受着硬座之苦挤在人群中听古典音乐。

　　巴黎可能比伦敦便宜一些，但娱乐也是要花钱的。毛姆毫不动摇地坚守每日严格的写作计划，从上午开始，一直写到十二点半，然后和被他调侃为"阔少爷"的哈利出去吃顿简餐。星期日，他们会奢侈一下，在和平咖啡馆喝一杯开胃酒。下午，他们通常去卢浮宫或画廊和美术馆转转。晚上，哈利喜欢探索多种多样的娱乐方式。"我是三天前开始写这封信的，"毛姆给杰拉德·凯利写信说，此前他曾短暂

---

① Belle Époque，从19世纪末开始，至第一次世界大战爆发结束。美好年代是后人对此一时代的回顾，这个时期被上流阶级认为是一个"黄金时代"，此时的欧洲处于一个相对和平的时期，随着资本主义及工业革命的发展，科学技术日新月异，欧洲的文化、艺术及生活方式等都在这个时期发展日臻成熟。此时期约与英国的维多利亚时代后期及爱德华时代相互重叠。
② 史上最伟大的魔术师、脱逃术师及特技表演者。
③ 1866—1929，法国的康康舞者，艺名La Goulue，贪食者，她也被称为蒙马特女王。

回了英格兰一段时间，"'阔少爷'领着我干了各种放荡事，所以才没写完。我去了塔芭林舞厅，各种让人堕落的场所，我惊讶地发现，我回伦敦这么短的时间，没有了我的监视，他对巴黎的了解一下子比你我多了十倍。"

到了晚上，这两个男人大多会去杰拉德·凯利推荐的敖德萨街上一个叫"白猫"的小餐馆。他们和一群画家、作家和雕塑家——有几个法国人，大部分是英国人和美国人——在楼上围着一张大桌子吃饭，点不贵的两道菜，喝很多葡萄酒，就当时的顶尖艺术家展开讨论。参加这类聚会是毛姆最接近波西米亚式生活的时刻。说着说着，大家经常激烈地争吵起来，英语里夹杂着法语，雪茄烟使室内的空气变得闷浊，嗓门越来越大。毛姆向来不喜欢粗暴吵闹的行为，于是经常溜出去，一个人在昏暗的街道上走。杰拉德·凯利也常来这里，有时还会带来他的资助人——刻薄的大胡子罗丹；其他常客还有当时在巴黎学艺术的克莱夫·贝尔[1]；凯利的朋友艾弗·柏克；彭林·斯坦罗斯，一个画"美人"的美国画家；加拿大印象派画家詹姆斯·威尔逊·莫里斯，他因熟识皮埃尔·勃纳尔、亨利·马蒂斯和劳特雷克而受人尊重；还有高个子、皮肤黝黑、憎恶世人的爱尔兰画家罗德里克·奥康纳。

毛姆最感兴趣的是奥康纳，主要因为他是高更的朋友。1903年，凯利带毛姆去沃拉德画廊看著名的高更画展，毛姆立刻被这个人和他的作品吸引住了。听说奥康纳和高更在布列塔尼一起住过几个月，毛姆急于向他了解情况。"可惜，他一见面就不喜欢我，而且立刻就表现出来了。我坐在餐桌旁都足以激怒他。"一天晚上，两人因为诗人埃雷迪亚大吵了一通，其间这个爱尔兰人依旧"冷若冰霜、言辞恶毒"。不过，因为喜欢他的作品，几天后，毛姆拜访了奥康纳的画室，想买他两小幅静物画。奥康纳吃了一惊。"犹豫了一会儿，他面色阴沉地说

① Clive Bell，1881—1964，英国形式主义美学家，当代西方形式主义艺术的理论代言人。

了个价钱，很便宜，我从兜里掏出钱，拿着这些画走了。"这个举动并未改善两人的关系，有人无意中听到奥康纳把毛姆比作"臭虫，敏感的人会拒绝踩上去，因为有臭味，而且黏糊糊的"。

这段无礼的话是那个群体中的另一个成员转告给毛姆的，那人高高大大，如公牛一般，长了张残暴好色的脸，穿得花里胡哨，红马甲上装饰着珠宝，戴着丝质的大领带，又白又胖的小手上戴了一枚巨大的戒指。阿莱斯特·克劳利①是凯利在剑桥大学的同学，1903年他娶了凯利的妹妹罗斯。巧合的是，罗斯还是查尔斯·毛姆的妻子贝尔蒂最好的朋友。他宣称自己是神秘学大师，最近还创建了"东方可汗"（Khan of the East）协会，克劳利情不自禁地卖弄，演戏一般慷慨陈词，不切实际地吹嘘他超凡的脑力和强健的体魄，最耸人听闻的是，还吹嘘他有超自然的"法力"：他似乎有很多前世，如今化身为《圣经启示录》里所说的大野兽；他涉足了撒旦教，并加入玄秘团体"金色黎明会"，他以"Perdurabo"为格言，希望人们叫他Brother Perdurabo，意为"我将忍耐到底"②。他大量尝试毒品，不知疲倦地探索复杂的性取向，贪婪地与男人和女人一起做各种不道德的事，其实，他骨子里是个有虐待狂倾向的血腥残暴之人。"我一见面就不喜欢他，"毛姆写道，"但他让我感兴趣，逗得我很开心。"毛姆当然不想和克劳利做朋友，但他的催眠表演和无可否认的不祥气质激发了毛姆的想象力。不久后，克劳利就被改头换面以邪恶的奥利弗·哈多的形象出现在毛姆的小说《魔法师》里了。

能从克劳利身上看到好品质的人很少，其中一个是偶尔来敖德萨街吃饭的伊诺克·阿诺德·本涅特，他曾在《女人》杂志做过编辑，读者知道他的笔名是芭芭拉和塞西尔。第一本小说取得小小的成功

① Aleister Crowley，英格兰神秘学家、作家、登山家、诗人、瑜伽修行者。
② 出自《马太福音》第10章第22节："为了我，大家要憎恨你们；但是那忍耐到底的人必然得救。"

后，他从杂志社辞职，又出了两本小说——《巴比伦大饭店》和《五镇的安娜》。1902年，他搬到巴黎生活，和他的一条叫"飞翔"的猎狐梗住在蒙马特一间简朴的公寓里。白猫餐馆也是杰拉德·凯利介绍给他的，他每周都去一次。毛姆和杰拉德·凯利都以高人一等的态度对待本涅特，或者"伊诺克·阿诺德"，他们私底下这么叫他。他没下巴，蒜头鼻，胡子又粗又硬，还长着兔牙，他们觉得他的样子很粗俗。"就像市政府的办事员"，用毛姆势利的话说。他们背地里嘲笑他的着装和中部口音，认为他举止粗鲁，对他那本成功的小说《巴比伦大饭店》不屑一顾，认为不过是平民论的废话。

还有一个令人尴尬的原因使得他们无法走近：本涅特和毛姆都有严重的口吃，毛姆很清楚，如果两人坐在一张桌子上吃饭，还都努力地往外蹦词儿，场面会变得很古怪。毛姆承认他极怕出丑。幸好，和蔼的本涅特并没注意到毛姆傲慢的态度，或者不想生这个气，他很愿意跟毛姆待在一起。一天下午，毛姆去他位于加莱街的公寓拜访他，本涅特在日记本上这样写道："毛姆非常安静，几乎无精打采。他愉快地喝了两杯茶，坚决拒绝了第三杯；从他的语气立刻就能听出来，他无论如何不会喝第三杯。他吃饼干和薄饼的速度极快，几乎是贪婪地吃，一个接着一个，不做任何停顿，接着，他突然停下来不吃了，猛抽了两根烟，比我抽一根烟的时间还短……我喜欢他。"相比之下，毛姆谈到本涅特时，这样说："我不太喜欢他……此人狂妄自傲……不过，和他待一晚我还是很愿意的。"有时候吃完晚饭，毛姆和凯利会送本涅特回家，他会坐在一架立式钢琴前给他们弹曲子听。有一次，本涅特提了一个建议，吓了毛姆一跳。本涅特问毛姆愿不愿意跟他共享一个情妇。她每个星期跟本涅特睡两个晚上，跟另一位先生睡两个晚上，星期天，她想休息，但是，她还有两个晚上的空闲，想再找一个人。"我向她提起了你。"本涅特说，"她喜欢作家，我希望有人好好调教她。"这个提议被毛姆拒绝了。

尽管最初两人好像没有希望成为朋友，但毛姆最后真的喜欢上了本涅特。"一个特别讨人喜欢的人。"他这样说他，此外，他非常欣赏本涅特后来的那部杰作——《老妇人的故事》，他认为作者终其一生也没有得到他应得的赞美。维奥丽特·韩特当时也在巴黎，作为毛姆圈子的一员，他把她介绍给了伊诺克·阿诺德，毛姆忙其他事的时候，她把本涅特晋升为她最喜欢的同伴。和以前在伦敦时一样，维奥丽特和毛姆定期见面，刻薄地聊英国人的八卦。杰拉德·凯利的圈子里主要是艺术家，这个圈子里有一小撮女作家，她们都很喜欢毛姆，这些女人才华有限，但心地诚挚，比如内特·赛莱特和艾拉·达西，她们请毛姆喝茶，希望他陪她们一起看戏。一次毛姆不在巴黎，还把公寓借给了她们，她们很是感激。只有在维奥丽特面前，毛姆才会放下戒备，谈论自己的私生活和情感。这一时期，哈利·菲利普斯搞得他十分苦恼，维奥丽特自己的感情生活也一如既往地热烈且不幸，所以，她很乐意善解人意地倾听。"我从来没见过毛姆被什么人打动过，除了在巴黎那次。"她在日记上写道。两个男人间出了点问题，很可能是哈利不忠，搞得毛姆难过极了，后来他把这段经历写进了《人生的枷锁》。回忆往事，哈利后悔当时的所作所为。"当我意识到，原来我伤他那么深时，我有点羞愧。"他说。1905年5月，哈利决定回英国一段时间，留下他的情人独自懊丧。在写给暂离巴黎的凯利的一封信中，毛姆抱怨自己情绪低落。"我想你想得好伤心，"他告诉杰拉德，"'阔少爷'离开我了，我不知道该怎么办……我烦死我的工作了，担心所有的想象力会离我而去；有时，我担心我再也写不好了。我觉得自己就像一口枯井。"

他写不下去的那本小说叫《主教的围裙》，写完《一个体面的男人》，他又写了三部戏，都没有搬上舞台，其中之一是《油水》，这本小说就是对这部戏的再加工。这是一个更完善的版本，更复杂。也更充实，从戏剧形式来讲，这是一部程式化喜剧，讲的是一个有世俗野心的神职人员的故事。毛姆对圣公会牧师从来就没什么好话。写完这本小说，毛姆希望能尽快出版，但他不会找海涅曼了，他认为正是海涅曼的粗心大意才导致《旋转木马》没有推销出去。同时，他也怪罪科莱斯，他的懒惰激怒了毛姆。他决定把这本书交给一个做事更认真、更专心的人。同样对科莱斯不满的还有阿诺德·本涅特，他也曾是科莱斯的客户，如今他和 J.B. 平克合作，感觉不错。于是本涅特敦促毛姆效法他，并把毛姆介绍给他的经纪人。他给平克写信说："我想我给你找到了一个新客户——萨默塞特·毛姆。在我看来，他会成功的。"

J.B. 平克1896年成立了自己的经纪公司，他曾为报刊工作过很多年，这样的经历让他人脉宽广，对英国文学界了如指掌。胡子刮得干干净净、双颊红润的平克，在他位于阿伦德尔街的办公室里和越来越多著名作家讨论稿费和合同，这些作家里有威尔斯、高尔斯华绥、康拉德、吉辛、乔伊斯、杰克·伦敦，还有福特·马多克斯·福特。他与 A.P. 瓦特和柯蒂斯·布朗是这个领域的旗手，他因敏锐的商业头脑赢得了作家和出版人的一致尊重。即便威廉·海涅曼这个强劲对手也与他保持着友好的关系。亨利·詹姆斯就是在海涅曼的建议下成为了平克的客户。批评他的人也有，比如 D.H. 劳伦斯和奥斯卡·王尔德，他没能为王尔德的《瑞丁监狱之歌》找到美国出版人，不过，大部分客户对他忠心耿耿。

毛姆与平克联手让他的事业大为改观，不久后，他便开始欣赏这位经纪人的尽心尽力和专业才能。接下来的问题是他必须与他的老经纪人科莱斯分手。科莱斯很震惊，也很受伤，然而毛姆去意已决。他用坚定的语气告诉科莱斯："我想，我们必须同意有意见分歧，我不希望我们陷入相互指责；但我忍不住要想，现在对我而言显而易见的是，当时是你的经验建议你那么做，也就是说，当一个出版商不喜欢一本书，认定它卖不好时，把它丢进泰晤士河或出版是一样的。"切断旧联系后，毛姆给他的新经纪人写信：他清楚自己想要的是什么，他不辞辛苦地陈述他的期望，表明他打算把所有作品委托给平克，剧本除外，剧本要留给他的戏剧经纪人雷金纳德·戈尔丁·布莱特处理。至于《主教的围裙》，他想交给查普曼和霍尔出版公司，"因为他们没有什么特别重要的作品，值得大张旗鼓地宣传我。我厌倦了给霍尔·凯恩[1]跑龙套。此外，查普曼和霍尔已经表示对出版我的书感兴趣。我想，他们会预支一百五十英镑，外加版税"。然而，这只是毛姆的胡思乱想。这部电影的导演阿瑟·沃[2]告诉平克，只能预支一半的钱，也就是七十五英镑，不能再多了，而毛姆还应当为此心存感激。1905年，《主教的围裙——一个大家庭的来龙去脉》出版了，毛姆把它献给了哈利·菲利普斯。这本书的印量很少，也没怎么宣传。至于评论嘛，稀稀落落，心平气和，和《旋转木马》差不多。

　　毛姆给科莱斯和平克的信大多写自卡普里岛，他已经和哈利重修旧好，1905年7月，他们去卡普里度了个长假。他们租了一幢小房子——瓦伦蒂诺别墅，毛姆陶醉在地中海的温暖、慵懒和哈利回到身边的幸福之中。"我们已经来这儿快一个星期了，"七月初，毛姆开心地给杰拉德·凯利写信，"从早到晚，无事可做……'阔少爷'觉得这里太热了：他嗫嗫地抱怨干吗这么着急……第一天我们脱得赤条条的在太阳下待的时间太久，我们的后背和腿都被阳光灼伤了，疼得受不了。'阔少爷'雪白的肌肤伤得特别厉害……海水浴当然令人愉快；水很暖和，可以整个上午游来游去。"享受这种闲适恬静生活的毛姆很难专下心来工作。"我的脑袋里什么想法也没有。"他告诉凯利，"除了担心这辈子再也没灵感，我对自己十分满意。只是，我这个该死的、总也不满足的性格很难不去为将来做计划。我发现，世上最难的事之一是享受当下：我总有一种冲动，忽略当下，去考虑三个

[1] Hall Caine, 1853—1931，当时一个大受欢迎的浪漫小说家。
[2] Arthur Waugh, 1866—1943，英国作家、出版商兼文学批评家。

月后我会做、会看、会感受的美好事物。"

毛姆盼望再次见到他在海德堡时的老朋友约翰·埃林厄姆·布鲁克斯，但他失望地发现布鲁克斯不再是从前那个令他兴奋的伙伴了。那个英俊、充满活力和热情，有无数点子的布鲁克斯变成了一个讨厌的家伙，他那些新奇的想法如今也显得陈旧过时。他胖了，头发稀薄，蓝眼睛也变得暗淡。把他手里那点小钱挥霍一空后，将布鲁克斯从拮据的困境中解救出来的是个美国女画家罗曼尼·高达德，她是个女同性恋者，她同情他，答应跟他结婚，当然只是"形婚"，她只想在岛上的时候，布鲁克斯可以好好陪着她，等她去了伦敦或别的地方，他也不会管她，任由她过波西米亚的生活。结果证明，这桩婚姻是场灾难，令他妻子感到震惊的是布鲁克斯对金钱的贪婪、令人不快的举止，还有他坚持要一个三角家庭，生活中永远一个闷闷不乐的农夫男友。他们1903年6月结婚，一年后正式分居，罗曼尼用一年三百英镑的抚养费买断了他的丈夫，这笔钱不仅能保证布鲁克斯在卡普里岛过上乐不思蜀的安逸生活，还绰绰有余。就像他的朋友E.F.本森所说："虽然他这辈子一事无成、一败涂地，但他的确让自己快活了很多年。"

毛姆给在巴黎的杰拉德·凯利描述他的夏天时，凯利也向他讲述了一段他与一个年轻舞蹈演员之间激情的爱恋；他打算让她搬过来和他同居，并就此征求毛姆的意见。"不怎么样"，这是毛姆的回答。他在一封信中给出了理由，还提及一段令他痛心的经历。他在《一个体面的男人》和《主教的围裙》中都提到他有多么害怕这种关系：智力和社会地位存在天壤之别的两人之间的关系。"我相信，很多人会觉得你是个幸运的家伙，"毛姆写信给凯利，"不过，你不要介意我祝贺自己，而不是你……我忍不住搓手，忍不住幸灾乐祸，因为不是我处在你的位置上……女人勒索钱财的那股可怕劲儿我全都记得，我愿意给圣人们献上一堆堆蜡烛，让他们还我自由。亲爱的伙计，等着瞧吧，你每次出门，她都会问你什么时候回来，进门的那一刻，她又会问你去哪儿了，如果你不答应最无理的要求，就得忍受她生闷气，为最荒唐的琐事吵架……哎呀！一想起来我就冒汗。女人永远不能给男人自由，她们利用一切可能的手段给他套上枷锁，不把他的手脚捆起来，让他动弹不得，她才不会罢休呢……在你准备跟你那个舞蹈演员过日子之前，先想清楚怎么分手吧。这个活儿简直糟透了，如果你还懂得一点廉耻，你会觉得自己是个无情、卑鄙的畜生……你会发现每一个便士都很重要。带女人出入娱乐场所可不便宜啊，不能坐公共汽车，必须坐出租车，她们有各种各样突发奇想的小点子，你都得一一满足。你会需要更多的钱，因为看戏、晚上出去的次数比以前多多了。你会发现，跟一个没受过什么教育的人生活在一起……日子过得缓慢、沉闷、冗长，你会绞尽脑汁找话说，最后被迫离开。所以，无论你怎么做，不要因为缺钱阻碍了你……该说的我都说了，祝福你，希望你一切顺利……至于我，我只是希望不要再被任何激情所困住。"

夏天尚未结束，八月初哈利就过够了卡普里的安逸生活，决定回到斯坦福得郡他的家人身边。"我就是在那儿断定这么下去是没有结果的，他可能厌倦了我，我很没用。"哈利回忆道，"他的犬儒主义令我很苦恼……我发现很难和一个相信任何人做任何事都有动机的人生活在一起。"对于喜好交际的哈利来说，毛姆阶段性的情绪化和内向是不可理喻的，毛姆自己也意识到他们越来越缺少交流；他在笔记本上这样写道，"一个人把自己全部的爱、全部的能量倾注在一个人身上，可以说，为了把自己的灵魂和他的结合在一起而不遗余力……但渐渐地，他会发现，这是绝无可能的，无论多么热烈地去爱，无论联系得多么紧密，他永远是一个陌生人……然后他退回到自我，默默建造一个属于自己的世界，不让任何人看见，哪怕是他最爱的人，因为他知道，那个人是不会明白的。"不过，最后两个男人还是和平分手了。不久后，哈利参了军，当了一阵子兵，然后娶了个家财万贯的女人，允许他在接下来的日子里闲散地过活。

哈利走了，毛姆以为自己会心碎，但实际上他很快就缓过来了。收到查普曼和霍尔出版公司支付的第一笔钱后，毛姆高兴地意识到，这笔钱他可以想怎么花就怎么花。"收到这笔钱时，我原以为可以一直持续激情熄灭了，我丝毫不想再像从前那样花钱。"相反，他把钱都用在了旅行上，他和可信赖的老友沃尔特·佩恩先去了托斯卡纳，然后再去瑞士滑雪，第二年一月又去埃及待了两个月。路过巴黎只为了处理些事情，1906年春回到伦敦时，毛姆又穷得叮当响，但闯进名利场的决心从未像此刻这样坚定过。在国外旅行时毛姆写了一些游记，还有两个短篇小说，平克像他的前任科莱斯那样也被毛姆追着催款。幸亏毛姆的生活费很低。继续帮他理财的佩恩在蓓尔美尔街56号租了几间屋子，毛姆也可以利用一下，他在隔壁租下一间卧室。他在这里开始创作一部以怪人阿莱斯特·克劳利为原型的新小说。那年年底，《魔法师》写完了，拿到书的出版商被书的内容吓了一跳，平克没能把这书卖出去。

变得有些孤注一掷的毛姆回过头来利用旧材料快速修改。他拿出被拒的剧本《拓荒者》，找出一个次要情节，像个会过日子的家庭主妇那样，决心不浪费任何东西，他把整部剧改成了一个短篇小说《调情》。这个过程冗长乏味，"它让我的良心苦恼，就像回忆起一件不光彩的事。"《拓荒者》献给"亲爱的 W. G. 斯蒂文斯夫人"，这本书读起来就像机械练习。毛姆告诉维奥丽特·韩特，"我不喜欢它，所有人物对我来说都太正直善良了，他们高贵的情感令我厌烦至极。"他送给杰拉德·凯利的那本书上则写着这样一段话："送给杰拉德·凯利，威廉·萨默塞特·毛姆最糟糕的一本书。从他们嘴里吐露的高尚情感让我每天呕吐，他们美妙的荣誉感令我毛骨悚然。"

1907年夏末，毛姆筋疲力尽，不屈不挠的努力却没有换来任何回报。海涅曼接受了《拓荒者》，但直到第二年才出版。《魔法师》还没找到出版商；尽管毛姆的戏剧经纪人戈尔丁·布莱特很执着，但在伦敦剧院经理人们手中传阅的剧本，没有一个找到买主。不过，毛姆还是看到了一丝光亮。毛姆在巴黎时写了一部喜剧《弗雷德里克夫人》，他故意把女主人公设计成一个非常有趣的人物。起初，这部戏也反响平平，但很快毛姆就时来运转：乔治·泰勒，一个在巴黎找素材的美国制作人读到了这个剧本，很是喜欢，提出用一千英镑买下来。泰勒邀请毛姆到他下榻的酒店讨论此事，并告诉毛姆，这部戏就像一记重拳，不过，要再多加些俏皮话。毛姆在两小时内加了二十四句。"毛姆后来告诉我，"泰勒说，"那天下午他离开我那儿，兜里揣着一千英镑的支票，乐不可支……他给我的印象挺好，是个有前途的年轻人。"

拿到抢手货的泰勒带着剧本回到伦敦，拿给女演员们看，结果发现，没一个人愿意碰这个角色。这个与作品同名的女主人公弗雷德里克夫人，这个迷人的女投机家已经不年轻了，在一个关键场次，她必须素颜出场：大灯照在她的脸上，不许化妆，也不能戴时髦女人常戴的假发。这种情况下，没有一个大明星会欣然接受这个角色；优雅老练的喜剧女演员埃利斯·杰弗里斯被这个想法吓到了；帕特·坎贝尔夫人宣称她这辈子也从来没被如此冒犯过；美国明星维奥丽特·艾伦说她根本不会考虑；他还找到了查尔斯·弗洛曼[1]，但弗洛曼认为这部戏没什么价值，于是，泰勒很不情愿地放弃了这个计划。"我很为毛姆难过，自己也感到痛心。"

虽然毛姆受了打击，但意志坚定，他立刻投入到下一部作品《多特太太》的创作当中，这次也有一个很有分量的女主人公，不过，他尽量不去冒犯任何人；这个剧本被当场拒绝了，因为过于平淡无奇。

"我开始觉得我再也写不出一部让女演员喜欢的戏了，"毛姆绝望地写道，"所以开始尝试写男人戏……《杰克·斯特劳》。"得知这个

---

① Charles Frohman，1856—1915，美国戏剧制作人。

剧本也不受欢迎时，毛姆几乎要放弃了：看来实在没办法了，只能回去当医生了，回圣托马斯医院复习一年，再找个船上的外科医生的差事干，至少有机会旅行。

就在这时，戏剧界突然又对《弗雷德里克夫人》感兴趣了。斯隆广场皇家宫廷剧院的经理奥索·斯图尔特有部戏意外搞砸了，在下次演出前空出了六个星期的档期。毛姆的喜剧根本不是他喜欢的类型，不过，填个空未尝不可。听到这个消息时，毛姆正在国外旅行。他从西西里激动地给戈尔丁·布莱特写信道："你的来信令我欣喜若狂，这部戏的上演让我感觉到世界并不总是肤浅愚蠢的。"

那是个星期天，毛姆正在阿格里真托，他得知命运突然发生逆转，急切想在下个周四赶回伦敦。毛姆几乎身无分文，身上的钱只够坐火车去巴勒莫，再乘晚上的船去那不勒斯。星期一上午，他在那不勒斯上了岸。

> 我发现那天下午有条船去马赛，就打算买张票，我递过去一张支票，但被票务代理坚定地拒绝了，他只接受现金……我争辩、我愤怒、我咆哮（我做剧作家是有原因的），最后，我愤然离去……我去了轮船公司，要了一张去马赛的一等舱船票……二话不说写上应交的钱数。那个职员，年轻、胆怯，看上去有些犹豫，但我相信他没胆量拒绝。过了一分钟，我就揣着去马赛的船票走出了那间办公室。但我还要去伦敦……船务代理人也是银行家，银行业务在那栋楼的另一个部分办理；我走进去，大胆地来到那张办公桌前，掏出支票簿和刚买到的船票。"今天下午我要坐你们的船去马赛。能帮我把这张支票兑成五英镑钞票吗？"我面带讨好的微笑说道。口袋里有了五英镑，我没在银行久留……我很高兴有足够的钱去巴黎了，我相信从那里上船不

会有任何耽搁……海面平静，天空湛蓝。我坐在甲板上读书……到了伦敦后，我还有一先令可以叫出租车。周四上午十一点我信步走进皇家宫廷剧院。我感觉自己就像环游地球八十天后回来的斐利亚·福格，在八点钟声敲响的那一刻走进改良俱乐部。

曾被十八个剧院经理拒绝过的《弗雷德里克夫人》成为毛姆踏上名利双收之路的第一步。那个剧本写在用过的打印纸的背面，毛姆说，"我很缺钱……没钱浪费干净的好纸。"这部戏在1907年10月26日搬上舞台。巨大的成功几乎让毛姆一夜成名。他被媒体冠以"英格兰剧作家"的称号。《弗雷德里克夫人》演了一年多，第二年，毛姆的四部戏在伦敦西区同时上演，创下了在世剧作家同时上演剧目最多的纪录，并过了整整一代的时间（约十三年）才被打破。

第五章

英格兰剧作家

　　著名剧评家詹姆斯·阿加特说："世纪初到（1914年）战争开始的那些年，标志了这个国家自伊丽莎白时代起一个巨大的戏剧能量爆发期。"那是1907年，确切地说，是在这个制作季的当间儿，《弗雷德里克夫人》让毛姆享受到了第一次巨大的成功，也奠定了毛姆作为那个年代最炙手可热的剧作家的声望。

　　那个时代占主导地位的是萧伯纳、高尔斯华绥和哈利·格兰维尔–巴克这几个享有盛名的严肃剧作家，而从时髦的意义上来讲，萨默塞特·毛姆和詹姆斯·巴里则在很多年间是西区喜剧世界的领军人物，尽管巴里的《彼得·潘》每年都会上演，但受欢迎程度和赚钱能力则不能与毛姆同日而语。风俗喜剧（Society Drama）走到了最后阶段，毛姆很擅长写这类风趣的都市戏，他能敏锐地捕捉到观众想要什么；再通过熟练的技巧呈现出来。《弗雷德里克夫人》能够上演在很大程度上靠的是运气，但接下来的成功则要归功于作者缜密的权衡以及对戏剧元素的考量。《弗雷德里克夫人》上演前，毛姆解释道："我思考了经理们想从一部戏中看到些什么：显然，这得是一部喜剧，因为观众想笑；尽量要有戏剧冲突，因为观众想激动；带一点情感戏，因为观众会喜欢；还要有一个大团圆的结局。"这些东西同样重要，什么样的角色对女主演最有吸引力？一个美丽的女投机家，有贵族头衔，还有一颗金子般的心，答案很明显。"只要这一点确定下来，其余的一切就都迎刃而解了。"

首演之夜观众所表露出来的兴高采烈和热情在大多数评论中得到了回应。"一场令人畅快的娱乐。"《泰晤士报》说。雷金纳德·特纳在《学会》杂志上赞美道："一个美妙的夜晚，从头到尾充满了欢乐……（作者）圆满成功，大获成功。"听到这样的反应，毛姆当然长长舒了口气。他说，那天晚上来到剧院时，他不知道自己将会以一个怎样的身份离开，"一个有成就的剧作家，还是未来的银行职员。"整个演出过程中，身穿燕尾服、打着领结的他面色苍白，默默坐在一个包厢的后排，听着演员把他写的台词说给观众，他依旧局促不安；就像他对杰拉德·凯利解释的那样："通常，这样的时刻我不适合在人群里待着。"不过，第一幕结束后，他就感觉胜券在握了，演出结束后在巴思俱乐部举行的晚宴上，人们看到他神采飞扬，热情地向演员们表示感谢，尤其是获得评论界交口称赞的埃塞尔·欧文和查尔斯·罗恩，毛姆告诉后者，"你的表演清新自然，这部戏的成功，你功不可没。"回想整个戏剧生涯，《弗雷德里克夫人》的首演之夜是最令他激动的时刻。

很快，全城都在谈论《弗雷德里克夫人》，从皇家宫廷剧院到加里克剧院，再到标准剧院、新剧院，最后到秣市剧院，这部戏在最后这家连演了422场，令人难忘。当初拒绝这个剧本的美国演出经理查尔斯·弗洛曼现在要出双倍的价钱买下了它的美国版权，第二年这部戏就登上了纽约的舞台且广受好评，主演是埃塞尔·巴里摩尔[①]。

---

① Ethel Barrymore，1879—1959，美国早期极负盛名的演员，影、剧两栖，她与另两位演员兄弟里昂纳尔和约翰一道被誉为"巴里摩尔氏家族的传奇"，美国剧评界称她是"美国戏剧第一夫人"。

毛姆作为一名剧作家突然倍受青睐，心情急迫的剧院经理们如潮水般向他的戏剧经纪人戈尔丁·布莱特涌来，索要以前毫不犹豫就会拒绝的剧本。幸好，布莱特能从容应对，充分利用眼下的形势：他生长在一个戏剧家庭，年纪轻轻就专注于这一行，兄弟是著名经纪人阿迪森·布莱特，他还娶了一个编剧乔治·埃杰顿做老婆。他的兄弟1906年去世后，他接收了很多他的客户，包括巴里，一度还有萧伯纳。在过去的两年里，这个敏锐勤奋的年轻人在推销毛姆的作品方面不遗余力，现在他开心地看到他对毛姆的信任得到了回报。他很快又连续卖出三个曾经被拒的剧本：《多特太太》《拓荒者》和《杰克·斯特劳》。命运突变让毛姆欣喜不已，他终于达成所愿，成了一名剧作家，而不是小说家。一天晚上，他路过潘顿街的喜剧剧院时有了这番顿悟。"我偶然抬起头，见云彩被落日点亮。我停下脚步，看这可爱的景象，心里想：感谢上帝，现在我可以看着夕阳，而不用想怎么描绘它了。我当时想，再也不写书了，我要将余生献给戏剧。"

为了这个目的，他写信给他的文学经纪人平克，要求终止他们之间的合作，他解释说，很多人找他写戏，以后就没时间写小说了，平克明智地决定对这封信不予理会。毛姆愿意尝试几乎所有能来钱的东西，于是，他接受了音乐喜剧之王乔治·爱德华兹的邀请。爱德华兹是戴利剧院和快活剧院的老板，著名的"快活姑娘"的创始人，前一年，他将弗兰兹·雷哈尔的轻歌剧《风流寡妇》搬上舞台，并取得巨大成功，想复制这种成功的想法是可以理解的，他看上了雷哈尔的主要竞争对手奥斯卡·施特劳斯的《华尔兹之梦》（Ein Walzertraum）。1908年1月，毛姆去维也纳看了一眼，向杰拉德·凯利汇报说，虽然音乐很美，剧本却"傻得不可思议"：毫无疑问，他肯定能搞出点名堂，只要给他自由创作的空间。可是，爱德华兹知道自己想要什么，毛姆的版本根本不沾边。"《华尔兹之梦》和我的合同都告吹了，"

几个星期后，凯利被告知，"他不喜欢我的本子，抱怨我遗漏了他想加进去的东西，等等。我不想让我的名字和他提议的那些东西联系在一起，所以，我让他给了我一大笔钱把我的名字拿掉，我的本子归他了，随便他怎么处置。"

爱德华兹的《华尔兹之梦》上演时，毛姆的下一部戏《杰克·斯特劳》已经开始排练了，并将于3月26日在斯特兰德大街的杂技剧院上演；紧接着，4月27日，《多特太太》将登上喜剧剧院的舞台；最后，6月13日，《拓荒者》在抒情剧院开演。毛姆有四部戏在伦敦西区上演，相对于《弗雷德里克夫人》的422场，《杰克·斯特劳》的321场，《多特太太》的272场，只有《拓荒者》的演出次数不够多，48场。"我的成功是壮观的、始料未及的。"毛姆回忆道。他的名字和他的戏的名字随处可见——被称为"毛姆四重奏"。沃尔特·佩恩翻阅体育类报纸时看到两匹赛马分别叫弗雷德里克夫人和杰克·斯特劳。"很多人给我拍照，采访我，名人们想认识我，我感觉很不错。"

不出所料，毛姆作为当时的名人，很多时髦的女主人都来找他。其中一位是小说家茱莉亚·福兰考，她的笔名是弗兰克·丹比。福兰考太太是个寡妇，性格活泼、充满魅力，人也很聪明，是个严肃的戏迷，曾是J. T. 格伦的独立剧院委员会的一员。她和毛姆交上了朋友，邀请他参加她在梅菲尔的家中举办的首演聚会，还鼓励他参加她每周举办的沙龙，来者都是著名的演员和作家。亨利·欧文爵士①是常客，还有乔治·莫尔、马克斯·比尔博姆和阿诺德·本涅特。作为回报，毛姆会陪她一起看戏，有时看完戏还会带她去吃饭，去格拉夫顿画廊的超级夜总会跳舞。另一个热心的女主人是圣赫利尔夫人，19世纪90年代，她曾在奥古斯塔斯·黑尔的要求下接触过毛姆，如今，她又劲头十足地追逐起毛姆来。"了不起的夫人们，"毛姆嘲讽道，"陶冶着那些以前被她们当作小丑的文艺工作者。"

---

① Sir Henry Irving，1838—1905，英国演员和导演。

毛姆只见过伊迪斯·华顿[1]和托马斯·哈代这两位文学界的大人物一面，就是在圣赫利尔夫人家里。毛姆受邀参加一个以向美国小说家致敬的午餐会，他被带到伊迪斯·华顿面前。华顿太太衣着华美，一副高高在上的姿态。她用一系列精挑细选的文化话题优雅细腻地给毛姆上了二十分钟课，直到她在智识方面的屈尊俯就令毛姆感到窒息，于是，他不假思索地问了她一个关于惊悚小说作家埃德加·华莱士的问题：

> "埃德加·华莱士是谁？"她回答道。
> "您从来不读惊悚小说吗？"
> "不。"
> 从没有哪个单音节词包含如此之多的冷淡和不满……她将目光移开，嘴角露出一丝淡淡的苦笑。
> "恐怕时间不早了。"华顿太太说。

托马斯·哈代显然更投他的脾气。那是在一个盛大的晚宴上，出席者全是政界和文艺界的大人物。

> 夫人们退回休息室后，我发现自己正坐在托马斯·哈代身边。我记得他身材矮小，有一张朴实的脸。他穿着晚礼服，衬衫和高领子是浆洗过的，但仍然给人一种土里土气的感觉。他和蔼可亲、性情温和。当时打动我的是，他身上很不寻常地混合着害羞和自信。我不记得我们谈了些什么，但我知道我们聊了三刻钟。末了，他大大地恭维了我一番，并问我（他没听说过我的名字）的职业是什么。

住在巴黎的华顿太太可能不知道毛姆这么有名，但在伦敦他可

---

[1] Edith Wharton, 1862—1937，美国女作家，她的小说《纯真年代》获得1921年的普利策奖。

谓是名声大噪。格伦为《星期日泰晤士报》撰文道："一个人如此受欢迎且一夜蹿红，这种情况大概要追溯到早年的萨尔杜[①]。"《笨拙》杂志登了一幅伯纳德·帕特里奇画的漫画：莎士比亚的鬼魂愁眉不展，嫉妒地看着一面贴满毛姆四部戏剧海报的墙。马克斯·比尔博姆在《星晴六文学评论》杂志为毛姆叫好，"年度英雄……他的名字家喻户晓，就连认为剧院不雅的家庭都知道他的名字。"四部戏同时上演，为什么不是五部呢？比尔博姆思索。"五部戏同时上演多好！……可是，这么多剧院，五部戏又算什么呢？伦敦的剧院为什么不全部'毛姆化'？"

自从《一个体面的男人》登上伦敦戏剧表演社的舞台，格伦就一直积极支持毛姆，他为毛姆的下一部戏《杰克·斯特劳》写了一篇热情洋溢的评论，他这样形容这部戏，"它如羽毛一般轻盈，像麻雀一样俏丽。"充满活力、情节复杂的《杰克·斯特劳》是毛姆1905年在巴黎逗留期间用两个星期的时间匆忙写就的。《杰克·斯特劳》的节奏安排极为精确、诙谐风趣，次要情节连接紧凑，表明作者有信心驾驭这种复杂的半闹剧（Semi Farce）。在这部戏里担纲主演的是两个经验丰富的演员，洛蒂·维恩饰演帕克–詹宁斯太太，查尔斯·霍特里扮演杰克·斯特劳，霍特里也是这部戏的导演，这部戏让他取得了巨大的成功，要不是因为十二月他的健康状况欠佳，造成这部戏停演，《杰克·斯特劳》也会像《弗雷德里克夫人》那样连续演下去。

在事业的这个阶段，毛姆在选择演员方面还没有多少话语权，他为一个朋友争取过角色，结果失败了。在《杰克·斯特劳》中，"我想给苏争取一个小角色，但是没做到。"1908年2月他给凯利写信说。埃塞尔温·西尔维娅·琼斯，大家都叫她苏，是个年轻的女演员，和毛姆一样，她的父亲剧作家亨利·阿瑟·琼斯也是默顿坊斯蒂文斯夫人家的常客。琼斯先生当时年近六旬，是个很好玩儿的人，他精力充

---

① Victorien Sardou，1831—1908，法国剧作家，1877年当选为法兰西学院院士。

沛，是农民的儿子，但下决心要在戏剧界闯出名堂；19世纪90年代，他曾红极一时，如今他的事业正在走下坡路。他很欣赏《兰贝斯的丽莎》，于是很快与毛姆打得火热，他滔滔不绝地聊戏剧，慷慨激昂地谈论创建设想中的国家大剧院，并期望毛姆能参与他组织的活动，废除王室宫务大臣惩罚性的审查制度。1906年的一个下午，琼斯在苏的陪伴下来到默顿坊，这个令人陶醉的姑娘23岁，淡金色的皮肤，秀发高高盘在头顶，蓝眼睛，身材丰满撩人。她14岁时就在父亲的戏里出演角色，之后她在外省结束了学徒生涯，一直没太出名。她的婚姻不太幸福，和丈夫分居后想在西区找份工作。毛姆立即被苏的性感美吸引了："她有我所见过的最美丽的笑容。"吸引他的还有苏的幽默感和直来直去的说话方式；她大方、心肠软，咯咯笑起来时是那么甜美，性感得令人无法抗拒。两人调情、聊天，约好共进晚餐。这次约会很成功，接下来的两个晚上毛姆带她去不贵的餐馆吃饭，之后带她回他在蓓尔美尔街的单间，跟她做爱。事后，毛姆送苏回家，苏在双轮马车上问他觉得这段关系能持续多久，毛姆开玩笑地说："六个星期吧。"事实上，毛姆真的爱上了苏，这段关系持续了将近八年。

在默顿坊遇到苏·琼斯的那个下午，毛姆和哈利·菲利普斯刚分手不久。毛姆态度矜持、貌似超然，实则煞费苦心地想要隐藏内心猛烈且动荡的情感：无爱的童年让他比较善于伪装。"他举止镇定，在大多数情况下貌似波澜不惊。人们都觉得他不是一个情绪化的人；但是只有他知道自己其实任凭情绪的摆布：一次偶然的善意就会深深地打动他，他不敢开口，以免暴露声音的颤抖。"性欲充沛的毛姆同样拼命渴望爱情，直到中年，他还时常陷入恋情。他的不幸在于，他从来没有能力让付出的情感得到同样的回报：年轻时，他对男人和女人都有磁铁般的吸引力，追求他的人很多。"我时常陷入无感的激情之中。"他承认，因而不得不一次又一次设法从讨厌的纠缠中抽身，"可能的话，文雅地分手；不可能的话，怒目相向、拂袖而去。"讽刺的是，他从未体会过他所描述的那种"爱的回馈所带来的狂喜"。毛姆擅长掩盖他的行迹，几乎没留下什么关于爱慕的书面证据，尽管如此，还是有很多蛛丝马迹可寻——信中随便提及的东西，稍加掩饰的风流韵事，还有矜持背后隐藏的对情感的渴求。晚年回顾往事时，毛姆宣称，他从来没有完全卸下防备，从没有将自己全身心地交予某个人。然而，有迹象表明，这种说法并不完全真实，他的心理防线曾一度被苏·琼斯攻破。

除了外在的性感，苏身上还有很多品质对敏感、脆弱的毛姆富有诱惑力。毛姆跟她在一起很自在，她完全接纳他，宁静中带着和善，豁达的平静抚慰他的心灵。她脾气好，身上有惹人爱的孩子气，喜欢搞恶作剧；她常常开怀大笑，有时安安静静坐在一边，不需要有人跟她说话或逗她开心。尽管婚姻失败，事业不成功，苏依然对生活充满热情，她的乐观和活力抵消了情人忧郁的情绪和飘忽不定的倾向。最重要的是，苏浑身散发着充沛的母性光辉，显然，这对毛姆来说是无法抵抗的诱惑。

可惜，两人的通信从未曝光，但毛姆的小说《寻欢作乐》中那个可爱温柔的罗西却给人留下了不可磨灭的印象，那是毛姆塑造的女性角色中最招人喜欢的一个。很多年间，毛姆无数次提到罗西，把她形容为"一个我真心喜欢了很多年的女人"。显然，这个女人就是苏。他向杰拉德·凯利详尽讲述了他们之间的爱情，也确认了罗西的身份。"苏来自一个普通的家庭，她母亲尤其是……她19岁就结婚了……过着悲惨的生活，后来遇到了威利，唯一一个她真正爱过的男人。"凯利说，在他的印象里，威利和苏"有过一段非常愉快的关系……她是我见过的最令人心情舒畅的女人之一，我觉得她美极了。"凯利在信中对毛姆说，苏是个"可人儿"，"罗西是你在书中创造的最美好的女性形象。"

在《寻欢作乐》中，毛姆和苏的恋情当然对调了，但实质内容不

会错。下面这段文字描述了两个情人共度的第一夜，其中那个无名的
讲述者这时是个青年，他把罗西带回他在维多利亚的住处：

> 她用双臂搂住我的脖子，也哭起来了，一边吻着我的嘴
> 唇、眼睛和湿漉漉的脸庞。接着，她解开胸衣，把我的头拉
> 到她的胸口。她抚摸着我那光滑的脸，轻轻来回摇动着我，
> 好像我是她怀中的一个婴儿。她朝我弯下身子，两个乳房沉
> 甸甸地压在我的胸口。不一会儿，她下了床……这是一个天
> 生为了欢爱绸缪而生的躯体。这时候，在那片正奋力与越来
> 越强的日光争斗的烛光映照下，她的全身现出一片银光闪闪
> 的金色，只有两个坚实的乳头是淡红色的。

陶醉在新恋情中的毛姆去巴黎见杰拉德·凯利，并告诉凯利，他
"爱得无法自拔"，他请凯利给苏画像。1907年，凯利画了一幅漂亮
的《穿白裙的勒沃太太》，这是一幅苏的全身像，丰满的她站立着，
穿了件低胸的晚礼服，嘴半张着，慵懒的目光投向不远处。凯利的第
二张画像同样惹人注目，勾魂得越发坦白，苏坐在沙发上，穿的仍是
低胸露肩的晚礼服，目光直视前方，可爱的脸蛋上带着极为诱人的许
诺。"她的姿势很美，也很有耐心，"凯利后来说，"我们俩都尽力
了，我想威利会喜欢这幅画像。"

《杰克·斯特劳》演了不到一个月，《多特太太》就在喜剧剧院
开演了。这部戏是美国人查尔斯·弗洛曼制作的，他的戏剧帝国正在
伦敦迅速扩张，迄今为止，他最成功的一部戏是《彼得·潘》，这部
戏每年都会上演，巴里也因此成为百万富翁。弗洛曼是当初拒绝《弗
雷德里克夫人》的那十八个剧院经理之一，他不希望再犯同样的错
误，于是他很快出价买下《多特太太》的版权，找来玛丽·坦佩斯特
主演，并请著名制作人迪恩·布希科来执导。毛姆几乎不敢相信自己
的运气，竟然有两个明星参与这部戏。"第一次去看排练的时候……

我怀着忐忑的心情。"他回忆道。玛丽·坦佩斯特"是英国舞台上最伟大的喜剧演员。我本以为会见到一个任性、苛刻、脾气暴躁、讨厌的人……令我惊讶的是，她没有表露出一丝一毫的不耐烦……她专心听布希科讲，然后照办……看到她表演我写的台词，心里暖烘烘的。"这部戏是根据1903年毛姆和他哥哥哈利合写的一本小说《财富猎人》改编的。《杰克·斯特劳》的写作技巧在很大程度上受到了法国闹剧作家的影响。这部诙谐时髦的戏1908年4月27日开演，得到评论家的一致好评，几乎所有人都对玛丽·坦佩斯特大加赞赏。

现在毛姆赫赫有名，对戏剧感兴趣的人大概没有不知道他的，他的名气难免招人妒忌。那年早些时候，阿诺德·本涅特有一部戏在伦敦戏剧表演社上演，4月29日，他在笔记本上写道："昨天和今天读到文章说萨默塞特·毛姆又有一部戏大获成功，心里嫉妒得很——这是他的第三部戏了。"一天晚上，毛姆一个人在俱乐部吃饭，偷听到隔壁桌的两个男人正在议论他。"你到底认不认识他？"一个人说，"我猜，他的脑袋已经膨胀得大到不行了。""嗯，是啊，"另一个人说，"买不着戴得下的帽子了吧。"实际上，成功并没有改变毛姆，尽管他那种冷静的态度会被观察者误以为是某种形式的虚荣。听到喝彩，他当然高兴，但他是辛辛苦苦熬了十年才取得了今天的成绩，对成就的本质他看得很清楚。他找到了一个诀窍，一种能让观众开心的写喜剧的技巧；他并没有高估这种能力，也不会继续这种写法太久，不过，有需求的时候，他还是会享受这种练习，并对其充分加以利用。毕竟，不到一个月就写出一部戏算不上艰辛的努力。"我一般五天就写一幕戏，"他回忆道，"周末休息，然后同时写第二幕和第三幕。再在第四个星期抽出五天时间修改一下。"

对毛姆来说，成功给他带来的最意义深远的改变是金钱方面。他这辈子头一次不再为钱发愁，这对他来说是莫大的安慰。他的剧作暂时没有让他变得富有，但《弗雷德里克夫人》的成功让他不用再过穷日子。"我憎恶贫穷，"1908年，他在笔记本上写道，"我讨厌为了维持生计节衣缩食。"喜欢物质享受的他从来没有被丰富多彩却悲惨的波西米亚式生活吸引过，欠债总是困扰着他。在很多层面上，金钱对毛姆来说意义重大，在他看来，很少有人能充分理解"金钱对于他伟大而势不可挡的意义"。钱能让他拥有艺术独立，将讨厌的干扰隔离，想去哪儿就去哪儿，想什么时候去就什么时候去，让他过上奢华的生活；此外，对于一个从小就缺少情感安全感的人来说，财务安全是一个极为重要的替代品。毛姆对这个主题有浓厚的兴趣，他多次在他的作品、书信和谈话中提到钱。"和威利待一个晚上，"作家贝弗利·尼克尔斯说，"你会以为跟股票经纪人吃了顿饭。"新近发财最直接的结果是，他离开蓓尔美尔街的那个单间，和他忠实的沃尔特·佩恩一起搬进了蒙特街23号一间漂亮的小公寓。

毛姆明白要趁着出名尽快获利，于是他立刻开始工作，润色手头的剧本。1908年6月13日，萨默塞特·毛姆的第四部戏《拓荒者》拉开了帷幕。不久后，小说版也面世了。《拓荒者》曾被拒过很多次，最后接受这个书稿的是当时最成功的演员兼经理之一路易斯·沃勒，他是个备受女戏迷钟爱的男演员，他最忠诚的粉丝会佩戴写着K.O.W（喜爱沃勒）字样的徽章。扮演高尚的亚力克·麦肯齐这个角色时，沃勒能充分施展他绚丽的演技，马克斯·比尔博姆形容角色中的他近乎神一般，他巧妙且言不由衷地说："看他站在客厅中央，双脚并拢，端着肩膀，握着拳头，紧咬着嘴唇……如果他在伦敦的客厅里这样，我们狂想一下，他在中非的中央又会怎样？"

很久以来毛姆都想给沃勒争取一个角色。前一年维奥丽特·韩特在她的日记上酸溜溜地写道："萨默塞特·毛姆……一个激动人心的天才，他向比阿特丽丝·路易斯暗送秋波，我知道她是南肯辛顿一个平庸的艺术生，但她碰巧也是路易斯·沃勒的妹妹。"说服沃勒出演《拓荒者》并不容易，剧本交给他，进行了四次大的修改才最终接受。1903年那会儿是科莱斯负责处理最早的版本，结果没卖出去，毛姆跟他解除经纪合同后自然认为这个剧本跟科莱斯就没有任何关系了，可是科莱斯又来索要佣金，毛姆认为这个要求太过无理，但科莱斯坚决要求索赔，而且不打算拖延下去，他向法庭起诉了毛姆。科莱斯诉毛姆一案在英国高等法院的王座法庭开庭，最终原告获赔二十一英镑。

新小说出版后，毛姆的麻烦又来了，尽管解决这次麻烦没有法律介入。1906年，毛姆受怪人阿莱斯特·克劳利的启发写了小说《魔法师》，梅休因出版公司接受了这个书稿，当时毛姆跟他们签了三本小说的合同，每本书预付七十五英镑。《魔术师》正要开印时，公司的头儿读了一下，吃惊不小，立刻取消了出版计划，把作品退了回去。"我一直认为出版商最好永远也不识字。"毛姆气愤地说。这本书本来是献给他的朋友杰拉德·凯利的，但为了保护朋友，不让他跟这个淫秽的作品有牵连，他在手稿上删掉了凯利的名字。后来，他把这本书卖给了威廉·海涅曼——此后，毛姆的书全部交由海涅曼公司出版。海涅曼这单生意成交了，伦敦的大街小巷都能看到毛姆的名字，梅休因的老板想起来应该适时提醒这位作者还欠他们三本小说。毛姆怒不可遏。"你知道，我这人特别注意姿态的优雅，"他告诉杰拉德·凯利，"所以就用几句感人的话让他下地狱去了。"

梅休因拒绝《魔法师》这事，毛姆并没有感到十分诧异，有段时间，他也担心这个故事能否被接受。早在1906年10月，他曾给平克写过一封信，"我想跟你商量一下疯人院那章能否去掉。我不想给读者带来不必要的恐惧。"《魔法师》是个彻头彻尾的惊悚故事，没有任何毛姆想要控制一下自己的迹象，相反，他还很享受把恐怖和口味推向极致的感觉。神秘学在世纪之交的巴黎很流行，为这种潮流推波助澜的是颓废派作家于斯曼，特别是他1891年的那本小说《在那儿》，据毛姆讲，"那种恐怖令人忐忑不安，很多人觉得怪怪的，却很吸引人……若不是向于斯曼致敬，我根本不会写《魔法师》这本书。"创作这种风格小说的还有玛丽·雪莱和埃德加·爱伦·坡，更近期的有H.G.威尔斯的那本粗野残忍的小说《莫洛博士岛》。

《魔法师》这部小说里的主要人物的原型就是克劳利，主人公像克劳利一样虚荣、爱吹牛。显然，知情者明白毛姆的灵感出自何处，他在描述白猫餐馆的常客时也没有试图掩饰。"我听说毛姆在他的一本新的讽刺小说里把我们白猫的人狠批了一通。"心情沉闷的画家罗德里克·奥康纳写信告诉克莱夫·贝尔。不出所料，反应最强烈的是"魔术师"本人，他表现得怒不可遏（或者假装怒不可遏），但同时毛姆邪恶的讽刺又让他反常地深感荣幸，他将这本小说形容为"我做梦也没有想到会激发他人如此欣赏我的天赋"。他是偶然看到这本书的，"书名很吸引我，《魔法师》。作者，哎呀，作者是我尊贵的老朋友威廉·萨默塞特·毛姆，那个年轻可爱的医生，我记得很清楚，我们曾在'白猫'共度美好的旧时光。他真的写了一本书——真是令人难以置信啊！"在《名利场》杂志的一次采访和他后来的回忆录中，克劳利攻击毛姆，指责他剽窃，不仅侵吞了他的生活，还未经允许就去克劳利的妹夫杰拉德·凯利的书房找到神秘学方面的书籍，从中抄袭了大段的文字。"毛姆拿走了我生活中最私密、最个人的部分，我的婚姻……我的魔法观点、志向和功绩，等等，还增添了很多以我为中心的荒谬传奇故事。他把我建议杰拉德·凯利买的书中数不清的内容拼凑在一起。我想象不到剽窃行为也可以如此多样、广泛和无耻。"

克劳利的话不无道理。不可否认，哈多的形象源于真实生活，尽管他令人反感，但哈多提供了贯穿整本书的强有力的纽带。至于其他，这个冒险故事写得很好，性堕落的主题也处理得真实且引人入胜。然而，从艺术角度来讲，这本书的不足之处正是克劳利所反对的地方，毛姆从喀巴拉①、地狱七魔王②、《所罗门的钥匙》③和"很多科学无法解释的东方的东西"中摘录了大量文字。他对这些都不感兴趣，他认为全是胡编乱造，结果显示，他偷懒摘录的部分确实笨重无趣。当毛姆把手稿拿给维奥丽特看时，她恰恰指出了这个毛病。收到她的意见后，他回信道，"我觉得你说得很对，但我是故意这么做的，给出很多日期和权威的说法……我想让读者记住当时的人对那些东西深信不疑，我不希望让人觉得这只是一个耸人听闻的故事。"克劳利把《魔法师》中他认为毛姆剽窃的段落列了一个单子，这个做法只能招致作者的厌弃。杰拉德·凯利曾给克劳利画了张像，毛姆建议他把这幅画送给英国皇家艺术学院，并在上面注上黑绿相间的标题"婊子养的"。

《魔法师》于1908年11月出版，评论界反响不一，有人谴责作者下流，有人则祝贺他奉献了"一本真正的惊悚小说"。如今毛姆享有很高的声誉，已经和一年前大不相同了。他和巴里、皮尼罗、阿尔弗雷德·苏特罗④等著名剧作家一起创立了戏剧家俱乐部，还成为加里克俱乐部的一员，这个历史悠久的绅士俱乐部位于柯芬园，会员多是演员和文人。他是在一封向《泰晤士报》抗议戏剧审查制度的公开信上签名的七十个名人之一，其他人还有萧伯纳、巴里、高尔斯华绥、皮尼罗、叶芝和 H. G. 威尔斯。在丽兹酒店举办的一次晚宴上，毛姆是受邀前来的一百八十名宾客之一，这次晚宴的主题是向奥斯卡·王尔德忠实的朋友和遗嘱执行人罗比·罗斯⑤致敬，罗斯间接地在王尔德过

① 建立在对《圣经·旧约》的神秘解读基础上的古犹太神秘哲学。

② 七位魔王分别代表人类的七宗罪。

③ 在犹太人的传说中，以色列国王所罗门由于得到了天使书写的《罗洁爱尔之书》，获得了自由召唤和操纵恶魔精灵的能力。这本书记载了召唤的规则和咒语，但这本书实际上是中世纪的术士们撰写的，和所罗门王毫无关系；并且书中记载的魔法鼓励杀生祭祀，属于所谓的"黑魔法"。

④ Alfred Sutro，1863—1933，英国作家、剧作家和翻译家。

⑤ Robert 'Robbie' Ross，1869—1918，记者、艺术评论家和艺术商人。

世八年后帮助他恢复了名誉。H.G. 威尔斯激动地提议大家举杯祝罗斯身体健康，毛姆坐在王尔德的儿子维维安·霍兰德身边，听见他低声道，"这种话最好别说。"

那是十二月的一个晚上，毛姆出现在丽兹酒店意义重大，这意味着向那个影响了他生活和写作的人表达敬意，尽管无法言传的话还有很多。毛姆从来没有写过王尔德，这个主题太危险，但王尔德的影响对他的成长起了很大作用：在圣托马斯医院读书时，毛姆就读了王尔德的《莎乐美》和《道林·格雷的画像》，看了他的戏《认真的重要性》，在他早期的大部分剧作里，王尔德的影子清晰可见。《魔法师》这本小说无可争辩地带有王尔德的风格，其中还引用了《莎乐美》里的那句："我爱上了你的身体，伊奥迦南！"王尔德公开宣称，任何人都无权谴责他人的行为，每个人都应该走自己的路，去他想去的地方，按照他自己选择的方式生活。毛姆对此十分认同，并在作品中反复提及，尽管在生活中，他并不能完全贯彻这种理念。王尔德的同性恋倾向曝光后带来的可怕后果：失去家庭，失去房子，失去名誉，对毛姆造成了很深的影响，他不可避免地看到自己和他的处境有许多相似之处。这个男人的悲剧困扰着他，同时他又被这个男人所吸引，因此，他对王尔德的社交圈和文学圈抱有浓厚兴趣，那天晚上很多王尔德圈子里的人出现在丽兹酒店，有几个后来也成了毛姆重要的朋友。

其中的关键人物就是罗比·罗斯，还有他的老朋友雷金纳德·特纳，他们一起陪出狱后的王尔德去了法国。罗比是个小个子，干净整洁，留着整齐的胡子，他是个同性恋者，王尔德的第一任男性情人，他有一种顽皮的幽默感，笑声很有感染力。罗斯给《晨邮报》写艺术评论，还是一家小画廊的老板，友善的罗斯在绘画方面的知识很渊博，尤其了解法国印象派，毛姆对这个话题感兴趣，觉得这个新朋友很是迷人。"你真是个可爱的人，"那次晚宴后，毛姆给罗斯写信说，"我很高兴认识你。"雷吉·特纳成为毛姆的朋友是因为他写了

一篇赞美《弗雷德里克夫人》的评论。雷吉的性格有点像老处女，在
有男有女的场合，他会始终表现得端庄得体，但是在纯男性的聚会
上，他会极度兴奋。雷吉貌不惊人，厚嘴唇、猪鼻子，不停地眨眼
睛，但是他很大方，也很健谈。马克斯·比尔博姆在描述雷吉的机智
时说，他对别人的幽默不会做出迅速积极的反应。这个观点令雷吉很
苦恼，他问毛姆这是不是真的。"我不想伤害他，所以我说，'哦，
雷吉，我讲笑话的时候，你从来都没笑过。'他眨巴着眼睛，皱起不
好看的小脸，然后咧着嘴道：'可是我真觉得不好笑啊。'"雷吉有
丰厚的收入，所以坚持不懈地走文学道路，他写过一系列业余得令人
沮丧的小说，没一本卖得好的。一次毛姆吹嘘他的书的初版多么稀
有，雷吉说："啊，想要搞到我的书的第二版几乎是不可能的。"雷
吉鼓励马克斯·比尔博姆加入王尔德的圈子，虽然比尔博姆很佩服王
尔德，但从来没有成为他的知己。跟雷吉·特纳和罗斯不一样，他不
是同性恋，也不想走那条路，尽管他很愿意参与一般性的讨论，比方
说，异性恋男人是喜欢女人的男人，男人对男人的爱是"无法说出口
的爱"。交往初期，马克斯曾徒劳地想把雷吉从放荡的生活中拯救
出来。"我真的认为雷吉的事业到了一个至关重要的时刻，"他给罗
比·罗斯写信道，"我不希望眼睁睁看着他沦为那种'无法说出口的
爱'的牺牲品。"

　　马克斯·比尔博姆和雷吉·特纳在牛津大学读书时就形影不离，
现在他们邀请毛姆加入他们的小圈子，对毛姆来说，这是一种恭维。
雷吉在伯克利广场边上有间公寓，离毛姆和马克斯家走路只需两分
钟，毛姆住在蒙特街，马克斯住在上伯克利街，跟他的母亲和姐妹们
生活在一起。一次毛姆应邀去上伯克利街喝茶，就是在那儿发生了一
件令他尴尬且难忘的事。"我记得那个房间灯光昏暗，比尔博姆太太
穿着黑衣服，看上去相当害羞，还有两个姑娘，也穿着黑衣服，低声
跟几个客人说着话。那种不安会让你感觉隔壁房间有一口敞着盖的棺

材，棺材里躺着一具尸体。显然，我在这次聚会上的表现不佳，因为，从此我也再也没有接到过邀请。"雷吉家的气氛就轻松随意多了，毛姆从家里出来或回家的路上经常会去拜访一下。一天下午，他就是在这里第一次见到了H.G.威尔斯，他和雷吉一起吃过午饭后回到雷吉家继续聊天。威尔斯被视作英国重要的知识分子之一，当时风头正盛，而毛姆很不舒服地意识到自己的那点名气与之相比显得无足轻重，于是他手忙脚乱，有一种微妙的低人一等的感觉。"他给我留下了这样的印象，他看我就像在看即兴表演，在看喜剧演员。"与朋友们共度的最欢乐的夜晚，性情古怪的斯蒂文斯夫人也在场。三个年轻人都是默顿坊的常客，后来，斯蒂文斯夫人把家搬到了肯辛顿，她慷慨且有点混乱的宴会仍在继续，丝毫没有减少。"我确信有很多老女人像斯蒂文斯夫人一样招人喜欢，"斯蒂文斯夫人死后，马克斯写信对毛姆说，"但我相当怀疑在这个民主时代是否有很多人像她一样奇怪——那么的怪异、厚脸皮、自信，对自己的言行无比笃定。"毛姆记得星期二晚上她表现得尤为活跃。"马克斯、雷吉·特纳和作家乔治·史崔特，还有一个叫希佩里的研究古罗马道路的专家，还有我。这些人在一起很开心，主要是雷吉逗得大家大笑不止。马克斯话不多，但只要他说话，你就会记住。要么很风趣，要么尖酸刻薄。聚会结束后，我们坐在公共汽车顶部，各回各家。"

毛姆在王尔德的圈子里交下的另一个重要朋友是艾达·莱弗森[①]，她也参加了那次向罗斯致敬的晚宴。她是王尔德忠实的朋友，他管她叫他的"斯芬克斯"，丑闻曝光时，她站在他身边支持他。那个清早，她也是少数几个接他出狱的人之一。艾达，四十多岁，面容姣好，说起话来柔声细语，身材苗条，染了一头金发，一张苍白的小脸，尖下巴，她和丈夫分居了，她被视作那个主要由男同组成的小圈子的女顾问，那个圈子里有罗比·罗斯、雷吉·特纳、马克斯·比尔

---

① Ada Leverson，1862—1933，英国小说家。

博姆和阿尔弗莱德·道格拉斯勋爵。女子气的青年吸引她，也被她吸引，她曾试图勾引奥伯利·比亚兹莱①，但没能成功。他们很喜欢她，把她当成谨慎冷静的密友，也很珍惜这位有天赋，且有点怪怪的女主人。"她的谈话矫揉造作，在某些意义上令人难以捉摸，混乱、荒唐，却又那么迷人。"一个迷恋她的人说。"斯芬克斯"在海德公园旁边的拉德纳广场有一栋小房子，尽管她的家境远远算不上富裕，但总是能举办令人愉快的社交聚会。她出现时总是打扮得很精致，戴着小首饰，她喜欢淡雅的颜色，裙子剪裁精美，衣料上乘。为了贴补家用，她写过两本小说，还给《黑与白》和《笨拙》杂志写稿。那个圈子里的罗伯特·希琴斯②曾鼓励她试着写写剧本。"立刻写一部轻喜剧，"1908年，他给她写信道，"我希望你这么做，我命令你。打败萨默塞特·毛姆。"

打败毛姆是不可能的，但毛姆和艾达·莱弗森的友谊却迅速升温。"斯芬克斯"也像维奥丽特·韩特一样，觉得这个英俊聪明的小伙子迷人得一塌糊涂，并对他产生了强烈的依恋感：她不停地给他写信，他生病时，她会送一屋子鲜花，还送他一个护身符带在身上。"我亲爱的'斯芬克斯'，"毛姆写道，"你真是太好了，你送我那块可爱的马蹄铁，我要把它挂在我的表链上，我的表链上；我要把鲜花插在我的发间，我的发间。你看，你的善意将我抛入抒情的狂喜之中……"她请他吃饭、听歌剧，看他所有的戏，悉心向他求教，任由他评论自己的作品。1908年，她将自己的小说《爱的影子》献给了毛姆。"她焦急地盼望毛姆的到来，"她的女儿回忆道，"毛姆的一张大照片成了她私人生活环境的一部分。"至于毛姆嘛，他喜欢"斯芬

---

① Aubrey Beardsley，1872—1898，19世纪末最伟大的英国插画艺术家之一，也是近代艺术史上最闪亮的一颗流星。1893年，他为王尔德戏剧《莎乐美》作插图。1894年4月，莱恩创办著名杂志《黄皮书》，由比亚兹莱作美编。《黄皮书》一经出版即引起轰动，也是比亚兹莱艺术的顶点。

② Robert Smythe 希琴斯，1864—1950，英国小说家，《阿拉的花园》的作者。

克斯"，知道她对他有好感，但他巧妙地把玩这种关系，尽情享受着
调情，同时，他也小心翼翼地不向前迈进认真的那一步，只要到了这
种时刻，他就会突然打住。他允许她叫他"比利"，只有最亲近的人
才会这么叫他。他们有很多共同爱好：写作——"斯芬克斯"也是
平克的客户，还有戏剧——艾达的朋友里有乔治·亚历山大[1]、查尔
斯·霍特里、比尔博姆·特里和杰克·格伦，她和独立剧院的关系也
很密切。毛姆最大的兴趣点之一是她和王尔德的交往，她把她珍藏的
王尔德的诗集《斯芬克斯》的初版送给了毛姆，毛姆非常感动。她在
书上写了几行字，开头是这样写的："哦，被黑暗折磨的美人的脸，
爱你的……"毛姆对阿尔弗莱德·道格拉斯勋爵也很好奇，十三年前
他第一次去卡普里岛时曾与他有过一次难忘的邂逅，毛姆希望艾达能
把道格拉斯介绍给他。"我希望有一天你能让我见到波西。"1908年
12月，他给她写信说。艾达很乐意满足他的愿望。

　　此后不久，1909年1月，毛姆的下一部戏上演了，"斯芬克斯"急
于助朋友一臂之力，她给当时在《学会》杂志做主编的阿尔弗莱德勋
爵写了封信，问他能否给他的杂志写篇关于这部戏的评论文章。波西
同意了，但条件是不能因为作者是朋友就肆意吹捧，光捡好听的说。
可惜，她写出来的文章恰恰如此，阿尔弗莱德勋爵给她写了一封退稿
信，并用严厉的语气谴责了她，"我亲爱的'斯芬克斯'，很抱歉，
这篇稿子根本不能用。吹捧朋友的意图太明显了……毛姆的戏也许很
有趣，值得一看，但你的评论适用于真正伟大的喜剧，王尔德那种，
或者二十年不遇的好东西……当你邀请我一起吃晚饭，跟他见个面
时，我就怀疑他的动机不纯。我在伦敦断断续续生活了十年，我记得
很多年前在卡普里见过他，如果他真的那么急于见我，为什么不早见
呢，可惜啊，现在我是一家报纸的编辑，对他来说很有用，是吗？"

　　信中提到的那部戏是1909年1月9日在喜剧剧院上演的《佩妮洛

———————————

[1] Sir George Alexander, 1858—1918, 英国演员、戏剧制作人和剧院经理。

普》，这次的领衔主演还是玛丽·坦佩斯特。这部戏讲的是佩妮洛普，一个成功的伦敦医生忠实的妻子使用各种世俗诡计将丈夫从他讨厌、粘人的情妇身边夺回来的故事。这个主题并没有多少新意，一年前詹姆斯的《每个女人都知道》就是类似的主题，萨尔杜1883年那部很红的闹剧《离婚》也是，大约二十年后毛姆在《忠实的妻子》中再次回归这个主题。但据毛姆说，这部戏的灵感主要来自"一个年轻的女人……我和她曾有过一段恋情。"这种说法不禁会勾起人们的好奇心。无论事实到底怎样，毛姆提供了一个出色的剧本，关注时下，向观众呈现了一部时髦的作品。在《佩妮洛普》和他的下一部戏《史密斯》中，毛姆第一次涉及现代社会的现代女性，他将《弗雷德里克夫人》和《杰克·斯特劳》中维多利亚时代的富丽堂皇和富裕繁华换成了桥牌会、电话、大厦公寓、电灯和印花棉布装饰的明亮客厅。

《佩妮洛普》再次获得成功，毛姆将这部戏委托给了查尔斯·弗洛曼，他在提升毛姆作为戏剧家的名气方面意义重大。那些年，矮胖、秃顶的弗洛曼已然是纽约最牛的制作人，如今，他正跻身伦敦最重要的剧院经理之列。弗洛曼为人谦和、头脑聪明、擅长冷幽默，而且拥有无穷的能量，巴里说，"就像大自然的力量……可以点燃一座城市。"戏剧对弗洛曼来说就是生命，他深受业内人士爱戴，大家都认为他是个公正的人，言出必行。这主要归功于他在伦敦、巴黎和纽约建立了一套用来交换成功剧目的制度，而且他把重点放在了伦敦，与当代戏剧有关的一切都源自伦敦。弗洛曼经常重复一句话，他宁肯在伦敦赚十五英镑，也不愿意在纽约赚一万五千美元。实际上，个人收益对他来说意义不大。萧伯纳这样写过他，"（查尔斯·弗洛曼）是我认识的人里最富有疯狂的浪漫精神、最敢作敢为的人。就像查理七世成了一名出色的战士，因为他有置于死地而后生的激情，同样，查尔斯·弗洛曼冒着破产的危险成为了著名的剧院经理。"弗洛曼长期租用约克公爵剧院，和许多杰出的经理建立了友好的关系。

1901年，他创纪录地将由他制作的戏剧搬上了伦敦五家剧院的舞台；他签下西区最好的导演之一迪恩·布希科；正如格伦为实验剧目设置了一块场地；弗洛曼也在萨沃伊饭店有一间永久的套房，他从那里出发，穿着皮大衣，抽着雪茄，小跑着去看排练。他曾在乐池里谨慎地指挥各个部门，在导演身边平静地谈话，向某个演员点头，示意他有话要对他讲。他像孩子一样喜欢甜食，一个装着糕点的黏糊糊的小箱子从不离身。从剧院出来，他最喜欢的娱乐活动是去摄政动物园。20世纪初，弗洛曼实质上已经垄断了英国戏剧向美国的进口，他负责将巴里、皮尼罗和奥斯卡·王尔德的作品带到美国。因此，他对萨默塞特·毛姆的剧作感兴趣对毛姆在大西洋彼岸立足至关重要。两人的合作有一个很好的开局，弗洛曼在纽约制作了《弗雷德里克夫人》，在伦敦制作了《多特太太》，接着又买下了《佩妮洛普》的版权，这部戏连演了三个星期。

　　至于小说方面，毛姆也像对待戏剧营销一样有条不紊，眼睛一直盯着戈尔丁·布莱特，毛姆源源不断地给他下达指示、提建议。"我在想各种事，"1908年9月毛姆在一封信上这样开头，"《拓荒者》在美国那边有进展吗？你认为有可能去外省巡演吗？伍尔德里奇太太真好，给我寄来了《弗雷德里克夫人》和《多特太太》在外省巡演的收入，但我不知道演出的情况如何……可以安排人把《杰克·斯特劳》译成法语吗？"几个星期后，他告诉布莱特，"我放心了，弗洛曼喜欢我的新戏《佩妮洛普》……我想，我们必须要个好价钱，否则，他不会尊重我的……我希望听到你已经安排好翻译的事了，还有，立刻将我的全部剧作搬上巴黎的舞台……"

　　在这个阶段，从没想过当演员的毛姆发现他很喜欢制作戏剧的过程。他喜欢看排练，总是穿得干干净净出现在剧院里，他是少数受演职人员欢迎的作者之一，他安静地坐在正厅的前排座位上，不会指手画脚，总是很配合地把需要改动的地方写在笔记本上。他和导演一起工作得很愉快，尽管迪恩·布希科的太太兼演员艾琳·范布说，"他和多特（迪恩的昵称）相处很融洽。我相信他们真心欣赏彼此的成就，但我们不知道，除了他们都对制作那部戏感兴趣之外，是否真的那么理解或喜欢彼此。"毛姆喜欢简单的工作氛围，黑暗中的观众席和空荡荡的舞台。他享受轻松的同志情谊，大家在煤气灯照亮的化妆间里聊闲天、开玩笑。"和剧组的一个人在街角的餐馆匆匆吃顿午餐，喝杯苦苦的浓茶，还有四点钟女佣拿进来的厚厚的面包和黄油。"毛姆最怕的是首场演出，总是紧张得要死。"我试着把我的作品的首演当成别人的，"他写道，"即便如此，我还是很不舒服……真的，我就不该看自己的戏，无论是首场，还是第几场，但是我觉得有必要了解一下观众的反应，这样才知道怎么写。"《佩妮洛普》首演那晚，他最后一次向喊"编剧"的观众鞠躬答谢，因为近来有家报纸抱怨他过于卖力地推销自己。"我读到报纸上说我既没有礼貌，又没有尊严……我决定首场演出时再也不到幕前去了。"

毛姆有很多剧作家朋友，比如亨利·阿瑟·琼斯、圣约翰·格里尔·欧文、阿尔弗雷德·苏特罗，还有起初不被看好的哈利·格兰维尔·巴克。他总是三句话不离本行，喜欢跟同事们探讨写作技巧。比如，他和苏特罗经常看彼此的剧本，互提意见，苏特罗在毛姆写《史密斯》时帮了大忙，苏特罗写喜剧《困惑的丈夫》时，毛姆也是个好参谋。"我斗胆给你提个建议，"他看完那部戏后写信道，"一般来说，在喜剧的倒数第二幕的结尾制造一个强有力的情境会很有用，我的意思是说非常搞笑的情境，即便接近闹剧也没关系。只要从头到尾逗观众笑就够了。让他们捧腹大笑才是明智之举。"然而，说到演员，撇开戏剧的范畴，毛姆从来就没对他们感兴趣过。实际上，即使是在后台，这个非正式的场合，毛姆的态度也会被认为冷淡。"跟毛姆在一块儿时我总是很紧张，"艾琳·范布说，"听到一句夸奖都会受宠若惊。"虽然他欣赏演员们的才华和勇气，也经常被他们惟妙惟肖的模仿和逸事逗笑，但私底下他认为不太值得跟演员交往。

当然，有一个例外，那就是美丽的苏·琼斯，他依然迷恋她。苏一如既往的诱人、惹人喜爱，然而，她身上有某种令人捉摸不透的东西，两人的关系没什么进展。让毛姆沮丧的是——苏对他甜蜜慷慨，对其他人也一样。他向杰拉德·凯利求助，"勇者还没有得到美人，勇者只是把美人烦得要死；现在，我把唯一的希望寄托在你身上了。"他恳求凯利从巴黎过来给予他支持。与此同时，毛姆尽量讨苏的欢心：他曾试图为她在《杰克·斯特劳》中争取一个角色，但没办到，现在他又利用自己的关系让她在《佩妮洛普》里扮演女仆佩顿。毛姆对苏的能力不抱什么幻想。"她不是一个特别好的演员，"他说，"不过，还是能为她争取到做替补演员的机会，或者让她扮演一些小角色。"穿女仆装的苏很可爱，甚至赢得了《星期日泰晤士报》的青睐，称赞"埃塞尔温·西尔维娅·琼斯小姐饰演的女仆恬淡寡欲、无懈可击。"她的情人为她做了件好事，苏取得了一次小小的成功，还应邀参加了赫伯特·比尔博姆·特里在国王剧院举办的莎士比亚演出季。她在那里很快捕捉到了特里左顾右盼的眼神，为了打击情敌毛姆，一天晚上，特里在萨沃伊饭店告诉苏，她是在浪费时间，"他是个同性恋。"听到这个消息，苏一点也不苦恼。

杰拉德·凯利在毛姆与苏的关系中扮演着十分重要的角色，他和毛姆一样喜欢苏，他也是毛姆最亲密的朋友。这个朋友在应对女人方面更有经验，所以，毛姆很依赖他，但在其他方面，毛姆则把凯利当成一个他挚爱的但又很气人的弟弟，毛姆会给他事业上的忠告，怪他不懂得利用机会。他鼓励凯利去旅行。"我想，为了摆脱'惠斯勒叔叔'的影响，你应该出国待一阵子，去意大利或西班牙，或者两个地方都去。"1908年3月，毛姆写信对凯利说，"但愿你从情感纠葛中抽出身了，去国外生活一段时间吧，让明媚的阳光照在你的身上。"凯利记住了他的忠告。后来，他认定最明媚的阳光在缅甸，于是，毛姆借给他钱，让他去了。凯利希望成为一名肖像画家，毛姆留心把杰出人士介绍给他，毛姆让他牢记，大众想要什么就给他们什么，这一点很重要。"你马上就要来英格兰了，我恳求你借此机会给一个漂亮女人画张像。如果你能示人的作品只是一系列对荡妇精湛的描绘，就别指望有人会委托你作画。"毕竟，凯利必须考虑到他不能就这样懈怠下去。"我认为奥宾①和尼克尔森②是你此时最强劲的对手。近一段时间他们俩在公众中的声望有所提高，你却原地踏步……我对你这个夏天没有任何作品拿出来展览感到失望透顶。不要因为我把这些忠告一股脑塞给你就生我的气，这完全是出于对你真挚的情谊，而且我十分欣赏你。"

毛姆对凯利的真挚情感甚至体现在他发现凯利也和苏睡过觉之后，他在信中用不自在的打趣口吻提到朋友"可恶的背叛"。毛姆越来越清楚地认识到苏天性就是个随便的女人，她不止跟他睡觉，还跟他的很多熟人睡觉。不只是凯利，还有沃尔特·佩恩以及凯利在"白猫"那会儿的好友艾弗·柏克。"我所有的朋友都跟她上过床。"毛姆的说法未免有点夸张，但也无可厚非，"这让她听起来像个荡妇。其实她不是。她身上不带一丝邪恶……她不淫荡。她天性如此。"很简单，苏喜欢性，没有道德上的顾虑，认为一个男人带她出去吃饭，吃完饭跟他上床是很自然的事。正如凯利所说，"威利是她唯一真正爱过的男人……但这并不能阻止她继续过随便的生活。"毛姆承认自己也挺随便的，他渐渐相信他可以娶她。有一段时间，他疯狂地迷恋她，现在也很喜欢她：她不专属于他，这很重要吗？肉体方面不那么紧要，吃醋真是个事吗？"我从来没这么喜欢过别人，"他想，"我为什么要烦恼她跟我的朋友们上过床呢……尽管她在道德上比较散

---

① Sir William Orpen，威廉·奥宾爵士，1878—1931，英国画家，尤以政治家和战士的肖像画闻名。

② 尼克尔森，1872—1949，英国静物、风景和肖像画家。

漫，但她是一个非常好、非常可爱的女人。"他现在三十五六岁了，打算安家的话，应该就在不久的将来。苏最近跟丈夫离了婚，尽管没明说，应该也不会反对再婚；所以，时机似乎很合适。

这是个勇敢的决定，可是和他同时代、同阶层的大部分性口味传统的男人一样，他也十分珍视给人一种恪守常规的表象。他压根儿不希望压制自己的同性恋倾向，但同时觉得女人也对他有吸引力，于是导致他错误地以为自己"四分之三正常，只有四分之一同性恋"。婚姻可以进一步让天平向他期望的方向倾斜，至少可以允许他作为异性恋者进入上流社会。正如约翰·哈利维尔在《一个体面的男人》中所说的那样，"一个人只有非常坚强、非常自信，才能违背通常的观点，如果你不具备这些特点，还是不要冒这个险了，就像凡夫俗子那样随大流吧，走老路至少是安全的。不刺激、不勇敢，相当无聊，但安全极了。"

苏宽容的天性是她自身魅力的重要组成部分，再加上她来自一个戏剧环境，戏剧界向来包容不墨守常规的人，毛姆很理解这种包容心，但他不可能在他的亲戚身上发现这个特点。他的两个在世的哥哥，查尔斯和F.H.，都已为人夫、为人父，都是勤奋的律师，都是受人尊敬的资产阶级的中流砥柱。哈利自杀后，在大家震惊之余，所有不受欢迎的友谊的证据再也掩盖不住，显然，他们无法接受家庭内部再有类似的事浮出水面。从来都是局外人的毛姆不希望过两个哥哥那样的生活，一个星期在办公室待六天，一年带着小桶和小铲子去海边度假一次。然而，他内心里还是有种强烈的、遵守规范的愿望，想扮演英国绅士的角色，有个妻子照顾家，招待朋友，给他生孩子。

结婚也不意味着完全改变性取向。伦敦有广大的同性恋人群，存在着一种繁荣的亚文化，一个谨慎的社交网，各种男性卖淫者，从梅菲尔妓院的专业人士到皮卡迪利大街的娈童，从下班后去音乐厅附近转悠的禁卫军士兵——他们很有男子汉气概，身穿鲜红色的制服——

到"兼职"的业余爱好者：服务生、店员、男仆。夜幕降临后，他们在公园里游荡，在街角走走停停，希望碰到一个客人，在他们的周薪外，多赚几个先令。杰明街的土耳其浴室享誉欧洲，那里的全体员工，从按摩师到修脚师再到经理都是同性恋。浴室经营很得体，警察虽然清楚里面在干什么，但视而不见，这个地方尤其受到主顾中的社会名人的青睐。毛姆这种性欲旺盛又谨小慎微，害怕被曝光的男人和娈童在一起是相当危险的。（王尔德告诉雷吉，他和妻子去购物，在皮卡迪利大街的"斯旺和埃德"百货商场外看到娈童时，他就知道自己"死定了"。）土耳其浴室更安全，但生性挑剔的毛姆讨厌这种明目张胆的露天市场。到目前为止，最适合的去处是一些富有同情心的女主人提供的"安全屋"，艾达·莱弗森是她们当中的女王，在这儿，志趣相投的男士们，有已婚的，也有单身的，可以见面约会，不必担心接下来会曝出丑闻。

传统社会中，毛姆的"两面派"不会受到怀疑，他英俊的相貌、日盛的声誉和谦逊谨慎的态度迷倒了很多人。男人和女人都觉得他的外表很有魅力。"我清晰地记得，"小说家路易斯·马洛写道，"那张怀疑谨慎的脸看上去是那么美丽光滑、轮廓鲜明，仿佛是稀有象牙雕成的：那种美兼具了西方的古代文明和东方的奢华与智慧。"毛姆尤其吸引女人，但他看起来一点也不分心，专心致志地听从她们口中说出的每一个字；而且，他身上和性格里带着一丝神秘感，他的专注无疑又增添了一份魅力。艾达·莱弗森在她的一本小说里为这个时期的毛姆画了张像，她的观察力实在敏锐。在《限度》中，吉尔伯特·赫里福德·沃恩这个人物的原型就是毛姆，他的朋友们叫他吉利。沃恩"白皮肤、黑头发、三十四岁，相貌十分英俊，他是一个红得发紫的剧作家，时髦聚会追逐的对象。他的行为举止和其他人一样，只是比一般人稍微安静些。除非特别善于观察的人……乍看起来，他并没有聪明到吓人的地步。他有那么一两个特点，有时很容易让人产生误解。其中一个特点是，无论他看什么东西或什么人，他那双不透明的黑眼睛总是充满生动的表现力，女人会把这种观看误以为是赞美。"

"斯芬克斯"准确地抓住了毛姆采用的技巧，比如，如何回应他的成功，转移嫉妒心和关于虚荣的指责。

> 沃恩知道想得到一个角色的卢斯科姆小姐肯定会向他献殷勤，于是善意地将自己和这个女人尽量隔开。尽管如此，她还是把身子从桌子那头探过来，说：
>
> "那些巧妙的东西您是怎么想出来的，沃恩先生？真不明白您是怎么做到的。"
>
> "是啊，我们都想知道。"福斯特船长说。
>
> "很容易，真的。"沃恩说，"有个窍门。"
>
> "是吗？"
>
> "就是这样。"
>
> "您是怎么掌握这个窍门的？"
>
> "哦，侥幸罢了——一点点运气。"沃恩说……

书中慎重地提到了他的私生活，很多想引他上钩的未婚姑娘对此非常感兴趣，"斯芬克斯"巧妙地处理了这个主题，编造了他和一个旅店老板女儿的感情纠葛，以避开大众的视线。格拉迪斯是个"粗俗平庸"的女人，这也是苏留给艾达的印象，这样的故事大概源于她对毛姆感情生活中那个年轻漂亮的女人的憎恨。

和《佩妮洛普》一样，毛姆的下一部戏《史密斯》的主题也效仿了巴里1902年的《令人钦佩的克莱顿》，剧中的仆人比主人高尚得多。《史密斯》中则是一个年轻的客厅女侍，一个农夫的女儿，她的正直与雇主的唯利是图和自私自利形成鲜明的对比。她赢得了男主人公——这家少爷的心。由弗洛曼制作的《史密斯》的首演定在喜剧剧院，那天是1909年9月30日，这是一年中毛姆的第三部戏：《佩妮洛普》的首演在一月，三月开演的是《高贵的西班牙人》，这是根据法国剧作家厄内斯特·格雷内特·丹库特的一部闹剧《风流寡妇》（Les Gaietés de Veuvage）改编的。扮演史密斯的是19岁的玛丽·洛尔，她长得漂亮极了，这个角色就是为她写的。尽管很年轻，玛丽·洛尔已经成名，前一年她参演了萧伯纳的《结婚》，取得了巨大的成功，所以有传言说，她正在和伦敦最著名的剧作家之一交往也不足为奇。F. H.的妻子奈丽是个有瘾的媒婆，她曾十分积极地给小叔子介绍对象，玛丽·洛尔就是其中的一个，她曾邀请玛丽·洛尔到肯辛顿花园的家中共进晚餐。玛丽·洛尔身材苗条，一头浅金色的头发，那天她打扮得很浪漫，穿了一条粉红色的薄纱裙，发间还别了一朵玫瑰花。毛姆带她参加过一次舞会，她还去乡下找过他，那几天他正在对《史密斯》这个剧本做最后的润色。很快，他鼓励杰拉德·凯利给她画像，但和给苏画像不同的是，毛姆没有要给他钱的意思。总之，如果奈丽希望他们的关系有所进展，她会失望的。他们只是朋友。"我很喜欢他，"洛尔小姐说，"我们在一起时很开心。"

毛姆的作品供不应求，他越来越觉得如果想写作的话必须离开伦敦。有时候他会去布莱顿几天，住在大都会饭店，白金汉郡的塔普洛有一家小旅馆，他也很喜欢，因为那个旅馆附近有一座高尔夫球场，打高尔夫球已经成为他的爱好。写作需要久坐，毛姆意识到锻炼身体的重要性，更重要的是，他需要保持健康的体魄，改善从小就虚弱的体质，他的呼吸道和肺部尤其容易感染。因此，他骑马、散步，每个星期去巴思俱乐部打一次壁球，但几乎任何休闲活动都不如打一场高尔夫球更让他开心。1908年创作《佩妮洛普》时，他在一个田园诗般的地方，意大利科莫湖边的瓦伦纳找到了一家旅馆，第二年，他又去到那里写《史密斯》，此前他好像得了胸膜炎，想借此机会休养一下。瓦伦纳很美，在疗养院住了几个星期后，山间的空气对他大有裨益，而且这里还有一座很棒的高尔夫球场。剧本快写完时，他邀请杰拉德·凯利和几个朋友过来玩儿，有欧沃尔特·佩恩、斯蒂文斯夫人、内特·赛莱特，还有他的哥哥F.H.，他也是个高尔夫爱好者。

"美好的一天。打了一下午高尔夫……晚饭后打桥牌，赢了十二法郎。"F.H.开心地在日记本上写道。

离开英格兰找个僻静的地方写东西跟他的旅行癖无关，尽管旅行是毛姆最大的生活动力之一。"我很清楚，我总是渴望离开，渴望到国外去，"他对凯利说，"其实，旅行时还不如在伦敦舒坦呢，但我就是无法克服这种推着我向前走的焦躁心情。"一直到晚年，这种焦躁感依然迫使他走出去，只要不太忙，能抽出空来，他就会动身起程。1908年，除了瓦伦纳，他还去了马德里、君士坦丁堡、布尔萨①、卡普里岛和希腊的科孚岛；1909年，他去了巴黎、安特卫普、布鲁塞尔，还去伯罗奔尼撒半岛徒步旅行了一趟；1909年，他第一次去了美国，这一年，他还去了法国南部、米兰、雅典和威尼斯。"真的，想让信里不出现华丽的辞藻实在太难了。"他从希腊给凯利写信道，"鸟儿在我身边歌唱。下面有片林子，橄榄树、柏树、正在长叶子的杨树和无花果树；起伏的群山，一个又一个山坡，远处积雪覆盖的山顶，夕阳下一片玫瑰红……这一切都美极了。"

有时，沃尔特·佩恩会陪着他，大多数情况是他一个人。在城市里，他喜欢看戏、逛画廊，通过书信和凯利详细讨论他看到的东西，当然，也会谈到其他的事。尽管方式不同，但两个人都喜欢远离英国的社会压力带来的自由感。身在巴黎的凯利沉浸在醉人的自由之中，逃离他所谓的"围绕着伦敦人的性经验的常规和偏见"。显然，这种说法在更大程度上适用于毛姆。生长于法国的他时常被英国人的拘谨惹恼。"在我看来，英格兰是这样一个国家，那里有我不想履行的责任和令我厌烦的义务，"他说，"只有将海峡置于我的祖国（尽管出

---

① 土耳其西北部城市。

生在英国大使馆,从技术层面讲属于英国领土,但实际上,法国才是毛姆的祖国,但他一直将自己视为地地道道的英国人。)和我之间,我才能感觉到彻底的舒服自在。"一旦有机会出行,他就会抓住。

"有个友善的人提出开车带我环游法国。"1907年,他开心地写信告诉凯利,相信他的朋友肯定知道他指的是什么。1907年坐船去那不勒斯途中,他向凯利汇报情况,"我遇到一个埃及帕夏[①],他为我的魅力所折服,向我提出不可能会误解的建议……我高傲地拒绝了,但我不可能对赞美无动于衷。"

1909年,他和雷吉·特纳去了佛罗伦萨,和卡普里一样,那里也有一大群外国同性恋者。他们住在阿尔诺河边的一间公寓里,后来,路易斯·马洛和他的一个年轻的朋友也加入进来,雷吉成了这群人的中心,因为他会讲已故的伟大的王尔德的故事。用马洛的话说,雷吉是"连接奥斯卡和所有古代鸡奸罪的活着的纽带"。"啊,是啊,是啊,我知道。他很好,我知道。也很随和。但没奥斯卡好。跟奥斯卡不一样。哦,不,他永远不会像奥斯卡那样!"

毛姆的下一部戏《第十个人》的大部分是1909年10月在瓦伦纳写的,这部戏在形式上有一些变化。除了《一个体面的男人》和《拓荒者》,到目前为止,毛姆所有的戏剧作品都是轻松的社会喜剧。只有《比米什太太》[②]没有找到制作人。其他的戏剧作品,从《弗雷德里克夫人》到《史密斯》都大受欢迎,并给作者带来丰厚的回报。毛姆很坦率,也许太坦率了,他认为创作这类东西太过容易,不必费心思隐瞒构思有多轻松,写起来多容易、多快。"我认为写剧本的难度被夸大了,"他得意地写道,"我脑子里总是同时装着一打戏,当一个主

---

① 帕夏,官职名或敬称,相当于英国的勋爵。

② *Mrs Beamish*,或译《笑容满面太太》,讲的是一对受人尊敬的中年夫妇被迫说出一个惊人的事实——他们没有结婚,所以,他们那个自命清高的儿子是私生子。这个剧本从来没有制作过,也没有出版过,只有手稿存世,目前存放在华盛顿的国会图书馆里。

题出现时就会自动分出场次，每一'幕'都直勾勾地盯着我，所以，写完一部戏的第二天就开始写新戏对我来说不成问题。"

毛姆在接受一家报纸采访时曾相当轻率地表示，他对悲剧和玩观点的严肃作品没有耐心，他用轻松的口吻说，剧作家把自己当回事就太不明智了，因为剧作家的首要或者说唯一目的就是娱乐大众。他只是在自嘲，却遭到评论界普遍的误解。向他发起攻击的人中有马克斯·比尔博姆。他说，"如果他现在只想实践轻喜剧，那就让他一门心思扑在那上面吧。最初的志向引领他走上戏剧之路，有人仍在一丝不苟甚至无利可图地追求自己的理想，他却嘲笑他们，很难说他有风度。"曾经批评《佩妮洛普》"懒散的技巧"（Slovenly Workmanship）的威廉·阿彻[1]指责毛姆"不为大众的口味差异留余地，事实上，很多人极不喜欢'一个伟大的中心思想'，也不喜欢空洞的琐事。"圣约翰·汉金[2]是一个无情的现实主义者，据说，他的作品甚至能让易卜生的戏显得很欢快，他评论的角度略有不同。在一篇名为《毛姆先生戏剧成功之悲剧》的文章中，他用刻薄讥讽的口吻说，"毛姆写有分量、有品质的作品时总是被拒绝，现在他开始生产无足轻重的糖果了，伦敦戏剧界却被他踩在了脚下。"

但毛姆知道自己在做什么：他理解观众，知道如何给他们提供他们想要的东西。德斯蒙德·麦卡锡[3]这样评论毛姆的戏剧，"他的作品足够玩世不恭，会让感情脆弱的俗人在开心的同时以为自己意志坚强；也足够聪明，可以满足智力水平远不达标的伦敦观众。"然而，功成名就并不意味着毛姆对负面意见漠不关心，很多年间，他一直回过头来为自己的立场辩护。

"评论家们指责我为大众写作，"他在《总结》中写道，"我并

---

[1] William Archer, 1856—1924，英国戏剧评论家。

[2] St. John Emile Clavering Hankin, 1869—1909，英国维多利亚时代的随笔作家和剧作家。

[3] Sir Charles Otto, 1877—1952，英国文学评论家和记者。

没有真的这么做……我只是用那部分服务于目的的自我撰写喜剧。目的就是让大家开心，我的目的达到了。"

他认为，就是从他成名那时起，知识界将他拒之门外。尽管他经常否认，但被他们拒绝让他耿耿于怀了一辈子。"我本是一个谦逊且受人尊敬的人，但知识界不仅对我不理不睬……还像路西法那样用力将我抛入无底的深渊。我很惊讶，也有点受伤。"他力求保持平衡，于是在写接下来的两部戏《第十个人》和《格蕾丝》时刻意转变了方向，回归更严肃的故事和主题。可惜，这两部戏都不成功，大概过了两年多，毛姆才重新开始写戏。1909年末，他在给戈尔丁·布莱特的信中说，"我累了、倦了。这之后我打算先不写剧本了。过去的两年我写了四部戏，八部戏上演！我真觉得我有权利松懈几个月。"

由弗洛曼和阿瑟·伯切尔制作的《第十个人》讲述的是贪婪、堕落和不幸的婚姻，想要离婚却被拒的可怜妻子将毁掉两个男人在议会的事业，一个是她憎恶的丈夫，一个是她深爱的男人。一个精明的英格兰北部政客带来了令人震惊的结局。"在世上走一遭，你会明白，十个男人，九个无赖，"他告诉那个寡廉鲜耻的丈夫，"你忘了最终会遇到第十个男人。"这部戏是1910年2月24日上演的，被媒体评价为"枯燥乏味"和"老掉牙"，只演了四个星期。"首场演出反应平平，"毛姆向艾达·莱弗森汇报说，"评论家太过苛刻。可是，我不在乎，我不在乎。"《格蕾丝》后来更名为《乡绅》，毛姆从《旋转木马》中选取了一个主题加以改编，讲的是格蕾丝·卡斯蒂雍（Grace Castillyon，剧中是茵索丽Insoley）和他卑鄙的情人雷吉的故事。这个版本的雷吉显然比最初版本的雷吉好多了，这部戏没有讲他和格蕾丝的感情，讲的是格蕾丝的良心危机：她被迫拿自己的道德处境与一个因为怀了私生子而自杀的猎场看守人的女儿作比较。1910年10月15日，弗洛曼出品的这部戏在约克公爵剧院首演，演出时间比《第十个人》稍长一些，尽管评论界盛赞领衔主演艾琳·范布和扮演格蕾丝那个可怕的婆婆的特里夫人。在很多找茬的评论中，骂得最狠的是《星期六文学评论》（不是马克斯·比尔博姆，他刚刚辞职。）："毛姆操纵木偶太久了……忘了驾驭血和肉的技巧。"毛姆足够达观地接受了这两次失败，承认这两部戏"在现实主义和戏剧性方面都不够坦诚"。

当然，两次小小的挫败绝不会让他一蹶不振。36岁的毛姆正春风得意，尽情享受生活。"我很幸运，事业顺利，也很忙碌。"毛姆说，他还有名，所有人都想认识他。在平静的表象下，这个时髦的剧作家精力充沛、兴致昂扬，他所表现出来的轻浮的欢快既出人意料，又是那么迷人。他被形容为"伦敦最诙谐的单身汉和最不知疲倦的舞者之一"。请柬如潮水般向他涌来，随处可见他的身影：他身穿白色燕尾服，打着白色领结出席舞会和首场演出；他穿着西班牙的奇装异服在切尔西艺术舞会上跳两步舞；在柯芬园的慈善晚宴上他和大家一起跳活力十足的谷仓舞；他去梅菲尔和肯辛顿参加午餐会和晚宴，第二天下午，他遵照礼仪，穿着一尘不染的双排扣长礼服戴着大礼帽去拜见前一晚的女主人。"如果她不在家——你多么希望她不在家——就留下两张卡片……但是，如果她在家……你就会被领到楼上的客厅。你尽量聊个十分钟，然后捡起放在脚边地板上的帽子，起身告辞。当大门在你身后关上时，你就可以长长地舒一口气了。"

杰拉德·凯利在他的画像《弄臣》中出色地捕捉到了这一时期毛姆的特点。最近，凯利回到伦敦，在骑士桥区租了间画室，一天，毛姆穿着常礼服，戴着一顶灰色的大礼帽去见凯利。"他开始打扮得衣冠楚楚了，"凯利回忆道，"他走进门，开心地给我看他那顶灰帽子。"这位剧作家坐在一扇华丽的乌木屏风前，眼睛明亮，目光警觉，一条腿随意搭在另一条腿上，帽子微微倾斜，皮鞋闪闪发亮，手套一尘不染，一只手放在一根尖部是金子的细长手杖上，一副典型的爱德华七世时代温文尔雅的花花公子形象。

手头宽裕的毛姆在梅菲尔的中心地带——切斯特菲尔德街六号，

花八千英镑租下一幢五层楼的乔治王时代风格的房子，租期为八百年。他开玩笑说，"这幢房子是弗洛曼建的。"他打算和沃尔特·佩恩搬进去住，但此前还有很多事要做，还得买家具。"你的房子被装饰一新了，"他告诉弗洛曼，"你来的时候会认不出那是切斯特菲尔德街六号。"毛姆给家里买画时最开心，有一张是奥宾的，两张菲利普·威尔逊·斯蒂尔①的风景画，毛姆对他不太了解，他是听从了都柏林市立现代艺术美术馆的创始人休·雷恩的建议买的，他还从一个叫塞缪尔·德·怀尔德的画家手中买了一幅画，画的是话剧《西尔维斯特·达格尔伍德》的某个场景中的两个演员；他又花二十二英镑买了一幅佐法尼②的画，画的是悲剧《守护威尼斯》中的大卫·加里克③和西柏夫人④，还有一个小版的雷诺兹⑤的画，画的是《喜剧与悲剧之间的加里克》，这两幅画都曾归亨利·欧文爵士所有。这是他最早收藏的两张戏剧绘画作品，后来他收藏了四十多张，有的是在旧货商店花几个英镑买的，最后他把这些画全部遗赠给了英国国家剧院。

在紧张专注的工作间隙，毛姆继续忙于绚烂的社交生活，他受邀参加高雅人士的聚会，他一直对观察这些人的道德习俗有浓厚的兴趣，并收集有用的材料用在他的创作里。正如评论家德斯蒙德·麦卡锡所言，毛姆穿行在伦敦的社交圈子里，"带着职业文人所特有的含蓄与疏离"。毛姆有强烈的求知欲，举个例子来说，上流社会"依然把如何统治大英帝国当私事来谈论。尤其令我诧异的是，大选来临之际，他们会讨论汤姆是否应该负责内政部，狄克是否对爱尔兰满

---

① Philip Wilson Steer，1860—1942，英国画家，作品多为风景画和肖像画，善于运用光的魅力，描绘广阔的空间。
② Johann Zoffany，1733—1810，英国皇家美术学院创建人之一，他擅长描绘人物众多的风俗画，偶尔也画肖像画。
③ David Garrick，1717—1779，英国演员、剧作家、戏剧导演。
④ Mrs Cibber，1714—1766，著名歌手及演员。
⑤ Sir Joshua Reynolds，1723—1792，英国18世纪伟大的学院派肖像画家。

意。"他最近认识的熟人里有一个野心勃勃的政治女主人，圣赫利尔夫人的女儿，一个富有的议员的妻子。毛姆和多萝西·奥胡森之间也是那种柔情蜜意且带有调情意味的友谊，他和其他比他年长的女人，比如艾达·莱弗森和维奥丽特·韩特也保持着这种关系。"我亲爱的奥胡森夫人，你是个不守信用的女人，你信誓旦旦地保证给我写信，结果连一张风景明信片都没寄过……我十分想念你。"奥胡森夫妇在白金汉郡的斯托克波吉斯有一幢乡间大宅，毛姆是这里的周末聚会的常客，这里的客人构成很有意思，有政客、作家，还有武装部队的头目。"非常感谢，我度过了一个愉快的周末，"一次聚会后，他给女主人写信道，"这正是我喜欢的休闲方式。好累啊，这个星期余下的几天我都要躺在床上了吧。"

毛姆第一次见到温斯顿·丘吉尔就是在斯托克庄园（Stoke Court），当时的丘吉尔是阿斯奎思政府的内阁大臣，他娶了多萝西·奥胡森的表妹克莱门蒂娜·霍齐尔。斯托克庄园附近有一座高尔夫球场，毛姆和丘吉尔时常下午一起打球，回来喝很多茶，然后一起参加华丽的晚宴。一天深夜，女士们回房休息了，先生们换上便服，一边喝着白兰地，抽着雪茄，一边聊天，毛姆突然插了句话，吓了丘吉尔一跳：一个自以为是的年轻人正从作家的角度满嘴胡说，突然毛姆插了一句话，这句机智且具有毁灭性的话让那个年轻人闭了嘴，所有人都放声大笑。第二天早上，丘吉尔走到正在安安静静读报的毛姆身边，对他说，"我想跟你签一个君子协定，如果你保证永远不取笑我，我也保证永远不取笑你。"

尽管他很高兴受欢迎，也很喜欢看到生活的这一面，但毛姆绝不是一个唯命是从的人。1910年2月，他觉得有必要批评一下艾达·莱弗森，她过分利用两人的亲密关系让一个毛姆不认识的人接近他。"我亲爱的'斯芬克斯'，请替我感谢你那位朋友的盛情邀请，"他在信的开头这样写道，"我不会接受这个邀请的。邀请一个与你素不相识的人一起吃饭是无礼的行为。想认识任何一个人都有公认的方式。我不明白，为什么因为我碰巧是个作家，这些方式就可以被忽视……"

5月6日，1910年的伦敦戏剧季还没到来就传来爱德华七世的死讯，尽管从严格意义上讲，爱德华时代就此结束，但实际上一直持续到1914年。那个月的大部分时间毛姆都待在意大利，他写信给维奥丽特·韩特，他很高兴举国哀悼的那些沉闷日子，他不在英格兰。那段时间，剧院不演戏，整个社会毫无生气。而毛姆当时正在准备第一次去大西洋彼岸。弗洛曼一直催他过去。《多特太太》《史密斯》和《佩妮洛普》已经在纽约上演了，毛姆骄傲地告诉平克，"《弗雷德里克夫人》是美国近来最火的戏之一。"他本打算前一年就去美国，但由于生病推迟了行程。不过，现在他准备好了。"我10月22号出发，乘坐卡罗尼亚号。"他写信给弗洛曼，毛姆兴致勃勃，想象自己向大海出发，他告诉布莱特，"就像征服美洲大陆的哥伦布一样。"

第六章

西里尔

　　1910年10月22日，毛姆乘坐卡罗尼亚号——丘纳德航运公司最大也最优雅的一艘邮轮——从利物浦出发了。经济游的日子结束了，从现在开始，在接下来的半个世纪里，只要有可能，毛姆都会像王子一样旅行，享受北大西洋航线上欧洲轮船所能提供的最豪华舒适的服务。此后很多年，毛姆多次横渡大西洋，他发现卡罗尼亚号的一等舱并不是太豪华，比不上不久后出现的阿基塔尼亚号、毛里塔尼亚号和惨遭厄运的泰坦尼克号。举例来说，卡罗尼亚号上几乎没有独立卫生间，即便是高级乘客大多也只能在走廊的卫生间里对付一下，或者在窗边的便桶里解决问题。越洋需要六天时间，一到纽约，毛姆就穿过熙熙攘攘的码头径直来到他下榻的酒店——位于纽约市中心曼哈顿中心地带第五人道的纽约瑞吉酒店，这是一座十七层的布杂艺术风格[①]的堡垒。瑞吉酒店建于1903年，是纽约第一家高层酒店，酒店里有电梯，床头有电话，还有原始形态的空调，被视作结合了宏伟与现代的最新成就。附近的第五大道上，代表着旧秩序的阿斯特家族和范德比

---

① Beaux Art，一种混合型的建筑艺术形式，主要流行于19世纪末和20世纪初，其特点为参考了古代罗马、希腊的建筑风格，强调建筑的宏伟、对称、秩序性，多用于大型纪念建筑。

尔特家族雄伟的大厦依旧矗立，周遭则全是新秩序的证明：一幢幢拔地而起的摩天大楼，霓虹灯，喇叭鸣响的机动车，地铁，电车和高架铁路。

"毛姆"在百老汇已经是个响当当的名字——埃塞尔·巴里摩尔主演的《弗雷德里克夫人》颇受好评，接下来是由比莉·伯克[1]主演的《多特太太》，玛丽·坦佩斯特主演的《佩妮洛普》，还有九月份在帝国剧院首演的《史密斯》，由玛丽·博兰[2]领衔主演的这部戏票房也不错。由于查尔斯·弗洛曼的热情欢迎，再加上把他介绍给很多名人，毛姆发现他在纽约很受欢迎，并在最贵的餐厅受到款待。"我下个星期每天的午餐和晚餐都预订出去了……我用力享受这一切。"到纽约后不久，他就向朋友汇报。很快，他彬彬有礼、英国式的矜持和剪裁精美的服装让他成了一个大名人。《纽约时报》注意到"很多为了向他致敬举办的社交活动"，于是评论道："毛姆先生是这么多年来拜访美国的英国剧作家中最受社交圈欢迎的一位。"

有一个纽约客给他留下了难忘的印象，那就是他的"多特太太"——比莉·伯克。一头红发的比莉·伯克从14岁起就在英格兰的音乐厅里唱歌，现在她是一名颇受欢迎的喜剧演员，正在向成为正统演员努力，她成功扮演了毛姆戏中的角色，这给了她不少信心。在她看来，毛姆的优雅更有巴黎味儿，而不是邦德街[3]风格。"燕尾服，条纹裤，滚边的外套，时髦的手套，一根手杖，做工精美的鞋子，带一圈黑边的灰帽子，修剪得干净利索的胡子。"

毛姆喜欢有美女作伴，这个兴奋的女演员令他愉快，她的仰慕也让他很是得意。演出结束后，他们一起去跳舞，参加戏剧界的派对，

---

[1] Billie Burke，1884—1970，美国演员，她还是美国著名的音乐剧制作人佛罗伦兹·齐格菲尔德的妻子。

[2] Mary Boland，1880—1965，美国舞台剧和电影演员。

[3] Bond Street，这条伦敦最富时尚色彩的街道以英王查理二世的密友托马斯·邦德爵士命名。从18世纪以来就是时尚购物者和淘宝者的天堂。

通常陪他们一起的还有漂亮的女明星玛克辛·艾略特[1]，还有同样来自英国的约翰斯顿·福布斯·罗伯逊，他的演员妻子是玛克辛·艾略特的妹妹格特鲁德·艾略特。一天晚上，聚会结束后，他们决定一起去阿斯特酒店的夜总会，"我们不是那儿的会员，而且来得太晚了，差不多凌晨两点了，"比莉·伯克回忆说，"但我们还是去了……走下阿斯特酒店舞厅铺着红地毯的大楼梯，我可以用'出场'这个词来形容，因为没有一个精神正常的女演员在有机会挽着萨默塞特·毛姆的手臂下楼时不激动万分的。"她在回忆录中写道，"他那双特别会放电的棕色眼睛，"她又恋恋不舍地补充道，"啊，是啊，毛姆先生，您确实有一双会放电的眼睛，我当时都有点爱上您了，先生。"

为毛姆神魂颠倒的可不只是伯克小姐一人，很多女人不可避免地把他当成如意郎君的人选。毕竟，他英俊、有名、有钱，而且未婚。他和苏·琼斯仍在交往，但知道的人很少，他对同性的偏好更是秘密。他时常戏弄那些想为他找妻子的媒婆们。玛丽亚·弗莱明就是其中一个，她是美国人，离婚后住在英国，毛姆在信中开玩笑地说："我注意到你为我找了个妻子，我有兴趣跟她见上一面……但愿她瘦弱，憔悴，胸部窄小、凹陷，弓腰驼背。"

在纽约时，毛姆特别渴望和一个同为剧作家的小伙子重叙友情，他就是人称"百老汇神童"的24岁的爱德华·谢尔顿。谢尔顿的父亲是芝加哥富有的房地产商。他的两部戏都大获成功，轰动一时，其中一部是他还在哈佛大学念书时写的。从小就痴迷戏剧的谢尔顿高个子、黑头发、聪明、敏感、温文尔雅，他富有且英俊，曾一度十分迷恋女演员多丽丝·基恩，但两人没有走到一起。和毛姆一样，谢尔顿在性取向上比较模糊。1909年，他去过一趟欧洲，1910年夏，回到美国。他和毛姆很可能就是那段时间在伦敦相识的。毛姆觉得他很迷人，希望能有进一步的关系，但谢尔顿闪烁其词，很快就躲开了。尽

---

[1] Maxine Elliott，1868—1940，美国舞台剧演员。

管如此，两人还是有很多共同点，并成为了挚友。毛姆在纽约时经常住在谢尔顿那间装饰得极富异域风情的公寓里——法国家具，威尼斯的玻璃器皿，青铜镜，厚厚的黑地毯，还有落在栖木上的金刚鹦鹉。

　　毛姆从纽约去了波士顿，和亨利·詹姆斯共进晚餐，后者住在剑桥[①]他新寡的嫂子那里。多年以来，毛姆对詹姆斯作品的态度越发模棱两可，既不大认可，又十分钦佩。不大认可的是，他发现詹姆斯的作品缺少小说家必不可少的共鸣，钦佩的是他高超的写作技巧。"亨利·詹姆斯满足于'隔窗观察'，他有幽默感、洞察力、敏锐，但构成人类基本情感的琐屑之事，对他而言，是难以理解的……"毛姆在伦敦时见过詹姆斯两次，他对他很好奇，但有点反感这位"亲爱的大师"期盼受人崇敬的那股劲儿。不过，毛姆依然觉得他人不错，兴致好的时候，他也会很风趣。但这次詹姆斯的心情很糟，他正在哀悼他死去的哥哥威廉，他渴望尽快回英格兰去，出生地让他感觉浑身不自在。毛姆准备离开时，詹姆斯执意要送他到街角，陪他一起等回波士顿的街车。

　　　　我跟他说不用，我能自己去那儿，但他不听。不只是因为他天性善良、有礼貌，而是因为，美国对他来说似乎是一个奇怪的、可怕的迷宫，他觉得没有他带路，我肯定会绝望地迷路……这时，电车驶入了我们的视线，亨利焦躁万分，拼命地挥着手，尽管电车离我们还有四分之一英里远。他担心车子不停，恳请我以最快的速度跳上车，因为它不肯多停留一刻，一不小心，我就会被拖在车后，非死即伤。我向他保证我自己坐惯了电车。你坐的不是美国电车，他对我说，它们的野蛮、非人、残忍是超出想象的。他的焦躁情绪深深地感染了我，车子

──────────

① Cambridge，紧邻美国马萨诸塞州波士顿市西北方的一个城市，与波士顿市区隔查尔斯河相对。这里是两所世界著名大学——哈佛大学和麻省理工学院的所在地。

刚一停我就立刻跳了上去，感觉自己就像九死一生一样。我看
见詹姆斯在马路中央立着两条短腿，目送着电车远去，感觉他
似乎还在为我的侥幸逃脱而瑟瑟战栗。（《随性而至，我认识
的小说家们》）

回到纽约前，毛姆在华盛顿待了四天。他在那儿收到了一个叫
约瑟夫·波蒙特·毛姆的人写来的信，此人是毛姆家族美国分支的一
员，他邀请毛姆去新泽西州的特纳夫莱见一下他们的家长拉尔夫·毛
姆——一个教师和当地的显要人物。见面后，毛姆发现，外号"蒙
蒂"的约瑟夫·波蒙特是个18岁的小伙子，黑头发、黑眼睛，看上去
很敏感的样子。毛姆暗暗吃了一惊，他们俩长得太像了。"家族成员
的相貌惊人得相似，"毛姆回忆道，"最奇怪的是，这个年轻人也有
明显的口吃。"毛姆照着他说的乘电车去了特纳夫莱——哈德逊河上
游几英里远的一个村庄。在那儿，他和亲戚们进行了一番长谈。19世
纪50年代，拉尔夫·毛姆的父亲从伦敦移民到康涅狄格州，他这一支
和罗伯特·奥蒙德·毛姆那支并没有明确的联系，威利·毛姆的父亲
同样出身卑微，也来自英格兰北部的同一地区。

1910年12月回到伦敦后，毛姆随即面临两难境地，一方面要工
作，另一方面还要装修切斯特菲尔德街的房子。最要紧的是润色《油
水》这个剧本，因为圣诞节后这部喜剧就将开始彩排。1903年一整年
他都在写《油水》，但当时并没有引起任何人的兴趣。于是，不得
已，毛姆将它改编成了小说《主教的围裙》，现在又回到了他最初想
要的形式。这部戏于2月24日在约克公爵剧院上演，尽管弗洛曼和布希
科的制作很精美，首演的反响也很热烈，但只演了几个星期。毛姆的
同事们向他表示祝贺，"巴里认为这是我最最好的作品。苏特罗也很
热情。其他人嘛，埃迪·诺伯洛克[1]难掩兴奋之情，给我写了好几封

---

[1] Edward Knoblock，1874—1945，美国剧作家，大部分职业生涯在英国度过。

长信。"他自己也很开心，但观众的反应令他困惑不解。"人们去看了，也笑了，从剧院里出来时却表示不喜欢。"就像他解释的那样，"观众惊讶地看到一个神职人员在舞台上被取笑，所以人们就不想来了。"经过反复思考，他得出一个更进一步的结论，他对自己的职业身份总有清晰的判断，他告诉杰拉德·凯利："我想，观众只是厌倦我了。我一直能料想到这种可能，所以，心情很平静。我可以让他们休息一两年，他们就会忘掉这件事，然后满怀渴望地回来看我的新作品。我把大部分剧作家用十年完成的东西压缩到三年半来完成，所以，我笔下的人物变得单调乏味也没什么稀奇的。"

毛姆总能退一步思考自己的位置，这对他来说并非难事。在过去的十五年间，从写《兰贝斯的丽莎》开始，他就在不停地工作，产出惊人。现在，多亏大西洋两岸每周都有大笔款项入账，还有沃尔特·佩恩谨慎的投资，他可以允许自己过一段悠闲的日子。对于这样一位多产且成功的作家而言，一部作品的失败固然遗憾，但也没什么大不了的。弗洛曼不但不为此担忧，还出一万英镑巨款让毛姆为比莉·伯克写一部新戏，但毛姆不感兴趣，拒绝了。比莉·伯克在纽约演出成功后还要去加利福尼亚演《多特太太》，"这会给我带来两三千镑的收入。"毛姆告诉凯利，"约翰·德鲁①的《史密斯》要演到六月份，所以，我还有钱支付房租，不必动用老本儿。"

工人们要离开了，毛姆急于把全部精力放在装修房子上面。他和沃尔特·佩恩继续同住，佩恩已经离开法律界，接手他父亲的音乐厅和剧院生意。两人在一个叫霍华德的室内设计师的协助下全力以赴地创造一幢优雅的城市别墅，选家具，买地毯，仔细考虑挂什么画好……"霍华德对我们很好，"毛姆向凯利汇报，"他的建议很实用，品位好像也不错。不过，他对厚重风格和镀金的欣赏我无法苟

---

① John Drew，1853—1927，美国轻喜剧演员，他的妹妹乔治亚娜是著名的"巴里摩尔三兄弟"约翰、艾萨尔和莱昂纳多的母亲。

同，我唯一喜欢的镀金的东西就是罪恶。"凯利在毛姆的建议下去西班牙待了几个月，他在那儿收到一封毛姆的来信，让他找各种装饰品——陶器、玻璃、绘画、布料。凯利为毛姆画的那幅《弄臣》挂在客厅壁炉对面最显眼的位置上。"这是你最好的作品之一，"毛姆告诉他，"你想不到我的画像装了新框有多美，多高贵啊，真正的装饰品。"接着，他骄傲地说，"无论谁来都会夸赞一番。我自己的房间，楼上那个长条形的，装得非常成功。"这是毛姆的写作室，和楼下形成对比的是，这个房间很宽敞，几乎没放什么家具，临街有两扇窄窄的框格窗，屋子中央摆一张粗糙的牌桌当写字台用。入住前的最后一项任务是雇佣工作人员——厨子、女佣和一个男管家，克罗夫特兼任贴身男仆，陪雇主周末外出。最后的结果非常令人满意。"我一辈子没住得这么舒坦过。"毛姆宣称。最早拜访切斯菲尔德街的客人之一是小说家休·沃尔波尔，他将六号描述为"梅菲尔那幢不显眼的欢乐的纸盒房子，成为我们很多人在伦敦最欢乐、最舒适、最好玩儿的去处之一。"沃尔波尔永远忘不了主人带他参观那幢房子时的情景。"我记得，楼下的社交功能区和顶楼他的工作间构成一种奇特的反差，我一上来就惊住了。过去了这么多年，他家的顶楼依然是我见过的最适合写作者的空间。"

　　房子快装修完时，毛姆意识到那种熟悉的不安感再次向他袭来。复活节期间，他在巴黎住了几天。"今天早上，我在林荫道上散步，"他写信给凯利，"我再次感到第一天来巴黎时那种美妙的愉悦。我的思维是那样活跃，似乎有一种腾云驾雾的感觉，那一刻是纯粹的、完整的幸福。"六月，天气闷热，他和佩恩去了勒图凯，避开乔治五世加冕的节日气氛，接着他们又去爱尔兰打高尔夫，然后去巴利阿里群岛几日，回到伦敦后准备秋天再去纽约。不过，现在他渴望去更远的地方，他满脑子都是对远东的憧憬，"曼谷和上海的风景，日本的港口，棕榈树，蓝天，深色皮肤的人，东方的香气。"还有一个没有定下来的旅行计划与凯利有关，凯利打算去缅甸长住。"我想去缅甸找你，在那待一阵子，"毛姆告诉他，"然后说服你跟我一起去中国。"但结果没他想象得那么容易。

前五年毛姆的心思全在戏剧上，现在他的兴趣减弱了。当然，还有一点工作要完成：九月份，海涅曼要出一本他的戏剧集，他得给这本书写前言；改编两部法国作品，故事梗概出自艾伯尔·塔里德①之手的《布莱顿之行》，还得为比尔博姆·特里爵士改一版《资产阶级绅士》。可是，他越来越想写小说了。"在应戏剧之急写了几年剧本后，我再次把热切的期望寄托于小说这片广阔自由的领域。"他写道，"我知道心中这本小说篇幅很长。为了不被打扰，我谢绝出版界经理们纷至沓来的约稿函，并暂时退出了戏剧圈。这时，我已经37岁了。"

这本书有很大程度的自传成分，跟他24岁那年尝试写下的《斯蒂芬·凯里的艺术气质》差不多，讲的是童年和青年时的故事以及丢脸的性困扰。不过，这次毛姆的成熟度和信心有了很大提升，他不再畏缩，在坚持真实性方面不会妥协。这个主题越来越吸引他，他有一种冲动，想写一个和他从前不一样的东西，庞杂的回忆强压在他身上，"这一切压得我喘不过气来，日日夜夜占据我的思绪，做梦都会梦见，我想脱身出来。"为了不受外界干扰，毛姆去了伯克郡的桑宁德尔高尔夫俱乐部，在那里写作进行得很顺利。"一切顺利，我高兴极了。我很满意每天早上可以坐下来写东西，坚持不懈地写下去，不必担心篇幅是不是太长，内容会不会乏味，能不能受欢迎，是否某个女演员愿意出演。恐怕，这本书要比我想的长多了，那也没办法，我有太多话要讲……"八月，他又去爱尔兰打高尔夫。"我快写完了，"他告诉多萝西·奥胡森，"我很希望这能是一本好书。现在书这么多，如果不是非同寻常，似乎没有理由写，除非能给作者带来愉悦，感谢上帝，至少这是独立于结果之外的。"

---

① Abel Tarride，1865—1951，法国演员和剧作家。

从那时起的两年半时间里，不时有小说快写完的消息传出来，但不知怎么，结局总是躺在一个够不着的地方，毛姆从来没有经历过这种事，他习惯几个星期就完成一部作品。他从1911年秋开始写，出版社史无前例地预付了五百英镑，到了第二年春天，这本小说看样子快结束了。经过一段时间高密度的写作后，他去了巴黎几天，他写信给凯利："休息休息，清醒一下脑子。我觉得，再有一个月就能写完了，但我很累，担心这样继续下去会匆匆收尾，或者变得很机械。既然所有要写的东西全装在我的脑子里，我想暂时放一放也没什么坏处。"七月中旬，威廉·海涅曼收到一封信，毛姆在信中解释说："书还没准备好，得等到秋天了。"下一次提到这本书则是在他1914年5月写给凯利的一封信上："我正在努力写，等你回来的时候就有的看了。"然而直到那年秋天，这本书才交到海涅曼手上，并准备于第二年八月出版。

如此长的酝酿不只是因为篇幅浩大，而是因为毛姆一次只闭关几天，时间长了就不愿意了。简单地说，有太多东西让他分心。1911年，国王加冕后的第一个冬季戏剧演出季星光熠熠，巴甫洛娃①和尼金斯基②表演的俄罗斯芭蕾舞，苏特罗、萧伯纳和阿诺德·本涅特的新戏，毛姆都去看了。本涅特的戏《蜜月》"简直是一场灾难……啰里巴嗦的，太恐怖了，"毛姆美滋滋地向凯利汇报，"后来，我在玛丽·坦佩斯特家吃晚饭时遇到他（本涅特）了，"他用一种嘲笑的口吻继续说，"他擅长扮演名人。他向你问好，让我转达一句鼓励的话。他太太这两三年老了不少，瘦骨嶙峋的，脸上全是褶子，很难看，很平庸，很土气。她给我感觉不爱出风头，是不是阿诺德·本涅特用五镇③铁棍修理过她？"他和凯利经常拿伊诺克·阿诺德在巴黎时

① Pavlova，1881—1931，20世纪初芭蕾舞坛的一颗巨星，她为芭蕾作出了无法估价的贡献。
② Nijinsky，1890—1950，尼金斯基在国际舞台享有盛名是因为他打破了因循已久的古典芭蕾模式，推翻了古典芭蕾的美学，因而被西方称为"舞蹈之神"。
③ 本涅特以写"五镇"小说著称。

的话题寻开心。

　　另一件让他分心的事是，他和一个俄罗斯女人有了一段短暂的恋情。亚历山德拉·克鲁泡特金公主，她是当时流亡在伦敦的奉行无政府主义的知识分子彼得·阿历克塞维奇·克鲁泡特金亲王的女儿。萨沙·克鲁泡特金身材高大，丰满性感，高颧骨、大嘴巴、眼睛微微向外凸。聪明热情的萨沙和一些社会主义者是朋友，比如威廉·莫里斯[1]和萧伯纳。萨沙还经常和几个俄国的艺术家和革命者在一起。这一时期欧洲人对俄国的一切都很着迷，毛姆觉得在她的聚会上能接触到俄国历史和文学很是兴奋。他还认识了佳吉列夫[2]和巴甫洛娃，他们喝着伏尔加，热烈地讨论托尔斯泰和陀思妥耶夫斯基。他们去了巴黎几日，住在左岸的一家小旅馆里。他们参观卢浮宫和法兰西喜剧院[3]，还去一家俄国俱乐部跳舞，萨沙吃了好多顿大餐，胃口好得几乎吓坏她的情人。[4]毛姆把她介绍给他的哥哥查尔斯，后者显然很惊讶，"他就是不相信我能跟这样的大人物上床。"用毛姆这句不太文雅的话来说，查尔斯没想到，威利居然和一个真正的公主有这么亲密的关系。这段风流韵事是支令人愉快的插曲，几个星期后，两个人和平分手，"没有恶语相向"。

　　毛姆再次踏上旅途，旅行的诱惑他从来抗拒不了太久。1912年3月，他去西班牙待了六个星期。八月，他在沃尔特·佩恩，还有他的哥哥嫂子F. H. 和奈丽的陪伴下去了巴黎、布拉格、马里昂巴德和慕尼黑。九月，其他人都回家后，他只身去了罗马。十一月，他终于回到

[1] William Morris，19世纪英国设计师、诗人、早期社会主义活动家及自学成才的工匠。
[2] Dyagilev，1872—1929，俄国艺术活动家，佳吉列夫俄罗斯演出团对整个欧洲的芭蕾发展影响巨大。
[3] 法国最古老的国家剧院。1680年10月21日奉路易十四之命创建，由原莫里哀演员剧团与马莱剧团、勃艮第府剧团合并而成。位于巴黎黎塞留街与圣·奥诺雷街拐角处。它实现了莫里哀生前的意愿，故法兰西喜剧院也习称莫里哀之家。
[4] 毛姆在他的短篇小说《爱和俄罗斯文学》中描述了这一插曲，并收录在文集《英国特工阿申登》中。

伦敦，但只停留了一个月，便又去了纽约，去做一个年度调查，为的是他的新戏，跟小说毫无关系。这部戏的名字叫《应许之地》，这部戏1913年11月第一次登上美国舞台，第二年的二月份在伦敦的约克公爵剧院首演，演出很成功，但由于战争爆发戛然而止。从那时起，毛姆才开始润色他的那部厚厚的小说。

《人生的枷锁》是一部略有瑕疵的佳作，充分暴露了毛姆作为小说家所有的长处和弱点。三十万字能装满十六个中等大小的笔记本，这是毛姆最长，同时也最富个人色彩的一本小说，他写作时充满了惊人的活力和干劲。儿时和青年时的"丰富回忆"持续推动他的意识，这一时期的故事为小说提供了主要情节，线性叙事以一种刻意简单朴素的风格展开，完全没有《斯蒂芬·凯里的艺术气质》中的柔化和美化。小说讲述的是主人公菲利普自我发现的旅程，主要围绕着受虐性迷恋的可怕经历展开。他相信他是在寻找生命的意义，寻找地毯上的图案（*Figure in the Carpet*，亨利·詹姆斯的一个短篇小说名），结果同亨利·詹姆斯的那篇著名的小说一样，令人捉摸不透。不过，这本书揭示了一种观点：过分的解放毫无意义。"他的无足轻重变成了强大无比。既然生活毫无意义，尘世也就无残忍可言了。"

小说的结局出人意料，菲利普突然意识到自己完全是自欺欺人。"其实，并非是什么自我牺牲精神驱使自己考虑结婚一事，而是自己对妻子、家庭和爱情的渴望。他还在乎什么呢？对他来说，缅甸的宝塔和南海群岛的环礁湖，又算得了什么呢？"这个意外的结尾是这本小说中唯一没有说服力的地方，否则，这将是一个扣人心弦的故事。毛姆在解释为何做出这样一个特别决定时说，当时他满脑子想的都是结婚的事。"我寻找自由，我以为可以在婚姻中找到，"他写道，"产生这个念头时我还在写《人生的枷锁》，所以，我就把这个愿望变成了虚构的故事，在小说的结尾描绘了一幅我所渴望的婚姻的图景。"除了最后这几页，其余部分都给人留下了极为深刻的印象，丝毫不亚于毛姆同时期最优秀的几个作家——贝涅特、吉辛和乔治·摩尔——的作品，还有早期对他产生过重要影响的塞缪尔·巴特勒①那本他非常欣赏的小说《众生之路》。巴特勒对他的影响显而易见，尤其是在讲述菲利普童年在牧师寓所和学校生活的那部分——凄惨、有趣、观察入微。

显然，毛姆从他的个人经历中选取了大量素材，很多地点、情境和次要人物都可以从生活中辨认出来。比如，杰拉德·凯利为两个人物作出了贡献，一个是在巴黎学艺术的劳森，另一个是背叛菲利普，和米尔德丽德私奔的那个朋友。莎莉·阿特尔涅既有苏·琼斯的美貌，也有她的性感魅力和母性温柔。莎莉的父亲索普·阿特尔涅简直是毛姆的老导师温特沃斯·胡舍的翻版——工人阶级的太太，九个孩子，还有毛姆以前常去的埃塞克斯的长扫帚农舍。有趣的是，有一组事件描写得极为逼真，但完全是二手资料，即菲利普做店员的经历。毛姆完全没有过类似的经验，于是找到一个叫吉尔伯特·克拉克的年轻演员，他在皮卡迪利大街的百货公司上过班。毛姆让克拉克写一篇六千字的文章描述他的经历，并付给他三畿尼。"我无法形容你给我的东西让我多么开心。"毛姆告诉他。克拉克说："毛姆一字不差地用了我写的东西。"

故事的核心主题，也就是菲利普的"枷锁"，是他对可怕的米尔德丽德受虐性的迷恋。这个奇怪的雌雄同体的人物原型仍是个迷。某个理论家说是兰贝斯的一个妓女，另一个人则认为是茶点店的女招待，而可能了解内情的、毛姆曾经的情人哈利·菲利普斯则断言"她"是个男孩。可以确定的是，他或她，或者他和她的混合体确实存在过，毛姆在很小的时候就遇见她了，她的原型是毛姆在1898年创作的《斯蒂芬·凯里的艺术气质》里的罗斯。毛姆有可能从后来的经历中挑出一些特质和事件加在了原来的形象上。

① Samuel Butler, 1835—1902, 英国作家。

菲利普每一个被束缚的细节听起来都是那么真实。他的堕落被毫不留情地详细描述出来，他的欲望、他卑微的奉献、他备受煎熬的自我憎恶。米尔德丽德是个残忍的女人，但同时毛姆也让我们看到她是应该被怜悯的。毛姆作为小说家的最大长处之一就是塑造立体人物的能力，无论男女，并能彼此相互呼应。米尔德丽德是那么冰冷无情，爱上格里菲思后又变得可怜兮兮，被他随意抛弃后痛苦万分。"他练就一种唠叨小事的特殊本领，专聊些他知道能刺痛她心的琐碎小事。他的话绵里藏针，说得又很圆滑，叫她听了有苦说不出。"

尽管有瑕疵，《人生的枷锁》依然是毛姆的主要成就。毛姆向来树立一种难以取悦的疏离形象，而在这部作品中，他一反常态地投入，用热烈的激情席卷了读者。这本小说没能成为一流作品，部分受限于想象力，部分归因于散文风格，有时让人略感单调，还有一部分原因是，作者不愿舍弃不太相干的材料。毛姆更倾向于 H. G. 威尔斯那种百科全书式的说教——额外奉献宗教、哲学和艺术，而不是像亨利·詹姆斯那样克制地加以精挑细选。毛姆对自己的作品有敏锐的判断，他知道《人生的枷锁》和他从前的任何作品都不在一个水准上，他还知道他这么做是为了取悦自己，获得全部的书写自由。正如他对海涅曼所解释的那样："我意识到过去我过多地向所谓的大众品位妥协，很多作家由于贫穷被迫考虑这样或那样写是否会影响书的销量，但我认为让任何这类想法影响到我都是可耻的。"

选择书名颇费周折。毛姆列了个单子，比如《上坡路》《经历》《康庄大道》《冬日》《日行》，但哪个名字似乎都不够准确。海涅曼赞成《生命的大道》，毛姆则认为太过平庸。"不好意思，我太挑剔了，"他写道，"但这本书是我的宝贝，我不想让它流于平淡无奇。"最后毛姆锁定了《华冠灰尘》这个名字，这是对《以赛亚书》第61章中"赐华冠与锡安悲哀的人，代替灰尘"一句的误引，结果发现已经被人抢占了，于是决定借用斯宾诺莎①的《伦理学》中一个章节的标题。1915年8月12日，《人生的枷锁》由多兰公司在美国出版。一天后，海涅曼公司也在英国出版了该书。乔治·多兰庆祝他的公司能与毛姆和海涅曼合作，并在回忆录中表达了对这部作品的欣赏，"如果可以任由我写一本书，倘若我有足够的天赋和才智的话，我会写《人生的枷锁》。"

最初媒体的反应相对缄默。欧洲卷入战事后读者没心情读大部头的严肃作品，大西洋两岸的评论很有礼貌，但并不激动。有些人认为毛姆是现代现实主义的追随者，重要性比不上阿诺德·本涅特和康普顿·麦肯齐。有的人则宣称这本书给他们留下了深刻印象，尽管有点困惑，很难给这本书分类。杰拉德·古尔德②在《新政治家》杂志上撰文道："某些方面是美的，但整体上十分奇怪。"年底，杰出的小说家西奥多·德莱塞③在《新共和》周刊发表了一则短评，将这个作品完全归入了另一类。"有一部小说，它至关重要，"德莱赛写道，"不道德，正如这类小说所必须的那样，它编织华丽，有趣，有价值，从头到尾。"他最后总结道，"萨默塞特·毛姆是一个伟大的艺术家。"自此，《人生的枷锁》在评价方面稳步攀升，然而直到20世纪20年代，毛姆的小说《月亮和六便士》大火后，这本书才被重新挖掘出来，成为一部公认的经典。1934年，这部小说被拍成电影，由莱斯丽·霍华德④和贝蒂·戴维斯⑤主演，在近半个世纪内被认为是一部经

---

① Spinoza, 1632—1677，西方近代哲学史重要的理性主义者，与笛卡尔和莱布尼茨齐名。他的主要著作有《笛卡尔哲学原理》《神学政治论》《伦理学》《知性改进论》。

② Gerald Gould, 1885—1936，英国作家、记者、评论家。

③ Theodore Dreiser, 1871—1945，美国现代小说的先驱、现实主义作家之一，他还是一个自然主义者。他的代表作《嘉莉妹妹》真实再现了当时美国社会，而《美国悲剧》则是德莱赛成就最高的作品。

④ Leslie Howard, 1893—1943，出生于伦敦，舞台剧、电影演员，代表作为1939年的《乱世佳人》中的阿希礼，他还曾两度获得奥斯卡影帝提名。

⑤ Bette Davis, 1908—1989，美国电影、电视和戏剧女演员，两度荣获奥斯卡最佳女主角奖。

典电影。

不过，这都是将来的事。1911年，毛姆开始写《人生的枷锁》时，他的小说被认为在他的全部作品中只占次要地位，他的声望主要基于他是一个成功的剧作家。尽管如此，他的出版人海涅曼和多兰依然敬重他，将他的名字排在享有声望的作家之列。乔治·多兰是个爱尔兰裔加拿大人，高个子，仪表堂堂，为人谦和但很有威严，他每年都会来伦敦买一次书，和他签约的作家有休·沃尔波尔和因为在美国卖出了十万册《老妇人的故事》而名声大噪的阿诺德·本涅特。他认为毛姆和海涅曼是他出版生涯中最值得关注也最令他满意的两个合作者。毛姆和多兰只是工作关系，跟威廉·海涅曼就亲密多了，他们有很多共同点。海涅曼也是个小个子，有点口吃，有语言天赋，精通法语、德语和意大利语。海涅曼浑身散发着魅力和活力，热爱音乐和绘画，同样喜欢戏剧（易卜生和皮尼罗的剧本都在他那里出过）。人们常说，只有他的出版天赋能和他的交友天赋相提并论。很多作家赞同这个观点，其中包括康拉德、吉卜林、罗伯特·路易斯·史蒂文森[①]、高尔斯华绥、比尔博姆、亨利·詹姆斯和H.G.威尔斯。

1915年就预言萨默塞特·毛姆将成为最畅销的作家为时尚早，尽管在戏剧界，在伦敦西区和美国的百老汇，毛姆无疑是个宝贝。查尔斯·弗洛曼自然不愿意他放弃写剧本。毛姆曾礼貌地询问他的健康状况，弗洛曼回答说不好，"一部分是因为天气，但更重要的原因是你不给我干活。"最后，弗洛曼决定直面这个问题。

"我想让你写一部新戏。"他声明。

"好吧。"毛姆说。

"干吗不重写一下《驯悍记》呢，换个背景试试？"

"那行吧。"

---

① Robert Louis Stevenson, 1850—1894, 英国浪漫主义代表作家之一，代表作品有《沃尔特·斯科特爵士》《金银岛》等。

毛姆越想越觉得这个点子有意思。就在他前思后想的时候，他想起了当年在坦布里奇韦尔斯时曾住在一起的一位阿姨——茱莉亚阿姨雇来的女伴，这个女伴最终离开她，去跟在加拿大务农的哥哥一起生活。"我记得很清楚，我那个年迈的亲戚看到这个前女伴写信告诉她，她嫁给了一个雇工后有多么震惊。"这段回忆就是这个剧本的起点，为了深入了解，毛姆决定动身前去探个究竟。1912年底，毛姆从多伦多出发，途径纽约，在加拿大中西部度过了寒冷的一个月。他住在一个荒凉的草原农场里，或许茱莉亚阿姨的前女伴就是那里的女主人。马尼托巴的原始状态和毛姆所习惯的舒适与现代形成了鲜明反差，然而毛姆还是情不自禁地对这种艰苦的环境感到新奇。他写信向朋友汇报：

"尽管这里的生活很不方便，枯燥无聊，"但他觉得"那种古怪的、紧张的生活很有意思。"十二月底，他回到纽约，在一封写给女演员米尔德丽德·比亚兹莱（奥伯利·比亚兹莱的妹妹）的信中这样描述：

> 我的上帝，他们过的是什么日子啊……被白雪皑皑的草原包围，与世隔绝，没有邻居，每天操劳奔命，只为三餐。夫妻俩闹起别扭来，几个星期不跟对方说一句话。我待过的一家，那个妻子自杀了。另一家则弥漫着奇怪的濒于疯狂的阴郁。我很庆幸我离开了。然而，这是一次有趣的经历，草原，即便是白雪皑皑的草原，也有一种奇怪的魅力，它久久萦绕在我的记忆里。

这部戏特别关注当下，戏的名字《应许之地》会让人立刻联想到旨在吸引英国人去加拿大定居的那句熟悉的广告语。《应许之地》勇敢地讨论了性的支配与服从的问题。当时，女性选举权与解放是媒体经常报道的内容。毛姆很清楚，这部戏的主旨能否准确地传达给观众，很大程度上取决于对两个主要角色的诠释。诺拉除了勇气和激情，还有深藏于内心的悲伤，这种悲伤源于一种担心自己将来会变成一个贫穷老处女的恐惧。至于法兰克，虽然样子粗鲁，但骨子里其实是个正派善良的男人，这一点能否表现出来也很重要。初次见面时，他们被彼此强烈地吸引，法兰克虽然说起话来粗声粗气，但心肠总归是好的，否则第三幕的婚内强奸的场景会显得很残酷，给人不舒服的感觉。这一幕的弦外之音是，诺拉看似瞧不起法兰克，生法兰克的气，其实她是在生自己的气，因为她渴望他的肉体。

1913年11月，《应许之地》在华盛顿首演，接着转往康涅狄格州的纽黑文，最后于12月25日登上纽约的舞台。比莉·伯克是票房保证，正如毛姆对杰拉德·凯利所说的那样："观众当然对这部戏一无所知，他们是来看明星的。"可惜，伯克小姐无视诺拉这个人物的复杂性，简单地把这部戏当成浪漫喜剧，她饰演的诺拉就像一只争强好胜的小火把，靠着得意扬扬撅起小嘴就把男人搞定了。不用说，她让这个角色失去了意义。"主要角色丧失了光彩，被她演成一个天真无邪的少女，"毛姆气愤地抱怨道，"那个小贱人糟糕的演技……"情况后来变得更糟，比莉·伯克显然也很不高兴，气愤所有的赞美之词都归了那个扮演法兰克的演员。伯克在她的回忆录中写道："《应许之地》对我来说是那种写得很好但很枯燥的戏。我的服装毫无吸引力，一条黑裙子，还有一条特别难看的蓝裙子。而且加拿大农民勾不起纽约观众的兴趣，戏里面全是诚实啊，正直啊……她的性格转变对我来说太突然了，别的优秀的舞台剧女演员也许能演好这部戏，但我不能。"

美国这边的评论总体来说是好的，但国境以北则有一定程度的不悦。这部戏"给出的关于加拿大西部的概念是完全错误的"，《埃德蒙顿日报》抱怨道。《每日公报》则表示抗议，"加拿大男人做梦也不会对他们的妻子呼来喝去。如果加拿大男人只有一件事做得好，那就是对待妻子的方式。"翌年三月份，愤慨之声达到了顶点，去加拿大演出的计划被迫取消。1914年2月《应许之地》在英格兰制作时，一个与比莉·伯克不在同一水准上的演员担纲主演，艾琳·范布，这个敏感聪慧的女演员毫不费力就表现出了诺拉性格中的阴影和焦虑。《英国评论》特别称赞了她的表演，将这部戏与几星期后上演的萧伯纳的《皮革马利翁》相提并论。"毛姆先生的'皮革马利翁'是强大的，有点野蛮、性感、悲惨；萧伯纳先生的皮革马利翁则是雌雄同体的、面无血色的、有才智的、中性的。认真比较一下这两部戏，我们会观察到一个意义深远的现象，毛姆先生大胆地甩掉了娱乐的标签，敲击出新鲜且有力的音符，萧伯纳先生则保守地遵守着以逗乐观众为主要目的的非自然戏剧的旧公式。主题造就了一台好戏，我们必须恭喜毛姆先生重新获得了真正的艺术，并说服了观众。"

为了监督《应许之地》在美国的制作，毛姆于1913年11月15日来到纽约，1914年1月初回家，两个星期后便是他的40岁生日。然而这次，也就是第三次去美国时，他带着一个额外的目的。苏·琼斯也要到美国来，毛姆为她在爱德华·谢尔顿的《罗曼史》中争取到了一个小角色，这部戏在百老汇上演时获得了成功，此时正在芝加哥的公主剧院演出。毛姆离开英国前没来得及跟苏道别，他决定这次不能再错过了，因为他终于打定主意要向她求婚。他在《总结》一书中描述了他此阶段对婚姻的态度：

> 如果我有意结婚生子，现在正是时候。这似乎是我所涉及的生活模式中必要的图案，在我天真的幻想中（虽然我已不再年轻，以为自己拥有世俗的智慧，但我在很多方面还很幼稚），婚姻会带给我安宁，摆脱恋爱的纷扰，以及随之而来令人烦恼的复杂情况。这种安宁可以让我想写什么就写什么，不必浪费宝贵的时间，不必心烦意乱，过上一种安宁、稳定、有尊严的生活。

论社会阶层，毛姆可以娶一个远比他出身高贵的女人，这样一个迷人成功的男士被认为是理想的结婚对象，而且持这种想法的人绝不可能只在戏剧圈里。然而，苏才是他想要的女人，他爱她。他知道，虽然苏在生活方面很随便，但她也是爱他的，正如他对他的朋友阿尔弗雷德·苏特罗所说的那样："你真的认为，B和别的人上过床，A就会爱B少一些吗？反之亦然。我不这么认为。"不出去巡演时，苏大部分时间都小心谨慎地在切斯菲尔德街度过，毛姆已经习惯了这个温暖舒服的女人为他营造的避风港。她理解他，完全接纳他，她天性随和，不需要她时绝不会打扰，也不会提讨厌或者难以实现的要求。她自信，也给毛姆信心，毛姆虽然看起来很老练，实则经常焦虑，缺乏信心。简而言之，她信任他，他想要她，并相信他们俩能过上美好的生活。

离开英格兰前，毛姆做了精心准备。他买了一枚昂贵的订婚戒指——一圈钻石绕着两颗大珍珠，他安排好行程，以便在纽约求婚成功后可以在芝加哥陪伴苏，她要在那里演出两个星期。之后，他们会在婚姻登记处悄悄举行婚礼，然后立刻前往塔希提度一个长长的蜜月。苏乘坐的邮轮到达纽约那天，毛姆去码头接她，在上岸的喧闹人群中，毛姆一眼就认出了她，她正在和一个高个帅哥攀谈，但这个帅哥很快就消失了。苏见到毛姆很高兴，热情地吻他，但她不能久留，去芝加哥的火车一个小时后就要出发了。接下来的几个星期，毛姆都在忙他的戏。十二月初，他赶到芝加哥，在苏入住的酒店订了个房间，他打电话约苏见面。听到毛姆的声音，苏似乎很开心，但她不让他到剧院来，担心他坐在观众席里会搞得她很紧张。不过，她答应演出结束后跟他一起吃饭。大概十点半左右，苏打来电话说准备好了，毛姆来到她的小套房。苏美丽动人，和往常一样深情地拥抱他，和他谈她的戏，但总感觉有点不对劲，她似乎焦躁不安，有时几乎处于歇斯底里的边缘。点好的菜她几乎没动，很快，毛姆叫来侍者撤下饭菜。

毛姆认为是时候向苏平静地说出那句话了："我是来向你求婚的。"

> （苏）停顿了一下，对我来说时间过去了很久。然后，她说："我不想嫁给你。"我吃了一惊。
>
> "你真的这么想吗？"我问。
>
> "是。"
>
> "为什么不？"我问。
>
> "就是不想。"
>
> 我掏出买好的那枚订婚戒指，递给她。"这是给你的。"
>
> 她看着那枚戒指，"很漂亮。"她说。接着，她把戒指还给了我，"如果你想和我上床，可以，但是我不会嫁给你。"
>
> 我摇头："不，我不会那么做。"
>
> 我们相对无言坐了一会儿。我打破沉默，说："嗯，没什么可说的了，不是吗？"
>
> "是。"她回答道。我明白她想让我走。我收好戒指，起身，吻了她，跟她道了声晚安。

虽然上面这段话是过了快五十年才写的，但五十年间，这段往事深深铭刻在毛姆的脑海里，和他从芝加哥回到纽约后写给杰拉德·凯利的那封信中的内容几乎没有任何出入。"我周游世界的计划化成了泡影。我去芝加哥见了苏，发现她歇斯底里，我拿她没办法，见了面我再跟你细说。可怜的人儿，她的神经，她的消化系统，都出了问题，美国总是能给人带来这种麻烦，她需要静养。可是，我无法让她明智起来，回到英格兰，并拥有我。"

在回忆录《总结》中，毛姆讲到他回伦敦不久，走在皮卡迪利大街上，一眼就看见《标准晚报》上的大字标题——"女演员嫁给伯爵之子"。他马上就猜到那个女演员是谁了，于是买了报纸，果不其然。事实上，拒绝毛姆求婚两个星期后的12月13日，苏就在芝加哥结婚了，当时毛姆还在纽约。她的丈夫是安格斯·麦克唐纳[①]，安特里姆伯爵的小儿子。毛姆猜到麦克唐纳就是他看到的那个下船时和苏说话的帅气旅伴，他还猜到是麦克唐纳让她怀孕的，"我知道她在这方面有多么不小心。"这就是苏为什么会紧张不安和消化系统紊乱的原因，之前毛姆以为她只是压力太大了。

这些事，除了凯利，毛姆几乎没有告诉任何人。他善于隐藏，没有流露出失望之色，然而实际上失去苏·琼斯让毛姆备受打击，过了好久他才恢复，而且从未停止过后悔。即使过去了很多年，只要有人提起苏都会在他心里激起强烈的情绪波动。他真心爱过她，以为能跟她过上幸福的日子，即便不是完全传统意义上的婚姻也没关系。当然，他会有外遇，她可能也会有，但他们仍能将婚姻维持下去。毛姆没有预见到，随着失去苏·琼斯，他也永远失去了对这种满足感所抱有的全部希望。

毛姆从来没有责怪过苏的决定，还表示相信安格斯·麦克唐纳应该比自己更适合做她的丈夫，既然木已成舟，他不得不大方让步。麦克唐纳这个英俊的冒险家，精力充沛，魅力十足，他带着妻子回到英格兰，在坦布里奇韦尔斯附近安了家。奉子成婚的苏后来发现自己是宫外孕，她再也不能生孩子了。他们的婚姻并不幸福，因为她和丈夫没有什么共同点。人到中年的苏变成了一个红脸庞的胖女人，演艺事业也被她完全抛到了脑后，她开始酗酒，安格斯则沉迷于其他女人，她人生的主要兴趣只剩下了养宠物狗。1948年，她死后葬在格莱纳姆，那是她丈夫在爱尔兰的老家。苏在演艺事业上是个籍籍无名的小辈，假如没有被毛姆作为罗西的原型栩栩如生地写进他最好的小说之一《寻欢作乐》里，她也许早就被世人遗忘了。

1914年1月，怀着沉重的心情回到伦敦的毛姆越发开始努力地工作。《应许之地》的票房不错，弗洛曼催他为下一个戏剧季再写四部

[①] Angus McDonnell，1881—1966，英国工程师、外交家和保守党政治家。

戏，其中有一部写给玛丽·坦佩斯特，一部写给杰拉德·杜穆里埃①。当然，他的生活不仅仅是工作，因为他又遇到了一个女人，一个在他去美国前不久认识的女人。一开始，他只是觉得她有趣、有魅力，但并没多想，直到命运再次将她带入他的视线。一段短暂、轻松、无牵无挂的恋情似乎是帮他缓解失去苏的悲伤的良方。但他万万没有想到，自己即将卷入一生中最漫长、最悲惨、最具毁灭性的关系。

这段关系开始于前一年，也就是1913年一个无害的秋夜，毛姆不久后便要乘船去纽约。他正坐在切斯菲尔德街的顶楼书房里读书，这时电话铃响了，邻居卡斯泰尔斯太太求他帮个忙。她和她丈夫请了两个朋友共进晚餐，一起看戏，到了最后一刻，一个朋友退出了，她问毛姆愿不愿意替他来。"恰好我没什么要紧的事，也没看过那部戏，"毛姆回忆道，"所以，我说我很愿意去。"于是毛姆换上晚礼服，走到卡斯泰尔斯家，主人把他请进客厅，将他介绍给另一位客人。韦尔康太太三十五六岁，不是传统意义上的美女，却很引人注目。她宽口，鼻子有点大，奶白色的皮肤，褐色的大眼睛，穿着入时，手上戴着两颗凸圆形切割的祖母绿。显然，她也觉得毛姆很迷人。席间，毛姆表现得十分风趣。他们准备去剧院时，韦尔康太太把嘴凑到他耳边恭维道："真希望我们不要去看戏了。我想听你说一整晚。"第二天下午，照例给女主人致电道谢时，毛姆提到他认为她的朋友非常迷人。卡斯泰尔斯太太告诉他，西里尔·韦尔康是美国制药大亨亨利·韦尔康的太太，他们的婚姻并不幸福，这对夫妻已经分居了。

几天后，毛姆在歌剧院看到西里尔·韦尔康坐在前排，便走过去和她搭话。她显然很高兴见到他，解释说不好意思没请他来家里做客，因为她暂住在大理石拱门附近一个讨厌的公寓里，她在摄政公园的新家正在装修。"她打算一住进去就举办暖屋会，希望我能来。"此后不久，毛姆就去纽约监督《应许之地》的制作，并向苏·琼斯求

———
① Gerald du Maurier，1873—1934，英国演员和经理。

了婚。

1914年2月26日，《应许之地》在伦敦开演，巧的是，西里尔的暖屋会就定在那晚。毛姆送给她两张前排的票，打算从剧院出来后直接去她家。首演那晚，毛姆紧张得不得了，看到幕布升起几分钟后西里尔才溜进座位里，他气得差点决定不去参加她的聚会了，但为了给她暖屋，他已经拒绝了所有的邀请，无事可做的他还是去了摄政公园约克阳台4号。聚会办得很成功，请来了一支乐队，客人们都很活跃，打扮入时，很多人祝贺毛姆的新戏上演。兴奋的毛姆玩儿得十分尽兴，还和女主人跳了几支舞，直到凌晨才回家。他说："从此，我几乎每天都见到西里尔。"

西里尔·韦尔康看上去是个传统的上流社会女人，其实不然。她生于1879年，比毛姆小五岁，是伟大的社会改革家，"巴纳多穷孩子之家"的创立人托马斯·巴纳多之女。巴纳多有六个孩子（第七个是男孩，夭折了），她是长女，长大后被称作西里尔的格温多林·莫德，成长经历非同寻常。巴纳多和他的妻子（也叫西里尔，但家里人叫她比格姆）是美国宗教派别"普利茅斯开放弟兄会"的成员。巴纳多先生是个虔诚的福音派信徒和狂热的禁酒运动成员。在哈克尼舒适的家中，他将生活重点放在每天读《圣经》和祈祷词、严格守时、顺从、鄙弃世俗娱乐，喝酒、抽烟和看戏都是绝对禁止的。巴纳多的性格中有爱炫耀、咄咄逼人、倔强、傲慢和专横的一面，同时他也是个极富个人魅力的好心人。他的孩子们对他充满敬畏，同时也很爱他，尤其是大女儿，她从父亲身上继承了很多性格特点，最突出的是火爆的脾气，想要为所欲为的钢铁般的决心（小时候她有个外号叫"女王"），以及商业才能。巴纳多很可能有一点犹太血统，他的父亲是定居在都柏林的普鲁士皮货商。他是个了不起的商人，赚了很多钱，但仍然入不敷出，因为他把大部分钱用在了各种各样的慈善事业上，因此时常面临经济困境，财力紧张，无法满足妻子对生活水准越来越高的要求。

西里尔17岁时，巴纳多一家从哈克尼搬到瑟比顿的圣伦纳德小屋，一座自建的维多利亚女王时代风格的大宅。比格姆是个坚强、果断的女人，比丈夫务实得多，她在这里时不时地举办聚会，为的是让年长的女儿们有机会遇到合适的小伙子。这对西里尔而言是向前迈出了幸运的一步，她喜欢社交生活，向往更广阔的世界，父亲曾带她去加拿大参加一个儿童之家的开幕典礼，她第一次尝到了其中的滋味。他打算把西里尔培养成传教士，让她去中国，这种职业选择和她自身的抱负之间存在天壤之别。她渴望离开家，那个令人阴郁压抑的家，她有两个弟弟死于白喉，还有一个妹妹落下终身残疾。她不愿把生活重心放在宗教上，对父亲的慈善行为也毫无兴趣，她不喜欢孤儿、巴纳多之家，讨厌吟唱圣歌时在一旁钢琴伴奏。她和当地的一个小伙子暧昧过一段时间，后来母亲鼓励她将目光锁定在一个更大的猎物身上——巴纳多夫妇的朋友，一个人到中年的美国人——他在泰晤士河边租了一栋房子，搬进去之前暂时住在圣伦纳德。

亨利（哈尔）·韦尔康46岁，相貌英俊，体格健壮，一双蓝眼睛，一把浓密的姜黄色的胡子，极其富有。和他十分钦佩的托马斯·巴纳多一样，他也在一个虔诚的、节制的环境中长大。尽管他已经丢弃了明尼苏达的童年生活带给他的大部分影响，但仍然保留了本性中强烈的倾向，比如利他主义，渴望改善同胞的生活，他人生伟大的目标是根除贫穷地区的疾病。他长期定居英格兰，他设在英国的药业公司勃罗–韦尔康（Burroughs-Wellcome）做得非常成功，彻底改变西药的药片最早就是这个公司生产的。韦尔康喜欢女人陪伴，但他既没有时间，也没有考虑过结婚。然而迷人活泼的西里尔确实赢得了他的喜爱，他在河上有条独木舟，随时愿意去参加聚会，他对她的关注令她兴奋。最重要的是，韦尔康可以帮助她逃离那个令人窒息的家，带她进入她渴望的精致富有的世界。

　　然而那个夏末，韦尔康不告而别，这条大鱼似乎要脱网了，必须迅速采取行动，老谋深算的比格姆知道韦尔康这次是去苏丹考察，于是派女儿追了过去。一天，当哈尔·韦尔康正在喀土穆潜心研究疾病对土著人的影响时，看到讨人喜欢的巴纳多小姐和一群穿着花边裙、打着阳伞的英国女士从一条尼罗河邮轮上下来，他惊讶坏了。这个计谋很成功，西里尔订婚后回到英格兰，并于1901年6月2日，在瑟比顿的圣马可教堂举办的一个安静的仪式上成为了亨利·韦尔康太太。

　　这场婚姻几乎从一开始就是灾难。韦尔康是一个非常有原则、聪明、精力充沛且善于交际的人，他更善于跟群体打交道，而不是个人。旧习难改，他把全部心思都放在工作上。作为医药领域的能人，政府和国家元首有问题都会咨询他，他习惯了他人的顺从和敬重，常常表现出专横和傲慢。娶了热心公益的老朋友的女儿，他以为找到了理想的妻子——高尚，温顺，忘我，一心取悦他，促进他的慈善事业，不过他真是打错了算盘。轻佻放纵的西里尔以为婚后能过上奢华生活，举办首都最优雅的社交聚会，定期去欧洲大陆最时髦的地方度假，但很快她就不再抱这种幻想了。韦尔康婚后的第一个家是肯特郡一幢租来的房子，西里尔发现，她招待的不是"世俗之人"，而是白发苍苍的教授和他们古板老气的太太，他们坐在花园里喝茶，讨论开发一种抗白喉疫苗的可能性。韦尔康夫妇出去参加的往往是盛大集会，闷热的酒店宴会厅里密密麻麻挤满了人，年轻的韦尔康太太只能呆坐在主席台上，忍受杰出的科学家们冗长的报告，在这之前，还要没完没了地颁发各种奖杯、奖章和奖状，实在是无聊透顶。更糟糕的是去国外旅行。韦尔康完全无视物质享受，不带妻子去勒图凯或比亚里茨，而是在欧洲不为人知的地方游荡，痴迷于寻找各种医疗器械和制品，他的收藏品后来达到一百万件之多。出去一趟就是几个月，而且路况很糟，汽车经常抛锚，晚上睡在简陋的小旅馆里，白天逛满是灰尘的商店、博物馆或者拥挤喧闹的集市。韦尔康把这样的远行当成冒险和奇遇，而他的妻子却无时无刻不在憎恨这种感觉。

两人还有其他不和谐的地方，但从来没有说起过，只是后来，西里尔向她的一两个挚友透露，她讨厌丈夫的性要求。韦尔康年近五旬，姜黄色的头发开始花白，海象胡、红脸蛋、大肚子，嘴里一股浓重的烟味，不可能吸引一个21岁的年轻女人。此外还有家暴的迹象，性虐待的倾向，卧房中要忍受的痛苦，这些都令她私下里很害怕。

1903年6月，从加拿大和美国长途旅行回来后不久，西里尔生下一子，取名蒙特尼。夫妻二人都很宠爱这个孩子，然而，他的到来并没有让父母言归于好，而是进一步将他们分开。有婴儿要照顾的西里尔拒绝继续遵从丈夫的要求，而且毫不迟疑地表明自己的观点。她闷闷不乐，他急躁易怒，两人激烈的争吵当中，韦尔康绝不可能总占上风。他为这个年轻时髦的妻子感到骄傲，但同时也期盼她能够完全顺从于他，他认为她没有履行做妻子的义务，因此越发气愤。他也很不高兴她似乎越来越喜欢跟年轻男子在一起，显然，那些人对她更有吸引力。

1909年，韦尔康夫妇再次来到美国，到了这个时候，他们的不和已经很明显了。他们去了纽约、华盛顿和加利福尼亚，然后来到厄瓜多尔，住在美国驻基多公使馆里。韦尔康应美国政府的要求去考察感染疾病的巴拿马运河区的卫生状况，这个项目对他极有诱惑力，他的妻子却根本不感兴趣。这期间，一个叫阿切尔·哈曼的金融家也住在公使馆，亨利·韦尔康突然愤怒地指责妻子与这个人通奸。西里尔激烈地予以否认，但她的丈夫根本不听，吵闹不断升级，吓坏了的西里尔只得去了纽约。这对夫妻从此再也没有见过面，也没说过一句话。两个人通过中间人办理了合法的分居手续，韦尔康慷慨地同意付给西里尔每年2400英镑的生活费，孩子归西里尔监护到11岁，这期间发生的所有费用由父亲承担。无论西里尔和哈曼之间是否发生过什么，韦尔康都深信是妻子的错，认为她是个伤风败俗的女人。他从未原谅过她，并为此痛苦了一辈子。只要他在场，任何人都不许提她的名字或者他九年的婚姻，西里尔的私人信件直接交由律师处理，她写信的主要目的是可怜巴巴地管他要钱，或者表达对蒙特尼的健康状况的担忧。

分手风暴平息后，西里尔尽情享受自由，往返于伦敦和巴黎之间。她人生第一次做了自己的主人，钱财充裕的她纵容自己奢华的品位，她对艺术的爱好体现在服装和装修上。毛姆后来用她在约克阳台的客厅做了他最成功的喜剧之一《卡洛琳》的背景。女主人公在摄政公园的客厅宽敞、通风，"……装修得很奇幻且令人愉悦，它出自一个渴望走在时尚最前沿的女人之手，但融合了她个人的品位。地毯、靠垫、沙发套和椅子都很明显地受到了未来主义的影响，但并没有离谱到将房间仅仅变成一件珍品。散落各处的大花瓶让自然的持重与人类放肆的想象力形成鲜明的对比。"

西里尔的父亲于1905年去世，她让比格姆搬过来跟她一起住，她很高兴母亲在身边所提供的受人尊敬的伪装。因为毫无疑问韦尔康太太并不十分受人尊敬，尽管她逃避了离婚带来的耻辱，但更加难以取悦的那个社会阶层还是有点不待见她。她不仅不该抛弃丈夫，随后还做出了轻浮的举动——一段激情之恋。她曾在一个年轻有魅力的轻骑兵戴斯蒙德·菲兹杰拉德中校身上寄予厚望，后来她的希望破灭了，他跟萨瑟兰伯爵夫人走了。也有些有钱人追求她，比如，格拉蒙公爵，一个波旁家族的王子，还有美国百货业大亨戈登·赛弗里奇。据说，此人为她支付了约克平台的房租（西里尔还让他找人订做了写有"韦尔康"字样的门垫），还资助她买昂贵的衣服，给一大群用人发薪水——她有一个男管家兼贴身仆从、厨子、厨房女仆、专职司机，韦尔康每个月给她那两百英镑根本不够用。

跟毛姆好起来那会儿，西里尔内心很焦急。赛弗里奇对她失去了兴趣，她三十五六岁了，"一个刚过最好时光的名媛"，有人这样评论她。虽然她享受生活，但已经开始渴望安全感。韦尔康随时可能跟她离婚，没有一个富有的情人提出要娶她，人近中年的她需要受人尊敬的地位和一大笔可自由支配的收入。她对儿子蒙特尼的爱是深沉的、发自本能的，担心他体弱多病，担心他学习成绩差，只要情况允许，出国时都会把他带在身边。然而韦尔康的态度越发顽固，1912年蒙特尼被送进寄宿学校后，他开始严格限制西里尔探视孩子，导致不仅是她，连孩子也跟着一起痛苦，他跟母亲的关系一直很亲密。

于是，1913年，当威利·毛姆走进她的生活后，他几乎就是西里尔想要的一切。"伦敦最迷人的男人"，富有、时髦、单身。不久，西里尔就决定拥有他，这意味着，她必须主动展开进攻。1914年，暖屋会过去三四个星期后，这段时间她和毛姆天天见面，西里尔宣布要去巴黎，她在奥赛码头有套公寓，她建议毛姆也来。他们分头前往，到了巴黎后，毛姆打电话约她出去共进晚餐，而后他们回到她的公寓，他们在那儿第一次做了爱。第二天上午，毛姆回到伦敦，几天后，西里尔也回来了，他们愉快地过起了小日子，几乎每天晚上一起吃饭睡觉。"一切都是那么的愉快，"毛姆说，"我们这个圈子的人心照不宣，都知道我是西里尔的情人，我为她感到骄傲，也对自己很满意。"她很会夸人，她的欢乐和活力给毛姆带来快乐，他欣赏她总是把自己打扮得干干净净、漂漂亮亮的，他尤其乐于炫耀她本能的时髦。毛姆曾带西里尔去拜望他的嫂子奈丽，他的一个小侄女在日记上写道："威利叔叔带韦尔康太太来喝茶，她戴了一顶特别滑稽的帽子。"毛姆喜欢看苗条的她穿着绸缎晨衣，薄得几乎透明的下午茶礼服走来走去。他有时会陪西里尔去邦德街购物，然而毛姆在某些方面却不谙世事，他从来没想过作为情人的他应该付账。西里尔经常款待大家，派头十足，毛姆已经是邀请名单上必写的名字。

这一切都很有趣。毛姆知道西里尔对他有好感，知道他的戏剧家身份让她在朋友们跟前有面子，但是他认为，他们的关系不过是两个久经世故的成年人间的风流韵事，谁也不想有任何认真的瓜葛。所以他毫无防备之心，西里尔告诉他"她疯狂地爱着他"时，他还会哈哈大笑。他感动了，虚荣心得到了满足，但从来没当过真，哪怕就那么一刻。

接下来发生的一件事提醒毛姆事情比他原以为的要严肃得多。他和西里尔在里士满公园散步，令他惊讶的是，西里尔郑重其事地对他说想给他生个孩子。毛姆吃了一惊，他很喜欢小孩，希望有一天能有自己的孩子，但不是跟一个他不爱的女人，他不打算跟她成家。他用最简单明了的语言向她解释把一个私生子带到这个世上会遇到多么大的法律和社会难题，但西里尔无视这些问题，解释说，她有个弟弟结婚了，没孩子，他会很高兴抚养这个孩子，过个三四年，她再办个收养手续，没有人会知道。这个计划很简单，也很迷惑人，如此简单以至于毛姆甚至有点动心，但后来理智还是占了上风。他告诉西里尔，这是不可能的，他和这件事不沾边，她也不要再有这种想法了。

接下来的那个月，也就是1914年4月，西里尔邀请毛姆和两个朋友到比亚里茨来。过了几天，那两个朋友走了，西里尔建议毛姆开车过边境去西班牙，毛姆喜欢这个国家，跟她说起过很多次。他的第一反应是要谨慎，和一个已婚女人私下交往是一回事，没有第三方陪伴明目张胆一起旅行则是自找麻烦。他不希望损害西里尔的名誉，也不希望韦尔康对妻子采取惩戒行动时将自己牵扯进去。但是西里尔叫他放心，她和丈夫达成了友好协议，她解释说，双方都可以自由与他人交往。于是他们出发了，第一晚在里昂，然后去了圣地亚哥德孔波斯特拉，他们住在漂亮的拉雷埃斯卡特雷科斯酒店的一间套房里。天气很暖和，两个人都很放松，毛姆第一次在没有保护措施的情况下跟她做了爱，粗心地让她自己考虑预防措施。在孔波斯特拉待了快一个星期后，他们开车去了巴黎，然后乘金箭号邮轮回到伦敦。

回到家不久，毛姆就受到了惊吓。一天早上，西里尔打来电话，说必须见到他，事情紧急。他到了她家，发现她躺在床上，面色苍白、眼泪汪汪。看到他来了，她哭着告诉他，她流产了。"我想等事情确定了再告诉你。"她流着泪说。毛姆很是震惊，以为她已经放弃了要孩子的想法，但他对自己的焦虑不安只字未提。他坐在她床边，握着她的手，尽力安慰她，用手帕为她擦眼泪。"你想让这段感情就此打住吗？"她低声问，"你想结束吗？"她病了，不快乐。他知道蒙特尼的事给她带来痛苦，非常为她难过。"当然不，"他说，"我为什么要这么做呢？"很短的时间内，西里尔就痊愈了，接下来的几个星期，他们继续像往常一样过日子，仿佛什么也没有发生过，吃饭、跳舞、一起参加聚会，在利兹酒店用餐。毛姆的朋友里只有杰拉德·凯利知道这个秘密。"我有很多话要对你说，"毛姆写道，"但我不敢写出来。我要告诉你一个奇怪的进展情况，绝对机密。"

毛姆以为逃过了一劫。他很愿意在短时间内继续见西里尔，特别是在她情感脆弱的时候，但这件事对他触动不小，让他意识到，就他而言，这段感情不会有真正的未来。尽管还是喜欢她，但已经开始有点厌倦她在身边，她的依赖让他浑身不自在，急于想脱身。令他反感的是，比如，每次见完面，她立刻就会问："什么时候才能再见到你？"尽管韦尔康似乎没有表现出任何想要跟妻子离婚的意向，但这种可能性还是搞得毛姆很紧张。西里尔"依然爱得那么疯狂"，他向一个女性朋友汇报道，"她丈夫去百慕大了，没听说要灭了我，我又可以喘口气了。"不过为了安全起见，他决定消失一阵子，于是他离开伦敦，和杰拉德·凯利一起去了卡普里岛，在那里度过了七月。

这是一段短暂的、田园诗般的放松期。他们住在切尔科拉别墅，一幢白色的小房子里，小说家 E.F.本森（多多）和约翰·埃林厄姆·布鲁克斯也住在这里。本森那本带一点隐晦的同性恋色彩的小说《科林》会唤起这段时间在卡普里生活的回忆。他时常从英国来此小住，布鲁克斯则是这里的常住民，这种安排很方便，并不仅仅因为布

鲁克斯和本森是朋友，而是像他们的一个邻居所委婉地表述的那样，
"他们有文学之外的共同爱好，于是卡普里对他们两个人来说是称心
如意的休养地。"这幢别墅面向南，覆盖着繁茂的西番莲和白花丹，
前面有一溜阳台，后面有一间大工作室，蜥蜴趴在墙上晒太阳，橙子
树开花了，好脾气的塞拉菲娜给他们做饭，他们在花园葡萄架下的阴
凉里悠闲地吃饭。早上的时间用来工作，毛姆正在写一部新戏的第一
稿，然后四个男人步行到蒂姆贝里诺浴场，在清澈的海水中游泳、晒
太阳，欣赏卡普里青年，他们一如既往的帅气、亲切。关上百叶窗，
在凉爽的房间午休后，毛姆会上一堂俄语课，老师是一个来自敖德萨
的古怪的流亡者，他每天下午都会到别墅来。上完课，他们通常会打
一场网球赛，或者漫步到索拉罗山的山坡上，吃完晚饭，他们走几步
路去广场上的莫尔加诺酒吧，和那里的常客喝酒、打牌。小说家康普
顿·麦肯齐和他的妻子也来了。

麦肯齐夫妇在阿纳卡普里租下了罗萨尤别墅，两户人家经常走
动，毛姆最关心的是定期送来的英国报纸。"从英格兰各个邮局寄来
的一捆捆报纸吸引了他，他从不加掩饰。"费斯·麦肯齐回忆道，
"我给他画了张像，画里只有一把椅子，一张打开的报纸和两条交叉
的腿，我给这幅画起了个名字，叫《萨默塞特·毛姆和朋友们共进晚
餐》。"最近刚出版的新小说《凶街》，让康普顿·麦肯齐在某种程
度上成了一个名人。他很喜欢有作家朋友为伴，尽管有时候看到本森
和毛姆拿布鲁克斯恶意地打趣，心里很不舒服。在他看来，"他们
对可怜的布鲁克斯很不友好。"布鲁克斯惹他们厌烦的原因显而易
见：他比从前胖了，头更秃了，那张虚弱、英俊的脸上燃烧着一种浓
浓的赤土色，除此之外，布鲁克斯并没有什么变化。他懒惰、和蔼
可亲、以自我为中心，大家讨厌他总是大声朗诵他翻译的埃雷迪亚[1]

① José María Heredia，1803—1839，古巴诗人，著名诗作有《在乔卢拉的神坛》《尼亚加拉
瀑布颂歌》《流亡者之歌》《暴风雨中》《致大海》等。

的诗，他没完没了地摆弄，却从来没有译完，更折磨人的是他在立式钢琴上"邦邦邦"敲奏贝多芬的乐曲。"他的洞察力不错，"本森写道，"在他懒惰的灰烬下的某处燃烧着真实的火焰……（不过）他的懒惰是不可原谅的。"（1929年，布鲁克斯在卡普里岛逝世后，毛姆写了一个主要基于布鲁克斯和他在卡普里岛生活的短篇小说《吞食魔果的人》，他在文中这样描述布鲁克斯的性格，"他对于其他人毫无用处。但是另一方面，他也不损害任何人。他唯一的目标就是自得其乐，看来他确实做到了。"）

八月初，切尔科拉别墅宁静的单身汉生活突然被打破了，先是四号爆发的战争，接着是西里尔从罗马发来的一封电报，她通知毛姆她很快就到卡普里岛。毛姆吓坏了，他的恐惧传染给其他人。布鲁克斯"惊慌失措"地跑去向麦肯齐夫妇通报这个消息，告诉他们，毛姆跟一个女人扯在了一起，担心必须娶她不可。"毛姆要是带一个女人来切尔科拉，我可不知道该怎么办，"布鲁克斯哭号道，"我想，本森也不喜欢这样。"麦肯齐也很震惊，恳求毛姆要立场坚定。身后有这样的支持，毛姆立刻回电，让西里尔不要来，他和凯利正打算回英格兰。西里尔无视这封电报，乘船来到了卡普里，就像她十五年前乘船去喀土穆找韦尔康一样。结果她发现，毛姆正像他说的那样，正打算离开。她不可能在愉快的气氛中度过那段短暂的时光：没有人希望她在那里，最不希望她来的正是毛姆。

伦敦这座城市正处于备战的混乱状态，并开始动员征兵。40岁的毛姆太老了，不能入伍[①]，但他内心充满了强烈的爱国激情。"对我来说，英格兰在地图上的形状是意义深远的，"他试着分析自己独特的爱国主义行为，"这是一种汇聚了骄傲、向往和爱的情感，一种让牺牲变得容易的情感。"他决定在战争结束前，也就是在年内便积极投身抗战。他的很多文学界的同仁，如H.G.威尔斯和阿诺德·本涅特

①十八岁到四十一岁未婚男子的征兵制度直到1916年1月才有。

书写战争，威尔斯在家里写，本涅特去了法国北部，向读者描述前线的情况，毛姆和他们都不一样。毛姆压根儿就没想过写作：他要的是行动。毛姆认为流利的法文是他最大的长处，于是联系了跟他一起打过高尔夫的老球友温斯顿·丘吉尔，然后又联系了英国海军大臣，主动向他们请缨。令他失望的是，丘吉尔的回信寄到了白厅一个部门领导那儿。不打算战争期间在写字桌后面度过的毛姆对此不予理会，转而向红十字会提出申请。红十字会当时正要派几辆救护车去前线，需要翻译。特立独行的弗雷德里克·特雷韦斯爵士——维多利亚女王的特别外科医生、布尔战争的老兵，被任命为英国陆军部红十字会工作组的组长。在他的激励和影响下，每天都有医生、护士、护理员、司机和担架员源源不断地渡过海峡来到法国。他们的贡献必不可少，然而，毛姆天性里有不愿墨守成规的倾向，而且极富冒险精神。真正吸引他的是红十字会的灵活和近乎业余的特点，红十字会依靠的是各种各样、稀奇古怪、能力参差不齐的志愿者。

十月的第三个星期，红十字会接受了毛姆的申请。毛姆穿上制服，准备离家。然而，在这之前毛姆和西里尔有过一次不愉快的面谈。西里尔告诉他，她又怀孕了。毛姆十分惊骇，这次他确信自己中了西里尔的圈套。他愤怒、惊愕，气得无法掩饰自己的情绪。西里尔本来盼望能从他那儿得到情感上的支持。结果，见他板着一张脸，大为震惊。她大哭起来，抽泣着说，她只是太爱他了，想要他的孩子。"她让我觉得自己是个畜生。"毛姆回忆道。虽然很气愤，他还是想表现得体面一点，尽管厌倦了这段关系，他还是对西里尔保有一份感情，一个身处困境的孕妇总是能触动他。即便如此，他还是坚定地认为，绝不能惊恐之下就承诺任何一种永久的结合。他们谈了话，渐渐恢复了相对的平静，毛姆可以出发，做他想做的事去了。"最后，我答应等到瞒不住的时候，我会带她去一个没人知道的地方。"西里尔对这个许诺很满意。

10月19日，毛姆在布伦上岸，和其他志愿者一起去红十字会的总部所在地巴黎饭店报到。一排排蒙着帆布的救护车停在码头上，整个城市因卡其布军装沸腾起来。到处都是一群群戴着鸭舌帽、打着绑腿的男人，他们或站着抽烟、聊天，或漫无目的地走来走去，在接到命令前打发时间。几英里外，比利时边境的伊普尔正在发生激战，无论白天还是黑夜，隆隆的炮火声时断时续。英国远征军顽强阻止德军前进，伤亡率骇人听闻，死伤人数很快就上了万。毛姆所在的单位离开布伦，加入位于法区的一支美国的红十字会分队。他们的任务是将伤员从战场上运到战线后方的死伤急救站，再把伤员从那儿运到几英里外的杜兰、亚眠和蒙迪迪耶的后方医院。"天很冷，雨也无情，"毛姆向杰拉德·凯利汇报，"路况很糟糕，路两边有三英尺深的烂泥。如果一支护送队逼你下去，几匹马才能把你拉上来。"临时救助站设在战场边的教堂和谷仓里，救助站里乱乱哄哄，挤满了人，医院里的条件要好一点。所有人被伤员数量之多搞得不知所措，医生们筋疲力尽，物资供应不足，缺少医疗设施，医院成为疾病感染的滋生地。

毛姆这样的红十字会志愿者经常会被要求上战场，有时候还要冒着炮火，这个工作不仅要求高，而且很危险。有时候夜里接到通知，一队救护车就这样在冰冷刺骨的天气里上路，漆黑的夜里不许开大灯，只靠炮火照明，汽车行驶在坑坑洼洼泥泞的路上，每辆车后面摞着六副担架，到了目的地要轻拿轻放。毛姆一个人干好几样活：抬担架、开汽车、当翻译，他的法语和德语在英国医务人员与病人沟通时派上了用场。有一次，毛姆在一个收了两三百名伤员的医院里，拥挤的病房不通风，散发着血和大便的臭气。"那里好像只有两个负责的医生，两个裹伤员协助他们，还有很多对护理知识一无所知的当地妇女。我和一个德国战俘聊了一会儿，他的一条腿截肢了，我感觉如果他是法国人就不会被截肢。裹伤员让我跟他解释一下，必须保住他的性命，还详细讲了那条腿的状况。"还有一天晚上，蒙迪迪耶的激战过去后，他们接到命令开救护车去村子里的教堂。当没有开灯的汽车一辆接着一辆停下，担架抬下来时，毛姆看到死尸被扔在门外堆成了山，活人则在铺着稻草的地上排成一行。唯一的光源是放在祭坛上的蜡烛。

> 说话声与痛苦的呻吟声以及垂死者的哭叫声混杂在一起。一个男孩，伤得很重，他怕极了，不停地尖叫着"我不想死"，三个士兵站在一旁努力安慰他。他抓着一个人的一只手，那个人用另一只手抚摸这个男孩的脸，"不，老兄，你会好起来的……"但他还是继续尖叫"我不想死"，直到死去。

连续不断的炮击使一些志愿者受到了极大的震动，被迫目睹双方致命的武器撕裂的伤口，让他们的精神遭受创伤。然而毛姆勇敢无畏，敌方的行动经常令他精神振奋。"那天我看到空战了，这是我看到过的最惊心动魄的场景。"他告诉阿尔弗雷德·苏特罗。他从敦刻尔克写给海涅曼的信中则说："我很幸运地亲眼目睹了德国人用法国的排子炮发动攻击……我看到了爆炸的炮弹，还有杰克·约翰逊[①]埋入地下时激起的一大片土，真是太棒了。回家的路上，他们炮轰伊普尔路，那是我开车时的必经之路，炮弹以令人钦佩的频率落下，却没击中，我去看了一眼弹坑，确实巨大无比。"战争很可怕，打一次仗就死几百人，伤几千人。接受过医疗培训的他从不退缩，他有务实的态度以及亲切的个性和同情心。很快，他们就让他运用早就忘了的技能，清洗伤口、涂碘酒、扎绷带。"我已经有很多年没干过这类活了。"他在笔记本上写道，"一开始，我还有点不好意思，笨手笨脚的，但很快我就发现，我可以尽我所能做点小事……我从来没见过这样的伤口，肩膀上的大伤口，骨头都被击碎了，流着脓，散发着臭气；后背上裂开的伤口；子弹射穿肺部留下的伤口；还有粉碎的脚，也不知道那条腿还能不能保住。"

① 以美国重量级拳击冠军的名字命名的德国大炮。

评论家德斯蒙德·麦卡锡和毛姆同在一个单位，这个迷人、懒惰、博学的同伴只比他小3岁，毛姆和他建立起珍贵的友谊。他是剑桥大学"使徒会"①的成员，认识一些有影响力的人，比如，伯特兰·罗素②和爱德华·摩根·福斯特③，经由他的介绍，雷纳德·伍尔夫④和克莱夫·贝尔很早就加入了布鲁姆斯伯里团体⑤，他的戏剧评论，特别是关于萧伯纳的文章和对1910年著名的罗杰·弗莱⑥。他们有很多共同点，有很多可聊的话题。很多人认为，麦卡锡是一个能给人启发的谈话高手，毛姆也这么认为，于是被他逗引得在无意识的情况下提供了很多信息。战争结束几年后，当毛姆发现他关于自己作品的观点被麦卡锡当成自己的观点详细记录成文并发表后，他大吃一惊。"我有点恼火，"他不悦地写道，"自己说关于自己作品的实话和别人说出来是迥然不同的，我本该让这个评论家郑重其事地承认这些话都是他从我嘴里听到的。"德斯蒙德·麦卡锡对毛姆的小说的评价很精准，他

① 剑桥的"使徒会"由三一学院和国王学院的最优秀的12名成员所组成，这些人不仅要绝顶聪明，而且要出身显赫，每一个人都注定会成为英国统治阶层中的一员。他们每周六在一处秘密会所聚会，讨论范围从哲学、美学到政治、商业。他们有自己严格的清规戒律，同时也蔑视社会的普通道德，他们自认为拥有人类最智慧的头脑，他们认为自己天生就是世界的统治者，并相互之间反复灌输这一信念。离开剑桥之后，每周六仍然参加"使徒会"秘密会议的成年使徒被称为"天使"，他们积极参与选拔新使徒和其他活动。

② Bertrand Russell，1872—1970，20世纪英国哲学家、数学家、逻辑学家、历史学家，无神论或者不可知论者，上世纪西方最著名、影响最大的学者和和平主义社会活动家之一。1950年，罗素获得诺贝尔文学奖，以表彰其"多样且重要的作品，持续不断的追求人道主义理想和思想自由"。

③ E. M.Forster，1879—1970，20世纪英国著名作家，代表作有《印度之行》《看得见风景的房间》和《霍华德庄园》等。

④ Leonard Woolf，1880—1969，英国政治理论家、作家、出版人，弗吉尼亚·伍尔夫的丈夫。

⑤ 1907至1930年间生活和居住在伦敦布鲁姆斯伯里的一群作家、艺术家和知识分子。

⑥ Roger Fry，1866—1934，英国著名艺术史家和美学家，20世纪最伟大的艺术批评家之一。早年从事博物馆学，属于欧洲顶级鉴藏圈子的鉴定大师，后来兴趣转向现代艺术，成为后印象派绘画运动的命名者和主要诠释者。他提出的形式主义美学观构成现代美学史的主导思想。著有：《贝利尼》《视觉与设计》《变形》《塞尚及其画风的发展》等。

也很欣赏毛姆的小说，他是布鲁姆斯伯里那些知识分子里唯一认真关注毛姆的人。20世纪30年代写到毛姆时，他敏锐地指出："战争对他的才华的发展有十分重要的影响……他那个时候明白了，旅行和独处对他的才华有多大的益处。"

毛姆和麦卡锡一起从英国横渡海峡到了布伦，有人警告这两位作家不许向媒体发报道，尽管他们根本就没打算这么做。蠢蠢欲动的他们发现在激烈交火的间隙有大段的空闲时间，这令志趣相投的他们非常欣喜。"我们俩既没有忙得四脚朝天，也没有闲极无聊。"毛姆解释说，有麦卡锡陪伴真是好。只要能抽出身，他们就一起吃饭，有时在布伦的莫里斯酒店，完全离开麦卡锡妻子的视线，他可以在那儿偶尔跟女朋友约个会。有时候，他们会在乡下的小酒馆里慢悠悠地喝红酒、抽雪茄，或者在他们驻扎的村镇里闲逛。有一天，毛姆差点儿丧命。当时毛姆在伊普尔的大广场上，他刚走开想凑近去看看中世纪的纺织会馆（Cloth Hall）的遗址，刚才靠着的那面墙就被一枚德军的炮弹轰塌了。"这让观光也变成了一件麻烦事。"他在给杰拉德·凯利的信中写道。他所在的单位一直在行军中。他们住过伊普尔附近的一座修道院，每个房间十五到二十人，睡在铺在地板上的草垫子上。杜兰的住宿条件就舒服多了，毛姆被安顿在一个退休店主家，店主的妻子很关心他，睡觉前还给他准备热牛奶。在靠近比利时边境的斯滕福德，他住在一家讨厌的小旅馆里，食物恶心，没有浴室，尽管如此，毛姆还是很开心。"工作很辛苦，也很乏味，但不需要负责任，这很不错。不需要我做什么决定，让我干什么，我就干什么。干完活，时间就全是我自己的了，即便浪费时间，我也觉得心安理得。这之前，我一直认为时间太宝贵了，不能虚度一分钟……责任感如影随形。对什么负责？嗯，我想是对我自己，对我的天赋，我希望充分利用我的天赋和我自己。现在我自由了，我享受着自由。自由的愉悦中有一种性感得近乎撩人的特质。"

　　然而，他并没有完全切断职责。他们在敦刻尔克附近的马洛驻扎时，麦卡锡走进毛姆的小卧室，发现他正借着一豆烛光在小说的校样上做标记。眼前整洁的场景让天生做事没有条理的麦卡锡很是惊讶，长长的纸条整齐地放在狭窄的床上，修改之处极少。"我评论了几句，他回答说，在把手稿送给印刷工人之前，他都会认真地修改一下。"

　　到了九月底，显然，战争不会很快结束，毛姆给西里尔写信，催促她再考虑一下是否想让妊娠继续下去，现在她已经有三个月身孕了，这不是要孩子的时候。"她没理会我的信，"他不快地回忆道，"她打定主意要生下这个孩子。"毛姆很不情愿地回到英格兰，他的心情很沉重，因为，他不想进一步跟西里尔以及她的处境搀和在一起。但更重要的原因是，他最近遇到了一个男人，在接下来的三十年里，他成为了毛姆生活的中心。

第七章

代号萨默维尔

1914年10月到布伦后不久，毛姆所在的单位和一群美国的红十字会志愿者联合起来，这群志愿者中有一个22岁的青年。杰拉德·哈克斯顿是个身材纤细、相貌英俊的小伙子，中等身材，灰蓝色的眼睛，一头柔滑的淡褐色的头发，胡子修剪得很整齐。哈克斯顿说一口地道的法语，听不出一点美国口音，他迷人，爱交际，到处寻开心。他自愿参与救护车服务，因为和当兵不一样，这个差事提供了刺激和风险，但不必事先参加漫长无聊的培训，救护车服务人员属于军官，但没有指挥的责任。碰巧他和毛姆都在当地一座城堡里的临时医院工作，杰拉德认出了这位著名的剧作家，他在报纸上见过毛姆的照片。当时毛姆正在安慰一个受了重伤的英国士兵，那个士兵喊着要水喝，但医生禁止他喝水。"对不起，我能帮你做点别的吗？给你家里写封信？""写信？"那个士兵嘲笑他，讨厌地模仿毛姆的口音，"这辈子都别想！"就在这时，杰拉德走了过来，递给那人一支烟，给他讲了几个黄色笑话，把他的注意力从疼痛上转移开。当晚，他和毛姆站在俯看花园的阳台上，聊战争结束后做什么。毛姆说他想写作，想旅行。杰拉德想要什么？他问。"从你那儿，还是从生活中？"这个青年语带挑逗地反问道。"也许二者都有。"毛姆回答，"也许到头来是一回事。"哈克斯顿毫不犹豫地表明，他感兴趣的是"娱乐和游戏……有人照顾我，给我买衣服，带我参加聚会。"这之后，两个男人来到杰拉德的房间，他有一瓶杜松子酒，"这就是一切的开始。"

虽然共度的时间很短暂，但两个人都明白，他们的相遇意义深远。毛姆立刻就被这个青年迷住了，他的样子和个性正是毛姆无法抗拒的类型：有点机会主义、放荡、自我放纵、好脾气。就像《旋转木马》里的雷吉·巴洛·巴西特和《克拉多克夫人》里的杰拉德·沃德雷，哈克斯顿浑身充满活力——"他有个习惯，踮着脚尖在房间里走路，好像是在为赛跑热身。"他很清楚自己有性魅力。在危险四伏的环境中，人们容易情绪高涨，亲密的同志之情催生炽热的友谊，战友之谊和同学之谊往往会导致更多的东西。就是在这种激动人心的气氛中，毛姆和杰拉德·哈克斯顿开启了漫长的恋爱之旅。

维米岭战役[①]过后，下面这首打油诗流传开来：

> 拜恩侯爵在浴缸里沉思，
>
> 啊，维米岭带给我多少回忆！
>
> 那个年轻可爱的骑兵，
>
> 格拉黛丝·库珀，我的意思是，
>
> 我的天哪，好悬，近在咫尺！

令人沮丧的是，有关杰拉德1914年以前的生活和境遇的资料很少，毛姆也小心地隐藏甚至毁掉与他们后来交往有关的资料。不过可以确定的是，这是毛姆一生中最重要的关系，尽管毛姆的朋友和家人在杰拉德的性格和影响方面存在巨大的分歧。即使是他的样貌也有自相矛盾之处，他那张诱人的脸孔很难解读，一只眼睛欢乐顽皮，另一

---

① 第一次世界大战中西部战线的一次战役，发生于1917年。维米岭战役是阿拉斯战役的序幕，也是加拿大参与的最有名的战役之一。

只眼睛则充满威胁。有人把他看做一个仁慈的、善于施展魅力的人，他的好脾气在很大程度上抵消了比他年长的毛姆的易怒和反复出现的抑郁。"他能用魅力把鸟儿从树上吸引下来……毛姆总是为他陶醉。"作家阿瑟·马歇尔[1]说。休·沃尔波尔也赞同这个说法，他在日记中写道，哈克斯顿很迷人，他的性格中混杂着善良和精明。美学家哈罗德·阿克顿[2]则带着几分妒意写道，哈克斯顿"永远那么年轻……快乐、不负责任，正是忧心忡忡的男人盼望得到的那种伴侣。"还有人认为，杰拉德·哈克斯顿几乎就是魔鬼的化身。"贼眉鼠眼""声名狼藉""下流胚子""基本上就是个骗子"，这些词句反复被提及。作家彼得·昆内尔[3]对哈克斯顿的表述令人难忘，他说，"（他）非常有男子气概……长了一张不知检点的脸。"很多人——包括昆内尔——都认为哈克斯顿对毛姆的影响完全是有害的，他把同性恋底层社会中一些最肮脏的部分介绍给了从前很挑剔的毛姆。然而，或许毛姆对杰拉德的描述最能透露内情。1941年出版的小说《佛罗伦斯月光下》中的罗利·弗林特，其原型就是杰拉德，"他一副放荡的样子，不喜欢他的人会说他贼眉鼠眼。可是，罗利·弗林特完美地阐释了何为性感。他身上有某种令人神魂颠倒的东西，粗鲁背后的温柔，嘲弄背后令人激动的温暖。还有他性感的嘴唇和灰眼珠的爱抚。"

　　杰拉德·费德里克·哈克斯顿出生于1892年10月6日，同一个月，毛姆开始在圣托马斯医院学习。哈克斯顿的父亲亨利·雷蒙德·哈克斯顿是一个著名作家，也是威廉·鲁道夫·赫斯特[4]报业王国中的龙头《旧金山观察家报》的主编。亨利·雷蒙德·哈克斯顿是个英国侨

---

[1] Arthur Marshall, 1910—1989, 英国作家和广播员。

[2] Harold Acton, 1904—1994, 英国艺术史家、作家、诗人。

[3] Peter Quennell, 1905—1993, 英国传记作家、文学史家、编辑、散文家、诗人和评论家。

[4] William Randolph Hearst, 1863—1951, 美国报业大王、企业家，赫斯特国际集团的创始人。赫斯特是一位在新闻史上饱受争议的人物，被称为新闻界的"希特勒""黄色新闻大王"。他在20世纪初掀起的黄色新闻浪潮，对后来新闻传媒产生了深远影响。

民，他性格强悍、野心勃勃，是个酗酒的无赖，高个子，派头十足，蓄着胡子，衣冠楚楚。他先是娶了一个没什么名气的女演员艾格尼丝·托马斯，但很快就抛弃了她，喜欢上了美丽的萨拉·蒂博。蒂博来自一个在加州早期历史中起过重要作用的显赫家族。第二任哈克斯顿太太有文化、有教养，钢琴弹得好极了，几乎达到了专业水平。她的熟人中有著名的小说家、作家和记者安布罗斯·比尔斯①的门徒格特鲁德·阿瑟顿②。哈克斯顿夫妇似乎有一个有趣的圈子，比尔斯也是哈利·哈克斯顿的朋友，还有史蒂文森的继子劳埃德·奥斯本。老哈克斯顿在欧洲游历甚广，婚后不久，他们便离开美国，在巴黎安家，杰拉德就出生在那里。母亲很宠爱这个独生子，曾向一个女友形容他是一个"粉嘟嘟的卷布丁，肉乎乎得像黄油"。杰拉德很小的时候父母就分居了，父亲去了纽约，萨拉则移居伦敦，母子俩住在圣约翰森林女王路5号，生活困窘。

杰拉德很可能从此再也没见过他父亲。1892年，亨利·哈克斯顿来英国参与推销《大英百科全书》，此后很多年，他的大部分时间在伦敦度过，住在萨沃伊酒店的一个套房里，策划了一系列广告活动，其中最有名的是在《泰晤士报》上。1904年，《大英百科全书》和《泰晤士报》结成互利合作，他调到报社工作，担任广告部经理，直到1911年因健康原因退休。

奇怪的是，尽管生活在伦敦，哈克斯顿似乎从来没有联系过他的妻儿。在保存下来的几封萨拉·哈克斯顿写给她在加州的一个女友露易丝·莎伦的信中，她从未提及与丈夫有任何交流。显然，萨拉很缺钱，总是为钱发愁，她不止一次向莎伦夫妇借钱。她还抱怨，关于如何教育杰拉德，身边没个人可以咨询一下，显然表明儿子生活中父

---

① Ambrose Bierce，1872—1875，美国作家，以短篇小说闻名，其小说以恐怖和死亡为题材，讽刺辛辣，语言精炼。

② Gertrude Atherton，1857—1948，美国小说家，《黑牛》是其最著名的流行畅销小说。

亲角色的缺位，没有父亲令他痛苦，再加上母亲身体不好，很少有精力或者有钱带他出去玩儿。"我过着极其无聊单调的生活，"萨拉向莎伦太太抱怨，"不过，大概这样对我来说是好的。只是我不知道该怎么办，从长远来看，所有的想法和感受都会变得狭隘起来。"萨拉为儿子尽了最大的努力，不辞辛苦地给他找合适的学校，还给他买了一条狗，星期日带他去乡下散步。不过她说得没错，这种生活的确无聊，到了青春期，杰拉德就急着逃离这个家。母亲的焦虑和脆弱，不停地抱怨感冒和神经痛，还有她的依赖感都让他感到窒息和压抑。

除了很少的这些细节，杰拉德·哈克斯顿的早期生活几乎无迹可寻。后来发生了一件事，那是在他认识毛姆的第二年，也就是1915年，杰拉德遇到了一个麻烦事。11月13日，毛姆当时在国外，23岁的杰拉德和一个男人在柯芬园的一家旅馆里被捕，被控六项严重猥亵罪（这个法律名词涵盖了除鸡奸外所有的罪名）。12月7日在老贝利（英国伦敦中央刑事法院的俗称）被传讯时，两个男人都为自己做无罪辩护，在两个大律师的帮助下——很可能是毛姆花钱雇来的——他们被无罪释放。不过法官坚信杰拉德是个坏种，利用他的美国国籍干坏事，后来他作为不受欢迎的外国人被登记入册，并被驱逐出境，永远不准再踏上英国的土地。

不过就目前而言，这都是将来的事。1915年1月初，毛姆在西里尔的召唤下，离开部队，回到英国。他们在多佛见面，从那儿坐火车去中立国意大利。毛姆决定让西里尔在罗马生孩子，这么做神不知鬼不觉。他们在平西欧附近找了间公寓住下来，等待孩子降生。这段时间，两个人都不快乐。毛姆想杰拉德想得很苦，担心他在前线遇到危险，对于西里尔的抱怨和不停希望获得关注的需求，他并不太想做出富有同情心的回应。不过他至少还有写作，他正在写一部戏，天气允许的话，还可以去打打高尔夫，而西里尔则被锁在公寓里，完全依赖他的陪伴。她不会讲意大利语，对读书、做针线活和观光都不感兴趣，除了毛姆，她只见英国医生。对两个人来说，日子似乎永无尽头。"这里冷得要命，成天下雨，苦不堪言。"毛姆沮丧地写信告诉海涅曼。而在给杰拉德·凯利的信中，他则表达了明确的焦虑，"如果我能在这里，在这种条件下写作该有多好啊。哦！我真是个彻头彻尾的傻瓜！但我只能咬紧牙关挺过去。"接着他又写了段宿命的话，"到头来，未来该怎样就怎样，一切都有可能发生，我干吗要操那个心呢。"

当然，战争期间每个人的未来都是不确定的，对意大利表示打算加入协约国的说法也没什么指望。在1915年3月写给海涅曼的一封信中，毛姆表达了他对所见到的大多数意大利人的消极态度的反感，"你知道我这儿的银行经理怎么跟我说吗？'我们想要的是协约国决定性的胜利！然后你就会看到我们意大利人怎么做了！'这是最普遍的态度，他们谁也没有意识到自己的丑态。我在英国报纸上读到罗马举行了支持干预的示威游行，但我见过两三次，无非是两三百个市民平心静气地散步。他们的座右铭是：我们不想打仗，但如果非打仗不可的话，你们有人，你们有船，你们也有钱。"

西里尔分娩的日子临近时，毛姆给她的母亲写信，叫她到罗马来。他还没见过巴纳多太太，担心看到他和她女儿姘居会作何反应，但他没必要有这个顾虑。在东区的那些年，比格姆什么都见识过了，后来她住到约克阳台，也习惯了对西里尔的某些行为睁一只眼闭一只眼。"她认为这是世间最自然不过的事。"毛姆欣慰地汇报道。5月4日晚，西里尔准备生产，但很快就发现情况不太妙。到了半夜，医生很担心，叫了辆救护车把她送到了位于兰其兹路的医院。5月6日，就是在那里，化名威尔斯太太的西里尔剖腹产下一个女婴，取名叫伊丽莎白·玛丽，后来大家一直叫她丽莎，她父亲的处女作《兰贝斯的丽莎》里的那个丽莎。几天后，医生告诉西里尔，她再也怀不上孩子了，这个消息让她陷入了绝望。她已不再年轻，快36岁了，生活的境况也不明朗，她盼望能有更多的孩子，与儿子蒙特尼分开的痛苦让这种渴望越发强烈。"她哭得很惨，"毛姆说，"我尽力安慰她。我也只能做这个了。"三个星期后，西里尔的身体恢复到可以出远门了。6月9日，四个人回到伦敦，毛姆回到切斯特菲尔德街，西里尔、比格姆和丽莎住进了附近的一家旅馆，因为约克阳台的房子租出去了。

毛姆的行李箱里装着一个新剧本，《比我们高贵的人们》已经写完了，他知道弗洛曼迫不及待想要看到它。然而，弗洛曼突然去世了。5月1日，弗洛曼乘卡纳德轮船公司的卢西塔尼亚号邮轮从纽约出发，但七天后这艘邮轮在爱尔兰外海遭到鱼雷袭击，近两千人丧命，其中就有查尔斯·弗洛曼。据幸存者说，这个剧院经理表现得十分镇定，他把救生衣递给另一个乘客，自己则平静地站在甲板上抽完了一根雪茄。经过记者们的一番修饰，他的遗言是《彼得·潘》里的一句话："死是一场大冒险。"弗洛曼的死讯传来，毛姆大为震惊，他喜欢并信任这个献身戏剧的人。然而不能浪费时间，要把制作这部戏的计划付诸实施。"我很高兴知道这一切仍在继续，仿佛查尔斯·弗洛曼还活着一样，"毛姆写信给弗洛曼的商业伙伴阿尔·海曼，"我想你知道这是约克剧院秋季演出季的开幕戏。"

在复辟时期风俗喜剧的传统中，《比我们高贵的人们》遵循了哥尔德斯密斯[1]和谢里丹[2]开辟的道路，但极大地拓宽了范围。行为的双支点不是伦敦和乡下，而是英格兰和美国，尽管处理手法不同，但更宽阔，也更轻松，情节上与亨利·詹姆斯的短篇小说《伦敦生活》惊人地相似。

[1] Oliver Goldsmith, 1703—1774, 英国18世纪中叶杰出的散文家、诗人和戏剧家。在戏剧方面，最值得赞赏的是他在《世界公民》《威克菲尔德的牧师》和《委曲求全》中创造的喜剧感。

[2] Richard Brinsley Sheridan, 1751—1816, 18世纪英国最有成就的喜剧家。最有名的作品是《造谣学校》被称为18世纪三大喜剧之首；他的第一部喜剧是《情敌》，是18世纪三大喜剧之末。

一个评论家将《比我们高贵的人们》形容为"耀眼的冰光"，一部幽雅、老道的风尚喜剧，时髦、精致、令人发笑——事实上，正是那类能吸引有厌战情绪的伦敦公众的戏。可惜，公众看不到。首先这部戏没有通过宫务大臣办公室的审查，除非修改贝茜撞见格雷斯顿夫人和一个牛郎在一起的那一幕——他们说服毛姆将看到这一惊人场景的人从一个天真的小姑娘变成一个小伙子。但接下来出现了一个更大的障碍，外交部担心这部戏会惹到他们最强大的同盟国，突然认定这部戏有反美倾向，宣布禁演。因此《比我们高贵的人们》没能在伦敦首演，而是于1917年3月最先登上了纽约的舞台。讽刺的是，这部戏在美国获得了圆满成功，尽管能听到了愤慨的声音，谴责主题伤风败俗。有人在《纽约戏剧镜》上撰文谴责这部戏"道德肮脏""令人不快"，但评论家们普遍喜欢这部戏，观众也大量涌入剧院。"一部富有批判性的、极为有趣的戏。"《纽约时报》说。后来为《时代周刊》撰写戏剧评论的学者路易斯·克罗嫩伯格[1]发表观点，"自范布勒[2]以来，还没有哪个人像毛姆在《比我们高贵的人们》中如此严厉、不留情面地为伦敦上流社会画像。"1923年，这部戏终于来到伦敦，登上了环球剧院的舞台，主演是玛格丽特·班纳曼[3]和康斯坦斯·科利尔[4]，收获的评价和在美国时一样高。德斯蒙德·麦卡锡为《新政治家》撰文赞叹道，"太棒了，又无情又好笑。"非常有影响力的评论家詹姆斯·阿加特则称赞这部戏是"英国剧作家笔下最精彩的作品之一，杰出的讽刺作品，戏剧大师的杰作"。

《比我们高贵的人们》在伦敦的节目单上附了一张编剧写的小

---

[1] Louis Kronenberger，1904—1980，美国评论家、作家、小说家和传记作家，撰写了大量关于18世纪戏剧的文章。

[2] Sir John Vanbrugh，1664—1726，英国剧作家和建筑师，王政复辟时期风尚喜剧作家之一，他的戏剧粗俗而不失机智。

[3] Margaret Bannerman，1896—1976，加拿大女演员。

[4] Constance Collier，1878—1955，英国舞台剧和电影演员，表演指导。

纸条："由于本戏在美国上演期间流传的各种谣言，作者声明戏中人物纯属虚构。"发布这则声明更多的是因为担心名誉受损，而不是尊重事实。六年前在纽约流传的"各种谣言"指的是格拉斯顿夫人的情人阿瑟·芬威克和西里尔曾经的情人美国百货业大亨戈登·赛弗里奇极为相似。据毛姆后来说，这个人物的原型另有其人，但他并没有费心将两个人区分开来，甚至将另一个伦敦大商店芬威克的名字给了这个人物，借以强调他们之间的相似性，并赋予他所有赛弗里奇众所周知的粗俗、浮夸和多愁善感。这都是他从西里尔那儿听来的，当时他们在罗马等丽莎出生，西里尔把从前的仰慕者的故事讲给他听，说的最多的就是这个赛弗里奇。"她说他很好笑。"据西里尔说，赛弗里奇"疯狂地爱上了她，要每年出五千英镑包养她，但她拒绝了。"毛姆回忆道。接着他讽刺地补充说，"我不知道该相信什么，她编这个故事是不是想打动我。"戏里那个愚蠢的老头慷慨极了，总给她买礼物，大把大把地在她身上花钱，因为她对金钱贪得无厌。但这个老头总是叫她"妞儿"，所以，她只好躲开了。

珍珠：别叫我妞儿，阿瑟，我很讨厌这样。

芬威克：我就是把你当成我的妞儿。我只要对自己说，她是我的妞儿，浑身就暖烘烘的……

戈登·赛弗里奇，这个著名的首演常客在《比我们高贵的人们》首演时居然没来，这个情况肯定有人会注意到的。文中还穿插着其他非常私人的所指。比如牛郎那个角色，一个被宠坏了的性感青年，恬不知耻地索取。他的名字叫托尼·帕克斯顿，"一个25岁的英俊青年，衣着鲜亮，风度翩翩，笑容迷人。"在托尼·帕克斯顿和他的恩主——肥胖的德·叙雷讷公爵夫人（来自芝加哥，娘家名字是米妮·霍奇森）那一幕中，反映了西里尔和毛姆之间痛苦的关系。米妮迷恋帕克斯顿，反复央求他保证爱她。"希望你不要不停地问我爱不爱你，这会把我逼疯的。"托尼气呼呼地说。

托尼：你觉得无论我在做什么都能感觉到你的目光粘在我身上，我会开心吗？我每次把手伸出来，你的手都会把它按住。

公爵夫人：我爱你就会情不自禁。

托尼：是，但你没必要表现得这么过分。做爱的时候你为什么不让我主动？

如果毛姆以为把西里尔带到国外去，他们的关系就能保密的话，他很快会醒悟过来的。和妻子大闹分手后，亨利·韦尔康似乎对她的所作所为不感兴趣，照顾蒙特尼那段时间，只要她守规矩，跟谁交往都无所谓似的。但实际上，韦尔康并非无所谓，他对西里尔离开他的怨恨与日俱增，决定只要合适的机会出现就立即跟她离婚。得知西里尔和那个著名的剧作家搞在一起后，他知道抓住了他想要的把柄：毛姆富有、单身，他们高调离婚时，这则丑闻会让西里尔被认定为过错方，这样她就会名誉扫地。早在1912年1月，韦尔康的律师就开始搜集证据，雇用私人侦探跟踪这两个人，比如他们发现这两个人在海斯的帝国酒店过夜，"毛姆先生和韦尔康太太入住相邻的两个房间。"丽莎出生后，毛姆和西里尔回到伦敦，韦尔康的律师团队已经在英国驻罗马领事的帮助下收集了证据，采访了证人，比如那家医院的护士，还有为韦尔康太太接生的英国大夫。

这期间，毛姆对此一无所知，他打算做些跟战争有关的工作。"我现在无所事事，"毛姆抱怨道，"好像没人要我了。"救他的人是西里尔。她的一个女友是约翰·沃林格少校（后来升为上校）的情妇，沃林格是秘密勤务局（后来的英国秘密情报局SIS）的军官。西里尔安排四个人共进晚餐。沃林格监管一个英国在德国和瑞士的情报网，毛姆给他留下了深刻的印象，他给了毛姆一份在日内瓦的工作，并安排他年底赴任。

这时家里头的事到了紧急关头，西里尔收到一封韦尔康律师的信，表明她的丈夫打算跟她离婚，并把毛姆列为共同被告（韦尔康本来也想连带着戈登·赛弗里奇，但赛弗里奇已婚，有四个孩子，而且和韦尔康一样，也是共济会的会员）。这正是西里尔所渴望的。她盼望摆脱韦尔康，性格强悍的她根本不在乎离婚会损害她的名誉，只要能再婚就行。然而，这个消息对毛姆来说却是毁灭性的，西里尔曾断言韦尔康不希望改变现状，他真的信了。毋庸置疑，他理亏，他将被公开列为共同被告。他知道，万一西里尔离了婚，他再不娶她的话，很不光彩。他感觉自己上当了，受骗了，非常愤怒。毛姆从来没表示过想要娶她的意思，一直以来西里尔都无视这个现实，但这次毛姆的反应把她吓坏了。她担心他会反悔，拒绝履行对她不可辩驳的义务。她想尽一切办法要博得他的同情。

一天晚上，毛姆正跟一个医生朋友在切斯特菲尔德街吃饭，西里尔的电话打了进来，她说她服用了过量的安眠药，让他必须立刻过来。两个人立即来到西里尔所在的酒店，医生忙碌起来，他给比格姆打电话，让她来照顾女儿几天，直到她痊愈。西里尔很泄气，自导自演了一出自杀戏，但毛姆依然不愿做出最后的承诺。为了准备接下来的官司，毛姆咨询了一个著名的离婚律师乔治·路易斯爵士，律师坦率地告诉他前景渺茫，反对他的证据不容置疑，韦尔康准备充分加以利用。在毛姆的要求下，他只答应做一个让步，不会在法庭上提及毛姆的孩子丽莎。路易斯强烈建议他花钱摆脱掉西里尔：他对她的评价很低，把她看成拜金女，一个日渐衰老且不择手段谋取钱财的女人。"娶她你就是傻子。"他告诉他的客户并建议毛姆给她两三万英镑了事，加上每年韦尔康给她的一千英镑，即使她不再嫁人，下半辈子也衣食无忧。毛姆确实动了这个心思，而且他有很强的荣誉感。但是他下不了抛弃西里尔的决心，他对西里尔还残留着一点好感，而且她毕竟是他孩子的母亲。此外他还有一个顾虑，他决定不跟律师商量。西里尔意识到他有同性恋倾向，而且掌握了一些和他睡过觉的男人的名字，他知道她这人冷酷无情，拿这些证据勒索他不是没有可能。"你想娶她吗？"路易斯气愤地问。"不想，"毛姆回答，"但是不娶她我会后悔一辈子的。"路易斯耸了耸肩，"那就没什么好说的了。"

1915年11月，也就是和路易斯最后一次面谈后，毛姆去了瑞士。开庭前不久，西里尔也来了，离婚必定会吸引公众的视线，她希望能在外头躲几日清闲。这段日子对两个人来说都不好过。毛姆不停地到处走，一走就是好几天，留下西里尔一个人。等他回来时，西里尔要么发脾气，心怀怨恨，要么就是面对他冷淡的礼貌，眼泪汪汪地粘着他，不停地向他告白，恳求他告诉她到底做错了什么，是否对她还有感情。他们没完没了地打嘴仗，"只要我们结婚，一切都会不一样的。"西里尔告诉他。"可是，也可能会更糟。"毛姆严肃地回答。一天晚上，他去看戏，令他哭笑不得的是，舞台上几乎复制了他的困境。法国剧作家乔治·德·波多-里奇（Georges de Porto-Riche）的《爱》是一部辛辣的讽刺小品：丈夫被妻子搞得抓狂了——她令人讨厌的爱，她的自私，她对他的情绪过分的敏感，还有她从不让他安静读书工作的方式。"我坐在那里看得毛骨悚然。"毛姆向凯利吐露心声。他向一个光棍朋友发泄心中的怨气，"你还没有丧失一个人待着的权利！（你的情妇）不吃醋，不会着了魔一般的好奇，不会在你写信时趴在你的肩膀上。她不会旁敲侧击跟你说点小话，好像没什么特别的意思，却让你心情低落、丧失勇气。如果你偶然出去吃顿饭不带着她，半夜回来时你不会看到她还醒着，躺在床上，面无表情，但声音沙哑，眼睛里充满了醋意。那个女人赖在我身上了。我就像是她的阳光和空气。我的存在不仅对她的幸福，甚至对她的生命都是必不可少的。离开她，我就是个十足的混账。"

1916年2月离婚案开庭，被告和共同被告都回到伦敦，毛姆是从日内瓦回来的，他的新戏最后一次彩排，他必须到场。至于避开公众，没有比这个时机更糟的了。开庭时间定在2月14日，不到一个星期前的8号晚上是《卡洛琳》的首场演出，媒体广泛报道了此事，所以，剧作家的名字已经在公众的视线里了。由于没有辩护人，毛姆和西里尔都没有出庭，没有听韦尔康指控他们通奸。法庭做出中间裁定，韦尔康获得蒙特尼的监护权。媒体对此事的态度十分克制，总的来说，只概述了一下法庭上出示的证据和判决结果。

"谢天谢地，终于结束了！"几天后，毛姆告诉凯利，"你也知道，案子公诸于众了。但在我看来，好像不会给我惹太多的麻烦，只有当事人对此事感兴趣。"他几乎立刻返回了日内瓦，西里尔则在一个诊所里休息了几天，然后去了巴黎，并在那儿住了快一年。"过几个星期你肯定会见到她的，"毛姆写信告诉凯利，"她会把我们精心制订的合理计划告诉你。我想，你会同意这么做是明智的。""这个合理计划"的细节不为人知，但有一点很清楚，毛姆的心情并没有像他在写给凯利的信中说得那么平静。对他的哥哥F.H.，他则更坦率地表达了最近这次考验带给他的压力。"整件事给我带来了太多的苦恼和忧虑，但我试着这样来安慰自己，只有体验过各种各样的人生经历，无论其中的一些经历多么令人痛心，作家才能有望到头来创作出具有永恒价值的作品。我想，最大的麻烦已经过去了，但只有时间能告诉我这场灾难的最终结果是什么。过去的八个月我所经历的事已经够糟糕的了，未来不可能有更糟糕的烦恼等着我。"

或许没有预料到和西里尔在一起的未来漫长且痛苦对毛姆来说是幸运的，至少可以暂时将焦虑抛在脑后，享受最近在戏剧事业上耀眼的成功。由迪恩·布希科制作的《卡洛琳》在新剧院上演后立刻取得成功，这是一只手绑在写字桌后面的毛姆所能写出的巧妙且极为高效的作品。"最好的高雅喜剧。"这部戏里的明星艾琳·范布认为。这部戏原名《不可企求的人》，与作品同名的女主人公卡洛琳是个留守女士，丈夫驻外十年后突然死去，获得自由身的她本可以嫁给罗伯特，一个讨人喜欢的王室法律顾问。长期以来，二人保持着一种愉快且无可指摘的关系，罗伯特是卡洛琳的蓝颜知己。表面上看，这两个人结婚再合适不过了，但令二人沮丧的是，他们对前景都不看好。渐渐地他们意识到，两个人之所以如此互相吸引，是因为罗伯特得不到卡洛琳。尽管朋友们使劲撮合他们俩，但卡洛琳最终还是设法回到了原来的生活轨道上。她"发现"丈夫并没死，原来只是误传，于是，她和罗伯特又恢复了老朋友的关系。《星期日泰晤士报》说，《卡洛琳》"像羽毛一般轻盈。"《每日邮报》则称赞它是"自然快乐的典范"。不过，这个作品源于痛苦的经历，西里尔的影子依稀可见。毛姆在戏中巧妙地回避了即将到来的婚姻的威胁，却展现了黯然的共鸣。这个主题最先在卡洛琳和她的女仆库珀的对话中显露出来：

> 库珀：夫人，我认为男人不想结婚。他们天性里就没这个东西。您得推他们一下，不然，他们永远也走不到那一步。
>
> 卡洛琳：万一他们后悔了呢，库珀？
>
> 库珀：哦，夫人，那就太晚了。

卡洛琳在下一幕向罗伯特解释了她为什么不愿意结婚，这段话就像是毛姆本人说的。

> 你知不知道那种感觉，你在做长途旅行，夜里，火车开进某个你从未到过的陌生城市。所有的光在闪烁。你兴奋极了，你觉得任何奇遇都可能发生在你身上……哦，罗伯特，如果你正坐在我对面，我知道，那就永远不可能了。

在编剧看来，饰演卡洛琳的艾琳·范布"给出了她辉煌的职业生涯中最精彩的演出之一"。评论家们也赞同这个观点。"我从来没取得过像《卡洛琳》这么巨大的成功，"毛姆向他的哥哥吹嘘道，"我们的戏每个星期入账两千英镑，迪恩·布希科告诉我，这是他搞戏剧以来知道的一部喜剧赚到的最大一笔钱。报纸交口称赞……除了齐柏林斯（Zeppelins）这类人。我想，这部戏可以一直演到夏末，甚至演到圣诞节。"

写这封信时，毛姆已经回到了瑞士，他只被允许离岗几天。前一年夏天，他认识了沃林格少校，为英国军事情报部门工作的事已经落实。沃林格探听了毛姆的口气，确定他愿意参与，于是建议在巴兹尔街他的办公室再见一次面。这次面谈很顺利。沃林格尊敬毛姆，毛姆也同样尊敬沃林格。他给毛姆的印象是不择手段和诡计多端，一个间谍首脑必备的两大素质。沃林格年近五旬，身材瘦削，脸上满是皱纹，留着牙刷胡。他是印度警察局的局长，被召回伦敦监督印度民族主义者在英国开展的颠覆活动。1915年他开始为情报局服务，迄今为止，他的行动收效甚微。作为一名间谍小说迷，沃林格采用了很多种他熟悉的计谋，比如让间谍化装成服务生，但很快就被瑞士官方识破，他们对瑞士的中立性有很强的保护意识，迅速逮捕并驱逐了所有可能搞破坏的外国人。最近沃林格又损兵折将，一个间谍去警察局告发了另一个间谍，第二个人又供出来两个人。第五个间谍因精神崩溃被召回，毛姆代替的就是这个人。

在沃林格看来，毛姆不仅有出色的背景，还有理想的挡箭牌——作家在一个中立国找个清静的地方写作。沃林格解释说，他的主要任务不是提供情报，而是作为一名协调者，在德国的法兰克福、科布伦茨、特里尔和美因茨的间谍网之间传递消息。"干得好的话，得不到感谢，"沃林格提醒他，"遇到麻烦也得不到帮助。"毛姆毫不犹豫地接受了这些条件。能够成为一名间谍对他有强大的吸引力。毛姆向来是个伪装大师。对毛姆而言，扮演一个角色不是什么难事。天性羞怯的他向来更喜欢倾听，而不是诉说，对他人生活的着迷则让他的洞察力非同一般。毛姆天生对情报工作的喜爱显露给了更多的人，战后他创作了一系列关于谍报活动的小说，众所周知的是他以自己为原型并以主人公的名字命名的小说集《英国特工阿申登》。

1915年秋末，代号"萨默维尔"的毛姆来到日内瓦，住进湖边宏伟的德安勒特大酒店。他立刻发现，这座平静的瑞士城市已经被战争变成了一个国际阴谋的温床，来自各个交战国的间谍和革命者们利用这个中立国的安全状态来往穿梭。各大饭店生意兴隆，接待的客人鱼龙混杂。一天的某些时段，德安勒特大酒店简直是欧洲语言的巴别塔，此外还混杂着一点俄语、土耳其语和阿拉伯语。晚上独自用餐时，毛姆喜欢分辨出那些和他一样表里不太如一的人：一个为英国情报部门工作的保加利亚人，一个向柏林汇报情况的妓女，一个据说从事反英活动的埃及人，还有一个德国公爵卡尔·古斯塔夫·弗穆勒[1]，毛姆在战前就知道他是剧作家。"他举止迷人，热衷艺术。但是现在，阿申登和他都假装从未见过彼此。谁都知道对方是干什么的，"阿申登"本有意就此打趣他，但他忍住了，以免这个德国人认为他的行为进一步证实了英国人面对战争时的轻率态度。"

尽管周遭的气氛有点紧张忙碌，但毛姆认为总体来说他的工作是安全的、平淡的，虽然为了防身，他的口袋里总是装着一把小左轮手枪。他的大部分工作是听取从德国回来的间谍的汇报，下达指令和发工资。毛姆把他们说的话认真地记录下来，再加上自己的评论，写成详细的报告，用密码发送出去。这个活儿很繁琐。"没有比编码和解码更沉闷的事了，"毛姆通过阿申登的嘴说出这句话，"密码分两个部分，一部分在一本小书里，另一部分写在一张纸上，离开协约国前要牢记在心，然后毁掉。阿申登把一组组数字一个个破解出来，然后把每个字匆匆记在一张纸上。他的诀窍是把注意力从字面意思上移开，因为他发现，如果留意词语，就会贸然下结论，这样往往会犯

---

[1] Karl Gustav Vollmoeller，弗穆勒最著名的是为玛琳·黛德丽的电影《蓝天使》所写的剧本，以及与马克斯·莱因哈特合作的《奇迹》。

错。所以他就机械地破译，把字一个一个写下来，也不去留心看。"

此外每个星期都有那么两个早上，毛姆步行去博地弗广场的市场，从一个老农妇手中买半磅黄油。找他零钱时，她会往他手心里塞张纸条。如果被发现，他们俩都会被送上被告席，所以要谨慎为之。可是对毛姆来说，兜里揣着那张纸条回酒店的路上更加危险，因此走这段路时，他会尽量加快脚步。每个星期，毛姆还会乘一艘小汽轮，渡过日内瓦河，到法国那边的托农去，和一个同事见面交换意见，接受伦敦发来的指令。这需要冒更大的风险。由于这是起止都在瑞士境内的往返旅行，所以还是不要在护照上做标记为好。但即便如此，毛姆还是担心有人会跟踪他，比如敌方的特务，或者随时能执行逮捕并把参与间谍活动的外国人驱逐出境的秘密警察。为了避免引人注意，毛姆宁可留在甲板上，也不愿到暖和的大厅里去。尽管他穿着毛皮衬里的大衣，戴着长围巾，帽子拉得很低、遮住耳朵，他依然感觉天气寒冷刺骨。冬天的湖面经常波涛汹涌，一阵阵冻雨从山上吹过来让他感觉透心凉，他不禁渴望酒店房间里的温暖，好想洗个热水澡，坐在壁炉旁吃饭、看书、吸烟斗。

规律的作息导致他的生活在一定程度上单调而乏味。毛姆形容，在很多方面这样的生活"和城里职员的生活一样规律单调"。然而这样并非毫无益处，可以给他留出很多时间干自己的活，他非常担心写不完《卡洛琳》就被发现，然后被捕。正如到日内瓦几个星期后，他在给凯利的信中所写到的那样："日内瓦，一切谣言的中心。这里安静、和平，完全无事可做。我努力过着愉快而又枯燥的生活：每天上午写作，剧本写得很顺利；下午，我去散步或骑马；晚上，要么去看戏，要么打桥牌，三缺一的时候给他们凑个数。"正如他所说的，这样的生活在很多方面是令人满意的，够充实，够多样，有充足的时间写作读书。"在这种情况下，觉得生活可能是无聊的未免荒唐，然而就像空中一朵孤独的云，确实有那么点无聊。"

不过，无聊感偶尔也会被驱散，萨默维尔必须发挥更积极的作用。他刚到瑞士时接到的第一项任务是调查一个英国人。那人娶了个德国老婆，住在卢塞恩，他们怀疑他受雇于德国人。毛姆打着跟他德国老婆学德语的幌子认真观察了他两个星期，最后得出结论，他几乎可以肯定是个叛徒。圈套设好了：根据指令，毛姆将"无意中"透露给他新认识的这个人，他在伦敦的审查部门有关系。不出所料，这个英国人把消息及时传递给了德国情报部门，他假装想回国找份战时工作，让毛姆把在审查部门的朋友介绍给他。没过多久，这个毫无防备的猎物就被捕了，并被遣送回国受审。还有一次，毛姆被沃林格派到巴塞尔核实另一个受到怀疑的间谍的情况。"古斯塔夫"是一名瑞士商人，他在合法生意的掩护下定期去德国，回来时通过日内瓦向英国情报部门汇报情况。这次，沃林格的怀疑又是对的。毛姆通过聪明的询问发现，其实"古斯塔夫"从未离开过巴塞尔，他只是把德国报纸上的报道和他从餐馆和啤酒屋里听来的流言蜚语，捏合成一篇篇报告。1916年2月，毛姆又接到一项任务，这次发布指令的是情报局外事部门的长官曼斯菲尔德·卡明爵士上校。卡明把他的怀疑告诉谍报中心主任沃尔特·科克少校，毛姆手下的一个间谍"伯纳德"拿走了很多钱，却从未交过一份像样的报告。他们再次派毛姆去查明真相，他后来在《英国特工阿申登》中描写了这一幕。两个人像往常一样在咖啡馆见面。

————————

（阿申登）向他下达命令后准备结束这次会面。

"很好。"伯纳德说，"不过，回德国之前，我想要两千法郎。"

"是吗？"

"是的，现在就要，在你离开咖啡馆之前……"

"恐怕我给不了你……"

那名间谍把身子凑过来，他没有提高嗓门，而是用只有阿申登能听到的声音愤怒地说：

"你以为我会为了你给我的那点糊弄叫花子的钱就去冒生命危险吗？不到十天前有个人在美因茨被抓起来毙了。他是不是你们的人？"

"我们在美因茨没人。"阿申登漫不经心地说，其实，他知道这是真的。他很困惑为什么收不到那边的情况了，伯纳德的信息给出了解释。"你接受这个工作的时候就很清楚会得到什么，如果你不满意，当初就不该接受。我连多给你一便士的权力都没有。"

"看到我手里拿的是什么了吗？"伯纳德说。

他从兜里掏出一支小左轮手枪，意味深长地摩挲着。

"你想干吗？当掉它？"

他气得耸了耸肩，把枪放了回去。

一旦伯纳德和古斯塔夫这些人的骗术被戳穿，毛姆极少有机会知道他们接下来的命运如何，正如他所说的那样，"他不过是一部巨大且复杂的机器上的一枚小铆钉。"毛姆在瑞士待了大概八个月，从1915年10月到1916年5月，其间他只回过伦敦几天，参加《卡洛琳》的首场演出。情报部门非常重视作家们写报告的本领和敏锐的观察力，毛姆离开日内瓦后，他的位置被他的朋友，同样是剧作家的埃迪·诺伯洛克取代，他的工作经历非常类似，"没完没了的苦差事，接近戏剧性的时刻非常罕见。"诺伯洛克在瑞士待了四个月，然后和另一个作家间谍康普顿·麦肯齐一起去希腊执行任务。这时，沃林格的行动已经陷入一片混乱。"在我们看来，沃林格的瑞士行动只是浪费钱罢了。"1916年7月，科克少校这样写道，"他的组织毫无用处，事实上没有提供一条真正有价值的情报。他不具备相关知识，也没时间在军事情报方面做出成绩。"7月28日，他在日记上记录了与沃林格上校的"分道扬镳"。尽管英国情报局对沃林格不满意，毛姆还是给予了他一定的尊重。在《英国特工阿申登》中，沃林格以R上校的身份出现，他被描绘成一个克制、勤勉、勇敢、精明的人。

毛姆回到英格兰时健康状况很差，整个冬天每星期都渡过日内瓦湖很容易引起胸部感染，而且他的情绪焦虑抑郁。8月30号，韦尔康收到终审判决，现在毛姆想要娶西里尔的话，法律上不存在任何障碍。他很清楚迟早是逃不掉的，但至少可以把这件不可避免的事再往后拖一拖。"我想恢复被我的愚蠢和虚荣击碎的内心的宁静，"他写道，"我愿意娶西里尔，但目前的情况是，我不准备仓促行事。"他的两部戏《卡洛琳》和《比我们高贵的人们》将在美国上演，于是1916年10月，毛姆乘船前往纽约，打算监督彩排。同时他将剧本从弗洛曼的公司转到约翰·拉姆齐手里，拉姆齐是毛姆英国剧本经纪人戈尔丁·布莱特的合作伙伴，弗洛曼死后，他的公司工作效率很低。

奇怪的是，在美国参战前六月，纽约的气氛完全格格不入，街上灯火通明，商店里充斥着奢侈品，剧院和餐馆生意兴隆。战争似乎离那里很遥远，大部分报纸把更重要的版面给了波士顿红袜队在世界职业棒球大赛上输球一事，而不是伤亡惨重的索姆河战役[①]。令毛姆吃惊的是，美国人普遍抱有亲德情绪，许多人赞同威尔逊总统的观点，英国和德国的野心同样令人讨厌。"这里的人很同情德国人，"他告诉凯利，"尤其是知识阶层，比如教授、文人之类的。其余的人则欣赏法国人，但没有人欣赏英国人。我想，如果德国人和英国人单挑，德国会获得大部分人的支持。"毛姆想找到更多的战时工作，希望被

---

① 第一次世界大战中规模最大的一次会战，时间发生在1916年7月1日到11月18日间，英、法两国为突破德军防御并将其击退到法德边境，在位于法国北方的索姆河区域实施作战。双方阵亡共130万人，是一战中最惨烈的阵地战，也是人类历史上第一次把坦克投入实战中。

派到俄国去，但目前他的健康状况很危险，他的"周期性肺病"发作了，必须抽出一定时间去一个暖和的地方修养一下。很多年来，他一直希望去一趟南太平洋地区，脑子里一直在构思一本关于高更的小说，这次机会终于来了。

尽管分别很久，毛姆还是和那个迷人的青年杰拉德·哈克斯顿保持着联系。杰拉德目前在芝加哥无所事事，于是毛姆立刻建议他以秘书的名义陪他去波利尼西亚，此前哈利·菲利普斯扮演的也是杰拉德这个角色，杰拉德欣然同意。出发前不久，杰拉德来到曼哈顿，就在他们开心地忙着准备行装的当口，西里尔突然发来一封电报，宣布马上就要到美国来，孩子和保姆也跟着她一起来。从日内瓦回来后，显然毛姆大部分时间不在西里尔身边，他先去了巴黎，然后去了纽约。毫不奇怪，西里尔开始担心起来。最终判决已经下来了，他们没有理由不立刻结婚，（毛姆在《回顾》中写过这段，"离婚书还没有完全下来，即使我想跟西里尔结婚，也不可能。"但实际上，离婚判决书已经下来了，他可以跟西里尔结婚。）如果毛姆打算逃避责任，她别无选择，只能面对他，坚决要求他履行诺言。毛姆憋了一肚子火去码头接她。两人都很紧张，毛姆紧张是因为西里尔是这个世界上他最不想见到的人，西里尔则担心他会趁她不备溜走。陪她回到酒店后，毛姆立刻告诉她，他正打算离开美国，这一去就是几个月，无论如何，他不打算改变计划。听他这么说，西里尔歇斯底里起来，大吵大闹了一番，搞得毛姆越发厌恶她了。等她终于平静下来后，毛姆向她保证绝不食言，等他一回来，他们就结婚。话已经说到这个份儿上，西里尔也该知足了。

在杰拉德的陪伴下，毛姆怀着极大的解脱登上了去旧金山的火车，他们要从那里坐船出发，开始漫长的海上旅程的第一段，此后的四分之一个世纪里，他们还将在一起旅行很多次。毛姆兴致高昂，出发去寻找"美和浪漫"，他还充满感情地说："很高兴能让大海将我

和骚扰我的麻烦隔开。"从小读赫尔曼·梅尔维尔①、皮埃尔·洛蒂②
和罗伯特·路易斯·史蒂文森有关波利尼西亚的小说时，南太平洋点
燃了他的想象力。年轻时在巴黎，他为高更和他塔希提时期的画作着
迷，那些夜晚在白猫餐馆听罗德里克·奥康纳谈论高更，他就喜欢上
了这位画家和他的画。过去的几年里，他一直在反复琢磨写本小说，
后来终于出版了取材自高更生平的《月亮和六便士》。毛姆写道，
"我相信去塔希提一定会得到我想要的能让我开始写作的材料。"早
在1913年他就想去，并希望把苏·琼斯作为他的太太带在身边，但那
些计划全部泡汤了。现在他出发了，带着他的伴侣，杰拉德·哈克斯
顿已经成为他感情生活的中心。

他们要走很远的距离，第一段是在一艘定期往来于太平洋的美国
班轮大北方号上度过的。到了海上，杰拉德·哈克斯顿才第一次显现
出他是多么重要、多么有价值的一个人。天生爱交际的杰拉德和同船
的乘客交起朋友来不费吹灰之力，他很乐意跟他们一起喝酒、聊天、
打牌，一玩儿就是几个小时，然后回来把他们讲给他的故事说给毛姆
听。毛姆的好奇心很重，一直在寻觅好的写作素材，同时，又小心翼
翼地保护自己的隐私，天性极为矜持。"乘船旅行时，我从不跟任何
人说话，除非有人先跟我说话。"他写道。但和"热情洋溢、友好得
无法控制的"杰拉德在一起，毛姆就可以摆脱社会责任的压力，享受
倾听和观看，尽管他总是一副和蔼可亲的样子，时刻准备轮到他时打
一下牌。对于这个阶段的毛姆而言，打牌是一种有趣的消遣方式，而
对杰拉德来说，打牌基本上是一种生活方式。这个不计后果、敢于冒
险的赌徒很会打牌，他能将精力高度集中，懂得复杂的技巧，经常在

① Herman Melville，1819—1891，19世纪美国最伟大的小说家、散文家和诗人之一，在20世
纪20年代声名鹊起，被普遍认为是美国文学的巅峰人物之一。毛姆认为他的《白鲸》是
世界十大文学名著之一，其文学史地位更在马克·吐温等人之上。
② Pierre Loti，法国小说家，代表作有《冰岛渔夫》和《菊子夫人》。

牌桌上赢一大笔钱。船上的大部分时间，杰拉德喜欢待在烟雾缭绕的大厅里赌博，毛姆则只在吃饭时间和晚上跟众人在一起，大部分时间他都在甲板上读书、记笔记。广阔蔚蓝的虚空深深攫住了他的心。一英里又一英里过去，见不到一个活人，"没有一条货船，没有一条帆船，也没有一条渔船。这是一片空旷的沙漠。此刻，空虚用一种模糊的、不祥的预感充满了你。"

四百名乘客中有一个人很特别，这个人也成了毛姆一生的朋友。伯特·阿兰森原姓亚伯拉罕森，比毛姆小3岁，来自一个在危地马拉拥有咖啡种植园的富裕的德国犹太人家庭，他在那里长大，上的大学。阿兰森是一个有天赋的金融家，曾是旧金山最年轻的证券交易员，现在他是家族投资经纪公司的资深合伙人，住在一幢俯瞰海湾的大宅里。他高个子，相貌高贵，喜欢高尔夫和意大利歌剧，也喜欢西班牙历史和文学，所有这些兴趣都能保证他把自己推荐给毛姆。他虽然为人拘谨害羞，但十分势利，喜欢攀龙附凤，并急于掩盖自己的犹太血统。他很晚才结婚，一直很依恋母亲，家里人都知道他是同性恋。阿兰森生来崇拜英雄，几天之内，他就对毛姆着了迷，毛姆的名望令他兴奋，毛姆的魅力和老练给他留下了深刻的印象。他们俩一聊就是几个小时，阿兰森被毛姆广博的知识和丰富的阅历吸引，毛姆则很高兴遇到他，可以充分利用他在金融方面的专业知识。很快他就让阿兰森全权管理他的投资，一种信任的表示换回了丰厚的回报。他们的友谊从此开始，并将晴朗无云地贯彻到底。许多年后，毛姆回忆道："没有哪个朋友比亲爱的伯特更忠诚、更慷慨、更体贴。"

漫长的远航先到夏威夷和萨摩亚群岛，然后向南转向斐济、汤加和新西兰，接下来向北在回加州的路上停靠塔希提岛。第一个停靠港是火奴鲁鲁。1916年11月14日，他们到了那里，在那儿待了三个星期，等待前往澳大利亚的一艘名为索诺玛的小轮船到达，他们已经买好了下一程的船票。哈克斯顿和毛姆，还有陪了他们一小段时间的阿兰森，借此机会仔细考察了这座岛屿。他们最喜欢的地方是一家海滨酒店的阳台，酒店提供丰富的饮品和香烟，英俊的夏威夷男孩在阳光照耀下的海面上冲浪，他们在阳台上观赏这些男孩古铜色的美妙的胴体。他们对火奴鲁鲁闹市区的反差很好奇，一边是现代的美国城市，有银行、时髦的商店，沿着人行道停着一排排别克车和福特车，一边又有粗陋的依威来红灯区，公开为各种性口味提供服务。

他们在依威来的最后一个晚上，警察突击搜查。第二天，船起航前几分钟，只见一个女人慌慌张张跑上跳板。原来这位莎蒂·汤普森小姐是想逃避法律制裁的妓女。刚一上船，她就恢复了平静，但引起了同船乘客的反感，其中有个医生和他的太太，还有一对传教士夫妇。她用留声机大声放拉格泰姆爵士乐，成天喝得醉醺醺的，明目张胆地在她的船舱里接待船员。"和我的船舱隔两间就是她的船舱，那部该死的留声机从早唱到晚。"毛姆回忆道。索诺玛号从火奴鲁鲁出发，来到西萨摩亚的帕果帕果，新来的人必须在此停留几日，因为城里出现了麻疹病疫情。囚禁在同样肮脏的膳宿公寓里，瓢泼的季风雨把他们困在室内，毛姆和其他旅客还要继续忍受汤普森小姐厚颜无耻的行径。她的一个男朋友管她叫"来自火奴鲁鲁的尤物"。那个传教士更是被她这个人，被拉格泰姆爵士乐，被她接待无数萨摩亚客人时生锈的床垫弹簧发出的吱嘎声气得够呛，最后他去找管理员诉苦，这一宝贵经历为毛姆最著名的短篇小说《雨》提供了关键情节。

毛姆第一次在热带的经历紧紧地抓住了他的想象。在帕果帕果、阿皮亚、帕皮提、苏瓦、萨瓦伊，无论他去哪儿，都为周遭美丽的异域风情着迷，同时他也时刻留意殖民者时而悲惨，时常平淡，土气得出人意料的生活。位于西萨摩亚后来属于美国管辖区的帕果帕果恰好显示了这种并置。一旦在堡礁里面，船进入一大片美丽的泻湖，三面就会被一幅戏剧性的背景围绕。耸立的火山悬崖上覆盖着茂盛葱绿的植被。沿海岸线是白沙滩和瘦长的椰子树，更远处的芒果和鳄梨树丛中点缀着怒放的木槿、夹竹桃和白色的鸡蛋花。到处都是土著人的小屋，高高的茅草屋顶犹如蜂巢。萨摩亚人高个、优雅，男人敞着怀，裹着颜色艳丽的沙滩裙，年轻的姑娘们则披着长长的黑发，头上通常会戴着用香气扑鼻的鸡蛋花编成的花环。从港口还能看到两三幢整洁美观的小平房，一座圣公会教堂，俱乐部，网球场，一栋朴素的政府大楼矗立在整洁的花园中，还有挂在旗杆上无精打采的星条旗。

　　毛姆去萨摩亚时正好赶上雨季。刚到帕果帕果的那几天，毛姆和杰拉德都没做好心理准备面对如此惊人的热带气候，令人喘不过气来的高温，一天下好几个小时的暴雨，随着雨水一起来的令人胸闷气短的热气。两个人穿上最薄的衬衫，浅色的亚麻西装，晚上则按照土著人的习惯，只穿衬衫和沙滩裙。晚上，他们光着身子在蚊帐里睡觉，但可怕的昆虫把蚊帐钻得到处都是洞。白天，在两场滂沱大雨的间隙，他们会在淡水池里游泳，骑着小马沿宽阔的长满草的小路去维利马，向在那里度过晚年的罗伯特·路易斯·史蒂文森致敬。史蒂文森的墓地在一片陡峭的山坡上，大汗淋漓的两个男人需要两个咯咯笑的萨摩亚姑娘把他们推上去，毛姆每隔一会儿就会剧烈地咳嗽几下。在这里，毛姆感受到了高更的画中所蕴含的悠然自得和精神上的情色。性在这里几乎无处不在。年轻的情侣在众目睽睽下做爱，一点都不觉得难为情。睡觉前，他经常发现一个黑眼睛的姑娘心甘情愿脱光衣服躺在他的蚊帐里——给她一把硬币就可以把她轰走。这里的一切都是公开出售的。天黑后，杰拉德尤其喜欢四处寻找定期在海滩上举办的通宵狂欢会。

　　人类堕落前岛屿的美丽，泻湖的深蓝，植物绚丽的色彩，夜晚南部天空的无垠，这些都令毛姆沉迷不已，与此同时，毛姆也对热带地区更家常的生活感兴趣，最有价值的材料是从跟他交谈过的商贩、混血儿、种植园主、医生和传教士那里得来的。这个衣冠楚楚黑头发的英国男人和他那个"特别英俊的旅伴"，很快就跟那些在英国俱乐部里和破旧不堪的中央酒店阳台上喝酒的常客们熟络起来。到了岛上，同样是杰拉德负责结交新朋友，在台球室或酒吧里流连，先认识那些怪人，再把这些人奇怪甚至可怕的故事讲给毛姆听。毛姆被这些故事迷住了，正如他在《总结》中所表述的那样：

> 我进入了一个新的世界，小说家所有的本能欣喜地跳出来吸收新鲜事物。吸引我的不只是岛屿的美丽，遇到一个又一个新鲜的人同样令我兴奋。我就像一个博物学者，来到一个国家，发现那里的动物多得无法想象……他们几乎都没文化。他们在和我不同的学校学习生活，得出不同的结论。他们有他们的狭隘。他们有他们的偏见。他们通常是乏味的、愚钝的。但我不在乎，因为他们不一样……在我看来，和那些跟我长久生活在一起的人比起来，他们更接近人性本身。我扑向他们，就像很多年前扑向圣托马斯医院那些排队走进门诊部的人。

虽然在每个地方只待几个星期，但毛姆很快就理解了社会文化方面的细微差别：敌对，势利，以及土著人和欧洲人之间、土著人和混血儿之间微妙的关系。无论走到哪里，他都会详细记录他遇到的人，"我去船舱或泻湖边的酒店房间时，一般都会写下一幕特别的场景，或者与某个特别的人的交谈，以备将来写进小说里。"渐渐地，"会围绕一个暗示，一个偶然事件或一个愉快的发现形成一篇小说，而且描绘得栩栩如生。"现在他写短篇小说的兴趣又来了，而且来得异常猛烈，他的南太平洋故事集《一片树叶的颤动》①标志着他又重新找回了他最为精通的风格。

毛姆几乎在每一个转角都能找到灵感，详细的笔记解释了寻找灵感是他一生热爱旅游的原因：他要满足想象的贪婪需求，这种永不

---

① 这个书名来自圣佩韦的一句话："生活中，只有一片颤动的树叶能将莫大的幸福与极度的绝望隔开。"

知足的需求在很大程度上助长了他的不安和旅行癖。正如多年后他写给一个年轻学生的信中所说的那样："作家不能等经历来找他，他必须出去找经历。"一次又一次，一个故事最初的模样从简短的笔记中被发现。例如，刚到萨摩亚时，他碰到了一个叫"红毛"的人，一个闷闷不乐的年轻人，"穿着一件无袖汗衫，一条脏兮兮的粗斜纹布裤子"，在帕果帕果郊区经营着一个又脏又乱的小吃店。那篇以他的名字命名的小说是根据笔记本上的许多线索构思而成的。这个故事的讲述人是尼尔森，一个心情忧郁的瑞典人，住在海边一幢独门独院的平房里。一天，一个上岸过夜身材肥胖的老船长突然到访，这个船长是个典型的令人反感的人，"客人个子很高，超过六英尺，而且很胖，面孔红红的，长满疙瘩，腮帮布满青筋，五官都好像陷进了肥肉里，他的眼睛充血，脖子埋在一圈圈肥肉里。除了后脑勺那一小绺近乎白色的长卷发，他的头差不多秃光了。"两个男人坐下来喝威士忌，尼尔森向他的客人讲述"红毛"这个美貌青年的浪漫故事。（在毛姆所有的小说中，这是极少的有同性色情描写的段落之一。）

你第一次看到他的时候，他那美貌简直使你大吃一惊。人们管他叫红毛，是因为他有一头火红的头发，天然卷曲，他把头发留得很长……他长得像个希腊神话里的天神，宽肩细腰。他像阿波罗，有着普拉克希特利刀下的那种柔滑与丰满，还有那种温柔的女性美，其中自有一种使人烦恼而又不可思议的东西。他的皮肤白得耀眼，十分柔和，像缎子一般。他的皮肤就跟女人的皮肤一样。还有他那张脸，就像他的身躯一样美。一双蓝蓝的大眼睛，颜色很深，以至于有人说是黑色的，而且和一般红头发的人不同，他的眉毛也是深色的，睫毛很长，同样是深色的。他容貌端正，无懈可击，那张嘴真真像一个鲜红的伤口。他当时20岁。

红毛爱上了一个当地的姑娘，两个人幸福地生活在一起，直到有一天他被一群捕鲸者绑架，从此，人们再也没在岛上见过他。老船长似乎对这个感人的故事没有表现出一丁点的好奇，他对威士忌和雪茄的兴趣倒是浓得多，尽管他依然足够友善地听着。因此，当尼尔森意识到陷在对面椅子里那个胖子的身份时，他着实吃了一惊。

　　"你叫什么名字？"他猝然问道。

　　那个船长的脸皱成一团，狡猾地嘻嘻一笑……

　　"他妈的已经这么久没有听到我的名字了，我自己也都快忘记了。不过，三十年来在这一带的岛上，人们一直管我叫'红毛'。"

与此形成对照的是汤普森小姐，"粗野的脸相，薄具姿色。她穿一身白色衣裙，戴一顶白色大帽，套在麻纱长筒袜里的粗胖小腿在高勒白漆皮长靴统上鼓了出来。"毛姆根据这些简短的笔记构思了汤普森小姐的形象（毛姆向来对这些事不在意，他懒得给虚构的汤普森小姐再起一个名字），这个出色且骇人的短篇小说后来更名为世人皆知的《雨》。用毛姆自己的话说，"让莎蒂·汤普森和传教士的经历发生情感碰撞，印在纸面上令人震惊，同时打了个审查的擦边球。"毛姆写这篇小说时极其克制，故事的背景置于帕果帕果一个容易导致幽闭恐惧症的破陋小客栈里。情节跟随自以为是的戴维森先生，他怀着施虐的热情追求一个妓女，宣称想要拯救她淫荡的灵魂。热带暴雨不停地下，戏剧在这种背景下展开。白天，这个传教士威吓欺凌他的牺牲品；晚上，他则怀着近乎手淫的狂野为她的改过自新而祈祷。"我要她接受人类的惩罚，作为奉献上帝的祭祀。"戴维斯的话音因为激动颤抖起来，几乎说不清那些在他嘴唇上翻腾的字句。在他无情逼迫的压力下，淫荡快活的莎蒂终于被击垮了。她悲惨地相信自己是有罪的，乞求戴维森将她送进耶稣的怀抱。最后一次和莎蒂见面时，传教士屈从于性欲，毁了自己，也毁了莎蒂对所有人以及对上帝的信任。

> 她昂首挺胸。简直没有人能用言语形容她那种轻蔑藐视的神情，以及答话中充满的傲慢和憎恨。
>
> "你们这些男人！你们这些又丑又脏的贱猪。你们全是一路货，你们这些鬼家伙。臭猪！臭猪！！"

离开传教士和汤普森小姐，这两个男人继续他们的旅程，先后来到斐济和汤加，甚至远达新西兰。在向北去塔希提之前，他们乘坐过很多不同类型的船只，从美国的汽轮，到敞篷的快艇，再到装满香蕉和干椰子肉的往返于岛屿间的小商船。有一次他们在一条敞篷的小划艇上过了一个星期。最难忘的经历是从帕果帕果到阿皮亚，他们乘坐的那条破旧的纵帆船散发出石蜡的臭气，灯光昏暗的船舱里，中国厨子为他们端上晚餐：肉丸、杏子罐头，还有加了炼乳的茶。"吃完晚饭，我们来到甲板上，"毛姆回忆道，"不一会儿，几个船员也上来了，坐下来抽烟。一个带着班卓琴，另一个人拿了尤克里里和六角手风琴。他们弹起琴，唱起歌，边唱边拍手打节奏。两个人站起来跳舞。那是一种野蛮的舞蹈，粗犷原始，节奏很快，跳的时候手足动作急速，身子扭来扭去。它是肉感的，甚至是色情的，而且是没有激情的色情。最后他们跳累了，都直躺在甲板上睡着了，一时万籁俱寂。"

1917年2月，他们终于来到法属波利尼西亚的塔希提岛。长久以来，这是毛姆梦寐以求的地方，他迫不及待地想要亲眼见到十五年前伟大的高更描绘过的岛屿。他们在首都帕皮提的鸡蛋花旅馆住下，这幢建筑有点奇怪，老板娘是个胖女人，叫鲁瓦伊娜·查普曼，有一半塔希提血统，她有个性、有魅力，在整个南太平洋地区都很有名。从旅馆到海边只需走几步路，杰拉德很高兴，在毛姆搞研究的时候，他可以在海边溜达，欣赏棕色皮肤穿鲜红遮羞布的水手。最初很难找到什么人能多谈几句高更，尽管毛姆和一个认识这位画家的珍珠商人埃米尔·利维聊过，还有一个叫维尼·布兰德的人，此人在1903年高更死后不久发现了他的尸体。然而，实际上最好的消息提供者是鲁瓦伊娜·查普曼，她曾是高更的朋友，她给毛姆提供了一些有趣的细节，并把他介绍给一个关键人物。那人是个女酋长，住在距帕皮提三十五英里远的马泰亚，她告诉毛姆一个惊人的消息：不远处的一座房子里有高更的画。那是一栋两居室的破平房，主人是个塌鼻梁、黑皮肤的土著人，他笑眯眯地把客人请进门。毛姆一眼就认出了高更的作品。据说1892年，当时身患梅毒并最终死于此病的高更被带到这里来，由一个当地的农民照顾，为了表示感谢，高更在三扇玻璃门上画了画。其中的两扇玻璃门破损严重，被孩子们划坏了，但第三扇玻璃门保存得不错，门上画着一个性感的塔希提女人，黑发、半裸，手上拿着一枚很沉的绿色面包果，毛姆立刻提出要买下这扇门。主人对画不感兴趣，愿意卖给他，只要价钱够他换一扇新门就行。

　　"多少钱？"我问。

　　"一百法郎。"

　　"好的，"我说，"我给你两百。"

　　我想最好在他改主意之前就把这幅画带走，于是，我们从车里拿出工具，拧下合页，把门抬走了。

　　一回到帕皮提，毛姆就把这扇门小心翼翼地装箱，准备取道纽约、伦敦，最后运往玛莱斯科别墅。毛姆把这扇门安在他的写作间，一直到他去世前不久，这幅画一直在那里，被他视作最珍贵的财产之一。

　　1917年4月8日，毛姆和杰拉德离开塔希提。两天后，美国参战，一封杰拉德母亲催促他参军的电报正在旧金山等着他。他和毛姆告别后去参军，毛姆则去纽约和西里尔团聚。

　　和杰拉德·哈克斯顿长期交往的过程中，毛姆体验到了各种各样的情绪变化——激情、爱、温柔、狂怒、沮丧、厌倦、悲惨、绝望。不过，他们从南太平洋地区回来后，毛姆已全心全意地爱上了杰拉德。毛姆的一个密友这样描述这段感情，"这是他头一次完全美好、完全恰当的爱情。"另一个人说，"毛姆非常喜欢哈克斯顿，这是他一生唯一的爱。哈克斯顿是个无赖，但他年轻、迷人、体格健壮、充满阳刚之气。有那么一段时间，毛姆肯定是为他神魂颠倒的。"他们交往的早期，毛姆曾把叶芝的一首诗《贵妇的第一支歌》抄送给杰拉德，他认为这首诗概括了他的感情：

> 我在恋爱中
> 而这是我的耻辱
> 伤害我灵魂的东西
> 我的灵魂爱慕
> 还不如一只四条腿的动物

毛姆完全臣服于这个青年，几乎从各个层面来讲，他都是一个理想的伴侣：英俊、快活、友善、爱冒险，脾气随和，很有幽默感，而且和毛姆一样，性欲旺盛。毛姆只有跟哈克斯顿才能充分讨论脑子里构思的故事。确实，杰拉德爱喝大酒，喝多了脾气就不好，暴露出清醒时深埋内心的愤怒。在南太平洋地区时，他曾打过两次架。一次是在阿皮亚，中央酒店的酒吧招待讥讽他逃避战争和爱国的责任。在小说《佛罗伦斯月光下》里，罗利·弗林特是毛姆虚构的另一个杰拉德，喝醉的他"聒噪、吹牛皮、粗俗、爱吵架，两三杯酒下肚就控制不住自己。有时，我会忍不住对他大发雷霆，然后我们就会大吵一架。"但多数时候，杰拉德还是"善良的、温和的、温柔的"，对两个人来说，这段关系都很有收获。杰拉德把毛姆看做父亲一般的长者，他从小就缺少父爱，同时毛姆阅历丰富、久经世故，能让他过上他所渴望的那种生活，尽量远离圣约翰森林单调乏味的穷酸日子。在毛姆的庇护下，他被放任和娇宠，经济上有安全感，同时由于他天性爱交际，他找到了生活的目标和需要扮演的重要角色。

在回忆录《回顾》中，毛姆承认杰拉德为他做出了重要贡献。"要是没有他，"他写道，"去南太平洋地区旅行时，我永远也收集不到那些短篇小说的素材，后来那些故事结集出版，取名为《一片树叶的颤动》。"总共有六篇小说，最先发表在杂志上，1921年又以短篇小说集的形式出版，毛姆并没有把这本书献给杰拉德，而是献给了伯特·阿兰森。"这是对你一直以来善待我所给出的一点微不足道的感激。"讽刺的是，到目前为止最成功的小说《雨》屡遭拒绝，直到被 H. L. 门肯①的《时髦圈子》杂志接受。几个月后，《一片树叶的颤动》面世，所有的故事流畅、多彩、戏剧般简洁，都很受欢迎，而引起轰动的却是《雨》。评论界普遍认为这是"一篇纯粹具有讥讽意味的惊悚杰作，无可挑剔"，展现了作者对偏狭的宗教性的憎恶，以及对人性弱点所秉持的冷静观点。《雨》一次次再版，为毛姆大赚一百多万美元版税。这篇小说还被改写成舞台剧，改编成音乐剧；罗兰·帕蒂②根据这篇小说为巴黎歌剧院编排了一部舞剧；而且至少三次被拍成电影，扮演莎蒂·汤普森的分别是格洛丽亚·斯旺森③、琼·克劳馥④和丽塔·海华丝⑤；1946年还有一个电影版的《来自哈莱姆的肮脏的格蒂》；玛丽莲·梦露死前不久签了一份电视剧的合同，她将在其中饰演莎蒂。许多欣赏者中有詹姆斯·米切纳⑥，他因《南太平洋的

---

① H.L. Mencken，1880—1956，美国作家和编辑。
② Roland Petit，1924—2011，法国芭蕾编舞大师。
③ Gloria Swanson，1897—1983，美国女演员，1950年以《日落大道》获得奥斯卡最佳女主角提名。
④ Joan Crawford，1904—1977，好莱坞黄金时代著名女影星，曾凭《欲海情魔》获第18届奥斯卡最佳女主角奖。
⑤ Rita Hayworth，1918—1987，美国20世纪40年代红极一时的性感偶像，1946年因在电影《吉尔达》中激情四射、放荡性感的荧幕魅力而红遍全美，又以极为出色的舞蹈技巧而名躁一时。
⑥ James Michener，1907—1997，美国作家，他被誉为美国20世纪历史的编年者和史诗作家。

故事》荣获普利策奖。罗杰斯与汉默斯坦①获得巨大成功的《南太平洋之恋》就是根据《南太平洋的故事》改编的。米切纳写道："想写南太平洋的人不能读毛姆，这是给这篇小说设置的不利障碍之一。不过我必须承认，在书写这片广阔的地域之前，我通常会把《雨》从书架上拿下来，重读前三段，提醒自己，一个人可以多么完整地用几句精准的话就构建出一个现实的舞台。我认为，这几段文字大概构成了现存的心情故事（mood story）最好的开局。"

不过，1907年还没有到来。毛姆要和共度六个月时光的杰拉德分别，面对要回到纽约西里尔身边这个现实。他答应过要娶她，现在他要实践他的诺言。他对此没有多说什么，他对已婚状态这个概念的厌恶可以从他的作品中看出来。《卡洛琳》的情节基于这样一种假定：爱情在婚外最繁荣，婚姻制度是一种令人扫兴的东西，是陷阱。《一片叶子的颤动》中的一个短篇小说《爱德华·巴纳德的堕落》（这里的情节后来被扩充并重新加工成《刀锋》）中，我们被要求为主人公鼓掌，他逃离芝加哥的婚姻，去南太平洋群岛过上了快活的单身生活。毛姆从波利尼西亚回来一年后，满怀愤懑地写就了《月亮和六便士》，小说中的艺术家无情地抛弃了婚姻和家庭，直到那时，家庭生活一直压抑着他的创作才能。"再没有谁比这种结了婚的单身汉更叫人可怜的了。"讲述者充满感情地评论道。实际上，没有必要寻找线索，因为毛姆毫不迟疑地坦白了自己的感受。婚姻进入第三个年头时，毛姆在写给西里尔的一封信中以直率到残忍的态度表明了自己当时的态度：

> 我觉得自己被置于一种原以为不可能发生的情境之中。

---

① Rodgers & Hammerstein，合作最久、创造出不朽音乐神话的音乐剧双人组，他们分别是理查德·罗杰斯和奥斯卡·汉默斯坦，前者负责作曲，后者负责作词。他们的音乐剧在20世纪40和50年代叫好又叫座，大多被搬上大银幕，获得多项托尼奖、奥斯卡奖和普利兹奖，最为人熟知的有《国王与我》《音乐之声》等。1949年创作的《南太平洋之恋》赢得了普利策戏剧奖及最佳音乐剧双重荣誉。

我知道，我把自己变成了一个十足的蠢货，但我想，我也把……变成了一个十足的蠢货。我娶你是因为，我准备为我的愚蠢和自私付出代价；我娶你是因为，我认为这对你的幸福和伊丽莎白的利益而言是最佳选择，但我娶你不是因为我爱你，这一点，你再清楚不过了。

在这种情况下，婚姻的不幸也就不足为奇了。1917年5月26日下午三点，毛姆和西里尔在新泽西的一个法官面前举行了婚礼，一切都是毛姆的朋友和同为剧作家的奈德·谢尔顿安排的。谢尔顿是见证人之一，另一个见证人是西里尔的朋友，一个英国边远地区的贵族太太亚历山德拉·科尔布鲁克。新娘说自己32岁，其实她37岁，新郎后来只记得当时站在一个法官面前，"他先宣判了我们前头那个醉鬼，然后宣布我们结为夫妻，接着又宣判了我们后头的那个醉鬼。"宣读结婚誓词的时间很短，但毛姆实在太厌恶他的新娘了，甚至都懒得看她一眼。婚礼结束后，他们在格拉梅西公园旁边的布雷武特酒店举行了一个小型的招待会，毛姆的几个戏剧界的熟人聚在一起庆祝了这场"命中注定的纠缠"——其中一个人这样形容他们的婚姻。招待会后，这对新婚夫妇住进曼哈顿市中心德文酒店的一间套房。关上房门，毛姆想起了他最喜欢的一本小说，塞缪尔·巴特勒的《众生之路》中的一段话："哪怕意大利人所谓的'死神之女'将她冰凉的手放在一个男人身上的时刻，也不比他和他娶回家却没有真正爱过的女人单独在一起的最初那半个小时更可怕。"

六月的大部分时间毛姆是在纽约度过的，他主要忙于戏剧方面的工作。之后，夫妇二人带着两岁大的丽莎和她的保姆一起去南汉普顿的海滨度假。就是在这里，在七月初的长岛，毛姆意外接到了一个朋友威廉·怀斯曼的电话，问他是否对某种战时工作感兴趣。威廉·怀斯曼上校是个英国准男爵，当时才30多岁，他被曼斯菲尔德·卡明招募到英国情报局的美国分部工作。两个国家之间怀有种种敌意，这个位置很微妙，但怀斯曼睿智狡猾，做出了不俗的成绩。到1917年4月6日美国参战时，他已经建立了一个强大的关系网，并与美国的情报人员，英国外交部和美国国务院建立起紧密联系。对于两个政府而言，让俄国继续参战是当前的首要任务。两个革命党中更温和的孟什维克党承诺继续作战，而列宁领导的布尔什维克党则不惜一切代价争取和平。布尔什维克最近出局了，亚历山大·克伦斯基领导的孟什维克党拥有大多数席位，因此协约国想支持克伦斯基和由他领导的联合临时政府。为了达到这个目的，怀斯曼组织了一次行动，旨在支持克伦斯基，在日益喧嚷的布尔什维克少数派的攻击下，他的地位看起来岌岌可危。大西洋两岸都批准了这个计划，最近他得到一笔可观的经费，英国政府将七万五千美元以他的名义存入摩根大通银行，美国人也会提供一笔数额相当的款项。现在他需要派遣一名密使前往彼得格勒，与首相和他的同事们会谈，谨慎地散布消息，做一些宣传工作，并定期汇报当地不稳定的局势。有间谍经验的萨默塞特·毛姆似乎是理想的人选。

怀斯曼的建议令毛姆震惊，受宠若惊的他很快表示对此很感兴趣。吸引他的不只是可以亲眼见到托尔斯泰、契诃夫和陀思妥耶夫斯基的国土，还有可以再次从事与战争有关工作的机会。同时不能完全忽视的是，这项任务可以允许他至少在一段时间内摆脱婚姻的责任。可惜，当时毛姆身体欠佳。虽然在热带时他的健康状况暂时有所改善，但回来后又恶化了，他总是感觉很疲惫，睡眠质量差，发烧，还经常咳血。最近的一份X光化验报告证实了他的怀疑，他患了早期肺结核。毛姆还很担心杰拉德，自从这个年轻人离开美国去南非参加军训，就再也没有听到他的消息。他要是去俄国的话，哈克斯顿联系到他的可能性微乎其微。然而这个机会太难得了，绝对不容错过。在考虑了四十八小时后，毛姆决定接受怀斯曼的建议。

接下来的几个星期，毛姆忙得马不停蹄。他坐火车从长岛到纽约，跟怀斯曼会谈，定行程，办签证，为旅行做一切必要的准备。毛姆听了一些人做的有关时局的简要报告，特别是斯蒂芬·怀斯拉比[①]的汇报，他是一个有影响力的改良派拉比，跟彼得格勒的犹太社区联系密切；伊曼纽尔·沃斯卡[②]，一个波西米亚裔的美国特务，他是捷克斯洛伐克国家委员会的情报部门主管，和他密切合作的是托马斯·马萨里克教授[③]，此人是捷克斯洛伐克共和国的创始人和未来的总统，目前正在俄国帮助筹建针对同盟国的斯拉夫抵抗组织。和从前一样，毛姆的代号仍是"萨默维尔"，官方身份是作家，这次他是给英国媒体写报道的记者。离开前，最后一个细节必须弄清楚。"不知道你们是否打算为我的工作支付薪水，"毛姆写信给怀斯曼，"我不会假装说我需要一份薪水，但在瑞士那会儿，我曾拒绝接受任何酬劳，但后来我发现，只有我一个人免费为组织工作，然而人们并不因此认为我爱国或慷慨，只认为我愚蠢。如果有薪水，我自然更满意，如果没有，我也不会不愿意去。我把这个决定交给你来做。"怀斯曼明白他的意思，答应给他薪水和经费。

毛姆向西里尔道别——她似乎毫无怨言——然后就去了旧金山，7月28日，他将从那里出发去彼得格勒。他在衬衫下面的皮带里藏了一笔巨款——两万一千美元的汇票，等时机合适时兑换出来。他的旅伴是三个友好的美国人，他们经由彼得格勒去美国大使馆工作，还有沃斯卡和三个捷克同事，他们充当毛姆和马萨里克之间的联络人。旅途中，大家心照不宣，毛姆要把这几个捷克人当成陌生人。"萨默维尔"要假扮成私人间谍，毫无疑问，万一有麻烦的迹象，他的雇主就会抵赖。这条船从加利福尼亚开到日本的横滨，这是毛姆第一次瞥见

① Stephen Samuel Wise，1874—1949，匈牙利裔美国宗教领袖，激进的犹太复国主义者，也是世界犹太人议会的创始人。

② 1875年出生于波西米亚，1960年死于捷克斯洛伐克布拉格的监狱中，一战和二战期间美国的情报军官。

③ 1850—1937，捷克斯洛伐克共和国的缔造者和首任总统。1882—1914年任布拉格大学哲学教授。

远东的模样，此后的年月里，毛姆一直对这个部分的世界着迷。他告诉杰拉德·凯利："就那么匆匆一瞥真是叫人干着急啊。"他从横滨换乘一条俄国轮船到了符拉迪沃斯托克，再从那里乘坐一列穿越西伯利亚的火车到达彼得格勒。一到俄国首都，他就和沃斯卡径直去涅夫斯基大道的欧罗巴酒店休息。火车上他一直不舒服、发烧，还要准备第二天跟英国大使见面。

1917年8月，抵达彼得格勒的毛姆发现眼前这座城市一片混乱。六个月前的二月革命迫使沙皇退位，此后这里经历了一段乱糟糟的无政府时期。宽阔的大街上，坦克和装甲车成为熟悉的街景，时不时耳边就会传来炮火声。德国人无情地向缺少衣物和弹药的俄军发起进攻，成群的俄国逃兵在街上闲逛，绝望而危险。效忠临时政府的哥萨克人和要求政府下台的布尔什维克之间频繁爆发冲突。犯罪活动猖獗，不安的人群不分昼夜地涌向城市的街道。基本物资严重匮乏，天不亮，裹着围巾和头巾的妇女就排成长队耐心地等待分发面包、牛奶、糖和烟草。这座有宏伟的大厦、运河和桥梁、镀金的圆顶和尖塔的帝国大都会已经显露出肮脏破败之相。尽管存在危机，这里依然保持着一定的正常面貌：电车、四轮马车和轿车仍在有商铺、餐馆和大酒店的时髦的涅夫斯基大道上来往穿梭；戏院和音乐厅照常营业，电影院里贴着卓别林、范朋克和玛丽·碧克馥的巨幅海报；咖啡馆虽然只供应一种三明治和一杯茶，但依然人满为患。

皇宫岸堤的艾尔米塔什博物馆附近，彼得保罗要塞对面是英国大使馆，这座18世纪的辉煌的建筑是凯瑟琳大帝下令修建的。毛姆到的第二天就按时出现在这里。根据怀斯曼的要求，伦敦只对毛姆现身彼得格勒做了极为模糊的解释。据外交部电："萨默塞特·毛姆先生在俄国执行一项秘密任务，他要将他对俄国局势的某些阶段的观点呈现在美国公众面前。"除了这份语焉不详的声明，英国大使馆还将尽量在他有需要的时候提供协助，尤其是在传送报道时，以密码形式送交英国驻纽约领事馆。第二天，毛姆被领进一间装饰豪华的接待室，墙上挂着维多利亚女王、爱德华七世、乔治五世和玛丽女王的巨幅画像，毛姆等了很久大使才现身。到这时，毛姆的心情已经紧张到极点，对方表现出的冷淡更加剧了他的口吃。乔治·布坎南爵士的样子令人生畏，他又高又瘦，一头银灰色的头发，戴着单片眼镜，蓄着小胡子，身穿黑色燕尾服和灰色长裤，简直是一个用硬纸板剪出来的大使。"他虽然冷淡、乏味，但真是一表人才。"毛姆不情愿地记录道，被如此冷漠地对待，毛姆心中难免刺痛。乔治爵士的态度尖酸地表明这位著名作家远非受欢迎之客。乔治爵士是一名娴熟而杰出的外交家，此刻他正承受着巨大的压力，试图在各种参战派别间取得平衡，并努力说服摇摆不定的克伦斯基继续作战。就在这时，这个没什么经验的业余间谍登场了，他不仅被准许和克伦斯基直接接触，他的加密电报也由大使馆发送，但大使馆无权阅读，内容甚至对大使本人保密，尤其是最后一条严重冒犯了乔治爵士。会面结束后，毛姆写道："我意识到，需要帮助时，不能对这个部门抱太大希望。"

对毛姆来说，最紧迫的任务是见到总理，为此他联系了他的老情人萨沙（亚历山德拉·克鲁泡特金）。萨沙如今是列别捷夫夫人，离开英国回到俄国后，她积极投身革命。在孟什维克圈子里，她是个熟悉的身影，她雕塑般的身材、长柄眼镜和英式服装惹人注目。她是临时政府热情的支持者。她和克伦斯基很熟，非常乐意为毛姆引见。然而现实令人失望，曾经活泼强悍的领导者克伦斯基，虽然才36岁，却是个病人。他猫在冬宫这个安乐窝里，丧失了原有的愿景和果断，耳根子变软，变得很容易受他人影响，且不停地改变主意。他知道自己已经失去了控制权，危在旦夕的前景令他恐惧。克伦斯基"看上去很不健康"，毛姆回忆道：

> 他战战兢兢的，坐下来不停地说话，手里抓着一个烟盒，不安地摆弄着，打开，又合上。他的语速很快，语气不

容置疑。他的紧张搞得我也很紧张。谈话过程中，一股可悲感油然而生。我对他最终的印象是，这是一个筋疲力尽的男人。他更担心做错，而不是急于做对什么。

毛姆第一次见这个孟什维克的领导人就认为他不值得获得协约国的支持，不久后亲眼目睹的一个事件又加深了他的这种印象。九月一个潮湿的夜晚，毛姆和萨沙·列别捷夫参加一个在亚历山德罗夫斯基剧院举行的大会。剧院里灯光明亮，包厢里坐满了外国外交官，舞台上的长桌后面坐着常务委员会的委员们。会议开始前，身穿一套朴素的棕色制服、胡子刮得干干净净、头发像刷子一样的克伦斯基迈步从侧翼走出来向听众发表讲话。突然，他停了下来，听众席里有人发出诘问。据在场的一个人说："说着说着，他冲下主席台，突然哭了起来……这个男人掌握着伟大的、沸腾的俄罗斯的统治权，简直不可思议。"英国记者亚瑟·兰塞姆也记录了俄国领导人崩溃的一幕："当他面对一群又一群反对者时，他的额头冒出了汗珠子。"毛姆也对他印象平平："我从来没见过有谁在公共讲台上脸色真的变得铁青。如果我坐得再近一些，没准能闻到他身上恐惧的味道。"

尽管克伦斯基有如此丢脸的表现，毛姆还是继续和他协商，他们每个星期在城里最好的梅捷德维德餐馆见上一面。"萨沙做女主人和翻译，"他回忆道，"我为客人们准备了大量的鱼子酱，由派我到彼得格勒来的两个政府埋单，他们大口吞咽，吃得津津有味。"吃完饭，他们继续在萨沙的公寓里聊天，克伦斯基在房间里来回踱步，就像在公共集会上那样对着毛姆滔滔不绝地演讲。临时政府面临的局势越来越令人绝望。国外，协约国敦促克伦斯基继续作战；国内，面对饥荒和冬日临近的群众则要求和平。对克伦斯基来说，这个英国人在对付协约国方面已然成为越来越关键的人物。曾经是圣路易斯一名谷物商人的美国大使极少出头，英王的代表则难以置信地冷酷无情。最近的一次会面时，乔治·布坎南爵士明确表示，如若不瓦解军队就别期盼得到进一步的帮助，实际上，俄军已经基本上四分五裂了。愤怒又沮丧的克伦斯基转过身背对这位大使，昂首阔步走出了房间。小拿破仑范儿，布坎南这样讽刺他。这个行为在效果上是戏剧化的，但结果却是令人尴尬的，导致这位俄国领导人无法直接与唐宁街联系，必须通过萨默塞特·毛姆才能私下传递消息。

与此同时，毛姆将报告归档，在酒店度过漫漫长夜，并把消息译成密码，这个笨差事容不得匆忙。他精心地编制了一些代号，克伦斯基的代号是"雷恩"，列宁的代号是"戴维斯"，托洛茨基的代号是"科尔"，乔治·布坎南爵士的代号是"德沃尔"，口令是"纽约金先生的朋友"。他的报告获得怀斯曼的高度评价，他知道可以信赖毛姆，毛姆——英国在此领域的重要间谍——发回来的评定意见既准确又具有政治上的机敏性。9月24日，怀斯曼给伦敦外交部的埃里克·德鲁蒙德爵士发去一封密电："我收到了毛姆发来的有趣的电报，他问能否与彼得格勒的英国情报部门合作，这么做既对双方有利，又可以避免造成混乱。我认为不该反对，他非常谨慎……"

和从前在瑞士时一样，毛姆领导着一队间谍，这些人由他亲自挑选。他派两人去瑞典和芬兰调查有关这两个国家和同盟国结盟的传闻；他费尽心思让一个间谍潜入布尔什维克的秘密会议，结果并不成功，倒是美国人达到了目的。他在彼得格勒与各色人物保持密切联系，这其中当然有沃斯卡，还有托马斯·马萨里克。"语音轻柔、心不在焉、不动声色"的托马斯·马萨里克领导的捷克组织，给人留下了高效的深刻印象。毛姆建议给马萨里克的斯拉夫人新闻局提供大量经济援助，承认它作为反德宣传机构和秘密行动先锋队的重要性。毛姆还和克伦斯基的国防部长鲍里斯·维克多罗维奇·萨文科夫[1]进行了

---

① Boris Savinkov，1879—1925，俄国革命者，社会革命党著名理论家、活动家，临时政府三巨头之一，同时也是作家。

具体的协商。萨文科夫被毛姆形容为他见过的最非凡的人物。他曾负责暗杀帝国官员，活儿干得干净漂亮。作为一名坚信重组军队和继续作战的人，他对协约国来说至关重要。

一开始毛姆是乐观的，相信上层的决心，街上的群众大体心情不错也给他留下了深刻的印象，但没过多久，他的幻想就开始破灭了。他相信这次行动无望：克伦斯基太弱，列宁和布尔什维克党迅速得势，临时政府内部普遍存在不可逆转的失败情绪。回望当年，毛姆写道："需要做时没完没了地说，摇摆不定，只能导致毁灭的冷漠，夸张的抗议，无诚意和三心二意无处不在，让我开始嫌恶俄国和俄国人。"

不过把政局抛到一边的话，这里仍有很多可学、可享受的东西。毛姆决定充分利用这段时间探索这座城市，让自己沉浸在俄国的语言和文学里。每天早上他会上一节俄语课，贪婪地阅读过去和当代伟大俄国小说家的作品，这些作家包括亚·伊·库普林[1]、柯罗连科[2]、索洛古勃[3]和米哈伊尔·阿尔志跋绥夫[4]。他还看芭蕾舞，看戏，听音乐会。出于好奇，他看了一部不知名的俄国喜剧，当剧情展开时，他觉得越来越熟悉，于是扫了一眼节目单，结果发现作者的名字是"Mum"，这部戏的名字叫《杰克·斯特劳》。

遇上好天气，他会沿着涅夫斯基大道散步，沿着两边都是戏院的拱廊散步，穿过萨多维亚街角的市场，走过圣伊萨克广场，经过喷泉运河旁的普希金故居，路过大厦和办公楼，沿着铺有鹅卵石的狭窄的小路漫步，路两边尽是破败的木屋。一天，他在涅夫斯基大道尽头古老的亚历山大·涅夫斯基修道院周围转悠时，心中突然涌出一股强烈

---

[1] Kuprin，1870—1938，俄国作家，代表作为长篇小说《决斗》。

[2] Vladimir Korolenko，1853—1921，俄国作家、社会活动家，代表作《我的同时代人的故事》和《盲音乐家》。

[3] Fyodor Sologub，1863—1927，俄罗斯白银时代文学最具艺术成就的现代派作家之一，代表作品《卑鄙的魔鬼》《火环》。

[4] Mihail Artzybashev，1878—1927，俄国作家和剧作家，自然主义风格的主要拥护者，代表作有《赛宁》《工人绥惠略夫》等。

的思乡之情。

> 白桦树上的白嘴鸦嘎嘎叫，我的记忆瞬间被带回了坎特
> 伯雷。同样灰色的云朵悬在头顶，我想家了。我站在大教堂
> 的台阶上，望着长长的一行修道院的建筑。然而我看到的却
> 是坎特伯雷大教堂带飞拱的长长的中殿，还有在我迷离的双
> 眼中比欧洲任何塔都要壮观可爱的中央塔。

来信很少，不定时地放在外交包裹里送达，这无疑又加重了他的思乡情。"我渴望读到英国的新闻，但知道的极少，所以请你抽出半个钟头给我寄些当下的小道新闻来看看。最近就能安定下来过上正常的日子，每天早上安静地读厚厚的《泰晤士报》，吃上有麦片粥和果酱的早餐似乎难以置信。"毛姆渴望得到杰拉德·哈克斯顿的消息，自从他动身来到俄国就再也没有杰拉德的消息。他只知道杰拉德坐船去了南非，但几个星期过去了，还是没有任何消息。毛姆开始往最坏的方面想，他的船被击沉了？他死了？实际上，杰拉德还在海上：1917年10月26日，杰拉德乘坐的那艘军舰，日本的"日立丸"号在印度洋的马尔代夫附近被臭名昭著的德国突袭舰队"狼"（Wolf）截获，所有乘客和大部分船员被带走，这艘日本军舰被沉入海底。接下来的几个月，"狼"带着两百名囚徒向北，绕过好望角，穿过南大西洋，途中又袭击了四艘船，终于在1918年的最后一个星期返回了它的基地基尔港。杰拉德从这里又被拉到德国北部的居斯特罗集中营，并在那儿一直待到第二年的十一月，敌对状态结束之时。

与此同时，身在彼得格勒的毛姆努力为自己的闲暇时光寻找愉快的社交活动。欧罗巴酒店里充斥着协约国的间谍，他们会举办很多社交聚会，特别是英国妇女参政权论者艾米琳·潘克斯特来了以后，每天下午她都会开门迎客，用她的普里默斯炉①煮茶给大家喝，她的房门

————————
① 一种便携式汽化煤油炉。

向所有愿意来访的人敞开。基本物资越发紧缺，苹果2.5美元一个，面包主要由橡子和稻草做成。所有人都饥肠辘辘，着魔一般地谈论着食物——烤牛肉、烤羊肉、加糖和奶油的真正的咖啡。尽管如此，正如沃斯卡所言："我们在欧罗巴酒店，有时候会玩儿得很开心，忘记了革命……我们也学着俄国人的样子说'Nichevo!'"（无所谓！）像当地人一样平静地做事。"

希望拓宽交际圈的毛姆给诺伯洛克写信："我知道你朋友遍天下，如果你碰巧在这儿也有朋友，希望你允许我给他们写信。"这座城市充满了外国访问者、外交官、观察员、记者和商人，有很多是美国人。其中有一个美国银行家，正在俄国办理给克伦斯基政府的贷款，他人很絮叨，自鸣得意，天真的同时又很招人喜欢。毛姆喜欢跟他在一起，后来得知这位银行家死于街头枪击，他很难过。毛姆在《阿申登故事集》（《哈林顿先生的衣服》）中回忆了这一事件。此外，还有一对迷人的美国新婚夫妇来此见证革命，约翰·里德[1]和露易丝·布莱恩特，两人都是作家，也是坚定的马克思主义者。（1981年由戴安·基顿和沃伦·比蒂主演的电影《烽火赤焰万里情》就是以里德和布莱恩特的生活为蓝本拍摄而成的。）里德想写一本关于十月革命的经典作品《震撼世界的十天》，他曾在墨西哥和义军领袖潘乔·维拉[2]待过一段时间，他的写作计划吸引了毛姆。毛姆有兴趣了解更多，于是邀请这对夫妇共进午餐。席间，他不光向里德询问了墨西哥的情况，还想知道为什么富裕的中产阶层出身的他会转而相信激进主义。毛姆环顾左右，神神秘秘地凑到露易丝耳边诙谐地说："你不会告诉别人你跟一个英国间谍共进过午餐吧？"露易丝觉得这个说法太荒谬

---

[1] John Reed, 1887—1920，美国左翼新闻记者，美国共产党创始人之一，名著《震撼世界的十天》的作者。

[2] Pancho Villa, 1878—1923，墨西哥1910—1917年革命时之北方农民义军领袖，1923年，遭遇暗杀而身亡。

了，哈哈大笑起来。"即便他说他是英国驻教皇国的大使，我都不会觉得更滑稽。"她后来评论道。

这里还有一个毛姆的老熟人，就是小说家休·沃尔波尔，被归类为不适合参军的沃尔波尔起初到俄国来是为红十字会效力的，现在他是一个美其名曰"安格鲁俄罗斯宣传局"的小型情报搜集部门的头头。虽然英国大使馆很依赖这个部门，但其实它的用处不大，工作效率也不高。亚瑟·兰塞姆说："它给人一种殷勤好客的印象，但到头来是个笑话。"毛姆和沃尔波尔最早是1911年在伦敦认识的，现在他们都很愿意继续这段友情。沃尔波尔写起二流作品来轻车熟路，多产得令人咂舌，同时野心勃勃，不顾一切地希望被大人物接纳，一心想成名立万，成为举世瞩目的文豪。他不知廉耻地推销自己，拍著名作家的马屁，给他们寄去如潮水般的仰慕信，每次都要求被接见，这样他就可以当面奉承了。即使收到差评，他也会热情洋溢地感谢评论家费心作出有益的评论。别看他盲目自大，虚荣得不得了，其实脸皮很薄，很敏感，多愁善感到令人尴尬，很多人觉得他对爱的渴望不可理解，但沃尔波尔不是个坏人：他友善、热情，只要与自己的作品无关，他还是一个富有洞察力的评论家。自然，能遇到毛姆这个名人，他很激动，他在10月27日的日记中快乐地记录了这次见面的情形："与威利·毛姆愉快用餐，他非常有趣。"几天后听完音乐会，他又写道："今晚与威利·毛姆共度，他还是那个令人愉快的他——有趣、聪明，而且特别友善。"

毛姆也很喜欢这样的会面，能和一个博览群书、基本上属于同一个圈子、有很多共同朋友的人聊天感觉不错。沃尔波尔无法自控的同性恋倾向也是原因之一。脸蛋粉扑扑、戴着眼镜的休精力充沛，性生活丰富多彩。"我很好色，但如果性生活得到满足的话，我也会变得很尽责、很纯洁。"他心满意足地评价自己。他不停地坠入爱河，在同性恋圈子里很有名，据说他是唯一一个把亨利·詹姆斯弄上床的

人。"不，不可能，不可能。"那位穿长睡衣的大人物再次跳出来喊
道。毛姆很喜欢这个故事，经常靠讲这个段子蹭吃蹭喝。同伴如此专
注地听他喋喋不休，沃尔波尔深感荣幸，他吹嘘自己的成功，吐露忙
碌的感情生活的起落沉浮，粉红色的脸蛋容光焕发，却没有意识到他
如此近距离地供人观察。他知道自己给他人留下了深刻的印象，但从
来没想到过这种印象可能是荒唐可笑的。他圆鼓鼓的腮帮子、凸出来
的眼球和激动时发出鼻音的小嘴让他的同伴忍不住想到天竺鼠。后
来，毛姆将沃尔波尔写进了他的小说，不过目前他们的关系很和谐，
休因为有这样一个友善的新朋友而感到幸福喜悦。

　　沃尔波尔十分钦佩毛姆对风云多变的政坛的观察。"他看俄国
就像我们看戏，找出主题，然后专注地观察艺术家如何将其展开。"
他写道。但现在这部戏要闭幕了。到了十月中旬，所有人都清楚布尔
什维克即将掌权，怀斯曼意识到"作为反动帝国主义的特务"的毛姆
是个名人，决定将他召回。得知毛姆即将离开，克伦斯基把他叫到
冬宫，让他给劳埃德·乔治首相[①]带个口信。这个口信的中心内容是
请求英国给予德国和平，但这种和平没有附加条件和补偿条款，换
句话说，开出了德国不可能接受的条件，毛姆只能将这个口信记在
脑子里，不能写下来。在这种情况下，克伦斯基相信他还有机会让
他的叛军不出局。"我必须让俄国的士兵们知道他们为何而战，"他
说，"我们没有长靴子、暖和的衣服和食物，我不知道如何才能继续
下去。当然，我不会对人民这么讲。我总是说，无论如何都要继续下
去，除非我找到一种说法，告诉我的军队这是不可能的。"他还加
了两个条件，像往常一样，要求得到更多的枪炮弹药，并要求替换掉
乔治·布坎南爵士，"他似乎无法融入新的环境。"（1962年，当时
住在纽约的81岁的克伦斯基在接受采访时表示，他不记得和毛姆商谈
过，只记得在一个短暂的官方招待会上见过他一面。他记不起来并不

────────
[①] Lloyd George，1863—1945，英国自由党领袖，1916年12月7日出任首相。

稀奇，毕竟他年纪大了，况且1917年，他的压力很大，很多事需要他去关注，当然还有失败造成的有失颜面的环境。然而保存于耶鲁大学图书馆的怀斯曼的文件证实了毛姆的说法。）会面刚一结束，毛姆就给伦敦发了封密信，不久他就收到了回复，为了确保行动的保密性，他们将派一艘驱逐舰到挪威的克里斯蒂娜（今天的奥斯陆）接毛姆回家。

当天晚上，毛姆在芬兰火车站乘一列火车离开彼得格勒，踏上第一段旅程。到这时候，他已经迫不及待地想要离开了。不仅因为他从克伦斯基那里一无所获——他离开两天后，列宁领导的布尔什维克革命爆发，"那十天震动了全世界"，克伦斯基的临时政府被推翻——而且他的身体状况很糟糕，肺部严重感染、发烧、浑身乏力，食物短缺造成的营养不良的症状越发严重。毛姆要在克里斯蒂娜等上一天，于是他买了一磅巧克力吃。穿越苏格兰北部后，毛姆于11月17日抵达伦敦，他立刻致电唐宁街，约好第二天会见。劳埃德·乔治待他极为礼貌，表示很高兴见到这位优秀的作家，也非常欣赏他的剧作。他就这个方面说了几句，接着将话题转向战争和时局，毛姆感觉这位精明的首相已经清楚自己要说什么，但却并不想让他说出口。毛姆从口袋里掏出一张纸条，他没有遵照克伦斯基的指示，而是把那条口信写下来了。他把这张纸条塞到劳埃德·乔治手里，首相匆匆瞥了一眼。"我不能这么做。"说完，他把纸条还给毛姆。"我该怎么对克伦斯基说？"毛姆问。"就告诉他我不能这么做。"他重复了一遍刚才的话，然后站起身说他要参加一个会议，就离开了那个房间。

回到酒店，毛姆考虑下一步该做什么。他最关心的是自己的健康状况，他被确认患上了肺结核，医生建议他立刻去疗养院。可毛姆没时间，11月20日，他参加了一个在《泰晤士报》的主编办公室举行的，由英国高等法院首席大法官鲁弗斯·艾萨克斯主持的报告会。与会者中有英国军事情报部门的主管麦克多诺爵士将军，威尔逊总统的权力掮客秘书戈登·奥金克洛斯，E.M.豪斯上校，令毛姆吃惊的是，还有刚从美国回来的威廉·怀斯曼。担心控制不了自己的口吃，毛姆将他的报告交给怀斯曼朗读。听了他的报告，几乎没有人发表评论，正如外交代表埃里克·德鲁蒙德爵士在他的报告中所指出的那样："恐怕现在只剩下历史价值了。"写到俄国这次任务时，毛姆心情沮丧，所有的努力都白费了。"可悲，我失败了。"不过，追忆往事时，他补充道，"在我看来，如果提前六个月派我过去，至少还有成功的可能。"不过他的上级对他的表现还是很满意的，愿意给他派发新任务。怀斯曼建议他担任波兰集团在伦敦和巴黎的联络人，不过布加勒斯特有份急活，这次不是向孟什维克，而是向哥萨克人提供支持，鼓励罗马尼亚继续战斗。和从前一样，这份工作落到毛姆头上让他深感荣幸，他经不住诱惑想接下来，但同时他也清楚自己的身体状况已经不允许再次旅行。

> 既然我可能崩溃，（我想）理智的做法是告诉他们我得了肺结核，医生劝我去疗养，但如果他们找不到值得信赖的人选，我也很愿意承担下来。鲁弗斯·艾萨克斯看着我。面露微笑。"既然如此，我想我们不该让你去，"他说，"去疗养院吧，祝你尽快康复。"

毛姆遵照专家的建议去了苏格兰北部的一家疗养院。过了快两年他的身体才完全康复，还好治得及时。尽管如此，他还是有点后悔当初拒绝罗马尼亚那份工作。"我知道，我犯了个大错。我应该去冒这个险，即使我的作用不大，至少冒险本身是值得的。"

第八章

面纱之下

1917年11月底离开伦敦去苏格兰时，毛姆的病情已经很重了。阿伯丁郡班科立近郊的迪河上的诺尔德拉是一家专门治疗肺结核病的大型私人疗养院。这家疗养院于1900年开业，是一幢巴伐利亚风格的木质建筑，仿照位于黑森林中的开辟户外疗法的诺尔德拉的德国风格建成。尽管在大北边，迪河畔冬天的气候却比较温和，窗子一直开着，病人们二十四小时曝露在苏格兰凉爽的空气中，可以俯看平坦的绿色草坪和厚密如华盖的针叶树林。除了新鲜空气，治疗的基本原则还有躺在床上休息，逐步增加锻炼，食用大量营养品，尤其是新鲜的肉和蔬菜，还有大量牛奶，这里的生活毫无压力。迪河上的诺尔德拉的创立人大卫·罗森医生坚持要把疗养院变成一个宁静的避风港。病人饭后要小睡，每个病人身边配一名专职护士，不允许从事不必要的活动，病情严重的甚至禁止把手放在脑后，以免抻到肺部。无论如何，病人入院的最初几个星期拒绝访客。享受这样的服务当然价格不菲，每年大约三千英镑，但治愈率并不理想——很多病人在这里死去，还有一些人常年留在此地，病情却不见明显好转。但直到20世纪40年代发明抗生素前，这仍然是最佳疗法，将患者与外部世界隔开至少能在

213

防止感染扩散上有所帮助。

毛姆在班科立住了一年多。最初的几个星期，他几乎没下过床，病症令他精疲力竭，肺结核夺去了他母亲的生命，如今又牢牢地抓住了他。不过，渐渐地他的病情开始好转，不久他就开始享受这种作为病人的宁静生活了。他喜欢躺在床上，没有压力，也没有责任。他写道：

> "我很喜欢病房的私密感，巨大的窗子敞开着，只需望着冬夜满天的星斗。""这给我一种怡人的安全感、远离感和自由感……日子很单调，唯一令我兴奋的是读书和沉思。时间过得飞快，快得难以想象。"

他渐渐恢复了体力，开始更积极地参加疗养院的日常活动。他十一点钟起床，四点休息，这期间，他和其他病人混在一起，有时候和他们一起吃饭、打牌，天气好的时候，他会裹着毯子坐在阳台上。这些男女不知道他们中间的这位作家对他们抱有多么浓厚的兴趣。毛姆开心地给埃迪·诺伯洛克写信道：

> 肺结核病人爱上彼此的方式里，有某种东西会吸引你对死亡的热爱，有场景、有丑闻，还有戏剧中的所有道具。你想象不出，如果她不应允你的恳求，你用出血（我总也拼不对这个该死的单词）来威胁心爱之人是多么有效……一个人来了，四天后就死了，来苏格兰一趟就待这么短的时间好像不值得。

最初的几个月，毛姆觉得不可能工作，但他渴望了解伦敦的消息，迫不及待地想知道仗打得怎么样了，剧院什么情况，以及他的同事和朋友们过得如何。"收到邮件永远是一天中最兴奋的时刻，"他写信给阿尔弗雷德·苏特罗，"收到信的人立即就能成为周围人嫉妒的对象。"一件趣事发生在毛姆新戏首演的那晚，那是1918年1月26日，在环球剧院。写于前一年的《小屋之爱》是个不合逻辑的小品，讲的是一个熟悉的主题（此前毛姆在《丘比特和斯维尔牧师》和《主教的围裙》中也探讨过这个主题），一个富有的寡妇戏弄向她求婚的唯利是图的人，她先允许他们求婚，然后告诉他们倘若她再婚将失去财产。"没什么意义，只是纯粹的娱乐。"作者承认。他把这部戏委托给开始做管理工作的玛丽·洛尔，这是她第一次既当制作人又做演员。几年后，德斯蒙德·麦卡锡在《新政治家》杂志中撰文形容这部戏："这部戏如此微不足道，我都快记不清它的名字了。"多亏洛尔小姐的精彩演绎，这部戏才连演了惊人的127场。

匮乏的体力无法支撑毛姆继续积极地写作，于是他只能不停地展开想象。他开始反复思考过去两年的经历，筹划新的作品。近在手边的材料是从他的病友们那儿收集来的，很多私人的戏剧性事件在短篇小说《疗养院》中得以转述。但实际上，他自己近期的经历要丰富得多——他在瑞士和俄国从事情报工作时遇到了很多人和事，有的平凡，有的则不。由于他的工作性质需要保密，况且战争仍在继续，在未来的一段时间内，这篇小说不可能出版。不过他一直惦记着这件事，现在他开始以虚构的另一个自我——阿申登的功绩为基础，撰写一系列个人的、真实的、现实主义风格的间谍小说。十年后《英国特工阿申登》面世，毛姆称："（这）是对我在战时情报经历的真实记述。"这一系列小说的出版人解释说，《英国特工阿申登》的出版"被威利在外交部的神秘老板们阻延了"。据报告，这一系列本来有三十一篇小说，但当毛姆把手稿拿给温斯顿·丘吉尔看时，丘吉尔坚持要求他删掉其中的十四篇，因为他认为这些小说违反了《官方保密法案》。

阿申登故事集真实再现了毛姆在1916和1917年间的秘密行动，除了一个分三篇讲述的极有趣的续发事件——《无毛墨西哥佬》《深肤女子》和《希腊密使》，这三个故事基于曾在西班牙做过类似工作的杰拉德·凯利的讲述。阿申登是个迷人的人物，几乎在各个方面都准

确地反映出创作者是一个孤独的男人，非常害羞、孤僻、超然，同时
有着不可救药的好奇心。和同时代其他小说中的间谍不同，阿申登是
一个容易犯错的人，他喜欢物质享受，有时候易怒，时不时要担惊受
怕，虽然是个经验丰富的旅行者，却从骨子里害怕坐火车——除非猫
在角落里，行李放在头顶的架子上，有半个小时的空余时间，否则他
不会开心。有时太早到火车站，他会放弃本来要坐的那趟火车，选择
更早的一趟，但这样他又要为差一点误火车会带来的一切痛苦伤脑
筋。当R上校（也就是沃林格上校）派他去卢赛恩调查一个受到怀疑
的叛徒时，阿申登和毛姆一样喜欢扮演角色。旅行时，他怀揣一本新护
照，上面写的是假名字，这给他一种拥有新身份的愉悦感。他经常会对
自己产生一丝厌倦，只做R轻松创造的一个人物，能让他稍微转移一下
注意力。在瑞士时，他的大部分时间是在日内瓦度过的。阿申登尽职尽
责地执行上级指令，面试间谍，每个星期过一次河去法国，从市场里
卖黄油的女人手里接过纸条，时刻小心避免引起瑞士官方的注意。

正如他经常说的那样，他的大部分工作是例行公事，甚至有点
无聊，不过还是会有非常戏剧化的时刻出现。当这个业余间谍的另一
面显露出来时，人们会发现，他不仅勇敢，而且很无情。比如在《居
利亚·拉扎勒》中，阿申登的任务是抓住一个叫钱德拉·拉尔的印度
人，他是由柏林操控的一个危险的煽动者团体的头目。R上校发现他
正在中立国瑞士，阿申登的任务是引诱他到法国来，将他逮捕后带回
英国严肃处理。这次行动的工具是与小说同名的居利亚，一个半老徐
娘，音乐厅里的三流舞者。她是那个印度人的情人，阿申登要采用一
点敲诈的手段强迫她给拉尔写信，恳求在洛桑的拉尔来法国看她。居
利亚忧心如焚，她很清楚万一这个诡计奏效，等待拉尔的将会是什
么。那几天，她一直在恳求阿申登不要强迫她背叛自己的情人，然而
他无动于衷，显然，他没有被她的绝望打动。居利亚犹豫了。她把手
放在心口上，接着一言不发地伸向纸和笔，但阿申登对她写的信不满

意，要求她重写。写完，她扑倒在床上，再次哇哇大哭起来。她的悲痛是真实的，但她的表现中有某种戏剧化的东西让阿申登无法感动。他感觉他和她的关系就像医生面对一种无法减轻的痛苦一样，不受个人感情的影响。

这本书中有六个故事发生在毛姆在彼得格勒期间，但他基本上忽略了与克伦斯基的政治协商，而是专注于更私人的关系。最棘手的是英国大使乔治·布坎南爵士，他在书中以赫伯特·威瑟斯彭爵士的身份出现，毛姆对他的伪装薄到几乎透明。阿申登第一次拜见大使时，他被"毫无例外地礼貌接待了，但那种冷漠能让北极熊脊背发凉"。最优秀的俄国故事是《哈林顿先生的衣服》，这是一篇小型悲喜剧杰作，讲的是一个真实的故事，毛姆在从符拉迪沃斯托克出发穿越西伯利亚的火车上认识了一个美国银行家，并跟他交上了朋友。火车咔嗒咔嗒穿越俄罗斯时，絮叨、心善又荒唐的哈林顿先生简直让阿申登抓狂。"哈林顿先生很讨厌。他惹恼了阿申登，激怒了他，搞得他烦躁不安、大发雷霆。"在火车车厢里，即使阿申登想打开书本阻止对话继续下去，依然无法躲开他的滔滔不绝。

> 阿申登看书时，突然发现哈林顿先生那双浅色的大眼睛正盯着他，他的心突突跳了起来。他不敢抬头看，甚至不敢翻书页，因为他知道，哈林顿先生会把这个动作看成开启一段谈话的充分理由。他不顾一切地把目光集中在一个字上，就像一只小鸡用嘴画直线，当他意识到哈林顿先生放弃了这种企图时，他才敢呼吸，继续读书。

即便如此，哈林顿先生身上还是有很讨人喜欢的地方。他心眼好、体贴、恭敬，他是那么的有礼貌，即使阿申登有心杀了他也下不去手。大概短短的时间内，他内心已经对哈林顿先生产生了某种非常类似感情的东西。两个人在彼得格勒继续见面，阿申登帮这个美国人找了个翻译阿纳斯塔西娅·亚历山德罗夫娜,也就是他的老朋友萨沙·列别捷夫。也许他正是通过毛姆认识了捷克激进主义分子伊曼纽尔·沃斯卡,而就是沃斯卡亲眼目睹了"哈林顿先生的惨死"。他的描述生动地表明毛姆的小说与事实多么贴近。据沃斯卡说,那个街区发生了暴乱,酒店劝客人们撤离。美国人愚蠢地想取回还没有送到房间的洗好的衣服,于是他在萨沙的陪伴下去找他的衣服。沃斯卡在他的回忆录中写道:"半个小时后,我听到街上有枪声,没太在意。枪声停了,接着那个翻译惊慌失措地走进大堂。从洗衣房回来的路上,他们遭遇了巷战。由于急忙找地方藏身,他们走散了……我跑过去看战斗过的场景,见他死在排水沟里,身下压着那捆洗好的衣服。"

当时毛姆是否也在场并看到了排水沟里的尸体,还只是听沃斯卡说的,不得而知。故事中,枪战结束后,阿申登和阿纳斯塔西亚去空荡荡的大街上找哈林顿先生。"他趴在一滩血水中,骨头突出的秃头非常白,整洁的黑外套脏了,沾满了泥浆,但他的手紧紧地攥着那个包裹,里面装着四件衬衣、两条连衫裤、一条睡裤和四个领子。"

毛姆去世几年后,他的朋友艺术史家肯尼斯·克拉克回忆说:"(毛姆)经常说起他非常喜欢的情报工作。我想,他喜欢它照进人性的那束光。"这段评论的精华在《英国特工阿申登》中被证实并加以强调。毛姆对行动和冒险的兴趣并没有那么大,他更感兴趣的是非常环境对人的影响。他从来没有美化过他的任务,没有丧失过冷静和客观,而是平心静气地观察周遭的环境。比如他在描述R上校,也就是沃林格时,表示欣赏他的诡计多端、他的智谋、勇气和果敢,同时他也注意到这个人不懂世故到令人惊讶的地步,他在时髦餐馆里笨拙的表现出乎人们的意料。"他确实是个重要人物,有权力成就或毁掉手底下的一大批人,但他就是不知道怎么给服务生小费,每次面对这样的情形,他都会流露尴尬的神色。对于出丑的惧怕折磨着他,他既担心给的太多,又担心给少了会招来服务生冰冷的轻蔑。"同样,虽然毛姆是一个献身祖国事业的坚定的爱国主义者，但他也意识到这会牵涉到道德的双重标准。在《抛币定夺》中，他描述了阿申登的一次任务，倘若成功的话，会有很多无辜的人死去。执行任务的人遵照上级命令选择不去知道这件事是怎么做的。他心怀嫌恶地反思他们的虚伪：

> 他们渴望达到目标，但在手段上有所迟疑……虽然很乐意从他们从来没有听说过的籍籍无名的间谍的行动中获利，但面对肮脏的工作，他们会选择闭上眼睛，这样就可以把干净的手放在心口上，祝贺自己从来没有做过与体面的身份不相符的事情。

在很大程度上，正是这种洞悉一切解释了《英国特工阿申登》为何能对间谍小说写作产生如此非凡的影响。间谍小说作为一种类型出现于20世纪初，厄斯金·柴德斯的《沙岸之谜》至今仍是此类经典的至高典范之一。最受欢迎的间谍小说家有《三十九级台阶》的作者约翰·布坎，超级畅销小说家还有威廉·鲁鸠和E.菲利普斯·奥本海姆，这两人都很擅长撰写厚颜无耻地逃避现实和情节夸张的故事。他们的主人公都是超人英雄，一成不变地执行极为重要的任务，挫败政治暗杀或打击伦敦的国际间谍网。在不顾一切地与国王和国家魔鬼般的敌人对抗时，总能以智取胜，避开横死的结局。这些气氛颇为紧张的冒险故事对描绘现实毫无兴趣，与阿申登故事集存在着天壤之别。可能有一个例外，那就是约瑟夫·康拉德的《间谍》，但这篇小说与其说是间谍小说，不如说是政治小说更为准确。毛姆是描述真实间谍工作的第一人。他和同为小说家的康普顿·麦肯齐都做过间谍。不过，在希腊从事过情报工作的麦肯齐将这段经历形容为纯粹的闹剧。（麦肯齐的《希腊回忆》于1932年出版后被召回，他还因违反《官方保密法案》被起诉。）毛姆则将间谍世界形容为不仅道德上可疑，而且通常单调乏味。

尽管这种写法令读者吃惊，但毛姆还是为全新一代的英国间谍小说定下了基调。评论家兼犯罪小说家朱利安·西蒙斯写道："现代间谍小说始于萨默塞特·毛姆的《英国特工阿申登》。"后来许多此类型的追随者都同意这个观点，比如埃里克·安布勒、连·戴顿、约翰·勒卡雷，还有将《英国特工阿申登》形容为"那本诙谐现实的小说"的格雷厄姆·格林①。安布勒说："阿申登的气质对我产生了很大的影响。"勒卡雷写道："阿申登故事当然影响了我的作品，我想，毛姆是以清醒得近乎平凡的现实态度书写间谍活动的第一人。"毛姆坚定的现实主义也吸引了大西洋彼岸的赞赏者。1950年，菲利普·马洛这个人物的创造者，犯罪小说作家雷蒙·钱德勒给毛姆写信道：

> 《英国特工阿申登》是独一无二的。没有比这更伟大的间谍小说了，根本没有。我一直在找，我知道，带有间谍元素的不错的冒险小说有那么几本，但总是很过火，太炫技，男高音唱得太吵。它们和《英国特工阿申登》比起来，就像歌剧《卡门》之于梅里美的致命的小故事。

《英国特工阿申登》最终于1928年出版，英国的出版公司是海涅曼，美国是道布尔迪和多兰。毛姆把这本书献给了他的间谍朋友杰拉德·凯利。这本书慢慢才收获最终的称赞。部分原因是，公众对战争的兴趣慢慢才恢复过来。（埃里希·玛利亚·雷马克的《西线无战事》、罗伯特·格雷夫斯的《向一切告别》和R.C.谢里夫的戏剧《旅行的终点》第二年才面世。）还有一个原因则是，当时的间谍小说迷对这种低调处理的小说没有心理准备。大部分评论家赞同《纽约时报》的评论："这是萨默塞特·毛姆'挂二档'写出的样品。"尽管有那么一两个人直率地表达了不喜欢。最不仁慈的评论出现在

---

① Graham Greene，1904—1991，英国小说家、剧作家、评论家。第二次世界大战期间他作为军情六处的官员被派往非洲。战后创作了大量间谍小说。

《Vogue》杂志上，作者是D. H. 劳伦斯。劳伦斯写道："倘若仔细观察的话，毛姆笔下的人物都是骗子，是毛姆用来表现他幽默的傀儡。"虽然书刚出版时反响不够热烈，但《英国特工阿申登》越来越受欢迎，出了很多版本，译成许多语言，被改编成一部戏（至今没有制作出来）和一部电影《秘密间谍》，电影导演是希区柯克，主演是约翰·吉尔古德、彼得·洛和玛德琳·卡罗尔。最有趣的是，它被用作情报工作手册。有那么几年，这本书是新加入军情五处①和军情六处②之人的必读书。同时，这本书还启发了苏联军事情报部门对英国间谍小说的研究。正如作者所言："一系列只为娱乐而写的小说却带来了奇异的结果。"然而它获得的最高褒奖，或许是二战期间德国宣传部长戈培尔博士提到过这本书，并认为它是英国犬儒主义和残酷无情的典型例子。

与此同时，苏格兰漫长的冬天让位给春天，毛姆感觉身体正在渐渐好转。令他欣喜的是，医生准许他去南方过夏天，条件是秋天回来后做进一步治疗。被毛姆称作夫人的西里尔来班科立看他，带来了一大堆消息，比如她在乡下租了一栋房子，租期三个月。查尔斯·希尔园美观、宽敞，带一个大花园，还有一间舒适的书房，毛姆可以安心工作。这幢房子在萨里的欣德黑德附近，去伦敦很方便，这个迷人的所在周围有树林、荒野和平缓的山丘。选择这里还有一个原因：西里尔和韦尔康的儿子，15岁的蒙特尼在欣德黑德上学。前夫强行将母子分开给西里尔带来了巨大的痛苦，她希望这样离得近能有机会见到儿子。她请求增加与儿子见面的次数，但一再遭到韦尔康的拒绝，尽管韦尔康常年在国外，蒙特尼放假时不得不和他的一个老师待在一起。和从前一样，西里尔只能匆匆看儿子一眼，而且必须有第三方在场，通常见面的地点是朗廷酒店的酒吧间。韦尔康的律师强调，无论如何不能让蒙特尼接触毛姆，这个限制让西里尔的处境变得越发艰难。至

---

① Military Intelligence Security Service，MI5，英国负责国内反间谍、反恐怖的情报部门。
② MI6，英国政府情报和间谍机构。

少现在她还有个小女儿，她喜爱的3岁的丽莎。毛姆也喜欢他的女儿，尽管他有点失望，生的不是男孩。在乡下的这个夏天，三个人相处得比较友好，西里尔很高兴丈夫回到她身边，毛姆也很开心自己被从疗养院放出来。私下里，他对他的婚姻状况没有任何期待。"我不知道将来会怎样，"他写道，"只能抱着最好的希望，顺其自然吧。"

尽管毛姆的身体还很弱，动不动就觉得累，他还是很高兴发现了一两个兴味相投的邻居，尤其是作家罗伯特·希琴斯，他们以前在伦敦见过。希琴斯是个小说家、剧作家和音乐评论家，他是马克斯·比尔伯姆的朋友，也认识亨利·詹姆斯和奥斯卡·王尔德。他的小说《绿色康乃馨》讽刺了王尔德和19世纪90年代的唯美主义者，这本小说因丑闻获得了巨大的成功。他还用一本畅销的浪漫史《阿拉的花园》赚了大钱。最近，他和瑞士小说家约翰·克尼特尔共同建造了一座房子。克尼特尔有老婆孩子，但这对希琴斯来说不是障碍，和很多那个时期坚定的单身汉一样——比如E.M.福斯特、休·沃尔波尔——希琴斯很高兴自己的感情和家庭生活围绕着一个已婚男人，他的妻儿也是大家庭的一部分。毛姆很高兴见到希琴斯。他、希琴斯和约翰·克尼特尔几乎每天一起骑马，经常去弗瑞汉姆庞德酒店喝茶。他们打网球和槌球，西里尔也来凑个数。到了晚上，两对夫妻共进晚餐，约翰·克尼特尔调制一种极烈的鸡尾酒，几杯酒落肚后，气氛就活跃起来了。一天晚上，作曲家毛德·瓦莱丽·怀特[1]来希琴斯家做客，毛姆知道她去过北非，就告诉她，他正在构思一部以开罗为背景的戏剧作品，让她写几段合适的音乐。"他和毛德在钢琴前待了很久，"希琴斯回忆说，"毛德给他弹奏了以埃及之行灵感的音乐。"

隔三差五地就有朋友从伦敦过来，比如休·沃尔波尔就在查尔斯·希尔家住了两晚。在彼得格勒与毛姆熟识起来的沃尔波尔，见毛

---

[1] Maude Valérie White，1855—1937，出生于法国的英国作曲家，维多利亚时期最成功的歌曲创作人之一。

姆娶了这么一个女人很是惊讶。"她人很不错,"休在日记中写道,
"但我搞不懂毛姆到底看上她什么了。我认为她对他的冷嘲热讽太敏
感了。"不过,他更感兴趣的是看到他的朋友正在努力写一本小说。

《月亮和六便士》写于1918年的五月到八月间,以保罗·高更的
生活为蓝本。高更和书中那位艺术家查理斯·思特里克兰德有明显的
相似之处。和高更一样,思特里克兰德也是一个受人尊敬的证券经
纪人,有老婆孩子,但他为了追求艺术自由抛家舍业,过着穷困潦倒
的生活。高更深受梅毒和毒瘾之苦,最后死于心脏病发作,思特里克
兰德则死于麻风病。毛姆在讲述这个故事时采用了第一人称的写法,
自从二十年前《一个圣徒发迹的奥秘》之后,他就没有再用过这种叙
述方法,但毛姆无疑越来越依赖这种方法了,尤其是在写短篇小说的
时候。这个没有名字的"我"只是一个小角色,主要功能是评论和观
察。书中那个年轻的小说家非常贴近毛姆本人,同样年轻、自负、冷
幽默、带着一丝令人愉快的恶意。思特里克兰德太太资助他,这个钱
财有限的普通女人有成为一名文学女主人的野心。她在阿施里花园朴
素的沙龙里遇到了身为证券经纪人的丈夫,一个乏味无趣、相当平凡
的家伙,他平时读《笨拙》和《体育时间》杂志,壁炉架上挂着一幅
莉莉·兰特里[1]的画像。但令所有人震惊的是,他突然抛弃家庭去巴黎
当了一名穷艺术家,思特里克兰德太太向故事的讲述者求助。

讲述者来到巴黎后发现思特里克兰德和他在伦敦认识的那个男人
截然不同,他无情、暴躁、坚定不移地走在自己的路上,对抛在身后
的生活丝毫不感兴趣。

> "你想到过没有,你的妻子痛苦极了?"
> "事情会过去的。"

---

[1] Lillie Langtry,1853—1929,英国女演员。她是泽西教长的女儿,因生在海峡群岛的泽西
岛,教名又叫莉莉(Lily,百合),故以"泽西百合"闻名于世。莉莉·兰特里可称得
上维多利亚时代伦敦最著名的"职业美女"。

讲述者在巴黎有个艺术家朋友，戴尔克·施特略夫，一个愚蠢的家伙、蹩脚的画家，但他秉性仁慈、为人慷慨。正如身无分文的高更得到他的朋友埃米尔·舒芬尼克尔无微不至的照顾，却用勾引朋友之妻加以报答，思特里克兰德也用类似的方式背叛了施特略夫。勃朗什·施特略夫和思特里克兰德私奔了。他抛弃她后，她选择了自杀。时间流逝，讲述者仍在巴黎，他偶遇思特里克兰德，后者对关于勃朗什的话题漠不关心。不过，最后他还是被说服给讲述者看了他的作品，不情愿地允许他进入自己的画室。这个情景会让人想起毛姆参观性情乖戾的罗德里克·奥康纳的工作室。

"我想你不愿意我说话吧。"我说。

"这还用问，他妈的。我要你闭上你的嘴。"

几年后，讲述者去塔希提旅行，在岛上得知画家刚刚去世；查理斯·思特里克兰德终于在南太平洋群岛找到了圆满，跟一个当地女孩生活在一起，创作出令人不安却辉煌的杰作，让他得以死后名扬天下。回到伦敦后，他发现思特里克兰德太太享受着继承者的身份，丈夫死后她靠卖画过上了舒服的日子。令人倒胃口的是，她家起居室的墙上挂着几张思特里克兰德画作的彩色复制品。"每天能欣赏这些画，实在是很大的乐趣。"一个客人礼貌地说。"一点儿不错。这些画是极有装饰意义的。"她得意地回答。（想必高更太太读到毛姆如此描写画家的妻子，心里一定很不舒服。）

"极有装饰意义"是杰拉德·凯利挖苦毛姆的话，他过去经常打趣毛姆，说他对艺术的主要兴趣在装饰价值上。确实，凯利对这本小说做出了很大贡献，是他把高更的作品介绍给毛姆的，也是他先认识的罗德里克·奥康纳，后者很了解高更，毛姆将他好斗的性格忠实地再现在思特里克兰德身上。也是凯利说服毛姆更正文中的小错误。举个例子来说，书中有这样一个场景，施特略夫被思特里克兰德逼得忍无可忍，打算拿起调色刀砍坏他的一幅作品。"我指出，"凯利说，"调色刀是砍不了画的。我建议他改成刮刀，因为刮刀尖锐锋利。"凯利怀疑自己充当了施特略夫，那个被讽刺为"巧克力糖盒子的大画师"的灵感来源。"我总是很确定，"他愉快地承认，"毛姆笔下所有糟糕的画家都是我。"但这次他错了。施特略夫这个人物是根据小说家休·沃尔波尔的形象塑造的。幸好休没有察觉，他没认出这个胖乎乎、傻里傻气、秃顶、红脸蛋的家伙是自己，"一些人很不幸，即使他们流露的是最真挚的情感也会让人觉得滑稽可笑。"他的作品"陈腐、粗俗得令人难以置信"，他的行为举止在讲述者看来像极了"焦躁不安的天竺鼠"。倘若沃尔波尔发现自己为这本小说做出了贡献，无疑会痛苦地尖叫起来，但这根本无法与后来面对《寻欢作乐》中的阿尔罗伊·基尔时所要承受的痛苦相提并论。

《月亮和六便士》自1919年4月出版以来，一直是买账的读者多，叫好的评论家少。充满异域风情的塔希提岛，显然吸引了刚从战争中摆脱出来的人。小说的主题也很有趣，讲的是一个天才的本性，以及富有创造力的艺术家的残忍无情与他所逃离的社会之间的冲突。毛姆在书中还引用了自己在维奥丽特·韩特的沙龙里的经历，当时他还是一个籍籍无名的年轻人。他在书中以微妙讽刺的笔触描写资产阶级。他笔下的维奥丽特，也就是小说家罗斯·沃特福德是充满柔情的。而他对思特里克兰德太太的描绘则不同了，带着些许恶意，暴露了很多个人感情，比如中了婚姻和社会习俗的圈套。思特里克兰德太太"同任何一个正派的女人一样，她真实地相信只有依靠别人养活自己才是规矩的行为。"而思特里克兰德很多次厌女症的发作则与深埋于毛姆内心的感受紧密相连。令人失望的是，这小说最大的瑕疵正在于对查理斯·思特里克兰德的描绘，到头来他简直是个畜生，一个可憎的人。从一个守本分的一家之主到一个怒发冲冠的毒舌天才，中间的过渡未免太突然，难以令人信服。正如凯瑟琳·曼斯菲尔德①为《雅典娜神庙》杂志撰文时所说的那样："我们必须被告知他的某些心路历程，我们必须看到他对自己的感受更充实、更详尽的评论，而不是一味地说：'见鬼去吧。'"尽管有些评论家持保留意见，但这本书七月份在美国一问世就立即获得了势不可挡的成功：初版印数只有五千，到年底就卖出了将近十万册。这本书的畅销，让人们回过头来又对毛姆的一本早期作品《人生的枷锁》产生了浓厚的兴趣，这个结果出乎所有人的预料。

八月底离开欣德黑德后，毛姆在切斯菲尔德街住了两个月，他的老朋友沃尔特·佩恩为了给毛姆一家腾地方已经于夏末搬出去了。不过，他和毛姆依然保持联系。佩恩在摄政公园租了一栋房子，毛姆还送给他几幅画，其中一幅是杰拉德·凯利给他画的画像。佩恩结了两次婚，毛姆很喜欢他的第一任妻子，但讨厌他的第二任妻子——一个离过婚的匈牙利女人。尽管如此，他们的友情没变，直到1949年佩恩去世前，他一直给毛姆提供财务方面的建议。

十一月，毛姆回到迪河上的诺尔德拉继续养病，尽管健康状况尚未达标，毛姆依然感觉自己精力充沛，对未来摩拳擦掌。战争终于结束了，他迫不及待地再次踏上了旅程。"我正计划征服远东，"他告诉凯利，"口袋里有充足的盘缠，时间想要多少有多少，这样出发太棒了，因为上帝知道去哪儿。"先前住在疗养院时，他的身体太糟无法写作，现在他舍不得停下来，在十八个月内完成了四个剧本：《凯撒之妻》（原名《天堂的钥匙》）《家庭和美人》《周而复始》和《陌生人》。

《凯撒之妻》于1919年2月进入彩排阶段时，他回到了伦敦。他

---

① Katherine Manthfield，1888—1923，出生于新西兰，短篇小说作家，新西兰文学的奠基人，被誉为一百多年来新西兰最有影响的作家之一。著名作品有《花园酒会》《幸福》和《在海湾》等。

坐在灯光昏暗的观众席里，让这部戏的女主演费伊·康普顿[①]有点怯场，她总也记不住台词。"他没对我发脾气，"她说，"但他会让我们停下来，说'必须说对词'！我这么年轻的演员当然会害怕，毕竟这是我头一次出演重要角色。"然而，3月27日这部戏在皇家剧院开演后，这个作品的成功还得感谢康普顿小姐的表演，因为除此之外乏善可陈。这部戏的灵感来自拉法耶特夫人那本著名的小说《克莱芙王妃》，讲的是一个已婚女人放弃不伦之恋的故事。《凯撒之妻》的背景设置在当代的开罗，美丽的英国领事夫人爱上了丈夫的随员。所有相关的人都表现出最大可能的美德和高贵，最终所有人的荣誉得以保全。正如毛姆在剧本的引言中所解释的那样，经常有人指责他专注于可恶之人，所以他想写一部作品，"里面所有的人都是可敬的。"因而不难想见，为何结果会如此索然无味。但这部戏在当时的反响还不错，"一个不得罪人的成功之夜。"《泰晤士报》评论道。这部戏在伦敦演了很多场，由比莉·伯克领衔主演的纽约版的场次则少一点。1925年，这部戏被改编成电影《痴恋》，这个故事最后出现在屏幕上是1951年的英国电视剧版。

《凯撒之妻》首演后不久，毛姆再次病倒。四月，《月亮和六便士》出版，他去了卡普里岛，没带上妻子。他在切尔科拉别墅住了三个星期，等他回到伦敦时，身体终于痊愈了。

前一年的夏天，在欣德黑德，他和西里尔长时间地讨论过他们的婚姻，这个无法逆转的事实远非理想，但平心静气地想，这个安排对双方都有好处：给西里尔带来财务安全，给毛姆一个看似体面的生活，这也是他所渴望的。此外，他们要共同承担做父母这个重要的责任。或许二人能想出一个尚可的生活方式？西里尔依旧想住在她位于摄政公园的家，最初替她交房租的是戈登·赛弗里奇，毛姆忌讳其中

---

① Fay Compton，1894—1978，英国女演员，出身于著名的演员世家，作家康普顿·麦肯齐是她的哥哥。

的关联，坚持要在切斯菲尔德街安家。对他和沃尔特·佩恩两个单身汉而言，那曾是一个宽敞的家，但现在就显得有点拥挤狭窄了。这座房子共有五层，却很窄。为了给保姆腾地方，毛姆必须让出通风良好的顶层书房，在一楼一间临街的小会客厅里将就。显然这个书房不理想，毛姆也很容易被打扰，但至少空间足够大，放得下主人特别依恋的那张大写字桌。

毛姆的婚姻生活在梅菲尔的这座房子里正式开始了。最初两口子好像过得还不错，人们看到他们同时出现在聚会上、美术馆里和首演现场——包括1919年毛姆的两部戏的首演——他们还经常在家里招待客人。"最后以毛姆夫妇的晚宴结束。"他们的一个朋友回忆道。另一个朋友则记得这些聚会"非常令人愉快"。当然，毛姆的哥哥F.H.和嫂子奈丽也很高兴看到他的生活终于安定下来了，他是活着的三个兄弟中最后一个成家的。西里尔去鲁特兰德门时，他们也会热情地接待她。三个侄女——凯特、昂娜和戴安娜一直很喜欢他们的威利叔叔，他和蔼可亲、平易近人，每次见面还会慷慨地给她们零花钱。现在她们迷上了这个婶婶，她的时髦搞得她们眼花缭乱。女孩们买现成的衣服穿，西里尔的衣服却是在巴黎的浪凡和香奈儿定制的。她把她不要了但没怎么穿过的衣服送给她们，还给她们讲时尚潮流，姑娘们都兴奋极了。"我的品位天生就很糟糕，喜欢衣褶、蝴蝶结、饰边和玫瑰花蕾，"凯特回忆道，"西里尔试着训练我的眼力。"虽然F.H.一向对人冷淡疏远，但对他的弟妹却很有好感。他对妻子的态度谦敬如宾，在孩子们眼中是个可畏的父亲，而跟西里尔在一起时却像变了个人似的，大献殷勤，迷人得很。两人有时会一起吃午饭，毛姆在国外时，F.H.偶尔也会去切斯菲尔德街和西里尔共进晚餐。

尽管在公共场合毛姆夫妇看似相处甚欢，但私下里两人的关系就没那么宁静祥和了。主要问题是，这对夫妻几乎没有共同点，西里尔爱上他的丈夫就是个错误，这将一切复杂化了，给原本就难以承受的关系增添了额外的负担。毛姆害羞、沉默寡言、高度自律，回避任何形式的情感表露。相较之下，西里尔容易激动、情绪起伏不定、自我放纵，喜欢大吵大闹，尤其是在睡觉前。"别再跟我闹了！"毛姆常常这样恳求她。西里尔热爱交际，一掷千金，喜欢参加派对，不愿意一个人待着，不顾及丈夫有时渴望安静和独处的想法。"西里尔就是不明白写作对毛姆有多么重要，"她的一个女朋友说，"他希望上午完全属于自己，她却非要他带她去别的什么地方。"她意识不到他工作一天有多累。有时，毛姆写了一天累得要死，下楼吃饭时却发现家里闹闹哄哄一大群人，都是妻子请来的客人，而他一个也不认识。客人一走，他们就开始吵，有时候一直吵到凌晨两三点钟。最后毛姆筋疲力尽地爬上床，第二天还得早起写逗人开心的对话，而西里尔，只要她愿意，可以一直躺到吃午饭的时候。西里尔对装饰设计拥有非凡的眼光，喜欢给家里添置漂亮的东西，花大笔钱买新衣服。她最喜欢聊这两个话题，一聊就是几个小时。"你不跟我谈别的，只谈裙子和家具，"她的丈夫有一次怒气冲冲地说，"你知道我有多么讨厌这两个话题吗！"

她喜欢时髦轻浮的人，丈夫的很多老朋友让她感觉不自在，她最不喜欢的人是杰拉德·凯利。搬进切斯特菲尔德街后，她坚持要摘掉挂在客厅壁炉上方凯利为年轻时的毛姆所画的那幅极好的《弄臣》。她把这幅画还给了画家，而且毫不掩饰她认为凯利是个讨厌鬼。凯利来家里吃饭，西里尔就悄悄溜出去，找更有意思的人玩儿。当她和丈夫的作家朋友们在一起时，她会做出万能的热情的表情，搞得毛姆浑身不舒服。听她滔滔不绝地谈论那些，他清楚她连翻都没翻过一下的书时，他更是气得火冒三丈。令他气愤的是，她不能、也不愿让他一个人安安静静地待着。他想找点事让她的生活变得忙碌起来，但也被她固执地拒绝了。她从不读书，对打牌也没兴趣，而且很快就放弃了做慈善事业的想法，传统女人做的针线活更是对她没有一丝一毫的吸引力。

西里尔只想获得丈夫的认可和关注。戏剧是她能理解的少数领域之一，这是他们的共同兴趣，并在短时间内得到了应有的尊重。写剧本时，毛姆会给她读一段段的对话，也很高兴她有时候来看彩排，还不止一次带她观看在纽约的首演。毛姆尤其重视西里尔在服装和布景上的建议，《凯撒之妻》筹备期间，就是西里尔带康普顿小姐购置服装的。"我一点发言权都没有，"那个女演员回忆说，"西里尔都一手包办了，事实就是这样。毛姆十分信任她的品位，他做得很对。"每部新戏开演前，毛姆总是很紧张，他会让西里尔安排演出结束后的演职人员聚会。首演前，很多人排好几个小时长队购买正厅后排和顶层楼座的便宜票，西里尔可怜这些人，总派人给他们送三明治和装在暖瓶里的汤。

动不动就吵闹，没完没了的责备，每年询问和考验毛姆是否对自己还有感觉，这些令他抓狂的行为都是西里尔缺乏安全感、渴望被爱的表现。正如毛姆的一个朋友后来所说的那样："我想，如果西里尔没有爱上他，他们的婚姻或许能维持下去。"正因为她爱他，她才不顾一切地想要看到任何形式的情感表露。这同时也让她在肉体上得到补偿，她发现丈夫感觉越来越难满足她的需求了。对西里尔而言，毛姆是她认识的最好的情人，但她早就不吸引毛姆了。他告诉一个男性朋友，他妻子的性要求"贪得无厌、令人无法忍受"。他还对另一个朋友透露，他觉得和西里尔的肉体关系是个大难题，跟她上床时不得不充分调动想象力。他要面对妻子越发尖刻的责备，而强烈的性沮丧无疑加重了这一切，毛姆被迫把一些令人不快的事实摆在她面前。"我们结婚时，我43岁，你也不那么年轻了，"他冷酷地提醒她，"你不可能忘了我们是在怎样的情形下结的婚。在那种情形下，你得到了丈夫的恭敬、关心、仁慈和感情，你应该知足了，但你真的别奢望激情的爱。"

所有这些吵闹和争论的起因，当然是不在场的杰拉德·哈克斯顿。1919年2月，从德国战俘营获释的杰拉德非法来到伦敦，希望能见到毛姆。可惜当局很快就抓住了他，在两个人见面前就将他驱逐出境。此后，他再也无法踏足这个国家。尽管如此，哈克斯顿对毛姆的婚姻仍有深远的影响，构成巨大的威胁，这才是毛姆和西里尔吵架的真正原因。苏·琼斯知道毛姆的同性恋倾向，但她可以忍受；西里尔也知道，却被嫉妒折磨得痛苦万分。如果她丈夫喜欢的是女人，她可以想办法对付；如果是个娘娘腔的温柔男人，她可以跟他交朋友；然而西里尔在见到杰拉德——她丈夫痴迷的那个拥有超凡魅力的小伙子之前，就预感到他是个危险的敌人，打败他的可能性微乎其微。

在苏格兰的疗养院休养期间，毛姆就花了很多时间计划与杰拉德一起去远东旅行。现在战争结束了，他更是迫不及待地想立刻动身。然而1919年的大部分时间里，赚钱的剧场生意却将他困在伦敦。三月《凯撒之妻》首演，八月《家庭和美人》（在美国，这部戏的名字是《太多丈夫》，"家庭和美人"这个名字源自一首纪念特拉法加海战的流行歌曲《纳尔逊之死》，这个主题在伦敦比在纽约更能引起共鸣。）在伦敦和纽约开演，《陌生人》也进入了排演阶段。

此外，毛姆还得搬家。切斯菲尔德街那栋房子的空间有限，他们要搬进一幢大得多的房子——马里波恩怀德汉姆广场街2号。怀德汉姆广场街是一条安静、宽阔的街道，北面通向布莱恩斯顿广场。2号房子是一幢摄政时期风格的大宅，共四层，一楼有三扇优雅的、带阳台的窗户，入口带门廊，很气派。西里尔终于可以自由支配她躁动不安的能量和设计才华了，她负责监督房子的装修，她野心勃勃地想把这里打造成高端娱乐场所。毛姆尽量不插手，如果不写作、看彩排、或去拍卖行看画，他的大部分时间是在加里克文学俱乐部度过的，偶尔他也会带他的老朋友们，苏特罗或休·沃尔波尔，回家共进晚餐。沃尔波尔写了篇日记，记录下这样一个夜晚。那是一个愉快的夜晚，不过"威利看上去病快快的，百无聊赖。恐怕，他的婚姻不太成功。"

　　家庭生活之外的毛姆春风得意，八月末他的新戏被媒体广泛报道。《家庭和美人》是一部快节奏、轻佻、十分滑稽可笑的闹剧，展现了那个时代极为不幸的一面，为期四年的战争夺去了一个女人的丈夫。情节先是集中在维多利亚身上，这是一个漂亮得令人愉快，但又自我中心到无情的年轻女人。据传闻，他的丈夫三年前在伊普尔战役中牺牲了，但其实威廉并没有死，而是在回伦敦与妻子团聚的路上。可是他不知道，妻子这时已经再婚，嫁给了自己最好的朋友弗雷迪，不仅如此，情况变得更复杂了，贪得无厌的维多利亚又在考虑嫁第三个男人——一个富有的企业家。她打算甩掉威廉和弗雷迪，因为她认为战争让她牺牲了太多。"我自认为没有多少女人嫁过两个杰出服役勋章获得者，"她得意地说，"我尽了自己的一份力。"然而两个男人不仅没有灰心泄气，反而欣然接受这个获得自由的机会，因为他们厌倦了她的自私。弗雷迪抱怨道："我承认，有时候我想不通，为什么我想要一个东西就是自私，而她想要一个东西就是应当应分呢？"威廉对这种情况再熟悉不过了："我搞不懂，为什么我的事情可以被打扰，而世上的一切都不能妨碍她的生活？"两个男人立即展开激烈的竞争，巴望着做出牺牲，争取到跟她离婚的机会。第三幕的剧情非常滑稽，引入了两个新人物：一个时髦的离婚律师和他的同事——一个刻板的老处女蒙特默伦西小姐，她靠专门扮演共同被告赚点零花钱。在他们的精心策划下，两个朋友终于获得了自由，维多利亚也如愿拥有了富有的第三任丈夫。

　　《家庭和美人》正是厌战的观众所渴求的那种轻浮欢乐的喜剧。有关时事的主题——配给制、黑市、缺少仆人，荒唐可笑的场景，机智诙谐和妙语连珠的对话让伦敦观众看得很开心。（相反，受战争和战争余波影响没那么大的纽约人则觉得这部戏不好玩儿，上演一个星期就停演了。）就连其中含蓄的玩世不恭，完全拒绝把任何事当真的态度也被认为是巨大的玩笑。作者的意图是表明这种经历不只与他个人有关联。维多利亚的母亲说："男人和女人的区别是，男人天生就对婚姻生活不感冒。如果有耐心和决心，偶尔给他点甜头，你可以训练他对婚姻上瘾，就像训练一条狗站起来走路一样。但是狗更愿意四脚着地，而男人也更想要自由。"

"开心的娱乐"是评论界的共识，这部戏"时髦、机智、精美……一部礼貌、欢乐的小杰作。"《家庭和美人》在表演屋剧院连演了几个月，无与伦比的查尔斯·霍特里为这部戏的成功贡献不小。他不仅是演员，作为这部戏的导演，他还领导着一群出色的演员。维多利亚的扮演者是格拉黛丝·库珀，这位36岁的女演员经典冷艳的容貌让人忽略了她的通情达理和出众的商业头脑。虽然17岁就登台，但她的天赋并不高，正如她的一个同事所言，演戏对格拉黛丝来说只是谋生手段。但是她非常勤奋、绝对可靠，毛姆后来写道："她把自己从一个平庸的女演员变成了一个卓有成就的女演员。"战争期间，她开始涉足行政工作，曾和弗兰克·柯共同管理表演屋剧院。《家庭和美人》是他们合作的第四部戏，这部戏不仅是表演屋剧院和毛姆互利合作的起点，也标志着毛姆和库珀联起手来，毛姆接下来三部戏《信》《圣火》和《面纱》的女主演都是库珀。两人成了朋友，毛姆十分欣赏格拉黛丝的自律和果断，况且她还是个光艳明媚的金发美人。毛姆在写《信》中的莱斯丽克·罗斯比和《圣火》中的斯特拉时，脑子里想的都是格拉黛丝·库珀，正如毛姆所承认的那样，他知道她演绎这些角色时会"或多或少无意识地"为他所描写的人物增光添彩。（当那个矫揉造作的男演员欧内斯特·塞西杰问毛姆为什么不给他写个角色时，毛姆回答："我给你写了，但演的人总是格拉黛丝·库珀。"）

这几部戏上演后，毛姆觉得终于可以踏上计划已久的远东之旅了。这次旅行为时六个月，毛姆做了详细的笔记，这些笔记成了后来出版的《在中国屏风上》。1919年8月，他从利物浦出发去纽约，然后乘火车穿越美国，接上在芝加哥的杰拉德，之后去西海岸乘船。他们先坐船到了香港，然后去了上海、北京和北部的奉天①，最后经由日本和苏伊士运河回家。

对毛姆来说，中国是个令人陶醉的地方，后来他公开表示这个国家可以"给你一切"。他来访的那段时间，中国正处于动荡之中。1912年推翻帝制后，大部分国土落入封建军阀手中。一种近乎中世纪的封建经济和一心想要现代化和改革的学生运动之间产生了深层分裂。风雨飘摇中，名不副实的北京政府虽然在国外得到了正式的承认，各大强国也在此设立了大使馆，但在国内却基本上处于被忽视的状态。这是毛姆第一次到一个不会说当地语言的国家，离开大城市基本上要靠翻译，但他并不在乎这种束缚，因为他的兴趣在英国侨民身上，他关注的是背井离乡生活在中国社会环境下的西方人。和以前在波利尼西亚一样，毛姆遇到了美国和欧洲的医生、外交官、商人和传教士，他们和他们太太的生活是他观察的对象。他的笔记本里写满了他们的故事：领事、大班、恨嫁的老处女、讨厌本职工作的传教士、想家想疯了的英美烟草公司代理商，还有来自法国南部生活在白墙修道院内思念家人的圣洁女院长。当然也有例外，但为数不多，他跟一个中国人见面聊过，这位老先生是著名的儒家学者②，退隐多年，梳着一条灰白的辫子，有一口变了色的牙。他曾是皇太后的某个大总督的秘书，在牛津大学和柏林大学读过书，讲一口流利的英文，为人还算随和。一番恭维后，他开始大谈历史和哲学，还热情地谈起中西关系。"你们将你们邪恶的发明强加给我们，"他大声训斥这个稍显惊愕的客人，"可是你们难道不知道我们是一个对机械有天赋的民族

---

① 沈阳的旧称。

② 此处所说的"学者"是指辜鸿铭。辜鸿铭，1857—1928，祖籍福建，生于南洋，学贯中西，号称"清末怪杰"。他热衷向西方引介东方文化，并将《论语》《大学》《中庸》译成英文，著有《中国人的精神》等，影响极大。当时西方有"到中国可以不看紫禁城，不可不看辜鸿铭"的说法。

吗？当黄种人也可以制造出同样精良的枪炮并迎面向你们开火时，你们白种人还剩下什么优势呢？"（毛姆把这位老学者的慷慨陈词记在本子上，并原封不动地用在1922年的戏剧《苏伊士之东》里的李泰成身上。）

尽管在中国旅行很麻烦，也很缓慢，但毛姆和哈克斯顿还是走了很远的路，他们身后有一队戴着大草帽、穿着蓝衣衫的苦力们用扁担挑着他们的行李。他们体验了各种交通工具，坐过轿子，骑过小马。有一次他们连续走了几天，晚上住在乡下破陋的客栈里，有时甚至睡在光秃秃的土地上。他们乘坐的舢板沿长江行了一千五百英里到达成都，日落时分，从带雉堞的城墙上甚至可以望见西藏的雪山。乡下的美景，翡翠绿的稻田，路边优雅的竹林都令毛姆着迷。还有宽阔的平原，狭隘的山道，窄窄的运河，宝塔和寺庙，带飞檐的农舍和村落。脑子里一有新想法，毛姆就立刻写在纸上，经常是在移动过程中匆匆记下，比如坐在滑竿上或在一条顺流而下的舢板上。一路上，他们参观过圣祠和庙宇，去茶室和大烟馆坐过，见过农夫拉着行动迟缓的水牛犁地，见过小脚女人在路上摇摇晃晃地走。夜晚他们看见好几条舢板，帆在月光下如幽灵一般。一次，他们在一个偏僻的地方看到一群蒙古部落的男人穿着黑色的绸衣绸裤，脚上登着翘头的靴子。他们也不是总能看到那么如画的风景。有一次，他们来到山坡上的墓地，看到一座可怕的小塔，那是中国人丢弃女婴的风俗证明。毛姆写道：

> 塔边胡乱丢弃了许多只破篮筐。我绕了一圈，看到一边有十八乘八英寸那么大一个长方形的洞，洞口垂下一条粗绳子，洞里散发出一股奇怪的恶心气味……这是一座婴儿塔，那些篮筐是装婴儿用的，拽着那条绳子就能轻轻地放下去，那个气味就是来自腐烂的尸体。我站在那里，一个活泼的小男孩向我走过来，告诉我那天上午就送来了四个婴儿。

中国的农村和北京、上海、香港这些大都市之间有天壤之别。毛姆和哈克斯顿停靠的第一站是香港，这里明显具有英国风格，干净、高效，让人想家。这里有俱乐部、赛马场、网球场，铺着印花棉布的舒服的客厅。六点整，穿白衣的仆人会端上鸡尾酒和橄榄。上海则是一个商业气息浓重的大都市，别有一番风味。大银行和商铺设在外滩，街上车水马龙，繁忙的夜生活围绕着餐馆和夜总会展开，经营者大多是从近来发生革命的俄国逃出来的白俄。这里和其他大都市一样，各种性趣味都可以得到满足，著名的男妓院尤其受欧洲人的欢迎。

古城墙围绕着的北京则是另一个世界。"真是一次丰富灵魂的经历，"毛姆作证，"（北京是）世界上安度余生最惬意的城市之一。"这里城中有城，紫禁城、皇城、中国城都被厚实的城墙围绕，城里有庙、宫殿、湖、花园、塔和兔窝式的居民区。每条宽阔的林荫道都被一大片小胡同围绕，一个门洞会通向一系列芬芳别致的庭院，或者散发着垃圾臭味的拥挤大杂院。在这里，下水道是稀有的奢侈品，街上到处是明沟，每天早上会有人把粪便运到城外做肥料。正如毛姆所言，"令人作呕的恶臭"扑面而来。和喧闹的上海不一样，这里的机动车很少，最常见的交通工具是黄包车，充气轮胎很安静，车夫脚上穿的也是软布鞋。大部分外国人住在公使馆里，那里有俱乐部和一两个欧式风格的宾馆。侨民有丰富的社交生活：骑马，在西山野餐，舞会、午餐会，还有外交晚宴。作为贵客，毛姆自然接到了邀请，他们的浮华和礼节都被毛姆一丝不苟地记录下来。更合他口味的是在城里畅通无阻地漫步，逛市场，看玉器和金器，观察人群——女人，孩子，还有提笼架鸟的老人。

回家前不久，毛姆给他的经纪人戈尔丁·布莱特写信道："不管怎么说，我搜集了很多资料（除了玩儿得很开心之外）。"他用他提到的这些资料写出了三部作品：一部戏，《苏伊士之东》；一本小说，《面纱》；还有一本游记，《在中国屏风上》。那本游记最先准备好交付刊印，毛姆将打字稿交给一个著名的汉学家、英国驻北京大使馆二等秘书H. I. 哈丁先生审阅。哈丁先生仔细阅读了这份打字稿，提出了很多修改意见：

> 第124页　我更倾向于批评"熟悉"这个定语。我不知道毒死不喜欢的亲戚这个习惯在中国比在英国更普遍。
>
> 第126页　我可以反对"奇特"这个定语吗？中国人可能会给我们留下奇特、古怪、稀奇、奇怪、神秘等印象，但与此同时，我们也会给一个毫无经验的中国人留下完全相同的印象……

毛姆很感谢他，尽管并不完全同意他的修改意见。"你的建议对我很有帮助，你提了41条修改意见，我接受其中的36条。"他告诉哈丁，"不过有那么一两个地方，你误会了我的意思，比如我说中国人奇特，并不是因为他们是中国人，而是在艺术能力方面，他们确实有别于其他民族……"

按照约定俗成的做法，毛姆将《在中国屏风上》这本书献给了西里尔。1922年出版后，这本游记获得了大西洋两岸的一致称赞。"一本迷人的书，"路易斯·曼塞尔·菲尔德在《纽约时报》撰文道，"我感觉遇到了一个异常有趣的头脑，非常聪明、敏感、富有同情心、敏锐、理解力强。"伦敦这边的杰拉德·古尔德也在《星期六文学评论》上附和他的观点，祝贺作者观察入微："他的描述并非心理描写那么自然……他怀着与我们类似的先入之见，向我们展示了中国给西方人的第一印象，因此我们体会到了那种古老的异国文明的'感觉'。"古尔德同时对毛姆不妥协的观点做出了有趣的评论，和那些习惯指责毛姆的小说犬儒主义的评论家的反应极为相似。"写法中的冰冷、暴力暗示了残忍，"古尔德说，"尽管潜在的想法是善良的。"

　　源自中国之行的第二部作品是小说《面纱》。这本小说1925年才出版，通常毛姆有了一个想法会先酝酿几年再动笔。这个主题的灵感有两个出处：一是他第一次去意大利时读到的但丁《神曲》的《炼狱》篇中的一个情节①；再有就是他在旅途中听人讲过的一个在香港的英国女人的故事。他说："我想这是我唯一一部由故事情节，而不是人物形象为契机发展而成的小说。在这篇小说成书的过程中，我一边组织故事，一边寻找合适的角色，这些角色的原型都是我在不同地方认识的真实存在的人物。"

　　《面纱》讲的是一对怨偶——瓦尔特和凯蒂·费恩的故事。他们初次相遇在伦敦，瓦尔特当时休假回家，他是英国政府派往中国的细菌学家。害羞、内省、有学者风度的瓦尔特根本不是凯蒂喜欢的那类男人，但漂亮轻浮的凯蒂已经25岁了，仍然待字闺中，她已经开始着急了。凯蒂野心勃勃的母亲说过一句不中听的话，如果她继续这样下去，有嫁不出去的危险。于是吓得凯蒂赶紧嫁给了痴迷于她的瓦尔特。瓦尔特骄傲地带着新婚妻子回到了香港，这里丰富有趣的生活让凯蒂感到了些许安慰。

　　的确，她丈夫是个闷葫芦，他急切无能的性爱也乏味至极，不过好在有可以补偿的人。英俊的查尔斯·唐生是香港助理布政司，他迷人、善于社交、调情的本事一流。很快，凯蒂和唐生就干柴烈火地爱了起来，她被这个虚荣且极富魅力的查理搞得神魂颠倒，并愚蠢地相信他也被她迷住了。凯蒂为他们的幽会而活，约会地点往往就在费恩家，他们选的时段很安全，那会儿瓦尔特正在实验室里头忙活。一天下午，他们正躺在床上，看到锁着的卧室门把手慢慢地转起来，他们吓坏了，是的，瓦尔特突然回来了。从此凯蒂的生活发生了不可逆转的改变。一向盲目挚爱着他的瓦尔特，开始显露出性格中近乎虐待狂

_____

① 第五首中有一则故事，锡耶纳的一位贵妇的丈夫怀疑她通奸，把她带到位于马雷马的城堡，期盼沼泽的毒气杀死她。

的一面。他变得充满敌意，少言寡语。他冷静地向她发出了近乎谋杀的最后通牒：要么随他一起去内地一个偏僻的叫梅潭府的地方，致命的霍乱疫情正在那里肆虐；要么他就跟她离婚，并将查理·唐生列为共同被告。

一开始，凯蒂采纳了第二个建议，她以为查理也疯狂地爱着她，就像她爱他一样，有这么好的机会，他肯定会迫不及待地想跟她结婚，甩掉他那个无趣的老婆。然而在唐生办公室里发生的令她羞愧的一幕，终于让她明白自己犯了一个多么愚蠢的错误，她的情人根本无意卷入这场毁灭性的丑闻。她必须理智，振作起来，随瓦尔特去梅潭府。

"就我的理解，你的丈夫已经做出了英勇和慷慨的表率。在他看来，你就像一个到处淘气的小鬼头。我不必夸大其词说梅潭府是一处疗养胜地，但你不能因此就对它心生恐惧。"凯蒂在那个伤心的小镇度过了凄凉恐怖的几个星期，每天都有上百人因霍乱挣扎在死亡的边缘。

凯蒂终于明白了自己的真实处境。瓦尔特对她的爱转变成了无情的恨，她从唐生那里得到的所谓的爱原来一钱不值，而她自己则是个自私肤浅的女人。渐渐地，看到瓦尔特拯救生命的英雄之举，她也开始将目光投向外部世界，自愿去法国修道院照顾孤儿。尽管凯蒂还是没能喜欢上她的丈夫，但她同情他，她最大的希望是说服瓦尔特原谅自己，不是为了她好，而是为了瓦尔特自己好。然而瓦尔特就是无法释怀，即使听说她怀孕了，态度依然冷冰冰的。"孩子的父亲是我吗？"他尖刻地问。最后瓦尔特染上霍乱死去了，显然二人到头来也没有和解，似乎变得更明智的凯蒂独自回到香港。然而毛姆是个现实主义者，绝不会就此罢休。他让这个意志薄弱的女主人公再次情不自禁地屈服于唐生不经意的诱惑，最终满怀屈辱和自我憎恨地回到了英国。

凯蒂·费恩是毛姆最出色的虚构人物之一。就像二十多年前的贝尔塔·克拉多克，他展现了非凡的移情能力，以及从女性，而不是男性视角塑造女人的能力。他栖息于凯蒂体内，完全拥有了她，从里到外了解她，直到她的每一根神经和纤维。除去漂亮，凯蒂就是个再普通不过的小东西，愚蠢、自私、头脑也不够聪慧，然而毛姆对她深表同情。她从小缺少疼爱，被一个势利母亲的铁腕操控，长大了又担心自己变成穷苦的老处女。他完全理解她在面对一个笨拙的丈夫时，想要尽力好好表现。凯蒂感激瓦尔特拯救了她，但他的深爱让她觉得好笑，他的一本正经和拘谨也让她烦得流下眼泪。他的态度只在床上有变化，可又激情得令人难堪，这让凯蒂厌烦透顶。"他还是个热情似火的人，有点歇斯底里，而且多愁善感……等到凯蒂躺到他的怀里时，他变得心满意足，那个平时绝不敢说荒唐话，绝不敢做荒唐事的人，竟然满口孩子气的话。"难怪凯蒂面对唐生自信的雄风无从招架。当作者描写凯蒂因渴望跟大坏蛋查理·唐生做爱而要忍受近乎肉体的痛苦时，他很清楚自己在说什么。《泰晤士报文学副刊》的一个评论员说："人们难免会怀疑是否真有必要如此认真地描写充满肉欲的情节。"

有趣的是，瓦尔特·费恩身上有很多作者自己的影子。毛姆曾经说过，这个角色的灵感大多来自他的哥哥F.H.。的确，无论从外貌还是举止上看，两个人都极其相似。但瓦尔特也和毛姆很像。毛姆这样描述瓦尔特："他太难为情了。要是在晚会上，大家都开始唱歌，里面保准没有瓦尔特。他面带微笑坐在一旁，似乎也从中得到了快乐，但实际上他的笑也是装出来的。让人觉得在他心里这些自娱自乐的人根本是一群傻瓜。"毛姆也是这样描述自己的："众人的欢愉多少令我厌烦。当人们坐在啤酒屋里，或坐在顺流而下的河船上唱起歌来时，我一般会保持沉默……我不太喜欢别人碰我，有人挎起我的胳膊时，我总会稍微克制一下，告诫自己别把胳膊抽出来。"他对瓦尔特情绪激动、过于急切的做爱方式的描写，会让人忍不住想到多年前他和维奥丽特·韩特那段笨拙的韵事。"在性方面，他是一个特别感性的男人。"维奥丽特·韩特说。费恩夫妇和毛姆夫妇的家庭生活也有明显的相似之处，两个丈夫都天生不爱讲话，却偏偏都娶了个话匣子。和西里尔一样，凯蒂"能一天到晚说个不停……他的沉默却常常浇灭她的热情。对于她说的闲话，他从来不搭腔，这让她很恼火。那些话题的确不需要特别回应，但是有人回应毕竟会让人高兴一些。要是外面下雨了，她就会说：'雨下得好大啊。'她等着他说：'嗯，是啊。'然而，他却像个闷葫芦。"

毛姆这一时期的大部分作品都有一个不变的主旨——不幸的婚姻，这部小说也不例外。《面纱》里不仅费恩夫妇的婚姻不如意，唐生也忍不住背叛忠实的妻子，凯蒂只是他一系列"小打小闹"中最近期的一个小情人儿。凯蒂父母的关系也极不愉快，贾斯汀夫人是个残忍、愚蠢、野心勃勃的女人，她的丈夫同F.H.一样是个法官，孤独阴郁，被他的妻子和女儿们看不起。特别值得玩味的是，贾斯汀夫人的南肯辛顿势利有细微的标准，香港的英国社区也等级分明。凯蒂难过地意识到，作为一名医务人员的太太，她的社会地位比她在家里作法官之女的地位要低得多。为了不让自己显得那么势利，她总是微笑着说话。"就没人愿意劳驾到咱们家待上一会儿。"凯蒂生气地告诉丈夫，"我才知道，被大英帝国半岛东方航运公司代办处招待一顿晚餐让我有多高兴。"诚然，等故事讲到梅潭府那段时，节奏就慢了下来，读者很快就会受够笑眯眯的修女和她们虔诚敬神贵族出身的修道院院长。但其余部分还是很吸引人的，三角恋情以一种催眠般的强度展开。这主要功归于毛姆的两大优点：作为一名剧作家，他有一双对对话敏感的耳朵，以及探察心理真相的天分。

1920年4月18日，毛姆回到家中，行李箱里装满了各种宝贝——瓷器、明朝的小像、中国的丝绸，给西里尔买的一条金镶玉的项链，做披风用的灰鼠皮，一件白色的松鼠皮大衣，还有一件给丽莎买的小小的蓝色苦力服。尽管他立刻就投入到忙碌的伦敦生活中去，但他依然渴望尽快再次离开。过去的半年他与杰拉德近距离地生活在一起，一下子切换到家庭生活实在令他厌恶至极。毛姆始终认为要尽一切努力维持和谐的表象，装门面很重要，他和西里尔应该尽量搞好关系，看在丽莎的分儿上，也为他们俩好。远在九千英里之外时，他可以相对平静地看待他和妻子同住的前景。他从上海给一个女性朋友写信道："婚姻生活中，有时会让人厌烦到不惜一切代价也要逃走，但还是继续过了下去，由于这样或那样的原因，总之他们还是安定下来，变得逆来顺受，学会体谅他人。随着时间的推移，到头来，事情似乎并没有想的那么糟。"然而面对怀德汉姆广场街的现实生活，毛姆很难顺从起来。

西里尔渴望爱情，向往坦率和温暖，但她的丈夫是那么的冷漠，事实上，他显然没有能力对她露出一丝一毫的兴趣，她痛苦极了。他客气但疏远，她越是不顾一切地想激起他的反应，他越是向后缩。她想拥抱，他却躲闪。于是她不可避免地求助于眼泪和责备，她大吵大闹，控制不住地疯狂谴责，动不动就发脾气，搞得毛姆时常害怕回家。"我似乎生活在一个充满抱怨的氛围里，这是我不习惯的，我也不认为这么做是理智的。"他告诉她，"你知道这辈子从来没有人对我说过你对我说的那些话吗？没有人像你这样抱怨过我，唠叨过我，骚扰过我。你怎么还能盼望我对你有感情呢？你让我觉得可怕。你想一想吧，在46岁的年纪，一个强壮健康的男人，常常得去喝杯鸡尾酒才能面对你。你向来生活在一群恶语相向的人中间，可我不是。这让我感觉羞辱和痛苦。"

西里尔感觉自己被排除在丈夫的生活之外，自然怨恨他经常出国，一去就去那么久，选择和朋友旅行而不是自己的妻子。她对他说，她很想和他一起旅行，探索边远地区。但毛姆在这一点上的态度也很坚决。他不是一个周游世界的人，从一个豪华酒店搬到另一个豪华酒店。毛姆提醒她，她跟亨利·韦尔康一起旅行时曾经感觉很无聊，他指出，他也同样带着特定的目的去旅行，也和亨利·韦尔康一样经常置身于危险简陋的环境之中。"和你一起旅行很愉快，"他不情愿地承认，"可是我去任何地方都有特殊目的。很可惜，你会妨碍我收集印象。我是去寻找灵感，和你在一起，我什么也得不到。非常抱歉，但这就是残酷的现实。"

关起门来时，两个人没完没了地吵，但在外人面前总装作若无其事。西里尔是个有天赋且想象力丰富的女主人，毛姆非常欣赏她身上的这一特质，他的活力程度比她差远了。早上人们会经常看到他们在海德公园骑马，西里尔一袭精美的黑衣，戴着黑帽子和面纱。骑完马，他们通常会带朋友回家吃早餐。还有为老熟人们——如沃尔波尔、罗比·罗斯、H.G.威尔斯和埃迪·诺伯洛克——准备的午餐会和小型晚宴。毛姆家里还会举行大型晚会，极尽奢华和魅力，有珍馐美味和充足的香槟酒。作家奥斯伯特·西特韦尔①深情地回忆起在怀德汉姆广场街举办的绚丽的社交派对。毛姆夫妇"对有天赋的年轻人尤其友善"，他回忆道，"在他那幢18世纪的大宅中，刷成米色有筒形穹顶的大会客室里，他的朋友们会有幸结识所有英美艺术、文学和戏剧界最有趣的人物。"西里尔在晚会上如鱼得水，尽管并不是毛姆所有的朋友都对她有好感。"西里尔有非常狠心的一面。"有人说。"对西里尔着迷很容易，爱上她就没那么容易了。"另一个人这样写道，"她明亮的眼睛有时会发出锐利的光，冒失的表情和时断时续的尖嗓子并不适合所有人的口味。"有人甚至挑剔她喜欢宴请宾客："她的好客并非发自内心，而是因为她没有能力长时间独处。"这个人的说法不无道理，"让她一个人待着，她很快就会烦躁不安。"

8月9日，毛姆从中国回来四个月后，《陌生人》在奥德维奇剧院上演。这部不太让人满意的作品回归了他在1901年的小说《英雄》中涉及的领域。人物还是同样的人物：约翰，一个战时告假回家的青年

---

① Osbert Sitwell，1892—1969，撰写诗歌、随笔、小说和短篇故事，代表作有自传《左手，右手！》。

和他虔诚敬神的未婚妻西尔维娅。这部戏讲述的不是性与责任之间的挣扎，而是约翰与信仰的斗争。他在前线丧失了对上帝的信仰，现在的问题是，他是否会为了取悦弥留的父亲领受圣餐？经过一番痛苦的挣扎，他决定拒绝背叛良知，最后却在西尔维娅的诱使下这么做了，从而毁掉了两人的关系。尽管这部戏有强大的演员阵容——领衔主演是巴兹尔·拉思伯恩——但不到两个月就停演了。《泰晤士报》的批评家撰文说这部戏主题肤浅，戏本身有点枯燥，缺少戏剧性。这个说法代表了当时的普遍观点，毛姆自己也承认有缺陷。"第三幕的效果没出来，"他写信告诉杰拉德·凯利，"发现这一点后，我就不太上心了。我不想显得自命不凡，但我追求的是完美，当然是一定程度上有限的完美。既然没达到目的，还是把这种企图抛到脑后吧。"

与此同时，毛姆专注于新的项目，他脑子里充满了中国留给他的印象。他的家人知道，只要上午九点到十二点毛姆的书房门紧闭，他就不希望被打扰。这让5岁大的丽莎很懊丧。父亲回来了，她很兴奋，渴望得到他的关注。"我有点怕他，他是个令人生畏的父亲。"丽莎回忆道，"但只要他能回家，我就很开心。"毛姆喜欢小孩，尤其是婴幼儿，他对他们格外温柔、有耐心。毛姆的女儿是个动人的小家伙，又小又轻，甜美白皙的脸蛋，一双大大的黑眼睛。他爱她，想尽量对她好，但她毕竟是她母亲的女儿，这让毛姆的感情变得痛苦且复杂。值得注意的是，许多年间，毛姆坚持管他的女儿叫伊丽莎白，而西里尔和所有人都叫她丽莎。西里尔溺爱、娇惯丽莎，给她买很多昂贵的衣服和玩具，尽量把她带在身边。小女孩自然很享受这种宠爱，总想腻着母亲，不想跟保姆或家庭教师在一起，而且把尽快换掉新来者当成己任。尽管她知道可以依靠母亲，但父亲才是那个迷人的陌生人。父亲极少出现在她的生活里，她为此极为珍视父女共处的宝贵时光。毛姆的早年生活中缺少父亲的角色，他几乎不认识他父亲，他的牧师叔叔缺少爱心，和他关系疏远。毛姆缺少一个行为榜样，虽

然他的用意是好的，但不太清楚该怎么做。"我想他的脑子里肯定有
个好父亲的形象，"丽莎后来说，"但一切有点太刻意了。"和西里
尔不同，她父亲不爱请客，比方说，他从来没带她看过哑剧或马戏，
甚至没带她去附近伯克利广场的甘特茶室吃过冰淇淋。不过他会带她
去动物园，有时和她一起骑马，让她陪他一起散步，给她讲故事，但
从不涉及私人层面的话题。他从来没跟她说过自己的事，也没提过他
的童年生活。两个人最喜欢的是那个"快乐的仪式"——晚上他上楼
给躺在被窝里的丽莎读书。小女孩穿着睡衣，梳了两条小辫子，刚洗
完澡的小脸粉扑扑的，热切盼望他的到来，毛姆为这种情景着迷。
"他读书的时候从不口吃，"丽莎说，"真的挺奇怪的。"

　　虽然年纪小，丽莎还是能下意识地感觉到，在同一屋檐下生活
的父母关系紧张。有时候她会听到可怕的争吵声，吓得她悄悄溜走躲
起来，免得有人问她为什么哭。焦虑的症状之一是这个孩子不愿意吃
饭，到了饭点就变得特别挑剔，不好伺候。她经常拒绝吃饭，无论盘
子里盛的是什么食物，搞得她的家庭教师心烦意乱。毛姆在国外的那
一整个寒冷的冬天，她一个人在毛姆的书房——整栋房子里最暖和的
房间里，自己吃早餐。她绝望地看着眼前的香肠和培根，一等女佣离
开房间，就把剩下的油腻食物藏在书架上的一排排书后面。这种花
招她玩儿了好几个星期也没被人发觉，直到最后她父亲回来，闻到一
股恶心的味道，发现珍贵的藏书上蒙了一层腐败的油脂，书被毁得不
成样子。他自然怒不可遏。还有一次，父亲威胁要教训她时，她担心
他真会这么做，于是冲进他的书房，抓起书桌上的一摞文件丢到窗
外，嘴里尖叫着："如果你靠近我，我就把它们全扔出去！"毛姆很
吃惊。"我不让他靠近我，"丽莎说，"我记得我当时很害怕，只想
躲过一劫。最后我还是受到了惩罚，但一点也不严厉。"

　　1920年的整个夏天，毛姆都在尽职尽责地扮演丈夫和父亲的角
色，但现在他打算逃走了。他和西里尔的关系变得异常恶劣，为将来

做一个严肃的决定势在必行。这对夫妻不合适到令人无望，他们非常不幸福。最近毛姆甚至起了自杀的念头，他震惊地意识到必须得做点什么了。毕竟占上风的是他，他直截了当地告诉西里尔："现在你我只有两条路可走。"两个星期后，他把他们争吵的要点写成文字：

> 你要么接受我的要求，你的来去和来去的频率以及停留时间都由我来决定，必须心平气和，不能吵闹，否则我们就分居……至于伊丽莎白，你知道我一直惦记着她。为了她好，也为你和我好，如果你愿意让步的话，我希望我们可以继续生活在一起。

无论多么反感这些条件，西里尔别无选择，只能答应。当然，她有充足的时间反复考虑。发出最后通牒后不久，毛姆再次出国，这次他在外面待了一年多。

第九章

廊台和普拉胡帆船的世界

　　与他的很多同龄人不一样，毛姆在其漫长一生中的大部分时间，拥有非凡的与时俱进的能力。正如他对他的朋友埃迪·诺伯洛克所说的那样："只要是与艺术有关的作品，原地不动就等于后退。"作为一名剧作家，他与观众合拍，留意新的趋势，并迅速提供不断变化的市场所需要的东西。"戏如衣服，"他曾经解释说，"裁缝必须把衣服做得合体，否则顾客就不穿，必须做出流行的款式，否则会让人感觉自己像个傻瓜。"1925年，年过五旬的他注意到，"戏剧正处于动荡不安的状态。"他通过观看法国和德国年轻剧家们的作品，来探索他们的目标是什么。作为一名小说家，无论是他选择的主题，还是有时现代到惊人的手法，都表明他跟得上时代的潮流。从商业层面来讲，他的短篇小说成为一种全球现象，被译成几乎所有的文字。更值得注意的是，作为一名维多利亚中期的作家，他很早就成为电影业一笔宝贵的财富。他在写电影剧本方面的尝试不多，他本人对这个媒介兴趣有限，他反感大部分电影从业人员，然而他的作品却通过电影为世人所熟知，其中有很多人甚至完全没有读过他的书。20世纪二三十年代和第二次世界大战期间，毛姆在好莱坞花费了相当长的时间，但

很少是心甘情愿的。尽管亲自参与了很多制作，但他从来没喜欢过他
作品的电影版。"我想象不出有什么理由让我去看电影。我受不了看
到我的作品被拍成电影。"尽管如此，他还是很精明，意识到这是一
个极好的来钱的路子，只要有机会他就不会拒绝。

1920年，他第一次被电影业的先驱人物杰西·L.拉斯基召唤到加
州，拉斯基突然造访伦敦，和很多著名作家签了约，其中有埃迪·诺
伯洛克、亨利·阿瑟·琼斯（苏·琼斯的父亲）、阿诺德·本涅特和
伊莉诺·格林①。1912年，拉斯基和他的连襟塞缪尔·戈尔德温共同组
建了一个电影公司，他们的一个雇员是当时鲜为人知的舞台剧导演塞
西尔·B.德米尔②。1916年，拉斯基和新组建的派拉蒙影业公司联手，
派拉蒙是默片时代最强大的制片厂，旗下有众多明星，如范朋克、玛
丽·碧克馥、格洛丽亚·斯旺森和鲁道夫·瓦伦蒂诺。尽管离有声
片出现还有一段时间（第一部有声电影《爵士歌手》直到1927年才发
行），拉斯基和戈尔德温却相信著名作家对他们的事业至关重要。他
们花大价钱从欧洲和美国请来优秀的作家，认为可以轻松教会他们为
默片创造情节、描画人物。尽管代价高昂，但实验却失败了：作家的
技能是在文字方面，而不是视觉方面，他们被这种新媒介搞得不知所
措，大多数人完全无法适应。举例来说，埃迪·诺伯洛克给德米尔写
的一个剧本因一句无用的台词被载入好莱坞的历史："语言简直无法
形容接下来的场景。"

毛姆虽然习惯给舞台写对话，但做得也没多好。1920年11月，他
和杰拉德·哈克斯顿一起来到好莱坞后，立刻发现自己成为创作集体
中的一员，被迫听导演、制片人、其他作家，甚至演员的话，而这些

① Elinor Glyn, 1864—1943，英国爱情小说家及剧作家。
② Cecil B. DeMille, 1881—1959，美国电影导演，好莱坞影业元老级人物，他也是美国影
　艺学院的36位创始人之一。他从1914年即开始执导电影，早期的代表作是1915年的《蒙
　骗》，被选为美国国家电影保护局典藏。

人没有一个是他尊敬的。"可憎的塞西尔",他私下这样称呼德米尔。原以为每交上一篇故事就能拿到一万五千到两万美金,结果他失望地发现只卖出了1918年的一个剧本《小屋之爱》(这部1922年发行的名为《考验》的电影被改得面目全非)和一个佣金为一万五千美元但从来没用过的剧本。"回顾我与电影界的关系,恐惧只因有了那一万五千美元而得到了缓解。"离开洛杉矶不久后,他这样告诉诺伯洛克。虽然尝试过几次,但毛姆从未在电影剧本创作方面做出过成绩。"我相信这并不难,"1937年他说,"但恰巧我不具备这门本领。"不过他一上来就明白了这行需要的特性,外来的作家中能做到这一点的极少。正如第二年,也就是1921年,他在一篇文章中所解释的那样:"写电影剧本跟写舞台剧或写小说不一样。它是一种非此非彼、模棱两可的东西,有自己的技巧、规矩、限制和效果。"讽刺的是,尽管毛姆本人从来没有掌握过这门技能,但在他的有生之年,他的作品被改编成电影的数量却比任何一个英语作家都多。①

如果说跟制片厂打交道令人泄气,工作之余则有很多可以补偿的东西。即使在禁酒时期,依然可以在南加州惬意地过上几个星期。20世纪20年代初的好莱坞,仍有一种亚热带村庄的氛围。这里有小农场,柠檬和柑橘树林,到处是一块块长满了山艾树和野花的空地,大道两旁栽种着扇叶葵,胡椒树和扇叶葵垂挂在小街上,很少有房子高过两层,私家游泳池尚不为人知。但毛姆发现,当他走在日落大道上,突然身边会围过来一群牛仔、印第安人和伊斯兰后宫里的女人,电影世界与弥漫在日常生活中的幻想和人造之物给人一种超现实感。更匪夷所思的一个偶发事件,使得他的形象第一次出现在电影胶片上。

一天上午,他出门散步,见一小群人在看拍电影,他也走过去凑热闹。突然,"我被一个强横的副导演粗暴地推到人群前头,他冲着

---

① 截止到写这本书时,毛姆的作品共有98个电影电视版本,仅次于他的是柯南·道尔,夏洛克·福尔摩斯的故事被拍成93部电影。

我喊：'做出兴奋的样子！'一群装束奇特的警察在街上忙乱，我想他们被人们称作'启斯东警察'①。所以我当了一回演员，但没有得到酬劳。"住在西班牙风格的好莱坞酒店的毛姆，很高兴联系到一些老朋友——在百老汇主演《杰克·斯特劳》的约翰·巴里摩尔，正在为范朋克和玛丽·碧克馥改编《三个火枪手》的埃迪·诺伯洛克，还有希望加州的阳光能帮他治愈关节炎但很快就全身瘫痪了的内德·谢尔顿。1921年的新年前夜，诺伯洛克带着哈克斯顿和毛姆去了一个叫"梦境"的声名狼藉的舞厅，他们在那里观看了一个黑人爵士乐队的演出，还用茶杯喝非法的威士忌。

　　毛姆认识了不少电影界的人士，其中有喜剧演员查理·卓别林。卓别林是好莱坞的大人物，世界上酬劳最高、最有名的电影人之一。卓别林当时正在拍他的第一部独立电影《寻子遇仙记》，这个半自传性质的故事，取材于他童年在沃尔沃思和兰贝斯的出租屋和济贫院里的贫困经历。从圣托马斯医院读书时起，毛姆就很熟悉那个区域，于是两人立刻建立起了友谊。毛姆着迷于卓别林喧闹的幽默和模仿天赋，尤其是他对语言的模仿，比如他一个字也不认识的法语和西班牙语。然而在他活力四射的插科打诨背后，毛姆感知到深深的忧郁，他对伦敦贫民窟生活的怀念，怀念富裕的洛杉矶大街上所不知的温暖和热烈。一天晚上，两个短小精悍、黑头发的英国男人散了很长时间的步，他们在香烟的雾气中边走边聊，向那座城市最穷的地界走去：这里有肮脏的排屋，昏暗的小店铺，街上丢的到处是垃圾，衣衫褴褛的孩子们闹嚷嚷地玩耍，他们饶舌的母亲在一旁看着。卓别林环顾四周，脸一下子亮了，他用欢快的语气、奇怪的半伦敦腔大声叫道：

①　美国喜剧片创始人麦克·塞纳特创造了"启斯东警察"这个特定人群。这群警察像从疯人院里跑出来的，头戴铜盔，上衣过分肥大但是裤子却短了一截，只要走路就一定会"下意识"地摔倒，动不动就陷入一场疯狂的追捕，结果一定是人仰马翻。抓捕盗贼的过程中往往反被盗贼痛打一顿。卓别林几乎所有的电影中都有"启斯东警察"的身影。

"喂，这才是真实的生活，不是吗？其余的一切都是虚假的。"山姆·戈尔德温为《寻子遇仙记》的第一次私人放映会举办了晚宴，毛姆应邀参加，他和所有人一起为卓别林这部深刻的作品鼓掌喝彩。

离开好莱坞前，一次纯偶然的机会，毛姆做成了职业生涯中最赚钱的一笔交易。当时一个叫约翰·科尔顿的年轻美国剧作家也住在好莱坞酒店，一天晚上，他问毛姆能不能借他点东西看看，毛姆就把他还没出版的南太平洋群岛的故事《汤普森小姐》的校样给了他。第二天早上，科尔顿下楼吃早餐，兴奋地说他被这个故事迷住了，想把这个故事改编成舞台剧。这个作品在被《时髦圈子》杂志接受前，曾经被很多期刊拒绝过，所以毛姆也没抱太大希望。他心平气和地同意了科尔顿的建议：科尔顿手头拮据，毛姆没让他支付版权费，但说好利润五五分成。他们握手成交后，毛姆就没多想，直到过了几个星期，这个故事出版后引起了巨大的轰动，各种改编成电影、戏剧的提议源源不断，版权费价值数千美元。毛姆开始后悔当初怎么会同意那样的条件。

第二年，由约翰·科尔顿改编的戏在纽约上演，更名为《雨》，主演是当红明星珍妮·伊格斯。《雨》大获成功，连演了大半年，接着在全美进行了漫长的巡演，最终的总收入超过三百万美元。奇迹仍在继续，紧接着电影版权以十五万美元售出。1925年，这部戏被巴兹尔·迪安①搬上了伦敦加里克剧院的舞台。至于这部戏的女主演，迪安的首选是容貌美丽但喜怒无常的塔鲁拉·班克赫德②，她很渴望得到这个角色，但毛姆看了最初两天的排练后对班克赫德小姐的表演很失望，坚决要换掉她，这让这个女演员感觉很没面子，班克赫德在巴兹尔·迪安的办公室大闹一通后冲出剧院，径直回到她的公寓，写了一张纸条夸张地说想要自杀，接着吞下了很小一把阿司匹林。幸好，第

---

① Basil Dean，1888—1978，英国演员、作家，舞台剧和电影导演兼制作人。

② Tallulah Bankhead，1903—1968，美国女演员和喜剧女演员，她性格暴躁而尖刻，以其塑造的高傲人物和用"亲爱的"称呼每个人的习惯而闻名。

二天早上醒来时并未产生不良后果，但把编剧和导演折腾得够呛。塔鲁拉"造成的麻烦超乎你的想象"，毛姆说，"她动用各种关系企图影响我的决定，但我坚决不同意让她演，于是我成为她所有朋友谩骂的对象。"最后，莎蒂的扮演者换成了名不见经传的奥尔加·林多。林多的表演比较稳，可惜缺少性魅力，声音沙哑的班克赫德小姐反而性感十足。若干年后，毛姆承认，他的职业生涯中犯下的最大的错误，就是阻止塔鲁拉出演《雨》。①

毛姆和杰拉德·哈克斯顿于1921年2月离开洛杉矶，他们先去了旧金山，在那儿和金融家伯特·阿兰森共度了几日，他们最早是1916年在去夏威夷的路上认识的。2月21日，他们乘船去了火奴鲁鲁，又从那儿去了澳大利亚，然后动身去最后一站新加坡。

绝大多数读者会把萨默塞特·毛姆与大英帝国后期，尤其是远东的大英帝国联系在一起。正如人们将吉卜林与印度和英国统治印度的时期等同起来，人们也将毛姆与马来群岛相提并论。在许多人心中，那些以橡胶园、马来亚的边远地区和当地俱乐部里的桥牌室为背景的著名小说，那些描写乱伦和通奸，性饥渴的传教士和酗酒的种植园主，丛林里的脚步声和廊台上的谋杀案之类的故事正是毛姆虚构作品的形象和缩影。正如西利尔·康诺利②曾经写过的那样："即使一切消亡，还有一个从新加坡到马贵斯群岛说故事的人的世界留了下来，这个世界专属于，而且永远属于毛姆。我们步入这个廊台和普拉胡帆船的世界，就像走进柯南·道尔的贝克街，会有一种幸福的、永恒的、回家了的感觉。"康诺利解释说："他告诉我们以前没有人说起过的

① 塔鲁拉·班克赫德被巴兹尔·迪安辞退一事闹得沸沸扬扬，紧接着她便出现在诺埃尔·科沃德的新戏《堕落天使》中。首演那晚，她改了台词：她把"哦，天哪，雨。"改成了"我的上帝，雨！"不出所料，赢得满堂彩。最后，塔鲁拉还是在1933年的纽约新版中出演了莎蒂，并获得如潮的好评。
② Cyril Connolly, 1903—1974, 英国作家和文学批评家，有影响力的文学杂志《地平线》的主编。

东西，远东的英国人——法官、种植园主、公务员和他们的女眷，就是这个样子。"其实毛姆在那边待的时间很短，1921年待了半年，1925年待了四个月。不过旅行后他出了两本短篇小说集《木麻黄树》和《阿金》，书中收录了毛姆最成功的作品。写这些小说的那些年，毛姆和杰拉德·哈克斯顿云游天下，那是他的创作力最旺盛的时期。

　　毛姆在这两本书中描写的世界仍然是一个广阔的帝国，只是这个帝国的实力被第一次世界大战大大地削弱了。1914年，面积为一千二百万平方英里的日不落帝国似乎固若金汤，总的来说，统治者和被统治者都接受自信的英国人天生的优越感。毛姆写道："当时的英国人普遍认为，除了英国人，没有谁可能永远正确，或者曾经相当正确，无疑，全能的上帝是盎格鲁-撒克逊人，统治棕榈和松树，这是上天赋予'斗牛犬'的特权。"管理殖民地财物的首要目的是为了英国的利益，当然，是仁慈地管理。"没有人，即便是最可怕鲁莽的人也不能质疑我们在这方面的诚意——但也要坚定不移，我的孩子，也要坚定不移，以免帝国的学子们忘了谁是主子，谁是仆人。"然而战争期间，这个永远正确的形象出现了巨大的裂缝，仆人们目睹成千上万的主子被杀，主子确实正在靠近威风扫地的失败。与此同时，由于电影的出现，白人的威望和通过武力统治这片辽阔疆域的至高无上的重要性进一步遭到破坏，电影向部分观众揭露了主子们始终不变的淫乱、罪恶和荒唐。为了对抗这些令人遗憾的影响，统治精英们决定加强管理，尤其强调道德的端正。关于这个时期，受雇于缅甸殖民地公务部门的乔治·奥威尔[1]写道："老爷的作为就得有个老爷的样子，他终其一生都得争取镇住土著，这是他维系统治的先决条件。"不可避免的是，这样的政策给移民社会的某些领域造成了紧张和压力。正是这个

---

　　[1] George Orwell，1903—1950，英国小说家及散文家。代表作有《动物庄园》和《一九八四》。1903年生于英国殖民地的印度，童年耳闻目睹了殖民者与被殖民者之间尖锐的冲突。与绝大多数英国孩子不同，他的同情倾向悲惨的印度人民一边。后来被派到缅甸任警察，他却站在了苦役犯的一边。

社会，给1921年3月底来到他们中间的毛姆提供了肥沃的土壤。

毛姆和哈克斯顿到达马来亚时，当地正经历一段相对繁荣的时期，主要归功于美国汽车工业的发展，为战前橡胶生意的迅速发展提供了契机。这个区域包括直接隶属于英国的三个海峡殖民地——新加坡、槟榔屿和马六甲，以及由英国管理的四个州——雪兰莪苏丹国、森美兰州、彭亨州、霹雳州组成。以吉隆坡为首都的马来联邦弥漫着一种自信、稳定的气息。尽管战争带来巨大的社会动荡，但人们仍普遍相信英国的统治会无限期地延续下去，日常工作照旧继续，生活水平一直在改善中。即使是最穷的种植园主也开上了汽车，小轿车代替了小马和双轮轻便马车，一个冷藏公司在新加坡开业，两幢现代的大酒店在吉隆坡拔地而起，这里有火车站、高档商店、茶室、高尔夫球场、马球场和赛马场。英国人分成两组，一组是马来亚的公务人员，另一组是专业技术人员，前者认为自己的社会阶层绝对高于后者。大部分上层公务人员构成了统治阶层，他们从顶尖的私立学校和大学毕业，而余下来的大部分人——种植园主、锡矿主、医生和工程师则不然。毛姆在笔记本中描述了种植园主对政府官员的态度，"掺杂了敬畏、妒忌、轻蔑和愤怒。"他们在背后讥笑那些官员，同时又将游园会和在驻地长官家中举办的晚宴视作生活中的大事。在种植园主中找到一个读书的文化人很难。这种局面自然会造成一定的分裂和不稳定，人们经常互相攀比，谈论上的是哪所学校，在哪个军团服过役，以及怀特岛上的度假屋。亮出一个有头衔的亲戚，哪怕是远房亲戚，也被认为像是亮出了一张王牌。毛姆记录道：

> 普劳德洛克欧洲移民地，主要是英国的移民地，极为散落：在一些非常偏僻的种植园里，一个种植园几个月甚至几年也见不到一张白色的面孔。每个月收到一次河运的邮件，有信、书，以及至少过期六个星期的杂志和报纸。对于《驻

地分署》中的沃伯顿先生这类人而言，即使孤独，也要严格保持标准，这一点至关重要。

大部分住在边远地区的人，收到邮件后会迫不及待地撕开包裹，翻出最近期的报纸，先扫一眼国内最近发生的事件。沃伯顿先生不这样。他的报刊经销人按照他的指示在外包装上写上他发送的每张报纸的日期，大包裹到了，沃伯顿先生先看日期，并用蓝色铅笔编上号。他的男管家依照命令，每天早上把一张报纸连同一杯茶放在廊台的桌子上。沃伯顿先生感觉最惬意的时刻，就是边读晨报边啜饮着茶，这给他一种在家里的错觉。每个礼拜一，他读六个星期前那个礼拜一的《泰晤士报》，一个星期下来，以此类推。礼拜天它读的是《观察家报》。正如他有穿正装吃晚餐的习惯，这是他与文明的联系。

即便是在城镇里，移居者的人数也很少，这更加强化了本来就很浓厚的社区感，人们有意识地粘在一起，尽可能复制家乡的生活方式。几乎每个小镇都以拥有圣公会教堂、板球场和仿都铎风格的酒馆为荣，老爷太太们不遗余力地教他们的中国厨子怎么做牛奶沙司、欧芹填料、威尔士兔子（涂干酪泥的烤面包片）和牛肉腰子派。无论天气多么炎热潮湿，早餐永远是茶、麦片粥、培根、鸡蛋或腌鱼，此外还有吐司和果酱。一顿典型的晚餐包括番茄汤、瓶装沙拉酱闷冷芦笋、烤鸡（永远烤得有点焦）、土豆泥和罐装豌豆，甜品是罐装水果沙拉。

移民社交生活的中心是俱乐部。他们聚在那里，在凉爽的夜晚聊天、打网球，主要是来放松心情，不必再端着架子，摆出一副跟土著人打交道时应有的尊贵的白人样。下午四点下班后太阳落山前的时间，可以打两个小时的高尔夫或网球，打完球，男人们换下运动装和短裤，摘下硬壳遮阳帽，聚在酒吧里。在穿白衣、系红腰带的用人的服侍下，他们灌下几杯烈酒——两杯pahit（杜松子酒和苦啤酒）或两三杯 stengah（威士忌和苏打水），在廊台上抽烟、闲聊，抱怨天太热，抱怨他们的仆人，翻看新到的《笨拙》《女士》和《伦敦新闻画报》。经常聊的话题是"家"，还有退休以后去哪儿生活。每五六年才有一次探亲假，他们热切盼望那一天的到来，结果却失望而归。他们提前几个月就开始兴奋地计划去哪儿：伦敦，商店、戏院和餐馆。他们将享受生活中最愉快的时光！但一般过了两个星期，"他们比在丛林里还孤独。要是在戏院碰上某个在东方认识的人，他们会感到安慰，约一个晚上见面，大笑一番，互相讲述曾经有过的美好时光。"

当然，一旦回到俱乐部，他们不会承认有过类似的不满。吉隆坡有三个俱乐部，最大的是雪兰莪，那里有弹子房、桥牌室（几乎所有人都打桥牌）、阅览室和午餐厅，一个理发厅，两个酒吧——其中一个禁止女士入内。每个星期都会举办舞会，用一台手摇式留声机播放音乐，偶尔有化装舞会，还有快活的业余戏剧表演和吸烟音乐会[1]，听的不是古典音乐，而是最近刚从伦敦回来的小伙子们充满热情演唱的西区流行歌曲。到了晚上，驻地长官经常会过来打一局桥牌，驻地长官宅邸还会定期举办正式的晚宴。在热带炎热的天气里，西装笔挺的男人和身穿长礼服的女人们吃着烤牛肉和约克郡布丁，听着廊台上的军乐团演奏的吉尔伯特和苏利文的曲子的片段。毛姆的印象是："他们厌倦了自己，也厌倦了彼此。他们渴盼挣脱桎梏，获得自由，然而未来令他们满怀沮丧。"

尽管殖民地号称维持高水准的种族和谐，但整体来说，白人对土著人的文化习俗并不感冒。不知疲倦的旅行家亚力克·沃[2]这样描述20世纪20年代的英国人："他们并不试图去吸收被占领国的特点。一个

---

[1] Smoking Concerts，现场表演，主要是音乐，只有男性观众，在维多利亚时代很流行，这种社交场合的主要作用是向公众介绍新的音乐类型。

[2] Alec Waugh，1898—1981，即亚历山大·拉班·沃，英国小说家，阿瑟·沃之子，他还有个更有名的作家弟弟伊夫林·沃。

住在槟榔屿的英国人，身边围绕的是马来人、泰米尔人和中国人，他的哥哥住在南肯辛顿，附近就是汉默史密斯以西的贫民窟，两个人几乎都没有受到周边环境的影响。"这里的非欧洲人一般被称作土著人或亚洲人，称呼他们的语气里通常带有轻微的蔑视，但是他们坚决反对任何白人虐待土著人的行为。不同社会阶层间的互动极少，除了跟当地的苏丹，他们会得到应有的尊重，因为他们乐于合作的话对大英帝国的利益十分重要。毛姆在笔记本上描述了他被驻地长官带去见爪哇以西坦格雷（Tenggarah）的苏丹。这座苏丹的宫殿是摩尔风格的建筑："像个巨大的玩偶之家，被刷成亮黄色，这是皇家的颜色。我们被领进一个宽敞的房间，家具是英国的海边公寓里能见到的那种，但椅套是黄丝绸的，一个陈列柜里摆放着一大套各种各样的水果，全是用钩针钩出来的。"混血人在这里的处境尤其微妙。人们对白种男人逛妓院这种事睁一只眼闭一只眼，但白人绝不能挎着欧亚混血儿或亚洲女人的胳膊出现在公共场合。异族通婚会受到强烈的阻挠，混血儿的日子不好过，两边都不把他们当自己人。欧亚混血儿说的英语带一种"chee-chee"的口音，在欧洲人听来很滑稽，很多人极力掩饰他们的种族来源。比如《胆怯》里的伊泽特。这位哈罗公学的老校友，相貌英俊、衣着时髦，战争期间曾是某著名军团的一员，但伊泽特有一个说出来会令他丢脸的秘密：他的母亲是个混血儿。毛姆出色地刻画了他在这方面的不安全感和绝望的焦虑：他脸皮薄、势利眼，只要背景低于一等移民的人就会立刻遭到他的蔑视，他唯恐暴露自己的出身。

（伊泽特）寻思那些在吉所罗跟他很要好的家伙们是不是怀疑他身上流着土著人的血。他很清楚，万一被他们知道了，等待他的将会是什么。他们不会说他活泼、友好，他们会说他太他妈熟悉了，他们会说他像混血儿一样无能、粗心。如果他说想娶个白种女人，他们就会吃吃窃笑。

如果说移民者默认了男人和当地女人的结合，那么跨种族的同性恋就连话题本身都是禁忌。尽管事实上，殖民地的工作吸引了有充分理由希望避免在国内成婚的男人，这类人所占的比例异乎寻常得高。虽然大家嘴上不说，但没有人不知道，至于广泛且多样的随意性交的机会，海外可比英国多多了，远东更是无比慷慨。英国人一到苏伊士以东，新世界就呈现在他们眼前：在开罗和塞得港的酒店露台上工作的男孩，卡拉奇的男妓院，暹罗人轻松接受同性性行为，西北边境白沙瓦送上门来的青年，据说"得到一个男孩比在路边采一朵野花还容易"。四州府的性风气几乎一样开明，毛姆曾表示，他一生中最难忘的性经历发生在一条舢板上，那是一个月夜，他身边是个马来亚男孩。

英国统治下的马来联邦内部明显反对种族隔离，战前殖民者就有纳妾的习俗，白种男人跟马来或中国情妇同居必然会被广泛接纳，原因是很少有欧洲女人愿意来东方受苦。然而随着战后的经济繁荣，情况发生了变化，越来越多的英国人带太太来到东方。这些受人呵护、不懂世故的女人们对她们所要步入的世界全然无知。有些英国女人发现丈夫有亚洲情妇甚至有孩子后大为震惊。关于这个话题，《马来邮报》上刊登过很多篇文章，其中一篇这样写道："走出英格兰的新娘只有到了马来亚才能真正了解丈夫的真实生活……只有女孩一口咬定，未来的丈夫在婚前同样过的是无可指责的生活，问题才会平息。"当然，这样的事态给毛姆带来无穷的乐趣，他一直对性关系抱有浓厚的兴趣，他在小说《环境的力量》中照原样描述了这样一个实例。新娘子多丽丝刚刚来到马来亚，幸福地和她的丈夫盖伊生活在一起，边远地区的异域情调令她着迷。每天盖伊从法院下班回来，先打一局网球，然后他们就坐在一起，望着平静的河水和对岸的棕榈树，这是一天中最美好的时刻。

> 廊台的百叶窗拉起来了，两张长椅中间的桌子上放着酒

和苏打水。这是他们一天中喝第一杯酒的时候，盖伊调了两杯甜味杜松子酒，他拉起她的手，握在他的手心里。

"你在这儿过得开心吗，亲爱的？"

"特别开心。"

她穿了条亚麻裙子，看上去十分清爽。

然而渐渐地，多丽丝的心情变得不安起来，一个来自小村庄的当地女人隐约对她构成了威胁，她带着她的三个混血孩子经常在平房附近转悠。她问盖伊这个女人是谁，一开始他支支吾吾，后来终于承认这个女人做了他十年的情妇，那些孩子是他的孩子。多丽丝惊愕不已："想到那两条又瘦又黑的胳膊搂着你，我就觉得恶心。想到你怀里抱着那几个小黑孩。哦，简直令人作呕。我厌恶你的抚摸！"无法克服强烈的反感，她告诉盖伊，他们的婚姻结束了，她必须回英国去。他恳求她，但说什么都不管用，他别无选择，只能同意，尽管他知道多丽丝的离开会令他心碎。然而，他并不是完全无法安慰。送妻子去新加坡后，他独自坐着，一个小男孩悄悄走进房间。

他有两个儿子，这是他的大儿子。

"你来干什么？"盖伊说。

"我母亲叫我来的。她说，你需要什么吗？"

盖伊目不转睛地看着这个男孩。

"告诉你母亲收拾好她的东西，还有你们的东西。她可以回来了。"

"什么时候？"男孩的语气很冷淡。

"今天晚上。"

如果说男人容易犯错，女人其实也一样。带太太来热带的男人会面临棘手的问题。这里白女人稀缺，被过于忙碌的公务员或种植园主丈夫忽视的妻子们，自然成为单身汉追逐的对象。造成这种麻烦的部分原因是无聊。丈夫们成天在外，太太们几乎无事可做，只有少数人对当地的慈善或社区工作感兴趣。许多人觉得这里的生活水平比家里高得多，哪怕级别最低的公务员也会给配一个厨子，一两个童仆，一个马夫或司机，有孩子的话，还会有一个奶妈，一个园丁，一个男洗衣工。需要做的家务活很少，太太们又不能亲自去市场买东西，所以她们唯一的职责是点餐，而等丈夫回家前还有好几个小时的空闲时间。正如当时的一本手册上所解释的那样："女士们主要的不利条件，是白天经常缺少有趣的消遣。在大一点的城镇，有欧洲商店的地方，女士们还可以上午去购物或访友，换成小地方，或者庄园、矿场，生活就很容易单调乏味。当地的气候不适合做家务，做太多针线活或看太多书会影响视力，上午的时间变得缓慢冗长。下午通常用来睡觉，大多数女人觉得天太热，有点萎靡不振，所以，午休是很有必要的。"自然，有人把风流韵事当成一种受欢迎的消遣——只是有人下场很惨，比如吉隆坡一个校长的妻子，可怜的普劳德洛克太太。1911年，埃塞尔·普劳德洛克被控谋杀，枪杀了萨拉克一个锡矿的经理威廉·斯图尔德，她声称某天晚上丈夫不在家时，他出现在她家中并企图强奸她。然而法庭不认可她的说法，断定斯图尔德是她的情人，她因发现他和一个中国情妇同居醋意大发，怒而杀之。普劳德洛克太太被判绞刑，但她的朋友和支持者们联合签名，递交情绪激昂的请愿书，最终她获得了苏丹的特赦。

十年后，在吉隆坡，普劳德洛克太太的律师E.A.S.瓦格纳向毛姆讲述了这起案子。毛姆立刻意识到它的可用性，于是构思完成了一篇小说。《信》的结构与法庭描述的情形极为相似，书中的这个妻子叫克罗斯比太太，她杀了所谓的强奸犯后被捕并接受审判。小说家在书中添加了一些额外的调料。真实案例中没有找到普劳德洛克太太和斯图尔德有亲密关系的具体证据，小说中则出示了一封莱斯丽·克罗斯比的亲笔信，让人不得不相信哈蒙德是她的情人。直到那时，她的律师还确信她不必担心，证明她无罪不是难事。然而，这封信改变了一切：她有罪，除非毁掉这封罪证确凿的信，否则她将被定罪。这封显示有罪的信在哈蒙德那个中国情妇手里，最近发现情人生活中有这个女人存在，导致克罗斯比太太发疯。这个中国女人准备卖掉这封信，但开出了一个惊人的价码，律师别无选择，只能问莱斯丽的丈夫要钱，这个善良、愚蠢的男人完全信任自己的妻子，一刻也没怀疑过她的品行。听到对方索要的钱数，一种可怕的感觉慑住了他。

> 克罗斯比脸涨得通红，嘴角奇怪地耷拉下来。
> "可是……"他不知道该如何表达，脸都憋成了酱紫色，"可是我不明白……你该不会是说他们发现她确实有罪吧？"
> 这时，他那迟钝的智力当中像是透进了一丝光亮。

《信》先是1924年在《赫斯特国际》杂志上刊载，两年后收入短篇小说集《木麻黄树》。《信》成为毛姆最著名的短篇小说之一，这主要归功于戏剧和电影改编：1927年，毛姆将这篇小说改编成戏剧，在表演屋剧院上演，饰演莱斯丽·克罗斯比的女演员是格拉黛丝·库珀；1929年有一版由珍妮·伊格斯主演的默片；1940年，著名的华纳电影公司出品了由威廉·惠勒[1]导演，贝蒂·戴维斯主演的电影版。具有讽刺意义的是，这篇小说只在马来亚地区不受欢迎。一个到马来亚不久的公务人员这样写道："这里显然有一群愤怒的人。这部戏激起了强烈的愤慨，我路过此地时，人们依然激动地表达对《信》的看法。毛姆还被谴责辜负主人的好意，搜出他人的家丑写成书。"毛姆还受到了其他类似的指控，被刺痛的毛姆不得不在美国版的《木麻黄

---

① William Wyler，1902—1981，美国电影导演，三次获得奥斯卡最佳导演奖，三部影片获得奥斯卡最佳影片。1965年他获得了奥斯卡奖终身成就奖。代表作有《钟楼怪人》《宾虚》和《罗马假日》。

树》中气呼呼地加了一篇为自己辩解的后记：

> 在被中国海冲刷的国度里，有些偏小的社区是非常敏
> 感的，如果有一部小说暗示说，他们那些居住在市郊的远房
> 亲戚不总是看得上他们的生活条件，并且心满意足地住在市
> 郊，那些社区里的成员就会变得焦虑不安……他们身处于东
> 方人之中，就像生活在一个狭小的集镇，因此他们也带着集
> 镇的缺点和毛病。他们似乎怀着恶意的快感去探寻那些人物
> 的原型，尤其当那些人物是吝啬、愚蠢或恶毒的，而且作家
> 恰恰挑选他们作为小说人物的时候。他们对文学艺术知之甚
> 少，不明白在短篇小说中人物的性格和外表是由复杂情节的
> 特殊需要决定的……不能因为一个读者闲极无聊，发现小说
> 中的某个人物跟他认识的某个人在思想或身体上有某个共同
> 特征，而且知道作者与这个人有过来往，就将这个人的名字
> 贴在这个人物身上，说："这就是他的画像。"

如此乖戾的口吻怎么可能抚慰受伤的情感，十多年后，四州府的
人依然对毛姆耿耿于怀。"分析对萨默塞特·毛姆的偏见很有趣，因
为对他的偏见在此地是如此强烈且广泛。"《海峡预算》杂志上的一
篇文章这样开头：

> 最通常的解释是，毛姆先生听到驻地分署的某个丑闻，
> 而后炮制出一篇短篇小说。第二个原因是他们厌恶毛姆先生
> 的讲述方式，他在书中所呈现的是欧洲人在马来亚生活中最
> 糟糕且最不具代表性的侧面——谋杀、胆怯、酗酒、勾引和
> 通奸。他总是把冷嘲热讽的重点放在令人不悦的东西上。难
> 怪在马来亚过正常生活的白人男女希望毛姆先生去别的地方
> 寻找地域色彩。

　　一开始毛姆很诧异，后来就对这种指责，对被许多正派、妻管严、好心眼的帝国仆人们视作"不忠和背叛的杰作"所引起的愤怒见怪不怪了。评论家洛根·皮尔萨尔·史密斯①不无兴趣地写道，毛姆的这些小说"完全辜负了他人的信任，这些小说的出版毁掉了那些在东方好心招待过他并向他袒露过坎坷人生中伤心秘密的主人们的生活"。毛姆从来没有否认过旅行是为了寻找故事，也没否认过他找到的故事构成了小说的基础。正如他所承认的那样，大部分虚构人物源于现实生活中的人物：

> 　　我尽我所能利用他们，利用他们的问题。我没把他们或他们的情感处境描绘得像他们想象的那么迷人，因而招致相当多的批评和怨恨。当我重访其中的很多地方时，许多人粗鲁地将我拒之门外。我被公开辱骂，有的人甚至还威胁要对我进行人身攻击。但我学会了接受这一切……如果他们不喜欢我对他们的真实看法，那就让他们见鬼去吧。

　　毛姆和杰拉德都是很好的聆听者，善于挖掘人的内心世界，他们一再验证了观察到的真相，也就是，人们绝不会用对陌生人说话的方式对家人和朋友说话。"我和他们交往到适合我本性的亲密程度。"毛姆在《总结》中写道，"这种亲密源自他们的倦怠或孤独，一旦分开就会被打破，而且不可逆转。"在酒吧里，俱乐部的廊台上，或与内陆某个孤单的地区官员在一起时，毛姆会听到这些看似普通的生活中发生的不同寻常的故事。"……喝着苏打水或一瓶威士忌，在一盏电石灯的照明半径内，一个男人对我讲了他自己的故事，我相信，他以前从来没对任何人讲过……用这种方式了解一个人，一个晚上能比

---

① Logan Pearsall Smith，1865—1946，杰出的现代英国散文作家，主要作品有《琐事集》《琐事集续篇》《再思录》等。

认识他十年的人了解的都多。"于是，他知道了《书包》中描写的那个兄妹乱伦的故事；《赴宴之前》中酗酒的丈夫被妻子杀死这个案子的灵感，源自他在新加坡一个晚宴上认识的一对夫妇；和他在内陆同住一家客栈的一个商人给他讲了一个妻子发现丈夫有三个混血私生子的故事，毛姆在这个故事的基础上创作了《环境的力量》；出现在《丛林中的脚印》中的丑闻是杰拉德听来的。他们当时在苏门答腊，毛姆和杰拉德约好一起吃晚饭，但杰拉德一如既往地在酒吧里流连，毛姆等烦了就自己吃了。快吃完时，杰拉德摇摇晃晃走进餐厅，"对不起，对不起，"他说，"我知道我喝多了，但我有一个特别棒的故事要讲给你听。"接着，他说出了围绕着"卡特怀特夫妇"（小说中的名字）展开的一系列惊人的故事。乍看起来，他们不过是一对和和美美的老夫妻，晚上去俱乐部开开心心地打几局桥牌。

在《木麻黄树》的那篇跋的末尾，由于遭到辜负他人的谴责而心有余痛的毛姆大胆且不顾事实地表明，这本集子中的六个故事里只有《胆怯》源于真实事件，他直截了当地指出："灵感得于我亲身经历的一次不幸遭遇。""不幸遭遇"还是往轻了说，那个遭遇险些要了他的命。

1921年3月，毛姆和哈克斯顿到达新加坡，他们在那里收邮件，（"一定要给我写信哦，"毛姆请求埃迪·诺伯洛克，"把伦敦所有的秘史全告诉我。"）探索这座城市时他充分利用手里的介绍信。新加坡是东方大港之一，海峡殖民地的总督府所在地，这里和其他地方迥然不同——拥挤、喧闹、充满异国情调、道德松懈。港口一派壮观的景象，海湾里挤满了炮艇、客轮、舢板、码头上乱哄哄的军舰和载客的汽艇登陆上岸，货物卸到仓库里，马车和出租汽车趴活儿揽客，导游们争先恐后地提供你能想象的到的各种服务。这座亚洲城市半东方半欧洲——主要是中国和英国，这里有熙熙攘攘的街头生活，露天作坊、市场、大排档，寺庙、茶室和鸦片馆紧邻着欧洲人的街区，那里有豪华酒店，比如著名的莱佛士酒店，百货商场、餐馆和夜总会，还有帝国政府诺大的办公楼、公园和公共花园，昂贵的住宅区里住着富有的西方人和比他们更富有的中国人，中国人控制着大部分更赚钱的行业。毛姆第一次抽鸦片就是在新加坡，抽完鸦片立刻感觉内心平静、头脑清晰，可惜到了第二天早上就开始头痛欲裂，不停地干呕。

毛姆和哈克斯顿从新加坡开始游遍了整个半岛，时而住在酒店和客栈，时而住在驻地长官家里，最不舒服的要数住在偏僻的驻地分署或香蕉种植园：根据毛姆的说法，和相对奢华的官员宅邸比起来，种植园主的家"有点沉闷，很多粗制滥造的家具、银制饰品和老虎皮，食物也难以下咽"。他们乘船到达群岛中的各个岛屿和更远的地方，经常乘坐定期穿梭于南太平洋上的采珠船去印度尼西亚（新几内亚）的马老奇、班达群岛和卡伊群岛、托雷斯海峡的星期四岛。尤为难忘的是去位于婆罗洲北部沿海的沙捞越。在这个白人拉者①的王国，世界历史上唯一一个被英王朝统治的东方王国里，他们受到拉者——非常英俊也非常有英伦范儿的瓦伊纳·布鲁克的接见，他的妻子是活泼古怪的西尔维娅·布莱特，她的姐姐是 D. H. 劳伦斯的密友、画家多萝西·布莱特。渴望探索的毛姆和哈克斯顿和一群迪雅克②船夫乘独木舟沿实哥浪河逆流而上。他们拒绝舒舒服服待在遮阳篷下，而是尽情享受宁静美丽的风光——白鹭在深绿色的水面上低飞，沙岸上生长着柔软如羽毛的木麻黄，更远处的山坡，还有长满金合欢和椰子树的茂密的丛林。每天晚上，他们把船拴在一个迪雅克村庄旁，在一间屋顶是茅草的长屋里过夜，几家人——通常二三十口人住在一个长屋里，这些人热情得令人疲惫。晚上主人请他们吃饭跳舞，一直到凌晨时分，

---

① 或译作拉惹，是东南亚以及印度等地对于领袖或酋长称呼，最早源自于梵文，在印度，它曾被用以作为印度教的国王、领袖的称呼，用以区别于伊斯兰教的领袖。在马来西亚至今玻璃市的统治者，仍被称作拉者。
② 居住在婆罗洲的一支印度尼西亚民族中的一员。

即使到了这个时候也睡不了觉，婴儿哭，公鸡叫，母鸡和狗四处转悠，房子下面还有猪一边哼哼一边拱垃圾。

一天，船正缓缓上行，突然他们看到巨浪靠近，一股怒潮呼啸着向他们扑过来，潮水迅速增大体量，直至一堵八英尺高的巨大的水墙在他们头顶爆炸，独木舟被掀了个底朝天，将他们抛入水中。毛姆和哈克斯顿不顾一切地想抓住船舷，但怎么也抓不牢，汹涌的潮水在他们四周横冲直撞，他们一次次被水淹没。没过多久，毛姆就鼻青脸肿、筋疲力尽、气喘吁吁，感觉越来越没力气，他知道自己快要淹死了："我认为最好被冲向岸边，但杰拉德恳求我抓牢船舷……我喝了一肚子水……身旁的杰拉德帮了我两三次。"又挣扎了几分钟，他们听到一个船员大喊，那个人抓住了一只从身边飘过的薄薄的床垫，用床垫托着他们终于到达了陆地。他们的脚陷进厚厚的淤泥里，拖着身子向岸上走，最后终于爬到岸边，瘫倒在高高的草丛里。他们一动不动地躺着，浑身是泥，累得动弹不得，直到毛姆使出浑身力气站了起来，脱掉脏衣服，用衬衣做了块遮羞布。这时他才惊恐地看到杰拉德想站起来却摔倒了，一副痛苦的样子，他好像心脏病犯了。"我以为他要死了。"毛姆回忆道。手头没有救命的东西，什么也做不了。毛姆在他的情人身边坐了几个小时，安慰他，跟他说话，告诉他疼痛会过去，一切都会好的。终于，救他们的人来了，两个筋疲力竭的人被独木舟送到一间长屋。慢慢地，他们缓了过来。回想当时，毛姆惊讶于自己居然没有害怕，尽管他很高兴发现自己还活着。"那晚，我穿着干的纱笼，坐在迪亚克人家里，望着天上黄色的月亮，有一种强烈得近乎性欲的愉悦。"

最初的一两天，毛姆和哈克斯顿都很高兴死里逃生，似乎其余的一切都不再重要了。但没过多久，他们就开始为沉入河底的私人物品烦恼起来，决定回新加坡整装。八月中旬，他们再次从这里出发，这次是去爪哇，他们打算在那儿待几个星期，然后踏上漫漫的回家路。

然而几个星期变成了几个月，差点淹死的杰拉德的身体依然很弱，到了爪哇后感染伤寒病倒了，不得不住进南部海岸加鲁特的一家疗养院。毛姆的身体也不舒服，患了结肠炎，于是他们待在这个宜人的小山城里，杰拉德接受治疗。只要一天能读几个小时书，毛姆就很知足了，毛姆一直把读书称作一种瘾。他解释说，读书是"一种必需品，如果被剥夺一小会儿，他就感觉自己像被剥夺了毒品的瘾君子一样烦躁（《总结》）"。无论在哪儿，他都会准备充足的书，旅行时也会带一箱子书。可是现在，待的时间比计划的长很多，他沮丧地发现没书可读了，当地能找到的非荷兰语书只有歌德、拉·封丹和拉辛的课本。"我很欣赏拉辛，"毛姆后来写道，"但我承认，一部接着一部读他的剧本需要付出一定的努力。"有了这次经历后，他决定再也不冒没书可读的风险了：他买了一个书包——一个皮底的帆布袋，虽然笨重，但容量大。从那时起，他都把书包装得满满的，每次旅行都带在身边。

这次落得没书可读的"可怕"经历，显然对毛姆产生了深远的影响，其直接的结果就是他制订了一个计划，回到英国后他就立即给作家协会写了封信。他说，他希望用他的遗产设立一个年度奖项，鼓励英国作家"有机会在他们的'村子'之外生活一段时间"。在远东旅行期间，他继续写道：

> 我惊讶地看到生活在英国以外的英国人读的是哪类英文书，以及读英文书的外国人的数量之大。
>
> 协会成员如果知道，比如荷兰人在马来群岛读的是什么书，一定会大吃一惊……
>
> 总体上可以这么说，读者根本没有多少机会读到更好的英文作家的作品……我觉得很奇怪，我能发现这个悲哀的局面的唯一原因是，当今最好的英文作家都太偏狭了……他们对从生活中获得更广阔世界观的读者没什么好说的。

接下来的几年，毛姆一直在贯彻这个计划，并最终为年轻作家设立了一项旅行奖学金，该奖项就是著名的"毛姆文学奖"。

采珠船和迪亚克独木舟的船舱很窄，而在返回英国的漫长旅程的最后一段，毛姆和哈克斯顿登上了阿基塔尼亚号邮轮，这不仅是全世界最大的班轮，也是最豪华的班轮。从纽约出发的乘客中有一个20岁的美国人德怀特·泰勒①，把他介绍给毛姆的是他的母亲，演员劳蕾特·泰勒。毛姆邀请这个年轻人共饮鸡尾酒，和蔼地向他讲述他从未到过的欧洲，还向他描述了自己在海上一成不变的日常生活：整个上午读书或写作，一直到中午十二点，喝杯单份马提尼酒，然后绕着甲板散步到差一刻一点，也就是午饭时间；吃完午饭再次回到船舱，闭门独处到晚餐时间。毛姆的自律和整洁的外表给泰勒留下了深刻的印象，和毛姆形成鲜明对比的是他的"秘书"杰拉德——刷子一般的头发，邋里邋遢，没精打采，他很少出现在甲板上，大部分时间花在抽烟、喝酒和赌牌上。他玩世不恭的态度令泰勒感到震惊。"我很纳闷，"他一本正经地评论道，"毛姆怎么会允许自己的秘书像个衣衫褴褛的稻草人一样四处转悠。"

动身回家前不久在爪哇时，毛姆听到一个坏消息——他在纽约的经纪公司特里普突然破产了，他损失了很大一部分存款。"我很心烦，"他抱怨道，"我一直在攒钱，就是为了不必再让自己为了钱而写作。"他向他的朋友伯特·阿兰森求助，让他给自己介绍一个可靠的美国证券经纪公司，阿兰森立刻毛遂自荐，愿意为毛姆管理他的投资产品：他已经替毛姆做了几份投资，现在他要接手其余的部分，为了表示对毛姆的钦佩和友情，他决定不收佣金。阿兰森也欠毛姆一份人情，因为毛姆曾帮过他的忙：1917年，毛姆在俄国时给他发过一封密电，提醒他卢布要贬值，不然他就会损失大一笔钱。毛姆感谢他的提议，但他不知道将来要如何感激。在接下来的三十六年里，从1922

---

① Dwight Taylor，1902—1986，美国作家、剧作家。

年到1958年阿兰森去世，他把毛姆变成了一个大富豪，将定期寄给他的股利券变成了巨额财富。随着年岁的增长，对毛姆而言，金钱在很多方面意义重大：金钱能给他带来人身和艺术自由，允许他在愿意时出手慷慨，必要时换取宁静，他买得起最好的东西，在一定程度上补偿他青年时的物质匮乏。金钱在他的生活中是一个高度表现情感的领域，伯特·阿兰森密切参与其中，给了他们的友谊一种否则不会有的深度和质感。阿兰森是毛姆完全信任的少数人之一，毛姆对他的感激和依赖从未动摇过。"你是个很棒的朋友。"1921年2月去远东的路上认识他后，毛姆告诉他。过了差不多二十年，他们的关系几乎没变，"你一直对我这么好，"毛姆在1949年写信对他说，"我永远也报答不完这些年你对我的关照，只能对你付出深沉且真挚的情感。"

结果，特里普公司破产并没有最初想象的那么可怕，到了第二年，毛姆就把最初的损失挽回了大约三分之二。此外他在国外时，有一部新的喜剧上演，这可是一棵摇钱树。《周而复始》于1921年3月3日在秣市剧院上演，连演了近半年的时间，票房极好，后来于9月登上纽约的舞台，每个星期入账两万美元（大约有十分之一的收入归作者所有），而且赢得了一些很有影响力的评论家的赞誉。罗伯特·本奇利①在《生活》杂志上撰文道："一个美妙的场景接着一个美妙的场景，正如人物快速地上下场。"老阿瑟·霍恩布洛尔②则在戏剧杂志上将这部戏称为"自皮尼罗时代以来最优秀的喜剧"。当时这部戏大获好评，在毛姆有生之年一直在大西洋两岸受欢迎。美国人路易斯·克罗嫩伯格在1952年将《周而复始》形容为"20世纪用英文写作的极少数值得称赞的高雅喜剧之一"。英国剧评家詹姆斯·阿加特说："这

① Robert Benchley，1889—1945，美国幽默作家。他的大多数作品都是嘲笑中产阶级日常生活可厌之事的概括描写。1935年因短片《如何睡觉》获得奥斯卡奖。本奇利出生于马萨诸塞州的沃切斯特，他是《生活》和《纽约客》杂志的戏剧评论家。
② Arthur Hornblow Senior，1865—1942，著名的作家、编辑和戏剧评论家。纽约《戏剧》杂志的出品人。

位杰出剧作家的写作技巧堪称完美，《周而复始》是他最棒的戏。"

《周而复始》精致优雅，情节安排巧妙，探讨的是面对社会压力，随着性格战胜环境，维系婚内爱情的难题。故事发生在多赛特的一座大宅里，阿诺德·坎皮恩切尼和他年轻漂亮的妻子伊丽莎白，等待他的母亲和她情人的到来。三十年前，凯蒂夫人和已婚的波蒂厄斯勋爵闹出一桩丑闻后私奔到意大利，从此生活在一起。阿诺德焦虑不安，依然怨恨母亲当年抛弃他，可爱的凯蒂夫人和迷人的爵爷之间的浪漫爱情故事却令伊丽莎白兴奋异常，迫不及待想见到他们。等这对情侣走进门时，所有人吃了一惊：凯蒂夫人是个愚蠢的话痨，浓妆艳抹，染了头发，波蒂厄斯勋爵则是个秃顶、坏脾气的老头，总是因为风湿病发牢骚。显然，他们厌烦彼此，难得说对方一句好话。这个鲜活的例子对伊丽莎白没有影响，她一直打算离开丈夫和情人私奔。听说这个计划后，凯蒂夫人激动地恳求伊丽莎白留下来，向她描述自己婚外不幸的生活经历："人们为了爱情牺牲了生活，却发现爱情并不持久。爱情的悲剧并不是生离死别，爱情的悲剧是冷漠。"然而，两个情人去意已决，最后在态度发生惊天逆转的凯蒂和波蒂厄斯的帮助下逃走了。尽管吵吵嚷嚷，但这对老情人还是真心喜欢彼此的。

《周而复始》在很多方面为喜剧提供了一个有趣的前提，融合了浪漫与现实，频繁出现的滑稽的对话背后有着凄凉的寓意。尤其是波蒂厄斯与凯蒂的交流着实残忍，找不到一丝安慰。总的来说，这对通奸情人是可悲的，对彼此不忠，厌烦了无所事事和背井离乡。然而婚姻也算不上令人满意的答案，显然对伊丽莎白和阿诺德来说没用，对他们的生活状态的最佳描述是"亲切的冷漠"。"你不能指望一个丈夫结婚三年后还跟他的妻子做爱，"阿诺德断言，"毕竟男人结婚为的是有个家，为的是不再为性和一切诸如此类的东西操心。"（整部戏都在微妙地暗示阿诺德天性无意成家：他对迷人的妻子缺少兴趣，也对没有男子气概的装饰和家具不感冒。）看到最后一幕两个年轻的情人私奔后，观众不知道这算不算是个大团圆的结局，这种开放式的结局在首演那晚遭到顶层楼座观众的嘘声，导致某些评论家也指责作者愤世嫉俗，毛姆已然厌倦了这种老生常谈。评论这部戏时，弗兰克·斯温纳顿[①]和圣约翰·格里尔·欧文都认为毛姆愤世嫉俗的倾向是个瑕疵，但更有洞察力的德斯蒙德·麦卡锡则认为，愤世嫉俗是毛姆的喜剧天赋背后极其重要的推动力。"这种锋芒毕露的愤世嫉俗源自作者敏锐的目光，这种天赋在英语国家中极为罕见。确实，《周而复始》是他写过的最好的戏之一，也是最愤世嫉俗的戏之一。"

除了少数人持保留意见，这部戏获得了巨大的成功。毛姆很欣慰地告诉他的经纪人戈尔丁·布莱特，《周而复始》恢复了他的财务独立。毛姆身在国外时，他的声誉进一步提高，因为灵感来自波利尼西亚之旅的小说集《一片叶子的颤动》在英国和美国出版了。不出所料，《雨》被认为是最出色的一篇，但正如《星期六文学评论》所言："每篇独立的故事都始于灵感，终于艺术的完美。""我的短篇小说非常成功，所有人都对我好言相向。"他写信给伯特·阿兰森，承认他很享受这种被人崇拜的感觉。离开这么久，回来的感觉很奇怪。离开英国一年多，他发现大家依然做着类似的事，说着相同的话，和他离开前没有什么两样。

"你好，毛姆，你出门了？"

"是啊，"我说，"去布赖顿度了个周末。"

"啊，"那人回答，"我说最近怎么没见到你呢。"

然而并非一切如故，有两个大的变化：毛姆的出版商威廉·海涅曼去世了，他的经纪人J.B.平克也去世了。1920年10月，毛姆离开英国不到三个星期时，年仅57岁的海涅曼突发心脏病去世。由于没有继任者，公司陷入困境，直到海涅曼公司的副总裁和纽约的出版商F.N.

---

① Frank Swinnerton，1884—1982，英国小说家、批评家。

道布尔迪达成一笔交易，说服后者收购控股股权，同时维持英国公司的完整。道布尔迪是一个有权有势且魅力十足的人物，他的公司旗下有很多著名的英国作家，比如吉卜林。道布尔迪把他儿子带进了公司——纳尔逊还是个婴儿时，吉卜林曾把那首著名的诗《如果》献给他——高大、精力充沛、热爱运动的纳尔逊·道布尔迪不仅和毛姆建立了紧密的工作关系，还是毛姆一生的朋友。平克死得也很突然，1922年2月，他在去美国出差时去世。他在他们合作的早期为毛姆做了很多工作，但现在毛姆至少在美国和在英国一样出名，所以他决定把业务交给一个美国经纪人查尔斯·汉森·唐恩打理。唐恩被毛姆视作"我在纽约认识的最令人愉快的人之一"，他和道布尔迪是两种人，他是个迷人、老练的文人、小说家、诗人、杂志编辑和专栏作家，曼哈顿书圈里鼎鼎大名的人物。

备受瞩目的毛姆被卷入一轮招待与被招待的活动之中，与沃尔波尔、诺伯洛克和凯利这些老友小聚，还认识了一些新朋友，比如来伦敦访问的美国小说家辛克莱·刘易斯[1]。刘易斯身材瘦长，红头发，一张瘦削苍白的脸，两年前因小说《大街》一举成名，作者对中西部小镇生活的详细描绘吸引了毛姆。毛姆经常坐火车在美国旅行，见过和小说中一模一样的男人在吸烟车厢里闲逛，"他们穿着不合身的成衣，花哨的衬衫，戴着颜色鲜艳的领带，身材很结实，胡子刮得干干净净，一顶呢帽扣住后脑勺，嘴里叼着根雪茄。可是在我眼中，他们却像中国人和更令人费解的人一样陌生。"读过《大街》后，毛姆感觉对这些人有了一些了解，急于和作者聊一聊，于是请他到温德汉姆广场的家里做客。"毛姆好像挺喜欢我的，"刘易斯开心地向妻子汇报，"这个月的十号和二十二号他请我吃饭。"结果第一次见面的情景有点尴尬。那天毛姆还邀请了埃迪·诺伯洛克、画家安布罗斯·麦

---

[1] Sinclair Lewis, 1885—1951。1930年，他的作品《巴比特》获诺贝尔文学奖，他是美国第一位诺贝尔文学获获得者。

克沃伊（内文森在日记上记录这次晚宴时没提到麦克沃伊的名字，很可能是安布罗斯·麦克沃伊，但也有可能是剧作家查尔斯·麦克沃伊。）、克里斯托弗·内文森、剧作家兼评论家圣约翰·格里尔·欧文、奥斯伯特·西特韦尔、休·沃尔波尔，还有精致优雅的鉴赏家兼艺术赞助人埃迪·马什。作为女主人，西里尔是当晚唯一的女人，但即使她在场也无法阻止刘易斯这个贵客发疯一般的激动，用内文森的话说："他焦躁不安、滑稽、紧张，从来没见过这么敏感、有闯祸天赋的人。晚饭后，辛克莱·刘易斯拿过埃迪·马什的单片眼镜架在自己的鼻子上，像一条牵在绳子上的狗一样跟在埃迪·马什身后晃来晃去。后来为了自娱自乐，他还模仿起牛津风格文绉绉的对话，有时模仿麦克沃伊沙哑的声音。这搞得大家都很尴尬，因为他模仿得那么丑陋逼真。"最后，还是内文森化解了这个尴尬，他带刘易斯去了夜总会，毛姆这才松了口气。

　　二月那个晚上的老友聚会少了一个重要人物——杰拉德·凯利，他可能又去西班牙了，也许从来没喜欢过他的西里尔不准他来。凯利因为他那些时髦的肖像画过上了好日子。"他那个时代最可靠的肖像画家。"肯尼斯·克拉克不冷不热地评价他。凯利最近结婚了，妻子叫莉莲，大家都叫她简。简是个漂亮的金发女郎，来自工人阶级家庭，给他做过模特。毛姆为他们的结合感到高兴。"我认为你做了件非常聪明的事，我相信你的婚姻会非常幸福的。"他告诉凯利，他认为简的温柔镇定能平衡凯利容易焦虑不安的个性。除了凯利，诺伯洛克和沃尔波尔也是毛姆的密友。埃迪·诺伯洛克脾气好、善于交际，不计后果地花大把钱为他在布莱顿的漂亮房子购置旧家具，毛姆有时也会去他家里住。诺伯洛克缺钱了——他经常缺钱——就回好莱坞写电影剧本。沃尔波尔则越来越成功，他是受读者欢迎的小说家，文学界的名人，他住在皮卡迪利大街一间豪华的公寓里，陶醉在与丹麦男

高音歌唱家劳里茨·梅尔基奥尔①灿烂而又沮丧的风花雪月之中。虽然
虚张声势、孩子气，而且不知疲倦地推销自己，但总体上，他还是个
讨人喜欢的家伙，尽管他习惯带着一种温和的冷漠，不理睬那些不再
对他有用的人。虽然看似对自己很满意，但沃尔波尔极其渴望得到赞
同，骨子里没有安全感，朋友稍微有点讽刺和取笑，他就神经过敏。
尽管如此，他还是很钦佩毛姆，渴望得到他的称赞。两个人经常见
面，休会迫不及待地把毛姆偶尔表扬他的话记在日记里。"威利·毛
姆来家里喝茶，称赞了我的作品，听得我心里热乎乎的……他居然称
赞了我的'温文尔雅的幽默'，其他人却否认这一点。"

　　这个圈子里比较新的成员是埃迪·马什，在未来的很多年里，
他将在毛姆的事业上发挥独特的作用。只比毛姆大两岁的马什，曾被
形容为邪恶精灵与曼特侬夫人②的结合。这个男人十分博学，在牛津
大学古典学系获得双学士学位，记忆力超强，尤其是对诗歌，稍微鼓
励他一下，他就会用他单薄且有点尖利的嗓子大段地背诵。他是备受
推崇的五卷本《乔治诗集》的编辑，还是一名当代绘画鉴赏家，虽然
钱不多，却收集了很多艺术家的重要作品，这些艺术家包括马克·格
特勒③、邓肯·格兰特④、斯坦利·斯宾塞⑤和保罗·纳什⑥。马什的职
业是公务员，他给温斯顿·丘吉尔做过近二十年的私人秘书。现存
的毛姆给马什的第一封信写于1919年，这是一封感谢信，但没有说明

---

① Lauritz Melchior，1890—1973，美籍丹麦裔男高音歌唱家，以演唱瓦格纳歌剧著名。
② 法国国王路易十四的第二个妻子，1652年与作家保罗·斯卡龙结婚，1660年夫死后寡居
　曼特农城堡。她美貌绝伦，富于同情心。1675年路易十四赐她为曼特农侯爵夫人。1673
　年法国王后死后，路易十四娶她为妻。
③ Mark Gertler，1891—1939。马什购买了格特勒的两幅关于花的作品，一幅是《爱情
　花》，另一幅就是《黄水仙》。
④ Duncan，1885—1978，英国画家，纺织品和瓷器设计者，以及戏剧舞美和服装设计师。
⑤ Stanley Spencer，1891—1959，是一位风格独特的英国画家。无论在肖像画、宗教画、风
　景画，还是在寓意画中都发挥了丰富的想象力。
⑥ Paul Nash，1889—1946，英国超现实主义画家和战争画家，同时也是插画家、作家和实
　用艺术设计者。

感谢的内容。"亲爱的马什，"毛姆写道，"真的非常谢谢你。感谢你为我所做的事。"这里很可能指的是马什通过丘吉尔的关系搞到了《英国特工阿申登》的出版许可。衣着光鲜、对社交生活永不餍足的马什过着无可挑剔的单身汉生活，他十分喜欢与有才华且容颜俊秀的青年浪漫缠绵，鲁伯特·布鲁克①是一个，还有一个是演员兼作曲家艾佛·诺维洛②。由于密切关注艾佛·诺维洛的职业生涯，马什喜欢上了戏剧。只要是首场演出，他场场必到，无论戏多么烂，他都会表现得很狂热。"天哪！"一天晚上，帷幕刚刚拉起几分钟，马什就为一个演员的出场用力鼓掌。詹姆斯·阿加特惊呼道："你不会现在就喜欢上这部戏了吧！"马什有学者的头脑和敏锐的目光，他开始为作家朋友们校对文稿，主要是为丘吉尔，还有德斯蒙德·麦卡锡、沃尔特·德·拉·马雷③和多萝西·L.塞耶斯④。

① Rupert Brooke，1887—1915，英国空想主义诗派诗人。在一战期间创作了大量优秀的诗歌，《士兵》为其代表作。布鲁克在当时因为他孩童般的长相而被另一位爱尔兰诗人威廉·耶茨称为"英国最英俊的男人"。
② Ivor Novello，1893—1951，英国作曲家、歌手、演员、编剧，20世纪上半期英国最著名的艺人之一。全英原创音乐大奖the Ivor Novello Awards以他的名字命名。
③ Walter de la Mare，1873—1956，英国诗人、短篇小说和长篇小说作家。
④ Dorothy L. Sayers，1893—1957，女推理小说大师，与阿加莎·克里斯蒂和约瑟芬·铁伊并称为"推理侦探三女王"。

第十章

分居

　　1923年，从远东回到英国那年，毛姆50岁，名利双收，看似自信镇定。他继续和往常一样多产，只要戏单或杂志封面上有他的名字就会大卖。所有人都想认识他，20世纪20年代的伦敦社交圈很小，他的名字无人不晓。然而，私底下，他过着双重生活，一边是让他越来越反感的西里尔，另一边是令他着迷的杰拉德·哈克斯顿，这种生活似乎维持不下去了。毛姆依旧把伦敦视为基地：他的家，社交和职业生活的中心，然而，这里也让他感觉最压抑、最束手束脚。象征自由和冒险的杰拉德留在海峡另一边，毛姆不可能忍受没有他的日子太久。

　　五月底回到伦敦的毛姆十月份又走了。中间这四个月毛姆照常忙于工作，包括监督《比我们高贵的人们》的彩排，这部戏在战时曾因所谓的反美倾向被禁。9月12日上演后十分成功，连演了一年之久。同时他还要完成两个短篇小说和一部新闹剧——《骆驼背》，动笔写小说《面纱》。此外，他还要搬家，搬到一个更大、更豪华的住处，位于布赖恩斯顿广场43号的新家离温德汉姆广场只有不到一百码远。阿诺德·本涅特、查尔斯·汉森·唐恩、H.G.威尔斯和弗吉尼亚·伍尔夫受邀参加在毛姆家举办的晚宴，阿诺德·本涅特满怀羡慕地说：

"太棒了，这家伙的书房比我家的客厅都大。"毛姆将这次搬家归结为西里尔的社交野心，温德汉姆广场已经满足不了她了，她希望在招待客人的奢华程度上更上一层楼。其实，最早提议搬家的是毛姆，尽管她确实发现这么做大有好处，不仅可以招待客人，还可以把新家当成室内装饰品和"修复"后家具现货的展示厅。过了一段时间，毛姆才反应过来为什么今天晚上坐的沙发第二天早上就不见了，为什么家里的桌椅可以询价。但最初毛姆也很满意这个新家，他告诉伯特·阿兰森："太宽敞了，感谢《雨》让这一切成为可能。"

《雨》的版税还支付了巴黎十六区喷泉街65号一间小公寓的房租，杰拉德住在这里，同时毛姆也在这里度过了不可避免的分居时光。巴黎毕竟比佛罗伦萨更近、更方便。到目前为止，他们已经交往了快十年，他们在同性恋圈子里被视为模范情侣。埃迪·诺伯洛克打算把他的蓝领男友从美国带到英国一起生活时向毛姆征求意见。毛姆仔细考虑了一下该如何回复他，最后他说："为了你好，也为了他好，我想，你在把他带离他所熟悉的生活和未来之前应该慎重地考虑……美国的标准和我们这里的标准截然不同，我想你会受到很大震动，除非你对布鲁斯的喜爱强烈到其余的一切都无所谓。"毛姆和杰拉德的情况则不同，他们没有社会阶层的差异，杰拉德也不会来伦敦生活。尽管如此，他们之间也有问题。

30岁时的哈克斯顿已经变成了一个彻头彻尾的浪子。儿时他被母亲宠爱娇纵，现在被毛姆宠爱娇纵。他是个聪明的男人，懂英文和法文，但除了在战争期间工作过一阵子，几乎从没有过自己的营生。没这个心思，又缺乏自律精神，长期无所事事的他很容易过上花天酒地的生活。杰拉德是个酒徒，痴迷赌博，经常债台高筑，遇到问题都是他的恩主默默替他摆平。找乐子总得付出点代价，不是吗？杰拉德在性方面也很没有责任感。在诺曼·道格拉斯看来，杰拉德"迷人，但非常淘气"。他经常出没于巴黎拉白路那些名声不好的酒吧和夜总会，这里是著名的种类繁杂的同性恋市场。毛姆在他的小说《刀锋》中描述过这条街，"那是一条寒伧狭窄的巷子……男人和眼睛化了妆的矮胖男孩子跳舞。"哈克斯顿偏爱少年，同时也很乐意勾引任何可能上钩的女性——女仆、初入社交界的少女和已婚妇女，他甚至试图引诱过杰拉德·凯利的太太简——有时，也会对特别年轻的女孩下手。他曾吹嘘在暹罗用一罐炼乳换了一个12岁的女孩。毛姆的一个同性恋朋友说过："他从一个淘气的男孩变成了一个邪恶的男人。他比我们大多数人脱裤子的频率都勤，而且总是在最不可思议的卧室里。"

对毛姆来说，杰拉德令他无法抗拒。毛姆痴迷杰拉德，跟他在一起时生气勃勃，而且非常信赖他对自己作品的看法。丽贝卡·韦斯特观察了这对情侣很多年之后说："杰拉德很可能是唯一一让毛姆真正感觉舒服自在的人……杰拉德就是他的那杯'茶'。"两人的关系很复杂，不是轻易能看明白的。看到他们在一起的人有时会对杰拉德的无礼感到震惊：杰拉德挥动烟嘴，蛮横地让房间另一头的毛姆过来给他斟酒。"那个英俊的青年懒洋洋地坐在扶手椅上，一条光腿搭在扶手上，举着杯子要酒喝。那个上了年纪的天才……奠酒，就像为一个年轻的神献祭。"然而，旁观者没能理解这种"同谋共犯"的关系，二人结合的本质以及这场性权力博弈复杂的规则。不止如此，虽然杰拉德的行为经常把他搞得心烦意乱，但他对杰拉德的感情中有保护欲和父爱的成分，他明白这个青年的脆弱，那是一种深埋于内心，其他人无法看到的脆弱。当毛姆生病或心情低落时，杰拉德身上有一种想不到的温柔，这是一个与患病的母亲生活在一起的独生子才懂得的爱心和关照。最重要的是，哈克斯顿危险的那一面和他身上的坏孩子气令毛姆沉迷。杰拉德毫无拘束、纵情享乐、自由破坏，但这一切都在毛姆的掌控之中。

相比哈克斯顿对危险和放荡的喜爱，毛姆的口味似乎循规蹈矩。他喜欢性，很喜欢，基本上碰见漂亮的青年都会求欢，但他喜欢的方式确实简单传统。"威利的性生活不一定道德,但极其简单。"他的一个同性恋朋友、作家格连威·威斯考特评论道。一次,他和毛姆一起端详一幅男女用"传教士"姿势做爱的裸体画,毛姆说,可惜两个男人不能这么做。"我没忍心告诉他。"威斯考特说。杰拉德在身边对毛姆有很大影响,即使不再是或不经常是性伙伴,他们仍密切参与彼此的性活动。哈克斯顿很清楚毛姆特别挑剔,回避放荡和名声不好的地方。乔治·库克①说:"杰拉德·哈克斯顿对威利来说太棒了,他让威利保持与贫民区的联系。"因此,是哈克斯顿出入酒吧,流连街巷,挑人,做交易。一次在墨西哥城,他带回酒店一个年轻的男孩,男孩在准备服务前,跪下来祈祷,在胸前画十字。

1923年8月9日,哈克斯顿患病的母亲莎拉去世。她已经快十年没见过杰拉德了,倒是毛姆像个孝顺的女婿一样跟她保持着联系,只要回英国就去看望她。"我对她很有感情。"毛姆告诉伯特·阿兰森,"只是,她这辈子过得太苦了……我很欣慰她终于死了。"杰拉德心怀愧疚和悲痛,想起母亲患病、孤独、贫穷,而最爱的独子却不在她身边,想起她凄惨的一生,心里就很难受。

九月底,他们动身去美国,正好散散心。在纽约的两个半月,毛姆和哈克斯顿过得很开心,尽管毛姆的新戏遭遇滑铁卢。《骆驼背》这个名字并非源自"压在骆驼背上的最后一根稻草",而是出自哈姆雷特戏弄波洛尼厄斯那一幕。

> 哈姆雷特:你看见那片像骆驼一样的云吗?
> 波洛涅斯:哎哟,它真的像一头骆驼。

这部戏讲的是家人报复家里专横的暴君,假装把他当成疯子。11月13日,《骆驼背》在范德比尔特剧院上演,只演了十五场,第二年

---

① George Cukor, 1899—1983,好莱坞经典时期卓越的女性片导演和同性恋导演,他的代表作有《费城故事》《煤气灯下》《窈窕淑女》等。

在伦敦的表现稍好一些。毛姆的心情并未被这次小小的挫败干扰到，他更感兴趣的是跟赫斯特杂志集团的主编签约，他要为《时尚》《好管家》和《时尚芭莎》杂志写一系列短篇小说，每篇的稿酬是2500美元。他们还和查理·卓别林一起看了场戏，毛姆对这位明星的受欢迎程度印象颇深。观众起立为他鼓掌，为了躲开人群，他必须走边门，从两万人中间挤出去。卓别林显然很开心，毛姆忍不住会想，面对面接受欢呼喝彩肯定是令人陶醉的经历。十二月底，他们回到欧洲，毛姆和杰拉德在巴黎住了几日，参加了一场喧闹的新年聚会，一直狂欢到凌晨。

接下来的几个月毛姆是在伦敦度过的，主要任务是写小说《面纱》，这本书将于第二年春天出版。1926年他只有一部虚构作品以书的形式出版，那就是《九月公主和夜莺》。玛丽皇后图书馆向两百名作家征集微型手稿，用来装饰由埃德温·路特恩斯爵士设计的在温布利的大英帝国展览会上展出的"玩偶之家"，这本书是毛姆为此项活动做出的贡献。每本小书一点五英寸高，黄牛皮封面，里面有皇后的藏书票，书的内容由作家们——托马斯·哈代、巴里、吉卜林、西莱尔·贝洛克[①]和柯南·道尔亲自用很小的字体抄写。毛姆讲了一个童话故事：一个小公主喜欢上一只夜莺，太喜欢它了，不想让它飞走，于是把它装进一只金鸟笼里；成为囚徒的小鸟不吃饭，也不唱歌，公主意识到除非放了它，否则它会死掉。"你自由了。"最后，她对它说，"我爱你，所以让你过你想要的幸福生活。"

写完《面纱》，毛姆的心情又躁动起来，开始计划去中美洲旅行，顺便寻找新的写作素材。他写信给最近结婚的伯特·阿兰森，祝贺他有了新的身份，并让阿兰森给他介绍在墨西哥的熟人。1924年，毛姆和哈克斯顿再次横渡大西洋。他们在船上遇到了很多朋友，其中

---

① Hilaire Belloc, 1870—1953, 英国作家。他的诗作想象力丰富、语气轻松幽默，如《顽童与野兽》和《警戒故事》。他还撰写小说、随笔、历史、评论、游记和传记。

有年轻的剧作家诺埃尔·科沃德①，他们初次见面是在1918年。尽管他们喜欢彼此，尊重彼此的作品，但从来没有走得太近，主要原因是，科沃德太喜欢西里尔了，所以不可能和毛姆保持密切的关系。乘客中还有为《苏伊士之东》作曲的尤金·古森斯②和这部戏的导演巴兹尔·迪安。古森斯是个玩儿牌高手，大部分时间在桥牌室和杰拉德一起度过，迪安则忙着读剧本。"我尽量避开哈克斯顿。"后来，他在自传中意味深长地写道。毛姆在纽约认识了卡尔·范·韦克滕③并和他成为一辈子的朋友。

范·韦克滕身材高大魁梧，比毛姆小6岁，是个了不起的多面手——芭蕾舞评论家、歌剧和爵士乐爱好者，哈莱姆文艺复兴运动④著名的推手之一，小说家、散文家，艺术和知识圈里的头面人物。虽然结过两次婚，但其实他是同性恋，天生的花花公子，虽然表面上看不出来，但他很擅长开玩笑。他们是在毛姆和哈克斯顿离开纽约的前一天认识的，范·韦克滕带他们去了哈莱姆的一家妓院，这之前，他把一本他最近出版的献给休·沃尔波尔的小说《文身的伯爵夫人》送给了毛姆。三天后，范·韦克滕激动地收到他的新朋友从新奥尔良寄来的信，毛姆表示非常喜欢这本书。

毛姆和哈克斯顿在新奥尔良短暂逗留后越过边境来到墨西哥。"我必须承认，我对墨西哥很失望。"在墨西哥首都阴冷多雨的天气里待了两个星期后，毛姆给艾达·诺伯洛克的信中写道：

---

① Noël Coward，1899—1973，英国演员、剧作家、流行音乐作曲家。
② Eugene Goossens，1893—1962，英国作曲家、指挥家，以演奏现代音乐及创作双簧管协奏曲闻名，被誉为20世纪著名的指挥家和作曲家之一。
③ Carl Van Vechten，1880—1964，美国作家，开始创作小说之前，他是文学、音乐及戏剧评论家，1932年，他放弃写作，转向摄影，并在该领域成名。
④ 哈莱姆文艺复兴运动是一场非官方认可的大致跨越1919年至20世纪30年代中早期的运动。主要内容是反对种族歧视，批判并否定汤姆叔叔型驯顺的旧黑人形象，鼓励黑人作家在艺术创作中歌颂新黑人的精神，树立新黑人的形象。由于新黑人运动是哈莱姆文艺复兴的主要内容，因此有人把这次文艺复兴称作新黑人文艺复兴。

"除了西班牙人带来的文明，我没有找到什么特别有趣的东西。墨西哥城并不令人兴奋，我想，我们不会在这里待太久。我的主要目的当然是为写小说寻找素材，但就目前来说，一点可能性都没有……真是令人气恼，跑这么老远浪费时间，但我想，总得尝试一下，这也是没办法的事。"

实际上，并非完全浪费时间，他还是挖掘出了两个墨西哥主题的故事素材。《带伤疤的人》讲的是一个勇敢的反叛者在最后时刻被人从行刑队的枪口下解救下来的故事。还有一篇是《限制行业》，说的是一个当地妓院老鸨精明的商业头脑，不过，字里行间透露出作者缺乏对二者的了解。与中国和马来西亚不一样，这个国家没有占优势的移民群体，外国居民虽然人数众多，但来自不同的国家，无法给毛姆提供令他着迷的那种特别的殖民氛围。

另一位英国作家的反应则大不相同。这时，D.H.劳伦斯和他的妻子弗里达还有他们的画家朋友多萝西·布莱特也来到墨西哥城，这个国家和这里的人给了D.H.劳伦斯巨大的灵感。劳伦斯没见到毛姆，但听说他也在墨西哥城，就派人从他入住的那家朴素的旅馆给毛姆送去一张言辞客气的便条。他写道："亲爱的萨默塞特·毛姆，我觉得，两个如你我这样的英国文人不该像夜间的轮船那样各走各路，中间隔着一片广阔的海洋。你愿意来我处吃顿午饭吗？如果愿意，可以打电话，或留个口信。"毛姆发了一封拒绝的电报，说马上要动身去库埃纳瓦卡。劳伦斯出名的脸皮薄，这个回复让他感觉自己被怠慢了。四天后，劳伦斯在给一个朋友的信中忿忿地写道："他该死的眼力和作品……一个说起话来结结巴巴、心胸狭隘的'艺术家'……有点酸腐，紧张不安，唯恐在圣诞节前创作不出一篇毛姆作品，好像他会写砸了似的！"

又过了一个月，毛姆回到墨西哥城，几天后再次动身去尤卡坦半岛，这期间他们终于见了面。美国著名人类学家热里亚·纳托尔邀请他和哈克斯顿、多萝西·布莱特和劳伦斯夫妇在她位于科约阿坎区的一幢16世纪的别墅里共进午餐。博学的纳托尔穿着优雅的黑丝连衣裙热情欢迎她的客人，带他们参观她美丽的花园。本来这是一个愉快的场合，但气氛很快就恶化了。杰拉德的一句话冒犯了女主人。多萝西·布莱特在沙捞越的妹妹对哈克斯顿和毛姆颇有微词，所以她本来就对他们没什么好印象。毛姆闷闷不乐，劳伦斯神经紧张、咄咄逼人，毛姆对他的冷淡令他愤怒。弗里达·劳伦斯被安排坐在毛姆身边，"我问他觉得墨西哥怎么样，他气呼呼地回答：'你想让我欣赏戴大帽子的人吗？'我说，'我不在乎你欣赏什么。'"接下来，午餐陷入刻薄的气氛之中。后来，劳伦斯形容毛姆"非常不招人待见"，"我不喜欢他"，"有点酸腐"，显然，他认为用"酸腐"这个词形容毛姆很恰当。四年后，他在给《英国特工阿申登》挑刺时又用了一次。毛姆在回敬劳伦斯时将他形容为"一个病人，又很易怒……心理被贫穷扭曲了，长了令自己痛苦的妒忌的毒瘤"。

去过墨西哥城后，他们继续前行，去了尤卡坦半岛、古巴（和大西洋城差不多）、牙买加、英属洪都拉斯，最后来到危地马拉。从危地马拉城他们又坐船到了印度支那的顺化，从那儿经西贡乘船去了马赛。旅行期间，他尽量每天写日记，改编《信》的舞台剧本，向他在纽约和伦敦的经纪人下达关于商务、电影版权销售、新戏制作，以及把小说发表在不同报纸上等指令。乘船回家前不久，毛姆向埃迪·诺伯洛克总结了自己的职业位置。

> ……我得出一个结论，我的异国素材写作已经走到了尽头。当然，我做的笔记还可以写成很多我将来的小说，但我没有能力吸收的东西太多了。我毫不怀疑别的作家能根据这里和东方创作出小说和戏剧，但我自己已经做不出更多了……不管怎么说，我现在收集到的材料还够我写个四五年的。

1925年3月底，毛姆回到伦敦，正好赶上《面纱》出版（《面纱》的书名出自雪莱的十四行诗："别揭开被活人称为生活的彩色面纱。"）。这篇小说最先在纳什的杂志上连载，当时两个主人公的姓不是费恩，而是莱恩，但有个莱恩先生告毛姆诽谤，最后给了他250英镑他才撤诉，作者答应改名字。《面纱》以书的形式出版后又遇到了麻烦，由于书中那个通奸的角色是香港助理布政司，香港政府要求作者更改故事发生地。可惜，做完这些改动，两次印刷的四千本书已经售罄，很多本送给了媒体，这些书必须全部召回。尽管这本书立刻跃上美国畅销书榜，销量超过十万册，并收获了诸多好评，但毛姆仍然觉得他的出版人乔治·多兰在推销这本小说时不够卖力。这一次不是财务上的问题。毛姆向他的经纪人查尔斯·唐恩解释说："我并不急于靠一本书赚大钱，我希望尽可能让更多的人读到它。我追求的是卓越，不是利润。"多兰在宣传《面纱》时似乎不够积极。"他就像卖茶叶一样，任凭其自身价值销售，完全是机械无效的广告。"他抱怨道，"我不希望多兰把我当成一只定期下一枚金蛋的鹅。"

只有毛姆身边的人才能读出他在《面纱》中描写了他的哥哥F.H.。毛姆承认沃尔特·费恩的很多性格特点来自F.H.，比如，羞涩、傲慢、冷淡和钢铁般的自控力，但在凯蒂的父亲伯纳德·贾斯汀身上也能看到F.H.的影子，他也是律师，一个沉默孤独的人，时常心情抑郁。贾斯汀令人同情，遭到他自私且有野心的家人鄙视，基本上被她们置之不理。

> 她们从未想过这位顺从的矮小男人心里想的是什么。他起早出门，夜晚准时回家换衣就餐。他对他们来说是个陌生人，但他是她们的父亲，自然应当爱她们，疼着她们。

F.H.在家里也处于这种强加给自己的孤立状态，他在内庭工作到很晚才回家，一个人待在书房里，只在吃晚餐时现身。但和贾斯汀不一样的是，他没有被两个女儿轻视，F.H.的孩子们怕他，他冰冷、挑剔，和孩子们关系疏远。他从未靠近过儿童房或教室，用餐时话也不多，开口就是指责，他傲慢的态度——说话时戴上单片眼镜——让他的批评显得越发刻薄。实际上，可悲的是，F.H.冰冷的外表下也有对情感的渴望，但在家里无法表达。出了家门，他要活泼得多。萨维尔俱乐部的人认为他亲切有趣，很多年轻律师也会回忆起他的友善，他有过一个秘密情人，想必他在这个女人面前会更和善。他对奈丽的态度很冷淡，动不动就发脾气，也做不到随意放松地对待孩子。毛姆从未与F.H.亲近过，但他同情这个男人，洞察到他隐藏于内心的孤独，在更深的层面上懂得他是怎样一个人。F.H.内在的忧伤被他的弟弟借贾斯汀的形象感人地描绘了出来。

姐妹俩缺少的父爱被母爱弥补了，奈丽积极参与她们生活的方方面面。她喜爱两个女儿，和她们一起玩耍，读书给她们听，倾听她们的祈祷，组织全家人去罗姆尼沼泽的小石城的海边别墅度假，F.H.喜欢在那里打高尔夫。有时，毛姆也会跟他一起打，来小石城住上一两晚。有一次他打趣奈丽关于极乐的概念是"在呼啸的狂风中吃冷羊肉"。凯特、昂娜和戴安娜出生于20世纪初，1916年，他们的父母结婚二十年后，她们当时已近成年，令所有人惊讶的是，奈丽又生了一个男孩。罗伯特·塞西尔·罗默，也就是大家所说的罗宾。

作为家中独子的他本应激发父亲更多的爱，然而，父亲对他的态度更冷淡。"我出生时，父亲50岁，"罗宾后来写道，"半个世纪隔在我们中间当然是使我们的关系变得困难的原因之一。"很多年间，罗宾从父亲那儿得到的只有无情的拒绝。他的父母本来不想要他：即使后来母亲爱他，对他也很严厉，奈丽认为男孩和女孩不一样，男孩必须吃苦，拒绝给予他任何形式的纵容。结果，罗宾的童年生活很悲惨，大部分时间不在家人身边，照顾他的是一个又一个保姆和家庭教师。他比堂姐丽莎差不多小整整一岁，有时，西里尔会带丽莎去卡多根广场的托儿所喝茶，西里尔在楼下和奈丽聊天。妯娌俩成了好朋友，她们关起门来，坐在客厅的沙发上，分享两人与各自丈夫相处的难事。这两对夫妻都配错了，两个活泼、爱交际的女人都嫁给了极其有自控力且控制欲极强的聪明男人，而且两个人的感情都倾注在别处。如果说，奈丽不知道丈夫有情妇，西里尔则太清楚她的长期情敌杰拉德·哈克斯顿所代表的危险。她在嫁给毛姆前几年就知道有哈克斯顿这么个人，但没有定睛瞧过他，现在，这个情形即将改变。

丈夫在国外的半年里，西里尔的事业做得风生水起，她将店铺从贝克街搬到时髦的梅菲尔地区。她不仅售卖家具，还做起了设计的生意，装饰房间、公寓，甚至整栋房子。最近，她在诺曼底海边的勒图凯盖了幢房子，很快那里就成为受富有英国人青睐的目的地。人们从克罗伊登的小飞机场坐飞机过去，或者乘渡船去布伦，或者开车从里维埃拉过去，在那里逗留一个周末，赌博、打高尔夫球、洗海澡。坐落于一片松树林里的伊莱扎别墅为西里尔的现代主义装饰风格提供了完美的背景：宽敞的客厅被漆成米色和白色，落地窗外是一大片草坪，大壁炉是白色的，地板上铺着米色的羊皮，椅子和巨大的沙发是米色的，餐厅是白色的，瓷器和刀具是白色的，白色的丝绸窗帘，天然橡木椅上也蒙着白色的皮子。

尽管西里尔正确地估计了伊莱扎别墅可以展示她的作品，让她轻松打入塞纳河谷的古着店和古董店，但这个计划花费巨大，她手头没那么多现钱，只能到处筹款。于是，乘船从顺化出发前不久，毛姆得知了一个令他极为恼怒的消息，那个夏天，西里尔把布莱恩斯顿广场的房子租出去了，她打算在切尔西租个房子住，给毛姆准备了一间卧室兼起居室。"我当然不能在国王路的一个卧室兼起居室里工作，"他向戈尔丁·布莱特表达自己的愤慨，"总之，我太老了，不能像猪一样挤在一起生活！"幸好房客将租期延迟至七月，毛姆只打算在伦敦住两三个月，所以，原计划无需变动。客轮靠近马赛港时，他脑子里想的都是回家见到妻子。他写信给埃迪·诺伯洛克："我当然不知道回到家里要面对的是战争还是和平，但我必须回去。"

结果，1925年的夏天是二者的结合。和从前一样，夫妇二人呈现出一种令人信服的和谐表象。艺术青年们围绕在西里尔身旁，文学青年、小说家和剧作家聚在毛姆周围。他们又开始在布莱恩斯顿广场的家中举办聚会，戏剧人、作家、出版商、画家、设计师在这里与上流社会的文化人齐聚一堂。客人里有乔治·多兰、埃迪·马什、珍妮·伊格斯、格拉黛丝·库珀、艾佛·诺维洛、H.G.威尔斯、丽贝卡·韦斯特、诺埃尔·科沃德、迈克尔·阿伦①与性情古怪的伯纳斯勋爵②、约翰·拉威利爵士③和拉威利夫人④，还有戏剧界的同行内德·莱瑟姆、希特维尔夫妇和吉尼斯夫妇。有那么两回，D.H.劳伦斯枯瘦的身影也出现在43号的台阶上，雷吉·特纳帮他和毛姆达成了暂时的和解。"别期待我们是一根茎上的两朵玫瑰，"劳伦斯警告特纳，"也许他人不错，我也不假装了解他。他想见我的话，我也想见他。"有时还会有国外来的朋友住在毛姆家，比如，小说家西奥多·德莱塞，毛姆不辞辛劳地款待这位美国客人，每天晚上为他调制在纽约很时髦但在伦敦还是新鲜玩意儿的马提尼酒。后来谈到此事，德莱赛说，他喜欢当时的一切，除了那糟糕的鸡尾酒。

然而，等客人们走后，他们就开始吵架。杰拉德·哈克斯顿的影子一直在越发激烈的争吵中若隐若现。西里尔依旧渴望得到丈夫的感情，如怨妇一般醋意十足，毛姆与可恨的哈克斯顿的性关系折磨着她。后来她的女儿说："她真的很在乎性这个部分。"她忍不住唠叨他、责备他，她的尖嗓子叽里呱啦地叫，怒斥毛姆，毛姆要么冷冰冰

---

① Michael Arlen，1895—1956，亚美尼亚散文家、短篇和长篇小说家、剧作家，20世纪20年代生活在伦敦时达到事业的顶峰。
② Lord Berners，1883—1950，英国古典音乐作曲家、小说家、画家和唯美主义者。
③ Sir John Lavery，1856—1941，爱尔兰画家，以肖像画闻名。
④ Lady Lavery，1886—1935，画家，约翰·拉威利爵士的第二任妻子。

地退到一边，实在受不了也会冲着她大吼大叫。可怕的争吵搞得毛姆筋疲力尽，心情压抑，经常感到头痛欲裂。作为一个极其自律，不愿吐露心思、感情不外露的男人，被惹得情绪迸发给他带来极大的震动，他为自己情绪失控而感到羞耻。西里尔则恢复得很快：她天生性子急，在与人对抗中茁壮成长，她的雇员都知道她享受每天反复无常的戏剧场面，毛姆对这种行为模式太熟悉了，直至无比厌烦。

在毛姆看来，这场婚姻已经名存实亡。他和西里尔几乎没有共同点，她时髦轻佻的世界不属于他，她咄咄逼人的占有欲令他反感，唯有残存的几丝年轻时的美貌他曾欣赏过。四十好几的西里尔尽管严格控制体重，喝无糖的茶，早餐吃麸质面包卷，但身材还是变得圆滚滚的。她的肤色依然毫无瑕疵，但脸上抹了厚厚的粉，方下巴和大鼻子越发突出，还搞了个时髦的伊顿头，头发剪得太短，很难看。现在大家都知道毛姆夫妇的关系已经紧张到即将破裂的程度，有时西里尔的谩骂会惊到旁人。他们的一些密友试图从中调停，但很快发现无济于事。

他们唯一的共识与他们的女儿有关。然而，有关丽莎的话题是他们最激烈的战场之一，丽莎曾描述父母关于应该如何教育她时的争吵"仿佛火山喷发一般"。尽管她被母亲宠爱着，在很多方面西里尔甚至过分骄纵她，但她并未得到很好的照顾，时常感觉孤单寂寞，有时还很可怜。除了两个堂兄弟偶尔找她玩儿，她几乎没有同龄的朋友，西里尔现在忙着做生意，经常忘了丽莎，把她丢给一个女佣，忙起来几天不搭理她。在迪纳尔海边度假的第一天，西里尔为即将到来的客人做准备，把女儿寄放在海滩上，天黑后，她惊讶地发现一个警察把孩子送了回来，丽莎哭得稀里哗啦。就是在这个假期，她目睹了父母一系列激烈的争吵，有时她会歇斯底里地大叫，有一次她把油彩抹在脸上试图遮住眼泪。"我有很强烈的不安全感，"谈到这个时期的生活时，她说，"我的童年就是幸福童年的反面。"

丽莎现在10岁了，西里尔想把她留在家里，让家庭教师给她轻松地上课。丽莎8岁时得过肺结核，这让她的母亲越发下决心呵护她。然而，她的父亲坚决认为孩子应该送到学校去，受良好的教育，离开她母亲的影响，和同龄人交朋友。于是，丽莎被送到乡下一所寄宿学校，西里尔不停地打电话，担心丽莎是否过得舒服，是否得到妥善的照顾。一个星期天的晚上，一群参加晚宴的客人目睹了尴尬的一幕，西里尔气得摔了电话。她回到桌旁，她的丈夫嘲笑她："西-西-西里尔和那个可怜的女人发-发脾-脾气也不能让情况有所好-好转。"西里尔气愤地用冷冰冰的口气回敬她的丈夫："你说你想要孩子，你撒谎。你根本不想要孩子，你只想当父亲。"而此时学校里的丽莎非常想家，开始用绝食来抗议，直到把自己弄出病来，最后被送到疗养院。后来她逃出疗养院，乘火车来到伦敦，回到家，恳求父母不要把她送回去。尽管这个场面很感人，毛姆还是不为所动，坚持要她回学校去。丽莎再次逃走，又再次被送回去。她第三次逃出学校后，西里尔再也无法忍受，只能耍个花招。她带丽莎去看眼科医生，让医生在她的眼睛里滴了一种药水，暂时让她看不清东西，眼睛看不见，她就不能去学校了。

毛姆认输了，不再试图影响女儿的教育，而是在牛津街的邦珀斯书店以她的名义开了个账户，她愿意买多少书就买多少书。在母亲的监管下，丽莎所受的教育很随意，有时跟临时的家庭教师上课，有时在伦敦、芝加哥、拿骚、纽约或任何西里尔的生意和漫游的地方上学。到了成年，丽莎的字依然写得很幼稚，从来没有学会正确的拼写。父亲收到她的信很是气恼，指责她的字"简直像女招待写的。"另一方面，她穿着入时、经常旅行，她习惯与母亲那些久经世故的朋友为伴，看起来也比实际年龄大些。她的同龄人说："她有一种小小的、相当动人的高贵。她似乎已经步入了社会，像个流浪儿一样等待着再老几岁。"

毛姆虽然欣赏西里尔的品位和天分，但憎恶她身上唯利是图的商人气，妻子开店足以令他感到尴尬，她还在家里做生意，经常把陌生人带到家里来，在他眼皮子底下卖掉一张桌子、一面镜子，他觉得这种行为十分可恶。一天，他邀请朋友参加午宴，等客人们落座后，他用讽刺的语气宣布："我想，我有必要提醒一下大家，女-女-女士们，先生们，抓紧你们的椅子。我几乎可以肯定地说，它们是对外出-出-出售的。"在外人面前，他假装这是个玩笑，他们手头拮据，西里尔被迫工作，卖掉旧家具，但内心里他憎恶这种情形，讨厌家里人来人往，打乱他的工作节奏。女演员凯瑟琳·奈丝比特曾在毛姆家住过几天，她回忆说："我承认，毛姆能够礼貌地接受环境的不断变化令我很吃惊！但终于有一天，西里尔做得太过分了。一天晚上，毛姆下楼吃晚饭时发现他那张神圣的书桌从书房里消失了，所有的文件和手稿被放在另一张桌子上。西里尔欢快地说：'明天就会送来一张特别漂亮的新书桌，亲爱的。'我以为他会一拳将她击倒，但他只是说：'我知道了。'说完，他板着脸关上了门。"这张书桌跟了毛姆二十多年，是他搬进切斯菲尔德大街前买的，他用得非常称心，是他的工作生活不可分割的一部分。西里尔把它卖掉是一种令人愤慨的野蛮行径，简直麻木不仁到了极点。毛姆表面上平静地接受了这个事实，其实压抑着一腔怒火。后来，他也承认，正是西里尔卖掉了他的书桌让他最终决定结束这场婚姻。

毛姆越来越为妻子的做事方式担心。西里尔的性格里缺少道德品质，有一种令她挑剔的丈夫震惊的粗劣。她会给商品开出骇人的高价，她的某些行为让毛姆紧张，她在跟客户做生意时太不谨慎。她已经收到两封律师函，对方因为她做假古董索赔，她在同行间的名声也不怎么样。一个美国室内装潢师回忆道："她做生意时很狡猾。"另一个人说："我对西里尔略知一二，但我和所有跟她打过交道的人一样讨厌她：她这个人不老实。"还有人说西里尔是一个"粗暴的老无赖，除非不得已，否则绝不会付钱。她是个阴谋家，铁石心肠"。毋庸讳言，毛姆尽可能不搀和妻子的生意往来，但有一件事让他被迫看清她是一个缺乏诚信的人。

1920年毛姆从中国给西里尔带回来的那条漂亮的金镶玉项链是西里尔的最爱，她经常戴在脖子上，还为那条项链投保了一大笔钱。一天晚上，她从巴黎进货后回到家中，一进门就哇哇大哭起来。"我不知道怎么跟你说好，"她啜泣道，"我把那条玉的项链弄丢了。"她说当时她在卢浮宫，一个小偷揪走了她脖子上的项链。毛姆尽力安慰她，西里尔向保险公司索赔。几个月后，这家保险公司的一个员工走在和平街上，发现一家珠宝店的橱窗里陈列着同样一条项链，询问后得知是一个"毛姆太太"卖给他们的。幸好退还赔款后，这家保险公司被说服不再追查此事，西里尔才免于被起诉。

差不多在同一时间，毛姆开始怀疑西里尔口是心非，这种怀疑被她的一个女朋友证实了。一个外科医生的妻子芭芭拉·巴克本来站在西里尔一边，但她后来惊讶地发现，西里尔到处散布有关她丈夫私生活的谣言，于是越来越同情毛姆。芭芭拉告诉毛姆，西里尔不只有一个情人，而是有两个。这两个人毛姆都认识，而且对他们评价都很低。其实，毛姆并不在乎妻子有情人，反倒很高兴，既然她也有外遇就不能因为他和杰拉德的关系吵闹了。发现妻子的欺诈行为后紧跟着又发现她的不忠激发了毛姆的想象力，他在三个不同的作品中用到了项链这个元素，他用珍珠代替玉石，作为淫荡和背叛的象征，这三部作品分别是1925年写给《时尚》杂志的短篇小说《万事通先生》，将近二十年后出版的小说《珍珠项链》和1932年的戏剧《因为效了劳》。

毛姆夫妇开始认真讨论离婚的事。在毛姆看来，他们的婚姻没有未来，越早了断越好：毛姆明确表示，他不可能和杰拉德分开，他很乐意西里尔跟他离婚，离婚后各奔前程。但西里尔不想离婚。她很享受做毛姆太太的感觉，她还爱着她的丈夫，仍然希望以某种方式达成友好的妥协。带着这种想法，下一步显然是和杰拉德见面，她提过这个建议，但当时毛姆拒绝予以考虑。最后，他们决定八月份两个男人和西里尔在她勒图凯的别墅里共度一个星期。还是孩子的丽莎是这次重要会面无声的见证人。她后来回忆道："一开始就是个灾难。我永远忘不了那几天可怕的氛围……无论从哪个方面来讲，西里尔和我父亲都合不来，勒图凯插曲是结束的真正开始。"

毛姆尽量让自己对这个建议保持乐观的态度，同时，为了勇敢地面对这次严峻的考验，他带杰拉德先去卡普里岛度了两个星期的假，住在约翰·埃林厄姆·布鲁克斯的切尔科拉别墅。这座小岛一如既往得诱人，毛姆不止一次想在这里买房子，找个庇护所安心工作。离开卡普里岛后，毛姆和哈克斯顿去了法国阿尔卑斯山区布里德莱班的一个温泉度假村，他们严格做到滴酒不沾，每天打高尔夫和网球。身体练得棒棒的，也休息够了，1925年8月的第二个星期，毛姆和哈克斯顿来到伊莱扎别墅，发现这里正在举行家庭聚会：客人里有诺埃尔·科沃德和他英俊的美国情人杰克·威尔逊；前歌舞喜剧明星格蒂·米勒，如今的达德利伯爵夫人；芭芭拉·巴克；魅力四射的德拉维尼亚兄妹；一个叫弗兰基·列维森的丹麦室内设计师，不久后，他被西里尔聘为公司经理；还有一个长得很好看且急于成功的文学青年贝弗利·尼克尔斯。两人刚一进门似乎就能触摸到紧张的气氛。西里尔一袭白衣，浓妆艳抹，过分活泼，为了掩饰紧张，她令人难堪地脱口而出："亲爱的们！"她夸张地张开双臂迎接这对情侣。身穿蓝色运动上衣和淡蓝色裤子的毛姆依旧客气且疏远，穿了一件敞胸的衬衫和短裤的杰拉德故作轻松，侧歪在沙发上抽烟、剔牙，或者专注于鸡尾酒托盘。"杰拉德能制造世界上最棒的挎斗！"西里尔急切地恭维他，还给了杰拉德一个飞吻，杰拉德却不予理会。有的客人去海边游泳，有的聊天、读书，或者在露台上下西洋棋；身材细长优雅穿了一身白色的法兰绒衣服的科沃德带格蒂·达德利去打网球。丽莎走来走去，时而被宠爱，时而被忽视。喝完茶，西里尔在贝弗利·尼克尔斯、哈克斯顿和丽莎的陪伴下开车去见一个古董商，她看上了他店里的一个普罗旺斯大衣橱。回来时，哈克斯顿趁丽莎下车时假装不小心推了一把丽莎，丽莎摔倒在地，膝盖擦破了皮。晚上，又有几个人来赴晚宴，其中包括瑞典百万富翁，人称"火柴大王"的伊瓦·克鲁格，看到克鲁格摸打火机，毛姆递给他一个火柴盒，说："你好像需要火柴，我亲爱的朋友。"大家听后哈哈大笑。饭后，科沃德希望聚会继续下去，弹钢琴给大家助兴，到了大约午夜时分，喝得醉醺醺的哈克斯顿带几个年轻的客人去了附近的赌场，其中有贝弗利·尼克尔斯，后来他在描述当时的情景时说，杰拉德在赌桌上也很养眼，尽管他的脸蛋红扑扑的，眼神呆滞，无尾礼服上落满了烟灰。"他大声叫我，'过来，小帅哥，给我点儿好运气。'"尼克尔斯刻板地补充说，"我不喜欢人家这么叫我。"过了凌晨三点，尼克尔斯回到别墅，刚爬上床，科沃德的男朋友杰克·威尔逊也上了他的床，他们正在做爱时，身穿绿色丝质衬衣的科沃德一脸怒容，破门而入。尼克尔斯回忆说："就像四万九千个神灵齐齐大发雷霆。"第二天，羞愧难当的尼克尔斯告诉西里尔他要马上回家，令他吃惊的是，她当场决定跟他一起走。前往伦敦的港口联运火车上，她向他倾诉她对杰拉德·哈克斯顿的恐惧和憎恶。她说，哈克斯顿给她丈夫灌输了对她不利的想法；他是个撒谎精、伪造者、骗子；毫无道德感可言，"只要他认为能占到一丁点便宜，他会立刻跟鬣狗上床。"这是贝弗利·尼克尔斯四十年后的版本，这时，故事中的三个主人公——毛姆、西里尔和哈克斯顿都已不在人世，尼克尔斯可以肆无忌惮地报复毛姆，因为毛姆晚年时跟他闹掰了。他写了一本名为《人性枷锁一例》的书，据说分析了毛姆的婚姻，给出了勒图凯那个周末的真实细节和西里尔的情绪状况。她和尼克尔斯喜欢彼此，毫无疑问，西里尔向他透露过一些情况。但实质上，这本书靠不住，充满了恶意和刻意的歪曲。举例来说，尼克尔斯在书中声称，到他房间来的不是威尔逊，而是哈克斯顿，将他们捉奸在床的不是科沃德，而是毛姆。他后来在信中向科沃德的秘书科尔·莱斯丽承认，这个故事是他捏造的。当然，他的版本跟毛姆的比起来更富戏剧性，毛姆相信，这次带着哈克斯顿与西里尔见面尽管气氛紧张，充满各种无法言说的焦虑，但不可谓不成功。

"我去了勒图凯，在那里待了一个星期；西里尔很友好，尽可能的友好，而且显然急于让事情有所进展。"他写信给埃迪·诺伯洛克。看来，毛姆没觉得西里尔和尼克尔斯提前离开有何蹊跷之处。显然，夫妻俩进行了一番严肃的谈话，毛姆绝不会动摇决心。"我希望，西里尔停止向她所有的朋友抱怨我……但如果她向你抱怨，请帮我一个忙，提醒她一下，她只要说出那个词就可以了，我很愿意离婚。我不会改变自己的，她要么忍受这样一个我，要么鼓起勇气跟我一刀两断。"

这封信寄出后，1925年10月，毛姆和哈克斯顿已经在再次前往远东的路上了。他们于11月初来到新加坡，在这里待了三个星期后去了曼谷，接着去了婆罗洲和文莱。1月19日，他们坐火车来到亚庇，成为总督府的座上宾。1月23日，他们乘"达弗尔"号去山打根，并经由马尼拉去了香港。毛姆通过新加坡的一个旅行社雇了一个仆人。阿金这个性情温如的二十岁的小伙子令他们惊奇。"他会做饭，会服侍人，会收拾行李，会伺候用餐。他手脚麻利、整洁、沉默……没有什么令他惊讶，没有灾难能让他害怕，没有困难令他气恼，没有什么新奇的玩意儿能让他措手不及。他永远不知疲倦，整天面带微笑。我从没见过脾气这么好的人。"阿金只有一个缺点：虽然会说几句英语，但他几乎一个字也听不懂，给沟通造成了困难。六个月过去后，毛姆付给他钱时，他惊讶地看到阿金哭了。阿金后来又出现在他1932年的小说《偏僻的角落》[①]里。毛姆在20世纪20年代的远东之旅中收集到的故事结成两本集子出版——1926年的《木麻黄树》和1933年的《阿

[①] 书名出自马可·奥勒留的《马上沉思录》中的那句"每个人生存的时间都是短暂的，他在地上居住的那个角落是狭小的，中文版的译名为《偏僻的角落》。

金》，书中收录了毛姆此类题材中最优秀的作品，毛姆依然被公认为短篇小说大师。毛姆自己也承认，长度为一万两千字左右的短篇小说他写起来最得心应手。风格流畅，看似毫不费力，故事结构紧凑，观察入微，充分体现了毛姆所珍视的三大优点：清晰、简洁和悦耳。作为小说家，毛姆是个现实主义者：他的想象力需要真实的人物和事件做基础，因此，广泛的旅行让他可以从私密的个人和家庭的立场探索主题。在倾听他人故事的几个月里，他似乎发展出照相底片般的灵敏度。他精明、不妥协，富有同情心、风趣，几乎从不评判那些并非可敬的人做出的骇人行为。他写普通人，容易犯错的人，他了解并理解的人，中产阶级的白人专业人士，当有人问他为什么从不尝试描述土著人的生活时，他回答说，因为他不相信任何欧洲人能了解到他们的内在，到头来无非是一些肤浅的印象加上许多常规的偏见罢了。

很多人直至今日仍将广受好评的东方故事与毛姆联系在一起。安东尼·伯吉斯①说："他（毛姆）观察的广度以及乐于探索禁忌的道德领域给英文小说注入了新鲜的血液。"小说家莱·波·哈特利在评论《木麻黄树》时说："毛姆的作品近乎完美。"西利尔·康诺利将《木麻黄树》收入由他主编的最有影响力的合集《现代主义运动——1880至1950年英、法、美现代主义代表作一百种》，毛姆的作品和《尤利西斯》《印度之行》《了不起的盖茨比》《太阳照常升起》《到灯塔去》一起被列在"20世纪20年代"的条目下，康诺利称赞毛姆是"体裁大师"。他说，"毛姆做到了无言的凶猛和克制的无情……这是以前从未有人写过的，他准确地描绘了生活在远东的英国人——法官、种植园主、公务员和他们的女眷……"身处东方的英国殖民者的生活中弥漫着孤独感和背井离乡，这个主题在《驻地分署》中得到了最好的体现。诗人埃德温·缪尔将这个短篇小说形容为"我

---

① Anthony Burgess，1917—1993，英国当代著名作家，在小说中频频展现"自由意志"和"命中注定受天主拯救"观点之间的对立，代表作有《发条橙》等。

们这个时代当仁不让的最好的短篇小说之一。"《阿金》中出现了最早的第一人称叙述者，《月亮和六便士》中对第一人称叙述大量加以练习。毛姆越来越依赖这种写法，并将它发展成一种个人特色。第一人称中的"我"几乎就是毛姆本人，温和、友善、喜欢读书、打桥牌，对他人的生活充满不餍足的好奇心。典型的这类小说通常以一种随意的口吻开头，提供很多自传性的细节，读者毫不费力便被带入当时的情境，然后小说就变成了朋友讲述的趣闻逸事。

1926年3月，毛姆回到欧洲，此前回程的大部分时间他被迫待在船舱里，他又犯了疟疾病。他乘坐法国轮船从西贡到马赛，三十多天的时间太过漫长难熬，他给阿兰森写信说："谢天谢地，给你写信这会儿，我从吸烟室的窗户望出去，刚好看到阳光下闪闪发光的科西嘉海岸。"这时，他刚收到西里尔的一封信，告诉他，她正在纽约做生意，布莱恩斯顿广场的家又被她租出去了。"我厌倦了四处流浪，好想安安静静待在家里，可是现在我没有家，"他告诉阿兰森，"家庭纠纷，到底是永久的，还是暂时的，我还不知道，只是现在我的头上没有屋檐。"

身体依然不适的毛姆和哈克斯顿住进了普罗旺斯一家舒适的酒店，但他越琢磨越觉得无法忍受自己竟然有家不能回。西里尔把布莱恩斯顿广场当成她一个人的家随意处置，完全不顾及他的想法。现在的首要任务是在国外买处房子，和杰拉德一起生活，西里尔只有接到邀请才能来。他从西里尔来信的字里行间谨慎地读出，她似乎改主意了，有接受合法分居的可能。"我忍不住会想，她终于决定分手了。"毛姆满怀希望地写信给诺伯洛克，"尽管我无法想象到底是什么让她来了一个一百八十度大转弯，去年秋天我离开她时，她根本想都不会想。如果你听到什么跟我的利益相关的消息，我相信你会告诉我的。"

1926年5月3日毛姆回到伦敦时正好赶上大罢工，为期十天的大罢工给知识阶层提供了一个千载难逢的机会，可以尝试当一下火车司机、公交车司机、报刊编辑和警察。就连左派人士也认为这个机会很诱人，毛姆通过公诉部门的一个朋友在苏格兰场找了份差事——做侦探。大罢工结束后，房客走了，西里尔从纽约回来了，夫妇俩开始郑重地协商，两人似乎头一次达成了双方都能接受的协议：布莱恩斯顿广场将被出售，西里尔将用售房款给自己买套房子，毛姆则在国外寻找永久的基地：在法国南部的里维埃拉，而不是卡普里岛，经过深思熟虑后，毛姆觉得去卡普里岛不太方便。

毛姆并没有急于找房子，当时他公务缠身。他在商谈《雨》的电影版权，《卡洛琳》也重新登上表演屋的舞台，毛姆还有一部新戏《忠实的妻子》；赫斯特杂志不停地催稿，还有跟纽约出版商乔治·多兰的问题也有待解决。毛姆在国外时，查尔斯·唐恩和乔治·多兰签了一份新合同，令毛姆气愤的是，他这辈子似乎都要交给这个公司了，而且条件大不如前。毛姆大为光火，认为这份合同不仅让自己什么也得不到，反而夺去了他最在乎的行动自由。几个月后，多兰的公司并入道布尔迪公司，唐恩辞职，当上了《时尚芭莎》杂志的主编。虽然毛姆认为唐恩太独断专行，但仍然觉得他是个不错的人。

布莱恩斯顿广场的房子待售期间，毛姆不愿意留在伦敦，他先去了布里德莱班，接着去了卡普里岛，然后去萨尔茨堡和西里尔一起过节。八月，他回到伦敦，但只做短暂停留后就于九月底去美国出席《忠实的妻子》的首演。到了纽约，他给伯特·阿兰森写信，报告了一个令人激动的消息。看了很多房子，他终于在里维埃拉的费拉角找到了一个合适的，那座房子破旧不堪，长期无人居住，修复需要花一大笔钱。这幢房子位于费拉角顶部，建于20世纪初，带有一点伪摩尔的建筑特色，因此取名玛莱斯科别墅（Villa Mauresque，原意是阿拉伯风情别墅。）。他告诉阿兰森："从那儿到火车站和码头只需二十分钟，可以乘火车去南安普顿，坐船去纽约。过去的半年里，我一直在跟房主的代理人讨价还价，最后，他接受了我给出的价格。现在，我拥有了九公顷的土地和位于尼斯到蒙特卡洛半路上的一幢别墅。"

第十一章

玛莱斯科别墅

玛莱斯科别墅和萨默塞特·毛姆，萨默塞特·毛姆和玛莱斯科别墅，在近四十年的时间里，二者之间有着千丝万缕的联系。这幢房子是传奇织物中最昂贵、最奢华的那条纱线；被参观、录影、拍照，被无数文章描写过，被视作全世界最著名的作家之一令人敬畏和迷人的异国背景。如果说别墅本身并没有什么了不起的建筑价值，它所处的位置却是一流的，从那里可以俯看大海，隐藏在费拉角顶部的树木之间，林木茂密的海角伸进地中海。西边是尼斯、戛纳和广阔的天使湾，东边是博立欧、蒙特卡洛和意大利的里维埃拉；背后是白雪覆盖的滨海阿尔卑斯的山峰，宽阔蔚蓝的大海伸展在眼前，晴朗的日子里可以瞥见地平线上科西嘉岛模糊的轮廓。这里是法国南部，有温暖、阳光、鲜亮的色彩，有赤褐色屋顶的白房子和让人联想到热带的茂密植被，含羞草和夹竹桃，丝兰和三角梅，橄榄和棕榈树。费拉角的大部分土地于20世纪初被比利时国王利奥波德二世买下，他在这里为自己建造了一座宫殿，1906年又在附近给他年迈的忏悔牧师盖了一座房子。这位查蒙顿先生在阿尔及利亚度过大半生，希望在他习惯了的摩尔风格的房子里终老，这也是可以理解的；因此，这座方形的白色别墅有马蹄窗和摩尔风格的拱门，屋顶上有一个大穹顶，一侧有宏伟的带圆柱的威尼斯门廊。

毛姆对他新购入的房子非常着迷，认为七千英镑的价格十分公道，他终于找到了一个比卡普里岛更令他满意的地方。他雇了一个当地的建筑师亨利·德尔莫特将房子恢复原貌。室内建了一座宽敞安静的庭院，与一个餐厅和一个长长的、天花板很高的客厅相连，夏天，高高的窗户保持室内凉爽，将耀眼的阳光关在外面。沿大厅的白色大理石楼梯上去是一条走廊，周围是卧室和浴室：除了毛姆和哈克斯顿的套间，还有双人卧室和供客人使用的更衣室；此外，一楼还有两个单人卧室。在建筑的最顶部，沿木楼梯通向屋顶平台的地方是毛姆的书房，一个与其余部分隔开的私人空间；从落地窗进来，室内宽敞通风，视野宽阔，可以俯看松树稍、高山和大海。毛姆说，刮西北风时，独自一人在高山别墅里，感觉像在船甲板上。

建筑工人在刷墙或敲敲打打时，毛姆则把注意力转向杂草丛生的陡峭山坡。他从来没有过一块属于自己的可耕种的土地。第一次看到它时，这里是一片茂密的丛林，有松树、含羞草和芦荟，下面乱糟糟地生长着野生的迷迭香和百里香。将杂草清除、地面填平后，他种上了花灌木，茶花、木槿和三角梅，挖出一片莲花池，房子外面的平台上，用橙树和柠檬树组成正式的图案。成千上万棵球茎被埋入土中，这在地中海地区极为罕见，还在草坪上铺植草皮，毛姆欣然承认，这是有钱人才会干的荒唐事。"草在里维埃拉是极大的奢侈品，它忍受不了漫长炎热的夏日，每到春末必须挖出来，到了秋天再铺上去"；然而，他无法忘怀英国乡村光滑油绿的草地，希望自己也拥有同样的东西。"我在通向大门口的车道两边铺设了草坪，做出一条宽阔的绿色通道，在松树下一直蜿蜒到花园的尽头。"房子顶部有玻璃暖房和家庭菜园，沿着一段隐藏在树篱中的石阶可以下到一座网球场；他还让工人挖出一个长形的大理石游泳池，每个角落里放一块从意大利运来的漂亮的铅制松果。泳池的一端有一块跳水板，另一端有一个嘴里向外喷水的海王尼普顿，这个贝尼尼①雕刻的精美面具是他在佛罗伦萨找到的。毛姆和他的朋友们每天游泳四五次，享受美妙的日光浴。家具和其他物品，他的书、剧照，各种装饰品和从东方收集来的艺术品运到后，玛莱斯科别墅就更有家的感觉了。

　　然而，毛姆很少有时间享受这个新家，工作促使他回到伦敦参与两部新戏——《忠实的妻子》和《信》——的准备工作。毛姆决定让格拉黛丝·库珀出演《忠实的妻子》中的莱斯丽·克罗斯比一角，她的表现超出了他的预期，因此他提出接下来的三部戏也请她加盟。由杰拉德·杜穆里埃执导的《信》于1927年2月24日上演，受到观众和媒体的力捧。"库珀小姐的表演……出神入化，在世的英国女演员中无人能出其右。"评论家在《星期日泰晤士报》撰文，对这部戏大加赞赏，"同类戏中的完美典范。"九月，《信》在纽约摩罗斯科剧院上演时再次获得成功，十八个月后在巴黎雅典娜剧院上演的法国版本也同样如此。

　　毛姆十分欣赏格拉黛丝·库珀：欣赏她的美貌、她的敬业精神和她没有废话的生活态度，同样，她也非常敬重毛姆。"我认为毛姆是最优秀的舞台剧作家。"她在自传中说。她是在排练《信》并做这部戏的联合制片人时开始欣赏毛姆的做事方法的，需要改剧本时，他肯通融，好打交道。"大多数作家，"她写道，"敏感得要命，悉心呵护自己的作品，把他们写的每一个字几乎都当成无价之宝……毛姆却不是这样。"他会坐在正厅的前排座位上，随时愿意按照导演杜穆里埃的意思用蓝铅笔划掉某些内容，甚至重写。这种轻松的态度在很大程度上源于毛姆超然地对待自己的戏剧作品：吸引他的是创作的私密过程，而不是作品在舞台上如何呈现；作品一旦交到演员和导演手中就会变样，他就不再密切关注了。出于这个原因，毛姆在写给诺埃

---

① Giovanni Lorenzo Bernini, 1598—1680, 意大利雕刻家兼建筑师，17世纪最伟大的艺术大师。

尔·科沃德的一封信中解释说，戏剧最终被作家视为一种不理想的媒介。对毛姆而言，排练变成了一份枯燥乏味的工作，他的参与更多是出于责任感，而不是因为他觉得必须参与剧本的解读。这种态度近乎漠不关心，这一点被导演巴兹尔·迪安察觉到了，在准备《苏伊士之东》期间，他总结道，"毛姆在整个排练过程中缺乏对戏剧真正的热情。他依旧少言寡语，既不帮忙，也不碍事，除非问到他，否则他从不主动提建议。我想，他觉得整件事是令人厌倦的，演员们的争论微不足道。被问到时，他的反应总是那么不令人信服：'哦，太棒了！'有一次我问他是否可以砍掉几句台词：'为什么不呢？'他急促地说，'舞台就是个作坊。'"

西里尔新家的地址是切尔西国王路213号。这座十分漂亮的乔治亚早期风格的房子共有四层，一条室内的过道将它与一座小点的房子连在一起。顶楼有一间为丈夫准备的卧室。毛姆承认房间不错，但这里又充当男士衣帽间，所以有聚会时，他不得不把写作材料收好。由于不满意这样的约束，毛姆不久后就把他的房间移到了旁边的房子，那里更安静、更私密。这种安排让他跟西里尔实际上处于分居状态，但在外人看来仍在同一个屋檐下。当然，在为《忠实的妻子》举办的聚会上他们被视为共同的主人，戏剧界和文学界的人物几乎悉数到场。"聚会上人山人海，"阿诺德·本涅特说，"大明星尤其耀眼，总的来说很成功……只有毛姆和他的太太看上去有点忧郁……听说，戏演砸了。"

毛姆兴致不高，西里尔的状态更加不妙。丈夫买下了玛莱斯科别墅，她不得不接受这样一个现实，他选择了某种生活方式，而她只能参与其中的一小部分。她无法掩饰内心的失望，向所有同情的朋友大吐苦水；有那么几个漫长的下午，丽贝卡·韦斯特坐在一间黑屋子里，听西里尔哭诉她如何被残忍地抛弃；她还告诉另一个朋友塞西尔·比顿，有一次她去纽约，即将结束的婚姻搞得她心烦意乱，有整整三个晚上她都待在中央公园里，觉得自己太可怜了，不想回家。尽管西里尔的陈述中可能有夸张的成分，但毫无疑问，西里尔很不幸福，处于崩溃的边缘。丽莎回忆起那段时间时说，母亲精神崩溃到极点时正在美国出差。在纽约时，西里尔抓狂到决定去百慕大群岛寻求内心的平静，她迫不及待想要离开，坚持要上第一艘离港的船，那是一艘没有客舱的货船，她和丽莎就睡在露天甲板的椅子上，一直到了拿骚。母女俩在巴哈马待了几个星期，终于，西里尔的情绪渐渐好转，丽莎在修女开办的一所露天小学里上课，那是她上过的无数学校里最好的一个。

回到英格兰后，西里尔最后一次试图说服毛姆不要离开她。她让他再到勒图凯来，希望他们可以找到某种比离婚更温和一点的解决方式。这次会面毫无结果，除了一个涉及到丽莎和杰拉德·哈克斯顿的令人震惊的事件。"我一直很讨厌杰拉德·哈克斯顿，他也一直很讨厌我。"丽莎说。前一年夏天他们初次见面就感觉不舒服，这个孩子处处提防父亲这个异常强大的朋友，毫无疑问，这个被母亲惯坏了的娇小姐惹恼了他。第二次见面时，芭芭拉·巴克又和他们在一起，巴克、哈克斯顿和丽莎开车出去兜风，丽莎带着最近刚得来的一只她很喜欢的小狗。突然，杰拉德抱起那只小狗，把它扔出了窗外，可能他当时喝醉了，但场面莫名的残忍。"我当时很激动，"丽莎说，"想跳车，但被他们拉住了。"几个月后，小狗找回来了，但事已至此：哈克斯顿和这两个女人之间的敌意再也无法弥补，西里尔确保只要她在，丽莎就再也见不到杰拉德。

在勒图凯那几日后，西里尔终于承认她的婚姻走到了尽头。她的朋友们被告知一再要求离婚的人是她，这么做似乎主要是为了她女儿好。西里尔说，显然，杰拉德正以一种可怕的速度消耗她丈夫的钱财，很快，丽莎就一个子儿也捞不着了。坐在法国南部葛若普的海滩上，西里尔告诉女演员鲁思·戈登，"威利眼看着杰拉德在胡安莱潘的赌桌上一下子输掉几千块钱。为了确保丽莎能继承到财产，我必须离婚。"1928年夏，西里尔住在里维埃拉她的老朋友兼竞争对手——浮夸的埃尔希·门德尔家里。已经六十多岁的门德尔夫人最近嫁给了外交官查尔斯·门德尔爵士，她在美国拥有漫长且成功的职业生涯，她以埃尔希·德·沃尔夫的名字为人所知，她是第一位女性室内设计师，并因其对法国文化艺术的广博知识而受人尊崇，这是她受到长年的同性情人伊丽莎白·马布里熏陶的结果，巧合的是，毛姆跟马布里也很熟，马布里是纽约数一数二的戏剧演员经纪人。西里尔和门德尔夫妇住在昂蒂布，毛姆住在不远处的玛莱斯科别墅。根据他的说法，他邀请西里尔共进午餐，没别的意思，只想让她看看自己的房子，他派车去接她，再把她送回去。"我们单独吃了午餐，"他回忆，"午饭后，我带她去了我的住所。她得体地表示了欣赏。她看过一遍后……我就把她送上车。一两个小时后，车回来了，还带回来一封信。她说，她想离婚，希望我不要设置障碍。我吃了一惊。我仔细考虑了一天，然后写信告诉她，我会遵照她的意愿，希望她同意法国式离婚……因为在法国离婚很简单，不需要公开消息。西里尔同意了，律师开始工作。"

　　律师们忙着进行大量复杂的谈判。根据毛姆的家庭档案，律师向西里尔施压，不能将哈克斯顿列为共同被告，但有其他的迹象表明，她准备用他的同性恋身份对付他。"你母亲在离婚时把我拖下了水。"毛姆后来告诉丽莎。最终，西里尔被说服放弃类似的指控，万一公开毛姆的同性恋身份将给他带来毁灭性的影响，有可能毁了他的事业和社交生活，让他无法再踏足英国。妻子通奸的证据可能会帮到他，但毛姆很清楚讨价还价最有效的工具是金钱，他愿意为自由付出高昂的代价，让西里尔拥有国王路的那栋房子以及里面所有的物品，旁边的那栋小房子将归于丽莎名下，那辆劳斯莱斯，还有一笔慷慨的2400英镑的年金（每年600英镑）也属于丽莎。1928年秋，西里尔向尼斯法院提出离婚诉讼，1929年5月11日，法院判决离婚，理由是不可调和的矛盾。一切都在悄悄进行，没有公开。"一切真的结束了，"毛姆写信给芭芭拉，"我要做的是交出一万两千英镑，乖乖地支付六百英镑年金，直到西里尔再婚。"

毛姆终于摆脱了这场令他厌恶的婚姻。"我和她结婚时犯了个错误，"他写道，"我们，我和她，没有任何共同点，我以为自己做了一件'正确的事'，却给她和我都没带来幸福。"随着时间推移，毛姆并没有变得漠不关心，反而对西里尔越发刻薄；他憎恨她花掉自己大笔的钱，而且还在持续，他无法原谅她给自己带来的痛苦和屈辱。他喜欢有女人作伴，他在小说里，以及在与女性交往的过程中是那么善解人意、富有同情心，然而，他对前妻的态度却令人震惊，这只能说明她给他造成了极深的伤害。虽然离婚后他很少见到她，但他对西里尔的反感却变成了主动的、发自肺腑的厌恶。"她把我的生活变成了十足的地狱"，他说，并刻薄地称西里尔为"一个寡廉鲜耻的骗子……那个毁了我生活的婊子"，她不断向他要钱，毛姆说"她的嘴像妓院的门一样敞开着"。他多么希望她能再婚，从而减轻他的经济负担，但西里尔没有再婚，继续在经济上依赖她的前夫，直到死的那一天。他们主要通过律师交流，很少见面，毛姆明确告知来访者，他不喜欢谈论自己的婚姻；如果被问到，他会愤怒地回绝，说这个话题是"微不足道的小事"。

离婚后，毛姆一家人齐齐将西里尔拒之门外；F. H. 和奈丽的家不再欢迎她，丽莎也和她的堂姐堂兄们失去了联络。然而，尽管家里人很少谈论此事，毛姆离婚这个话题对他们的朋友来说还是很有吸引力的，特别是在同性恋圈子里。"那些寻求寓意的人，必须清楚：如果你恰好是同性恋就不要结婚。"唯美主义者哈罗德·阿克顿咯咯笑着说。不过，有很多年轻人开始抢占有利位置，希望打好手中的牌，在这位著名作家的资助下飞黄腾达。最早出现的是贝弗利·尼克尔斯。

他原是西里尔的朋友，贝弗利漂亮、聪明、雄心勃勃、性欲旺盛。他已经是个有点名气的记者了，写了几本小说，但他盼望自己成为一名剧作家。1926年，年仅25岁的他出版了一本自传，书名就叫《二十五岁》。他说服毛姆在《星期日泰晤士报》上夸赞这本书，这可是个相当大的收获，毛姆几乎从不写书评。"他是在皇家咖啡馆吃了一顿丰盛的晚餐后在我的请求下写的，这是他送给我的生日礼物。"贝弗利心满意足地回忆道。贝弗利虚荣且不择手段，非常乐于用肉体换取这样的帮助；毛姆这样的人没有理由不"帮他人上一个小台阶。"他还说，"靠文字谋生的人无视文学巨匠善意的关注就是傻瓜，碰巧他们又极其富有……"贝弗利当然忍不住炫耀他的战利品，他的坦诚令塞西尔·比顿震惊，比顿在日记中写道："贝弗利用第一手资料让我相信诺埃尔·科沃德、毛姆、艾弗里·霍普伍德[1]、西德尼·霍华德[2]、爱德华·诺伯洛克都是同性恋。——一个令人不安的夜晚，让我大开眼界。"

这个时期另一个吸引威利·毛姆眼球的"放荡"青年是贝弗利的朋友兼同事戈弗雷·温[3]，同样雄心勃勃的戈弗雷从事新闻工作，擅长给妇女杂志撰写温馨的小文，他也出了本小说。他很幸运地在打桥牌时认识了毛姆，戈弗雷是冠军级别的牌手。戈弗雷和贝弗利一样，性感、迷人，愿意满足这位大人物的要求，同样忍不住事后到处吹嘘。很不明智的是，他选择在玛莱斯科别墅逗留期间向毛姆的一个邻居——美丽的肯梅尔夫人吹嘘，他说，威利疯狂地爱上了他，他在伦敦时总是跟在他屁股后面转，肯梅尔夫人的客人们讨厌他到了极点。几年来，毛姆一直把他当朋友，邀请他来家里做客，指导他的写作，让评论家们关注他的作品，后来可能是毛姆听说了他的背叛行为，二

---

[1] 1882—1928，被称为美国爵士时代最成功的剧作家。
[2] 1894—1946，英国喜剧演员和电影演员。
[3] Godfrey Winn，1906—1971，英国记者、作家和演员。

人的关系从此恶化。几年后，毛姆偶然看到他给一个小报写的八卦专栏，此时，他已是著名的专栏作家了，拿着很高的稿费。毛姆评论道："一派感伤主义的胡言乱语……庸俗、势利、贞洁得令人震惊，虔诚得无耻露骨。"波特（戈弗雷后来的笔名）把才华浪费在这些垃圾上也就罢了，但真正让毛姆觉得可悲的是他写的每一个字都发自内心。

然而，如果说尼克尔斯和温这样的男人是在利用毛姆，毛姆这么精明的人不可能不明白他们要的是什么。他喜欢年轻人，喜欢被漂亮的男孩包围，可以的话，也愿意帮助他们。他在表达自己的意愿时绝不会迟疑：这个年长的男人不加掩饰的追求让康斯坦茨·斯普赖①的弟弟戈登吃了一惊；艾佛·诺维洛在萨沃伊酒店举办过一次聚会，芭蕾舞蹈家安东·道林也遇到了同样的"麻烦"。诺维洛对想要逃走的道林说："别傻了，这意味着明天你会得到一个金制的卡地亚烟盒。"魅力十足的内皮尔·阿林顿也成了毛姆的猎物，他们春宵一度后，毛姆形容他是"美味的尤物"。贝弗利·尼克尔斯这样说毛姆："他是我见过的在性方面最贪婪的人"；休·沃尔波尔在搞同性恋方面也不落后，他告诉弗吉尼亚·伍尔夫，在他看来，毛姆没被"送进监狱"是他运气好。"你不知道威利过的是怎样的生活。我知道。"毛姆无论走到哪儿都会被认出来，他的行为不可避免地成为人们茶余饭后的谈资，不只是在同性恋圈子里。就在这个时候，某些在这方面令人不安的消息引起了苏格兰场大都会警察局长的注意；警察局长认为有必要向F. H. 毛姆通个气，谨慎地表示他得警告一下他的弟弟。现在是高级法院法官，最近还被封为爵士的F. H. 被这件事搞得十分难堪；本来就讨厌同性恋的他，多年来刻意无视弟弟的同性恋倾向，现在他不得不直截了当地告诉威利，在伦敦时要限制自己的活动，否则就有被逮捕的危险。

毛姆总的来说比较谨慎，"捕猎"地点一般选在有类似想法的朋

① Constance Spry, 1886—1960，英国著名的教育家、花卉研究者和作家。

友家里。1928年，就是在这样一个场合，在一次全部由男人参加的在乔治街由富有的收藏家罗伯特·特里顿举办的晚宴上，毛姆遇到了一个对他一生至关重要的年轻人。艾伦·塞尔，18岁，出身柏孟塞工人家庭，他是一个荷兰裁缝和伦敦女人的私生子。有着黑眼睛和一头浓密的黑色卷发的艾伦被称为"糙货①的改良版"，他是一个普通的、性感的男孩，也很聪明、脾气很好，并渴望提升自己。"我当年很帅的。"他自己说。他喜欢老男人，当时已经有很多名人热烈地追求他。林顿·斯特拉齐②为艾伦疯狂，称他为他的"布龙奇诺③男孩"④。还给他写了一系列充满色欲的信；雷吉·特纳也爱上了他，后来还有作曲家伦诺克斯·伯克利，奥斯伯特·西特韦尔的一个朋友被这个他口中"我富于幻想的小朋友……世上最可爱的宠物"的艾伦迷得晕头转向。艾伦在布鲁克街的一家画廊工作，他很有可能就是在那里遇见的罗伯特·特里顿。晚宴那天，特里顿有个客人来不了了，艾伦就被叫来顶替那个人的位子，他坐到了主宾毛姆身边。毛姆立即被这个小伦敦佬所吸引，习惯性地打听他的生活和志向。艾伦告诉他，他渴望旅行，这自然打动了毛姆，他立刻提议带他去欧洲大陆旅行，并建议一同离席，以便讨论进一步的计划。但艾伦已经和另一个客人艾佛·诺维洛约好了。毛姆很泄气，那天晚上艾伦跟诺维洛走了。第二天，毛姆给艾伦打电话，说艾伦那样对待他让他很生气，"但是，如果你今晚跟我一起吃饭，我就原谅这一切。"他们在夸格利诺餐厅共进了晚餐，艾伦说，那晚"改变了我的一生"。两人不仅成为情人，而且那晚也是二人结合的开始，这段关系持续了近四十年，对两人来说都至关重要。

---

① Rough Trade，同性恋用语，尤指卡车司机、建筑工、码头工等随意选上的暴烈性伴侣。

② Lytton Strachey，1880—1932，著名文评家和传记作家，成名作为《维多利亚名人传》。

③ Bronzino，1503—1572，意大利佛罗伦萨的风格主义画家，出色的肖像画家。

④ 在普鲁斯特的小说《追忆似水年华——重现的时光》里，同性恋男爵德·夏吕斯谈到他迷恋的对象小提琴家莫雷尔时说："……他变得如此美丽，看起来就像一个布龙奇诺……"

在目前这个阶段，艾伦还不可能取代哈克斯顿。毛姆经常有理由在欧洲短途旅行，有时去看自己的戏，更多的时候只是漫步于画廊，这既非杰拉德的职业，他也不是特别感兴趣。艾伦则不同，他是最热情的旅伴，而且喜欢绘画。他也非常务实，毛姆聘请艾伦做他的秘书，他在法国南部时，艾伦负责处理他在伦敦的信件；他访问英国时，艾伦做他的贴身男仆。毛姆对艾伦的背景和历史好奇，向他打听细节，也渴望见到艾伦的母亲，但这是不可能的：她知道那种想把小男孩带去欧洲旅行的男人是怎么想的，于是拒绝见面。毛姆对艾伦的情人们也很好奇，表示特别希望见到林顿·斯特拉齐。他们的一个共同朋友艾伦·普莱斯-琼斯安排四人一起吃饭，结果并不成功。从一开始斯特拉齐的心情就很糟糕，塞尔全程沉默不语，毛姆也没能用奥古斯塔斯·黑尔①精心编造的故事吸引听众。

此后不久，毛姆去纽约监督他的新戏《圣火》的制作。这个故事的灵感来自他的家庭内部：毛姆的大哥查尔斯有个19岁的儿子，12岁那年他爬树时从树上掉下来造成半身瘫痪，他的母亲一直照顾他，这种奉献精神感动了毛姆。《圣火》围绕着这样一个情节：一个年轻人在战场上受了重伤，只能困在轮椅上。莫里斯知道他的病没法治愈，陷入深深的沮丧之中，一心想死，但他勇敢地决定隐藏他的沮丧，尤其是对他深爱的妻子斯特拉，他认为是自己毁了斯特拉的生活。斯特拉对丈夫不再有激情，但仍爱着他，她偷偷地跟莫里斯的兄弟柯林有了婚外情，还怀上了他的孩子。突然，这段被她小心隐藏的私情被莫里斯的护士无情地捅破了，她一大早向全家人宣布，刚刚发现她的病人夜里因水合氯醛服用过量死去。令所有人惊恐的是，接下来这个护士指控是斯特拉下的毒手。虽然斯特拉坚称自己是清白的，但在护士强烈的指责下，她的论点变得越来越站不住脚，直到最后莫里斯的母亲塔布莱特太太承认是她给儿子吃的安眠药，她私下里答应儿子，如

---

① Augustus Hare, 1834—1903, 英国作家, 善于讲趣闻逸事。

果他觉得日子过得实在难以忍受，她会帮助他解脱。她似乎一直都知道斯特拉和柯林的私情，但对他们抱有深深的同情。"或许我们应该从完全不同的角度看待这些事情，"塔布莱特太太说，"倘若那些制定道德准则之人尚未忘却青春的激情与快活的话。假如两个年轻人屈服于自然根植于内心的本能，你们认为这样很邪恶吗？"

《圣火》这部戏紧张激烈、扣人心弦，尤其值得注意的是作者情商的广度。《圣火》这个名字取自柯勒律治的一首诗《爱》：

> 一切思想、激情和欢乐
>
> 凡把这肉身激动的一切
>
> 都只不过是爱神的使者
>
> 使他的圣火烧得热烈

毛姆一如往常，站在爱、性、浪漫与母性的一边，对抗传统社会狭隘的道德观。默默地颠覆表明他相信宽容至上的重要性，即使这么做违背了公认的准则。毛姆的大部分兴趣在技术层面，远离自然主义风格，尝试一种更正式的对话。他让戏中人物不要用一时冲动说出来的现实生活中的语言，而是经过反复思考后的语言，但这在很大程度上是行不通的；演员觉得毛姆的风格沉闷呆板、适合朗诵，于是，他不得不做大量的修改。1928年11月19日，这部戏在纽约与观众见面，反响并不好。《纽约时报》的评论说："又一部毛姆的文雅、廉价的惊险戏。"毛姆很吃惊，比平时更担心伦敦的演出情况。然而，1929年2月8日，幕布落下前，他就知道又一部成功的戏到手了。那几个星期的演出，场场爆满，伦敦主教谴责这部戏不道德反而为其增加了票房。第二年在罗马上演时，梵蒂冈的罗马教廷也在官方报纸《罗马观察家报》的头版对其加以谴责。

这一年毛姆主要是在旅行——丹麦、德国、奥地利、希腊、塞浦路斯和埃及——以及享受里维埃拉漫长的夏日。到了20世纪20年代中期，里维埃拉才成为时髦的避暑胜地。在过去的五十多年间，英国人跟随维多利亚女王的脚步，把法国南部当成冬季避寒胜地。但最近，一群知名度很高的美国人，比如斯科特·菲茨杰拉德夫妇、科尔·波特[1]夫妇，美国画家墨菲夫妇来到这里，越来越多的时髦人士步他们的后尘，把七、八月份的蓝色海岸变成他们的殖民地。如今尼斯和戛纳的大酒店全年开放，1922年底开通了一列快速列车，这趟从加莱到地中海的快车因车厢涂成蓝色而被称为"蓝色列车"。豪华的"蓝色列车"从加莱出发，经停巴黎后在夜幕下行进，于第二天上午抵达法国南部。乘客们从沿海的各个车站下车——胡安莱潘、昂蒂布和摩纳哥——终点站是意大利边境附近的芒通。毛姆经常乘坐"蓝色列车"，他从博利厄下车，从那儿到费拉角只需很短的车程。1928年9月，在玛莱斯科别墅过了一个完整夏天的毛姆向伯特·阿兰森描述，繁忙的社交季终于结束了，那群时髦的人不见了，和他们的汽车、女佣和男仆一起去了比亚里茨。

玛莱斯科别墅被改造成一幢令人印象深刻的豪宅。沿一条两边是松树的狭窄小路蜿蜒来到费拉角，玛莱斯科别墅大门内白色的石膏柱上漆了一个熟悉的标志——那只对抗邪恶的眼睛。一条很短的车道向上通往带露台的花园，白色的房子安了绿色的百叶窗和高大的绿色双扇门。一进门是大厅，黑色的地板，高高的天花板，最显眼的是毛姆从北京带回来的观音像。暗绿色的大客厅里有些许巴洛克的味道，沉重的西班牙家具，黑人雕像，镀金木制吊灯和萨伏纳里地毯；壁炉上摆放着一只展翅的金鹰，靠墙有一对黑漆柜子，里面装着东方的瓷器，还有四个窄窄的雕刻得很有装饰感的书架；大厅里摆放着舒服的椅子，两张沙发，一张圆桌上新书堆得老高。白色的餐厅相对较小，路易十六风格的餐桌被执政内阁时代式样的小扶手椅围绕着，墙上挂

---

① Cole Porter，1891—1964，美国著名音乐家。

着四幅玛丽·洛朗桑①的画，画中是白皮肤黑眼睛的女孩。沿大理石
楼梯向上是卧室和更衣室，墙壁刷成黄白相间的颜色，房间布置得
朴素漂亮——平纹细布的窗帘，丝绸的床罩，墙上挂着中国画的印刷
品；每个房间都有一张书桌，桌上摆了很多削好的铅笔、书、水果、
鲜花、矿泉水，床边放着一个雕花玻璃的饼干盒。浴室装修得现代豪
华，准备了充足的厚毛巾和新肥皂，以及弗洛里斯牌的香水和香精。

　　毛姆的生活区简单得近乎朴素。卧室窗边斜放着一张窄床，躺在
枕头上就可以看到花园；床后面挂着一幅西班牙圣人的画像，墙面嵌
入式书柜里摆满了他喜欢的作家的书；床边的办公桌上，除了书，还
有漆制烟盒、火柴、裁纸刀和眼镜，还有一张他母亲的照片。沿着木
楼梯爬上卧室上方的平顶阁楼，那个独立的空间是毛姆的书房。这是
一个方形的大房间，阳光充足，四周全是窗户，有一个开放式壁炉、
书柜，一张舒适的沙发，可坐或卧在上面看书，一张17世纪西班牙的
长餐桌充当书桌，高度调低了几英寸以适应作家的身材；书桌上方面
向尼斯和地中海的窗户被封了起来，以免因为看风景而分心。书房里
只有两幅画，一幅是杰拉德·凯利画的苏·琼斯的头像，还有一幅是
高更画的美丽的塔希提少女。毛姆很满意这个僻静的"避难所"，对
整幢房子都满意极了，跟他想象的简直一模一样。"我准备在此度完
余生，"他写道，"我准备死在我的卧室的喷漆床上。有的时候，我
会双手交叉，闭上眼睛，想象我死的时候躺在那里的样子。"

　　从一开始，毛姆就是最热情的东道主之一。最早拜访玛莱斯科
别墅的客人中有如今住在拉帕洛的马克斯·比尔博姆，这个老花花公
子依旧19世纪90年代的口音；在法国南部也有房子的H.G.威尔斯；
开着豪华游艇沿着海岸线航行的阿诺德·本涅特；沃尔特·佩恩和他
的太太、德斯蒙德·麦卡锡、杰拉德·凯利，毛姆的美国出版人纳尔
逊·道布尔迪以及他的戏剧经纪人戈尔丁·布莱特。布莱特的妻子描

　　① Marie Laurencin，1885—1956，法国画家，以优雅和谐的颜色刻画年轻妇女和儿童著称。

述住在玛莱斯科别墅的生活时说，"优雅、奢华……完美、从容的服务"，很多人赞同她的观点，认为玛莱斯科别墅"如天堂一般舒适，有美食、美人和有趣的谈话"。毛姆确实懂得如何管家，并打算不辞辛劳地花费巨资达到最高标准。他雇了十三个人，个个训练有素，一名男管家，两名男仆，一个伺候女士们的女仆，一个厨师，厨房女佣，司机和六个园丁，在细节上做到毫无瑕疵，给人留下轻松随意的印象靠的是背后的小心谨慎和纪律严明。大部分客人乘火车到达时，司机会开着豪华轿车去博利厄接他们。汽车停在碎石路上，男管家厄内斯特打开大门，大厅里，穿着开领衬衫、白色亚麻裤和帆布鞋的毛姆面带微笑张开双臂迎接宾客。"但接着，他的手臂会垂到身体两侧，不接触任何人。"毛姆的一个邻居罗里·卡梅伦观察道："他只是做出一个表示欢迎的姿态罢了。"新来的客人会被领到露台上喝茶，与此同时，仆人们打开他们的行李，把他们的睡衣放到楼上的房间。

客人的日子过得悠闲轻松。女士们在床上吃早餐，在透过蚊帐的阳光和柔声细语的"Bonjour, Madame.Madame a bien dormi?（早安，夫人。夫人睡得好吗？）"的问候声中醒来，仆人随即端上一个精美的早餐托盘，托盘装着咖啡、牛角包、水果和鲜榨的橙汁。男人们在楼下的餐厅享用更丰盛的早餐，这之前他们会游晨泳或者打网球。上午，空气中飘散着柑橘和柠檬花的香味，大家或在露台上看书，或在花园里漫步，或躺在游泳池边的亚麻床垫上晒太阳，看着蓝蜻蜓掠过水面。泳池一边的背景是粉色和白色夹竹桃组成的茂密树篱，后面是由岩石和松树构成的密集屏障，另一边是维尔弗朗什湾壮丽的风光。大多数人一天的大部分时光在这里度过，聚在这里游泳、晒太阳，如果日头太大，他们就躲在一个天然的小洞穴里享受阴凉。离泳池不远有一只毛姆从东方带回来的铜锣，每天敲响两次，宣告喝餐前鸡尾酒的时间到了，可能是一杯冰凉的吉布森鸡尾酒，也可能是一杯薄荷味的马提尼。夏天，午餐和晚餐通常设在露台上，都是比较正式的餐会，有白衣男仆在一旁服侍。毛姆为客人们准备了大量的葡萄酒和香槟，经典的法国美食，带一点有趣的美国口味，大部分沙拉和蔬菜都是自家院子里种的。午餐先上番茄汤，然后是马里兰鸡排和梅尔巴氏桃子冰淇淋；晚餐一般有蛋冻、配贝亚恩鸡蛋黄油酱汁的菲力牛排，一份精致的布里干酪，还有新鲜的无花果、桃子和欧洲草莓。毛姆最喜欢的一道菜是牛肉土豆泥，他在缅甸教厨子做过这道菜；后来，毛姆家最擅长做的是鳄梨冰淇淋——将捣碎的鳄梨、巴巴多斯朗姆酒、糖和奶油混合在一起，鳄梨摘自自家树上，而最早的插枝是毛姆装在高尔夫球袋里从加州偷运回来的，据说，这是生长在法国的第一棵鳄梨树。如此多的美味佳肴，难怪毛姆的客人们会乐不思蜀。

　　保持这种水平的舒适度和效率需要不断的监督。毛姆是监督者，杰拉德则负责这个家日常生活的平稳运转。每天晚餐后，毛姆都会找厨师谈话，定好第二天的菜单。虽然他自己吃得不多，却对烹饪很在行，清楚每道菜应该是什么样。这里的法国主厨很棒，但后来发现他靠出售厨房里的过剩食品增加收入后就被解雇了，意大利厨房女佣安妮特·基亚拉梅洛升任主厨。结果，安妮特是个很有灵气的厨师，她和她的雇主组成了一支理想的团队，他在外面吃到什么好吃的东西，回来跟她描述一番，她就能凭着天赋和创造力做到让毛姆满意。此外，哈克斯顿"这只忠实的看家狗"是这里的大管家：和西里尔一样，他是个优秀的组织者，很清楚该怎么做。作为毛姆的秘书，他一天的大部分时间在毛姆书房正下方的房间里解读雇主不好懂的笔迹，打手稿，听写信件；他还要管理仆人，确保客人们得到他们想要的东西，在泳池边陪客人聊几个小时的天，打台球、网球，安排客人去戛纳和博利厄购物，有时候晚上还要去尼斯和蒙特卡洛的赌场。午休时间，杰拉德穿着粉红色的衬衫和短裤安静地坐在露台的阴凉里打发时间。天气好的时候，他会在停泊于维尔弗朗什湾的一条改造得很舒适的名叫"莎拉"的旧渔船上举行派对；船在航行几小时后抛锚，大家开始分吃用篮子提来的野餐，然后游泳。毛姆的一些朋友私底下很反感杰拉德，有人说他身上有股腐败的气息，但大多数人把他当宝贝看待。毛姆的侄子罗宾认为玛莱斯科别墅快乐舒适的气氛主要是由杰拉德营造出来的。

从某种意义上来讲，玛莱斯科别墅的生活方式概括了他本性的两个侧面：一面是奢华、温暖和肉欲，一面是严肃和自律。客人们睡得很晚，在泳池边虚度时光，毛姆的日常生活则是严格且一成不变的，任何事都不许打搅到他。他每天早晨醒得很早，早餐端到床上之前，他先用一个来小时的时间阅读，边看报纸边抽烟斗。八点半，他洗澡、刮胡子、穿衣服。九点左右回到屋顶的书房，一直在那儿待到中午十二点半，然后下楼陪客人们喝杯鸡尾酒，只喝一杯，然后在露台上吃午饭。午饭后，他回去小睡一会儿，然后继续读书，四点左右再次现身，建议大家在喝下午茶前打网球或高尔夫，游泳或打桥牌。他喜欢在他心爱的腊肠犬的陪伴下，沿着长满青草、绿树成荫的小路散步，他的几条爱犬都是以瓦格纳歌剧中的人物命名的。他的第一条狗叫埃尔萨，是《罗恩格林》里的女主人公；毛姆非常喜欢动物，每次准备动身去伦敦，看到小狗爬进他的空箱子，不希望被留下时，都会很难过。（英国实行严格的动物检疫法，因此，短期访问时不得携带动物。）他还会手写回复大量粉丝来信。晚餐前一般会有鸡尾酒会，每个人都身着晚礼服，如果只是他和哈克斯顿单独用餐，或者身边有一两个密友，毛姆更愿意穿得随意些，比如从中国带回来的黑马褂，他小小的身体被沉重的黑丝绸包裹着，看上去像只猴子。"从根本上说，"罗里·卡梅伦说，"毛姆是个拘谨的人，不习惯跟人说知心话"；如果有人要求，他也会说些很私人的事，但通常是经过润色的表演，很少自发地表达。晚饭后，他会抽一根雪茄，打一两局桥牌，随后杰拉德会带一帮人去赌博。毛姆很少陪他们一起去，十一点钟他要上床睡觉，好保证第二天上午能在良好的状态下工作。

　　对毛姆而言，写作不仅是他的职业，也是他的生活。他从来没能说服自己有什么事比写作更重要。工作时，他在自己创造的世界里非常有自控力，晚年时，他说一生中最快乐的时光就是坐在写字桌前运笔如飞。他给自己定了个规矩并严格遵守，那就是，每天工作三个小时，不多也不少，这个习惯是从达尔文那儿学来的。达尔文每天工作不会超过三个小时，但依然彻底改变了生物科学。毛姆的劳动工具很简单，一根经过特别设计的钢笔，厚厚的轴环增加重量，一瓶墨水，还有从《泰晤士报》书店买来的没有格子的白纸，他的书桌上总是整整齐齐码着一摞这样的纸。他戴一副角质架眼镜，写作时会一根接一根抽烟；晚年时，他戴一副带拉链的粉红色弹性连指手套，防止手部重复扭伤和循环不良。毛姆不停地创作，总是强调创造与想象之间的区别，他的脑子里有很多故事，但没有时间全部写下来。毛姆承认自己的想象力不足，只是根据不同的性格将生活中的人物设置在或悲或喜的情境之中，他的幻想被可能性束缚着，无法像某些作家那样天马行空。

　　他的脑子里有无数的故事，所以不愁找不到主题。动笔之前，主题和人物往往会陪伴他数月，甚至几年，他从来不需要写提纲，一旦提笔就停不下来，写得飞快。毛姆说，写小说时，他虚构的人物比现实生活中的人物更加真实；他居住在一个不同的维度里，比外面的现实世界更生动、更有意义。第一稿完成后开始修改，改得很仔细，有时候一页会不停地重写。一旦故事落在纸上，修改完文字和校样，最终版编辑通过后，看到作品打印出来，他会十分兴奋；然而，这种兴奋是短暂的，书印出来一进书店，他就不感兴趣了，不在乎别人怎么评论。

　　早晨紧张的脑力活动过后，毛姆经常感觉，与写作生活比起来，工作室外的世界是那么平淡苍白。有时下楼和大家共进午餐时，他明显心不在焉；虽然总是周到地问大家睡得好不好，吃得怎么样，下午

有什么安排，却显得心事重重，他鼓励大家聊天一方面是给自己提供
思考的空间，另一方面是为了尽到地主之谊。

　　搬进玛莱斯科别墅后不久，也就是1929年，毛姆在写完《面纱》
四年后开始写他的第一本小说。毛姆发现他的脑海中一下子挤满了童
年时的人和物：他坐在书房里俯看地中海，心灵之眼却凝视着少年时
代肯特郡的乡村风光和风中惠斯泰布尔的街道；他脑子里想的都是他
的叔叔、婶婶和牧师寓所（他的艾伦婶婶，他叔叔亨利的第二任妻子
几个月前去世了）；他终于摆脱了非要写一写西里尔的想法，回到了
记忆中可爱的、亲爱的、风流的苏·琼斯身上，过去的十五年里，他
对苏念念不忘，直至找到一种令他释怀的方法。他给这部新作取名为
《寻欢作乐》。苏在书中以罗西的形象出现，她是一个著名小说家爱
德华·德里菲尔德的第一任太太，德里菲尔德出身乡下，如今是备受
尊崇、享誉全国的人物。书刚一出版，人们就确定德里菲尔德的灵感
来源是托马斯·哈代，当时作者极力否认："我发誓写这本书时根本
没有想到哈代。"毛姆告诉《每日电讯报》，但后来被问及此事时，
他变得闪烁其词。"呃，这我不清楚。我否认了，承认了，又否认
了……可能有他的某些痕迹吧。反正，这又有什么关系呢？"

　　和很多小说家一样，毛姆对读者总是试图找出小说中某个人物背
后那个"真身"是谁感到恼火；他愿意承认笔下的人物来自生活。不
来自生活，还能来自哪里？但他坚称，一篇小说写完时，这些人已经
不足以称之为"原型"了。但毛姆的说法并不完全准确，和大多数作
家不同，他在利用真实人物时几乎不做修改，基本上原样照搬，甚至
不怎么试图加以伪装。他的作品中没有哪部比《寻欢作乐》里的逼真
程度更为惊人，准确地说更臭名昭著的了。爱德华·德里菲尔德的性
格和哈代（意味深长的是，哈代于1928年1月去世，不久后，毛姆便开
始写这本小说）的性格太过相近，作者即使否认也无法令人信服：二
人均出身微寒，擅长描写平民百姓，都有出身于中产阶级但渴望出人

头地的第二任妻子。（1944年，洛根·皮尔萨尔·史密斯与休·特维罗伯①谈论《寻欢作乐》时说："第二任德里菲尔德太太简直就是生活照。这本书出版后不久，我在诺布尔夫人的宫殿举行的一次午餐会上坐在一个'托马斯·哈代夫人'身边，这个女人谈起多塞特郡的社交生活就像从《寻欢作乐》里一字一句扒下来的，说实话，我相信这是冒牌哈代夫人在演戏逗趣。"），年迈时他们都返回故乡，哈代回到多塞特郡，德里菲尔德回到肯特郡。德里菲尔德的故居费恩别墅和哈代的故居马克斯门均成为全世界文学爱好者的朝圣地；二人均被授予殊勋勋章。

到了初夏，这本书已基本完成。在后来的一个版本的序言中，毛姆写道：

> 我对她的回忆年复一年地萦绕在我的脑海中。我知道，总有一天我会把她写进一本小说里。一年又一年过去了，经过了好多年，我始终没有找到我一直在寻找的机会。我担心自己永远没有这种机会了。

毫无疑问，很多年前苏在芝加哥拒绝他的求婚后，他还在想念她；而且有一个很小但很重要的迹象表明，他们此后至少还见过一次面。那时，苏已经嫁给了安格斯·麦克唐纳，变成了小说中描述的那个红脸庞、身材臃肿的女人。在这本带有浓厚自传色彩的小说中，毛姆提取了他与苏恋爱的精华，呈现出这个金发女人的丰腴美，她的多情、冷静和好脾气。威利·阿申登第一次跟罗西做爱前情不自禁地哭了起来，以及第二天罗西用报纸包着她的紧身内衣溜出门去，种种迹象均来源于生活。作者对威利的描绘也非常迷人，这个青年令人同情，传统、有点势利、自尊心强、打扮入时。和毛姆一样，阿申登去

---

① Hugh Trevor-Roper，1914—2003，英国史学家、牛津大学钦定讲座教授，《北京隐士：埃德蒙·拜克豪斯爵士不可告人的人生》一书作者，希特勒研究专家，后被封为终身贵族。

伦敦学医，想成为一名作家，并最终出人头地。

　　毛姆对伦敦文学界的讽刺是最致命，也最尖锐的。年轻时，毛姆受邀参加在南肯辛顿举行的文学茶会，去埃德蒙·戈斯家，或者在奥古斯塔斯·黑尔的庇护下与圣赫利尔人夫人等女主人们共进晚餐。在《寻欢作乐》中，不知疲倦的圣赫利尔夫人化身为霍特玛希夫人，"殷勤邀请这些人去做客，却从来也不谈这些人写的书或作的画；但她喜欢和他们在一起，这使她愉快地感到自己处于艺术界圈子之中。"戈斯和黑尔则共同提供了那个英国最有名气的批评家奥尔古德·牛顿的原型，"他在德里菲尔德家里碰到一些作家时经常表现得和蔼可亲，并对他们说一些很动听的奉承话，以此为乐。但等他们走了，没有任何人比他更能绘声绘色地讲关于自己朋友的诽谤性的故事。"然而，和他对同为作家的老朋友休·沃尔波尔比起来，他对他们的态度显然客气多了。到了1930年，沃尔波尔已经成为文学精英中的一员，自封为"文学界的总督"。此人虚张声势、妄自尊大、勤奋刻苦，写了很多流行小说，作为英国书籍协会的主席，他在英国和美国不知疲倦地巡回演讲，忙于为很多委员会效劳，他还是名人们忠实的朋友，但一旦某个名人过气，就会被他抛弃，最重要的是，他不遗余力地推销自己。

　　毛姆于战争期间在彼得格勒与沃尔波尔相识，他很喜欢他，同时又觉得他可笑之极，毛姆在《月亮和六便士》中对德克·斯特略夫的描写清楚地表明了他对沃尔波尔的态度。然而，近年来，沃尔波尔不仅不知羞耻地自我宣传，而且为人吝啬卑鄙，毛姆开始排斥他。沃尔波尔对毛姆的两个好友表现得很不友好，其中就有杰拉德·凯利；最近他在剑桥大学的一次演讲中将毛姆的名字从当代著名小说家的名单中剔除；然而，这些冒犯不足以导致毛姆对他发起致命的攻击：除此之外，一定有更深层的原因。犯罪小说家埃里克·安布勒描述过一次由威廉·海涅曼出版公司主席A.S.弗利尔在奥尔巴尼举办的晚宴上的情形。毛姆当时在场，还有诺埃尔·科沃德和 J.B. 普莱斯丽。那天晚上，有人提到了沃尔波尔。"我认识休·沃尔波尔很多年了，"毛姆说。

> "以我对他的了解，他对几个有天赋的年轻作家做过很不光彩的事，有一个人我认识。休·沃尔波尔毁了他的生活。"
>
> 他怒视着我们。他的意思很明了。我们都很清楚，他真正谈论的不是一个有天赋的作家，而是一个被抢走的男朋友，一场单相思，一个嫉妒的老毒瘤……

毛姆在书中把自私自利、精神饱满、毫无幽默感、虚荣的阿尔罗伊·基尔，也就是休·沃尔波尔，描写得十分生动逼真。"我对罗伊也怀有一定程度的好感。"阿申登先是一副无辜的口吻，接下来就饶有兴趣地讲起他那一桩桩一件件可笑的蠢行。

> 没有一个小说家能像罗伊那样对一个被人交口称赞的同行表示出如此真心实意的热忱，但当这个作者由于懒散、失败或者另一个什么人的成功而声誉有损时，也没有一个同行能像罗伊那样真心实意地把他立刻摒弃……在我的同辈中，我还想不出另外一个人像罗伊那样缺少才能但却取得了相当的地位。

和休·沃尔波尔一样，阿尔罗伊·基尔也非常渴望爱，盼望成为所有人的朋友，这样就没什么能威胁到他好人的身份了。当他谈到打算为德里菲尔德写一本重要的传记时，阿申登猜到那将是一本满纸恭维之词的圣人传。"我跟你说我想写一本什么样的书吧？"罗伊说，"一本关于德里菲尔德个人生活的书，内容应当有好多使读者感到亲切的细节，另外，在这里面揉进对他文学著作的全面评论，当然不是那种沉闷的长篇大论，而是虽持肯定态度却是透彻的评论。"

“你不觉得如果你彻底地把他的好坏两方面都写出来会使你的书更有意思吗？”阿申登问。

“那不行……我得按绅士规矩行事。”

“看来又要做绅士又要当作家，这两者很难兼顾。”

“那倒不见得。当然咯，如果我毫无保留地去写，这本书会引起一些轰动……不过，他们会说我在模仿林顿·斯特拉齐。我不想这么干，我还是要把它写得含蓄，优美，比较微妙，你知道我说的是什么样的吧，还有，要亲切。”

至于阿尔罗伊·基尔的私生活，阿申登的态度比较谨慎，尽管他有很多话可说，因为沃尔波尔这么爱吹牛的人自然不会忘记夸耀多少人曾臣服于他的脚下。积极活跃的青年期过后，人到中年的沃尔波尔很满足能有一个已婚的警察跟他作伴；但在过去，毛姆不得不听沃尔波尔说他那一堆风流韵事，尤其是他与相貌英俊的丹麦著名男高音歌唱家劳里茨·梅尔基奥尔的孽缘，毛姆在小说中拐弯抹角地提到了这则插曲：

阿尔罗伊·基尔在婚姻问题上的观点是抽象的，许多艺术家们都很难协调婚姻和他们对事业的热切追求这两件事，而罗伊却成功地避开了这种矛盾。大家都知道他多年来对一位已婚的有地位的夫人的单相思，虽然他从来都以敬重的口吻谈到她，但大家都知道这位夫人对他很不好。

这些对于不认识休·沃尔波尔的读者而言没什么意义，但对休·沃尔波尔本人则是可恶的背信弃义，是毛姆的故意诽谤。

《寻欢作乐》是毛姆最受欢迎的小说之一，于1930年9月29日由海涅曼公司出版，四天后由道布尔迪多兰在纽约出版。萨默塞特·毛姆出了一本新小说自然是值得关注的事件；然而，谁也不曾料到他借书中的人物阿尔罗伊·基尔将休·沃尔波尔嘲弄一番会在文学圈内引发一阵骚动，这一事件被评论家称为"自狄更斯在《荒凉山庄》中将李·亨特①描写为斯基坡尔先生以来最令人难忘的文学剖析"。对此浑然不知的沃尔波尔在这本小说出版前几天收到了一本。9月25日凌晨他高高兴兴回到家中，后半夜脱衣服时，他瞥见毛姆的书放在床头柜上。他穿着睡衣坐在床边漫不经心地拿起这本书读了起来。"越读越觉得恐怖，"他在日记中写道，"绝对没错，写的肯定是我。一宿没睡！"凌晨四点，狂怒之下的沃尔波尔打电话给毛姆的出版商弗利尔，恳求他停止出版这本书，但弗利尔告诉他做不到。"我看不出你和任何一个人物有相似之处。"弗利尔让他放心。第二天他仍旧心烦意乱，一整天都在外面约见朋友，不顾一切地想知道大家都在议论什么。大部分人尽力说服他这只是他的想象，也有人说毛姆极力否认了这种传言。"可是他怎么能，"沃尔波尔哭喊着说，"有一段对话里明明就透着我的语气……他用了那么多可爱的小事，然后对它们加以扭曲。"

如此公开暴露伤口后，沃尔波尔不得不忍受进一步的折磨，他知道所有人都在议论他，无论敌友都在一旁看他的笑话。林顿·斯特拉齐在给他的姐姐多萝西·布希②的信中还开心地补充道："这是一本非常有趣的书"；E.M.福斯特在给毛姆的一封信中承认："我对值得称赞的刁钻十分着迷，简直无法用语言来形容"；埃迪·马什愉快地评论道："我听说可怜的休说这本书毁了他"；洛根·皮尔萨尔·史密斯则坏坏地用了一个贴切的隐喻，他将这本小说形容为"杀死休·沃尔波尔的那根又红又烫的火钳"。（在马洛的历史剧《爱德华二世》中，处死这位同性恋国王的方法是用一根烧红的铁条插入他

---

① Leigh Hunt，1784—1859，英国著名的散文家、评论家、诗人，浪漫主义代表作家之一。亨特和他的哥哥约翰共同创办了当时最著名的报纸《观察家》。
② Dorothy Bussy，1865—1960，英国小说家和翻译家。

的肛门。）阿诺德·本涅特让这件事变得更糟，他坚持认为毛姆对沃尔波尔的描述并无恶意，而是"完全公正、准确和仁慈的"。总的来说，大家支持贝弗利·尼克尔斯的观点，沃尔波尔那个蠢蛋活该。几乎没有人指责毛姆的所作所为。正如哲学家以赛亚·柏林所言："我明白为什么毛姆以及所有伶牙俐齿之人都无法抗拒那块粉红色的小鲜肉的诱惑，并将牙齿嵌入其间，显然，那块肉就是为食人族准备的。"

十月份，大西洋两岸出现了大量的评论文章，大多是赞美之辞，也有一些批评的声音，惊讶于作者露骨的主观。英国学者莱斯利·马钱德为在《纽约时报》撰文道："没有哪位英国作家的作品比毛姆的这篇小说带有更透明、更无耻的自传性。"同一年出版了小说《行尸走肉》的伊夫林·沃则称赞毛姆"机敏松弛之极……我不知道还有哪个活着的作家能如此自如地驾驭作品"。不过，他提出了一条有意义的保留意见，毛姆的"圆滑老练使得他无法获得那种卓越的激情与美的灵光乍现，这是能力有欠缺的小说家偶尔才能达到的境界"。尽管如此，沃仍然为他的技法高超和熟练鼓掌："他擅长让读者产生获取信息的渴望，但他先按住不表，等合适时机来个出其不意。"随着时间的流逝，人们越来越欣赏这部小说。1934年，德斯蒙德·麦卡锡称赞《寻欢作乐》是"结构的典范，罗西这个人物是伟大的艺术成就"。20世纪下半叶，戈尔·维达尔[1]认为这是一部"完美的小说"，而安东尼·伯吉斯则认为这篇小说好极了，是"一本文学批评的教科书"。

小说印成书后，没有人笨到去留意休·沃尔波尔和阿尔罗伊·基尔之间有哪些可能的相似性，倒是几乎所有人，通常带着谴责的态度注意到爱德华·德里菲尔德与已故的伟大的托马斯·哈代极其相像。小说中的阿申登可耻到对德里菲尔德的全部作品没有表示出丝毫的钦佩之情。阿申登说：

---

[1] Gore Vidal，1925—2012，美国小说家、剧作家、散文家、评论家。

他的作品确实使你觉得好像他是用一支秃铅笔头在写作……每当我读到他作品中出现航船的水手舱或是酒店的酒吧间时，我知道接下去的必定是长达六、七页的用方言写的对生活、伦理和永恒不灭这类主题的可笑评论，我的心就会往下一沉。

如此不敬的观点被认为是对哈代的侮辱，报纸上比较有代表性的头条标题有——"践踏托马斯·哈代的坟墓""击打裹尸布下的尸体"，以及"文学食尸鬼亵渎坟墓"。当沃尔波尔终于鼓足勇气给毛姆写信，抱怨老朋友竟然如此残忍地对待自己时，毛姆就可以拿出哈代做挡箭牌了。

我真的很不走运，你可能已经看到报纸上在攻击我，因为他们认为我写的那位老人是哈代。这未免太荒谬了。唯一的理由是，两个人都死了，都获得过勋章，都结过两次婚……海涅曼公司的查利·伊万斯说，他从来没想到我小说中的阿尔罗伊·基尔和你有任何相似之处；当他跟我谈及此事时，我很诚实地向他保证，我完全没有想过要描述你……阿尔罗伊·基尔是由一打人组成的，更大的那部分源于我自己。他身上我的元素比我认识的任何一个作家都多。我想，如果你在他身上看到任何与你相似之处，那是因为我们或多或少是一类人……

1961年，沃尔波尔死了很久以后，毛姆在给一个朋友的信中回应了他对沃尔波尔极不诚恳的解释："休真是个可笑的家伙，我写《寻欢作乐》的时候当然想到他了。"在1950版的《寻欢作乐》的序言中，毛姆说："不错，在我构思我称作阿尔罗伊·基尔这个人物的时候，我心里想到的是休·沃尔波尔。"沃尔波尔虽然表面上接受了毛姆的解释，实则仍旧对此耿耿于怀，到处倾诉自己的不满。接下来的那个月，他和弗吉尼亚·伍尔夫一起喝茶，伍尔夫在日记中这样描述沃尔波尔，"可怜、痛苦得直打滚、呲牙咧嘴，还有荒谬。这的确是一种聪明的折磨。"她写道。他在《寻欢作乐》里被"活剥"了。"显然，休被揭露为一个虚伪的、受大众欢迎的、厚颜无耻的通俗小说家……对任何东西都不敏感。但休说，他在荆棘床上辗转反侧，荆棘越刺越深。"然而，伍尔夫在乎的是毛姆把只有她跟毛姆知道的一些小事也写进了书里，这才是真正令她无法释怀的东西。毛姆给她写信说，他不相信这会给她带来伤害。他说，写的时候压根儿就没想到她。但对伍尔夫而言，这封信比那本书更为糟糕。

到了年底，这场风波终于要过去了，双方都感到很欣慰。两个人的关系继续友好着，至少表面上如此：翌年夏天沃尔波尔的新小说《朱迪思·帕里斯》面世时，毛姆给他发去一封开玩笑的贺电，签名是：阿尔罗伊·毛姆。然而，1931年5月，风波再起，一本恶意毁谤毛姆的小说《杜松子酒与苦味酒》在美国出版，作者向毛姆公开发起攻击。作者用了一个假名"A.瑞波斯特[①]"，起初人们以为这本书是沃尔波尔写的，其实作者是个多产且籍籍无名的女作家埃莉诺·莫当特，此人是哈代第二任夫人的朋友，《寻欢作乐》给她造成了极大的伤害，因为毛姆在书中提供了大量关于哈代夫妇和他们的社交及家庭生活的确切细节。莫当特决定报复一下，于是在书中塑造了一个著名小说家的形象，明眼人一看就知道是毛姆。莫当特曾在远东广泛游历，给了这本故事性很弱的书一定的可信度，但她从未见过毛姆本人，显然对毛姆没有深刻的了解。起初，毛姆没把这件事放在心上，但后来他发现，这本更名为《兜圈子》的书即将在英国出版，而且出版此书的正是他的出版商海涅曼公司。显然，海涅曼不想得罪自己的畅销书作家，主动压下了这本书；沃尔波尔也不想再捅娄子，乞求毛姆拿出

①Riposte，还击的意思。

禁令；但直到 F. H. 强烈建议弟弟采取行动，毛姆才决定控告对方毁谤。这时，这本书已由另一家公司接手，出版不久后接到毛姆的律师信才收回已发行的书。

在奇短的时间内，沃尔波尔就说服自己：他和阿尔罗伊·基尔之间没有任何相似之处。当然，他也明白像自己这么成功、这么受欢迎的人物在"十分不幸且尖刻的"的毛姆眼中会是什么样子。然而，自从《寻欢作乐》出版后，人们对他形象的看法再也没有改观过，伦敦文学界再也不尊重这个人和他的作品了。1937年，沃尔波尔终于等来了他期盼已久的爵士头衔，这也算是给他颁了一个安慰奖。然而，对《寻欢作乐》的赞赏则继续蔓延。评论家弗兰克·斯温纳顿写道："毛姆作为小说家的声誉一时无两，《寻欢作乐》出版几个月后，所有当代的小说家都在他面前黯然失色。"

第十二章

哈克主人[①]

　　《寻欢作乐》出版于1930年，这一年开启了西方世界为期十年的混乱时期，但对毛姆而言，这是一段财富与声望不断增长的时期。1929年10月25日（24日），美国股票市场崩盘，引发经济大萧条，数百万人失去生计，这一天后来被称作"黑色星期四"。然而，毛姆有伯特·阿兰森帮他精心打理投资业务，相对来说平安地度过了大萧条期。"我手里持有的是金边证券，"他告诉制片人梅斯莫尔·肯德尔，"我不在乎，我准备等等情况自动恢复正常了再说。"随处可见紧缩的迹象，看戏的观众少了，图书杂志的销量锐减；毛姆却仿佛有护身符一般几乎毫发无伤。他的戏继续在英美乃至全球范围内上演，《大都会》等杂志给他的短篇小说开出一字一美元的稿酬，这已近乎天文数字。他的出版商们也格外幸运。出版业整体上不景气，但大西洋两岸毛姆的出版公司却继续生意兴隆。由查尔斯·伊万斯和A.S.弗利尔共同经营的海涅曼公司继续盈利且依然强大，在美国，1927年乔治·多兰和道布尔迪的公司合并后诞生了美国最著名的出版公司之一。1928年，出版公司创始人之子纳尔逊·道布尔迪被推选为总裁，

──────────
　　① 哈克，Hacky是毛姆对哈克斯顿的昵称。

在他充满活力的领导下，到了20世纪30年代初，道布尔迪多兰出版公司已经发展成英语世界最大的出版公司。

弗利尔和纳尔逊·道布尔迪都成了毛姆的私人朋友。弗利尔，小个子、精力充沛，某些方面神神秘秘的，对早年经历闪烁其词，但这个人极富魅力，发自内心地热爱文学，且知识广博。他善于交际，和很多作家关系密切，毛姆便是其中之一。"他热情、亲切、慷慨、令人兴奋。"弗利尔说起这位著名的作家，"他只要求对方回报以类似的喜爱和忠诚。"从专业角度来讲，弗利尔精明得很，在估价他最宝贵的财产时眼光敏锐。"毛姆在讲故事方面有难以估量的天赋，"他曾在接受采访时说，"他的优点在于对艺术的真诚基于不可动摇的谦逊。他知道他不是一个伟大的作家，于是靠他所掌握的全部技能谋生。"两个人都很明白职业关系的准则和界限，作者的工作是提供手稿，出版商的工作是将其出版，不存在编辑环节的干扰。"这么多年来，我和威利从来没有因为工作的事红过脸。"弗利尔回忆说，"我从威利手中拿到手稿后就直奔印厂。我会把校样寄给他，十天内，他再给我们寄回来，就是这样。我们连一个逗号都不改。他过去常说，他改完了不希望再有任何改动。他也从来没对腰封发表过意见。"

纳尔逊·道布尔迪也跟毛姆保持着一样融洽的工作关系，但他的性格和那位英国出版人很不同。他是个大块头，精力充沛，嘴里老是叼着根雪茄，嗜酒如命，喜欢户外运动，纳尔逊在社交场合不太自在，但对家人和朋友很有感情，也很慷慨，毛姆也被他视作亲密的朋友。"威利是我这一辈子遇到过的最有趣的人。"纳尔逊说。纳尔逊不爱读书，首先他是个商人，大家都知道他作风彪悍，是出版界最精明的老板之一。"我不读书，"他总是吹嘘，"我出书。"他很得意自己有杀价的本领，道布尔迪的一个同事说，"但是威利每次都能把他逼到墙角里去。"毛姆造访长岛的办公室时，编辑们开心地看到高大的纳尔逊和那个矮小的英国人站在一块儿，"就像一只圣伯纳德犬俯视一条猎兔犬……'当然，我对生意上的事一窍不通。'毛姆总是先来这么一句，但在谈话结束前他往往能从纳尔逊那儿得到他想要的一切，顺便说一句，得到的很多。"

　　由于作品销量巨大并被翻译成多国文字，毛姆成为在世的最著名的作家之一，同时吸引了某些批评家的认真关注，但令人惊讶的是，更多来自国外。正如他的同胞小说家查尔斯·摩根和罗沙蒙德·莱曼所言，毛姆在法国远比在英国更受人尊重，英国知识界不太把他的写作当回事。法国图卢兹大学的一位教授是这个领域的开拓者之一。1926年，保罗·多廷发表了一篇关于毛姆的文章：《萨默塞特·毛姆的现实主义》，两年后，他又在这篇文章的基础上扩写出一本书：《萨默塞特·毛姆和他的小说》，1937年又出版了《萨默塞特·毛姆的戏剧》。1935年，毛姆因在文学领域的贡献荣获法国荣誉军团勋章。很快，其他学者也急切地向他表达敬意，不仅在法国，还在德国和美国。相比之下，在英国，毛姆却在很大程度上被知识阶层漠视。他的照片被列入威尔斯牌香烟盒的著名作家系列，而1930年的三个最具影响力的文学调查则几乎完全忽略了他。埃米尔·勒古伊和路易斯·卡扎米恩合著的《英国文学史》几乎没提他的名字，A.C.沃德（A.C. Ward）的《20世纪文学》只提到了他的戏剧作品，同一作者的《20世纪20年代》则压根儿没提毛姆。近半个世纪后，几乎没有任何改变：1988年由牛津大学出版社出版的瓦伦丁·坎宁安的《20世纪30年代不朽的英国作家》一书只简略且不准确地附带地提了一下毛姆的短篇小说《雨》。如此受欢迎且多产的一位作家，《牛津引语词典》里竟然没有属于毛姆的词条，直到1953年版才收录。不过，一群游走于学术高墙之外更具反叛精神的严肃知识分子评论家，如雷蒙德·莫蒂默、理查德·奥尔丁顿和西里尔·康纳利在《承诺的敌人》一书中对毛姆做出了他应得的评价，他们将他归类为"最后一个伟大的职业作家"。

　　然而，对毛姆本人而言，最有意义的评论文章出自他的老朋友德斯蒙德·麦卡锡之手。1934年，海涅曼出版了一本小册子——《威廉·萨默塞特·毛姆：英国的莫泊桑》，部分是评论，部分是回忆录，麦卡锡回忆了1914年他与毛姆在法国初次相遇时的情形。至于毛姆与莫泊桑的相似之处，麦卡锡说："他能感知到什么能引起广泛的兴趣，和莫泊桑一样，他既是艺术家，又是一个阅历丰富的人……处于最佳状态时，他能把故事讲得像任何活着或死了的作家一样好。"这样的证言之所以令人满意不仅因为麦卡锡是一名受人尊敬的批评家，同时他还是布卢姆斯伯里团体的一员，而毛姆感觉他一直遭到这些精英不公正的藐视。小说家大卫·加涅特的说法代表了他们的普遍态度，加涅特曾傲慢地告诉一位询问者："至于毛姆在布卢姆斯伯里团体中的声誉，我无可奉告，因为我从来没有听人谈起过他。"如此轻蔑的口吻令人怨恨不已。这并不是说毛姆对自己的职业地位没有清晰的判断。"我知道自己所处的位置，"他不止一次说到，"我处于二流作家中的最前列。"但令他气恼的是，他这样一个成功的作家，而且和布卢姆斯伯里那群人一样一贯蔑视公众对宗教、阶级和性道德的态度竟然被如此可耻地漠视。然而，除了认为他资质平庸，他的成功，以及成功带来的财富也是布卢姆斯伯里团体不把他放在眼里的原因。别墅、游泳池和配备专职司机的豪华轿车说明毛姆从根本上是反波希米亚的，他奢华的生活方式令那些住在查尔斯顿和戈登广场的高傲之人颇为反感。

麦卡锡那篇文章发表三年前，第一部毛姆传记性质的东西出现了，有点出人意料的是，作者弗莱德·贝森（Fred Bason）是个出身沃尔沃斯工人家庭的小伙子，1931年他整理出威廉·毛姆的作品目录，毛姆还为这本书亲自写了序。芝加哥阿尔戈斯书店博学的本·艾布拉姆森在写给毛姆的一封信中说："这是一次无能且业余的尝试……糟糕的作品……谬误百出。"贝森来自一个赤贫的家庭，但读起书来如饥似渴，从少年时代起，他就坚持不懈地追逐心中的文学之星，在剧院和时髦的餐馆外流连，希望收集到作家们的签名。他与毛姆的关系则更进一步，当年仅19岁的贝森写信给毛姆提议为他编写一本书目时引起了毛姆的兴趣。"你有照片的话，可以寄给我……好让我知道，我在跟怎样一个男孩通信，"他补充道，"希望我下次来伦敦时我们可以见个面。"他们见了面，而且成了朋友，但贝森从一开始就明确表示不会提供性服务（接受了一些毛姆赠送的昂贵礼物后，贝森在一本私人备忘录上写道："我们伦敦人总是想方设法回报，但不是以他真正想要的那种方式，永远，永远不会。"）。在毛姆的要求下，他带着这个比他年长的男人参观了毗邻兰贝斯的沃尔沃斯区，这对毛姆来说是一次怀旧；他们一起看赛狗、拳击比赛，和贝森的父母一起喝茶，贝森太太还在圣诞节时给毛姆织了一件羊毛开衫，他们去了大象与城堡区的音乐厅，那晚，毛姆穿着显眼而昂贵的黑色大衣，天太冷一直没有脱。他为这个出身贫民窟的年轻人对书和戏剧的热爱所感动，在接下来的几年里，他给他送戏票，如果贝森手头紧，毛姆偶尔也会接济他一下，还曾一度给尝试写作的他提过建议，直到这位多产的年轻作家的心情变得十分急迫。"不，我不认为我想看你写的新戏，"1931年11月，毛姆告诉他，"我读了今年早些时候你写的一个东西。记住，很多人想让我对他们未发表的作品提意见，在过去的两个星期里，我被迫应付了不少于五个作者。我想，你已经享受到了公平的份额。"

贝森的志向是做古旧书生意，毛姆使这个想法变成了可能，他把自己的手稿和签名初版送给他，并从销售额中抽取10%的佣金。"这是我创造辉煌的契机，"贝森回忆道，"一辈子只有一次的拥有属于自己的书店或漂亮房子的机会。"最初，一切顺利，直到贝森越过了底线。此前他们在钱上就有过一次"误会"，贝森似乎花掉了本该付给毛姆的钱。"你很清楚不该这么做，"毛姆以父亲的口吻责备他，"我想，使用不属于你的钱对你来说是一种诱惑……但这么做是不对的。"这个误会刚刚过去，贝森又遭到更严重的指责，毛姆发现他以夸张的价格将签名本卖给了美国商人，而他曾向毛姆保证过要把这些书留给个人客户。最终两人决裂是因为有一次毛姆去拜访贝森的母亲：毛姆不仅要在几十本书上签名，还要根据贝森的要求写上溢美之词，这么做的唯一目的是提高这些书的价值。从此毛姆决定断绝与他的来往，不再送给他签名本，这个年轻人同时被告知："你可以随意出售我寄给你的明信片和书信，如果你能找到买这些东西的傻子的话。"

年近六旬的毛姆依然没有显露出放缓脚步的迹象，他的工作计划将延伸至很远的未来。此时，他着手完成他决定要写的最后四部戏，《圣火》是四重奏中的第一部。四部戏全部涉及"艰难"的主题，比如，《圣火》中的安乐死，毛姆曾怀疑这部戏可能不会受欢迎。《圣火》的成功对他来说是个惊喜。但到了这一阶段，他已经不在乎用写作来取悦他人了。他在戏剧界度过了将近三十年，写了三十余个剧本，他几乎穷尽了这种载体，已经从中得不到多少乐趣了。

他在一次采访中描述纯粹的努力，写戏时的"辛苦与挣扎"，继续抱怨不得不与演员和导演合作是多么的"可怕"。他说："我没有时间，也没有欲望，更没有体力观看彩排，跟表演者争论，缩减内容或者重写。"他说："剧作家和戏剧之间不可能拥有作家和读者之间那种亲密的关系。"他也越来越相信自己落伍了，"写戏是年轻人的活计。"他在他的最后一本戏剧作品集的序言中写道，"戏剧的时尚变化比其他的艺术形式更彻底、更迅猛。在诺埃尔·科沃德先生轻快但果决的带领下的年轻作家才是时代的弄潮儿。"为了强调最后这一点，他将他的一张照片寄给科沃德，并在照片下面写了一行字："一张束之高阁的绅士像"。

1930年3月底，毛姆交出了他的新剧本——《养家糊口的人》。这部戏于9月30日在伦敦歌舞杂耍剧院开演，连演了五个月。《养家糊口的人》充满活力，但最终这个作品并不能令人满意。戏中讲的是一个股票经纪人查尔斯·巴特尔的故事，他突然厌倦了工作、家庭和舒适的家庭生活，决定不再满足妻子和孩子们贪婪的物质要求，就像是《月亮和六便士》里查尔斯·思特里克兰德戏剧性退出的一个稍显苍白的重演，巴特尔离开他们，并非像思特里克兰德那样投身艺术，而只是独自开始一种不确定的新生活。

毛姆尽职尽责地在排练上花时间，还参加了西区演出前在城外的预演。尽管，他觉得不值得与演员交往，但也绝不会怠慢他们。《养家糊口的人》上演期间的一个小插曲说明了这一点。首演结束后，男主演罗纳德·斯奎尔把一个年轻的女演员训哭了。当剧团里的演员们聚在一个餐厅里参加毛姆为他们准备的晚餐会时，毛姆立刻注意到胡德小姐不在，于是派司机开车去接她，坚持要弄明白到底出了什么事。斯奎尔羞愧地承认自己严厉地批评了她。毛姆冷冰冰地宣布，如果这个演员再欺负剧组的任何一名成员，这个剧团将失去这部戏的演出权。19岁的杰克·霍金斯和其他人一起看得目瞪口呆，他回忆说，麦琪·胡德终于来了，"她的眼圈红红的，一副可怜相，威利让她坐在他的右手边，整个晚上都把她当女主角对待。"

自打与西里尔离婚后，毛姆来伦敦时租住在西区或西区周边的几个公寓里。他租住的第一套公寓位于半月街18号。他的房东太太是个十分体面的女人，"公事公办、安静、冷静且愤世嫉俗，非常奢侈。"毛姆租的那几个房间在一楼，客厅装饰以蕨类盆景，椅子拿布罩着，墙上的画表现的是骑士与贵妇在一起的浪漫场景。一个来采访他的记者看到这个现代道德的谴责者的家中居然挂着维多利亚时代风格的长毛绒和花边窗帘感觉很奇怪。毛姆很喜欢伦敦的生活。"我钟爱伦敦的味道、人群和颜色，"他写信给奥斯伯特·西特韦尔的伴侣戴维·霍纳，"我不知道还有哪儿更让我感觉身心舒畅，而且，伦敦是世界上少有的能让人心满意足地闲逛的地方。"住在半月街，走路去哪儿都方便——沙夫茨伯里大街和斯特兰德大街的剧院；旧伯灵顿街的莱斯利&罗伯茨（Lesley & Roberts）裁缝店；柯曾街的特兰佩理发店（Trumper's）；圣詹姆斯广场的伦敦图书馆；皮卡迪利大街的海查德书店（Hatchard's）和牛津街的邦珀斯书店（Bumpus）；附近还有邦德街的画廊、皇家学院、苏富比和克里斯蒂拍卖行；加里克俱乐部也很近，毛姆经常被叫到那儿喝酒打牌。星期天，他总是会腾出空儿来跟他的哥哥或芭芭拉·巴克打高尔夫，到了晚上，一般他会去摄政园附近芭芭拉家打桥牌。在这里，毛姆很满足地戴着眼镜坐在烟雾缭绕的牌桌上，身边有巴克夫妇，还有其他受邀来打牌的客人，有时是H.G.威尔斯，也可能是杰拉德·凯利、巴兹尔·巴特利特和一个住在附近的年轻英俊的演员。他的快乐很大程度上来自无需费心与人交际，他的话很少，有老朋友作伴，晚餐很简单——冷牛肉和烤土豆。

毛姆从年轻时起就喜欢打桥牌，他认为"这是人类设计的最有趣的游戏"。他喜欢所有的牌类游戏，人们经常看到他以打牌为乐，且极有耐心，尤其是在旅行时。他是扑克玩家，也是玩儿惠斯特牌的高手；但他最喜欢的还是桥牌。口吃成为不可避免的障碍："口吃让我损失了好几百块。"他抱怨道，"本来手里可以有大满贯（Slam），但是叫不出牌——S这个音就是发不出来。"尽管如此，他还是喜欢这个锻炼脑力的游戏——无情、快速决策，需要直觉和均衡判断，还有机会让他研究搭档和对手，并以此为乐。毛姆曾写道："人性研究者可以从观察牌友的行为中找到无穷无尽的素材。几局桥牌打下来，没有几个人能深奥到无法让人摸透他的本质。"正如他评价自己处于二流作家中的前列一样，他也同样将自己归类为二流桥牌手中的顶尖高手。

毛姆的偶像是桥牌世界冠军美国人查尔斯·高伦（Charles Goren），他收集全了高伦的著作，并把他的《献给更好牌手的更好的桥牌》奉为圣经。"多么希望我能写一本像你的桥牌书那么引人入胜的小说。"他告诉高伦。在纽约时，他偶尔会跟高伦一起打牌，一天晚上，打到最后一局时，他竟然赢了大师十二美元，毛姆简直喜出望外。1944年，高伦请毛姆给他的《叫牌标准》一书贡献一篇引言。

毛姆的作品里时常提到桥牌，戏剧作品里有《史密斯》和《周而复始》，长篇小说和短篇小说里也提到过桥牌，比如，《丛林里的脚步声》《书包》和《昂蒂布的三个胖女人》，非虚构类作品里也有，比如《客厅里的绅士》。

在伦敦的时间有限，毛姆很少能找出一个空闲的晚上。他通常在卡普莱斯餐厅、萨沃伊餐厅和皇家咖啡馆款待朋友，同时，他也是时髦的女主人们追逐的对象。其中最有权势的两位领头人是西比尔·科尔法克斯和埃默拉尔德·邱纳德。科尔法克斯夫人和她的丈夫住在国王路的阿盖尔别墅，西里尔就住在他们家隔壁；两个女人不仅讨厌彼此，还是事业上的竞争对手——西比尔·科尔法克斯也是一名室内设计师。两人经常闹矛盾，科尔法克斯家的狗叫声搞得西里尔抓狂，深夜里，西里尔家的聚会散场后，关出租车门的砰砰声也时常惹怒科尔法克斯。当然，这对毛姆来说无关紧要，他看重科尔法克斯是个心地善良的女人，也愿意成为她的"名流"之一，与她的沙龙里其他的名人为伍。他在这里遇见过科尔·波特夫妇、格什温①夫妇、阿图尔·鲁宾斯坦②夫妇、H. G. 威尔斯、马克斯·比尔博姆、诺埃尔·科沃德，以及一些公众人物，比如，温斯顿·丘吉尔，查努尔爵士③、哈罗德·尼科尔森爵士④，还有一些富有魅力的贵族成员，比如，戴安娜·库珀夫人⑤和威尔士王子。西比尔·科尔法克斯有一本著名的生日

---

① George Gershwin, 1898—1937, 美国著名作曲家，写过大量的流行歌曲和数十部歌舞表演、音乐剧，是百老汇舞台和好莱坞的名作曲家。

② Arthur Rubinstein, 1887—1983, 美籍波兰钢琴家，阿图尔·鲁宾斯坦以演奏肖邦音乐最被认同。

③ Sir Henry "Chips" Channon, 1897—1958, 美国出生的英国保守党政治家、作家和日记作者。

④ Sir Harold Nicolson, 1886—1968, 著名的日记作者、外交史家、园艺家和广播员。

⑤ 戴安娜·曼纳斯，诺威奇子爵夫人，1892—1986，被公认为20世纪的美女。年轻的黛安娜·曼纳斯在一个著名的知识分子群体中活跃，他们大多数在第一次世界大战中丧生。后来她嫁给了一个唯一的幸存者达夫·库珀，后来他成为法国大使。黛安娜·曼纳斯写了三卷的回忆录，描述20世纪上流社会的生活。

簿，她让她喜欢的朋友们在上面题词，毛姆贡献了法国象征主义诗人亨利·德·雷尼埃①的《穆斯林国家》中的一句带有嘲弄意味的话："Qu'importe sa vie a qui peut par son rêve/ Disposer de l'espace et disposer du temps?（如果梦中有时空随他处置/生命对他又算什么？）"

这些人同时也是格罗夫纳广场丘纳德夫人家的常客，但这里的气氛很不一样。埃默拉尔德·丘纳德是美国航运巨头贝奇·丘纳德爵士的遗孀，她娇小、精致、聪明、时髦；"轻如蓟花的冠毛"，她有一双蓝眼睛和宁芬堡牧羊女陶器般的头颅，她的一个崇拜者说。像鸟一样，人们经常用这个词来形容她："她就像一只小鹦鹉。"虽然埃默拉尔德可能看上去是个肤浅的女人，实际上，她博览群书，精通音乐，而且有敏锐的政治头脑，还很机智风趣。"在她家里不可能感到无聊。"哈罗德·阿克顿回忆说。塞西尔·比顿谈到她时说，有时她那些极度坦率的观点"以伟大女演员的艺术水平传达出来"。她精心安排的午餐和晚宴十分有趣，女主人当指挥，用她细小的手指轻敲桌子，然后指着一位客人——可能是安娜·巴甫洛娃，也可能是托马斯·比彻姆爵士②、威斯敏斯特公爵或者某个前途无量的年轻剧作家——被选中的人要根据她选择的话题发表演说。自然，有些参与者会担心轮到自己，每次鼓起勇气按响她家门铃前在门口先徘徊两圈的人可不只毛姆一个，但结果确实是迷人的，埃默拉尔德利用她突如其来的策略总是能从每个人身上得到点什么。毛姆后来特别喜欢埃默拉尔德；他们之间是真正的友谊，她是为数不多可以恣意打趣毛姆的人。有一次，毛姆起身告辞，通常他走得比较早，他开玩笑地给出借口："我要保持青春。""那你为什么不随身携带呢？"埃默拉尔德调皮地问。

①Henri de Régnier，1864—1936，法国后期象征主义诗人，1912年，当选为法兰西学院院士。
②Thomas Beecham，1879—1961，英国指挥家，他创立了后来蜚声与世的英国伦敦爱乐乐团，获得"英国交响乐团之父"的美誉。

　　来伦敦时，毛姆很少与前妻接触，最近，她的业务遭到经济大萧条的重创。芝加哥、棕榈滩和洛杉矶分公司以及她在纽约的样品间都被迫关闭，她几乎停掉了所有在美业务：或许这只是权宜之计，她和美国海关发生了一点冲突，她带入带出美国的物品与清单上的描述不符。美国财政部调查后发现，她有真假两套账本。幸好，这些令人难堪的问题不再与毛姆有关：他与西里尔交流的唯一原因是安排一年与女儿见两次面。如今已经十多岁的丽莎出落得越发漂亮，但在相当正式的场合见面，比如在克拉里奇酒店吃午餐或晚餐时，两个人都会浑身不自在。几年后，一个美国朋友邀请毛姆去克拉里奇就餐，他婉言拒绝了，理由是会勾起不快的回忆。毛姆不习惯和少女待在一起，所以不太擅长机智地选择话题，丽莎回忆说："我记得我很受伤，那年我14岁，他说，看到我生下来是个女孩，他很失望……我烦透了。"毛姆带丽莎看过几次戏，这样更容易打发时间，道别时，两人都舒了口气，煎熬终于结束了。毛姆会给丽莎半个克朗①，把她送上回家的出租车。1931年，丽莎16岁时，毛姆送给她一辆汽车，她兴奋极了，有生以来她第一次可以离开母亲，有一点属于自己的生活了。大概就在这一时期，丽莎得知父亲是同性恋，此前她对此一无所知。"这是非常可怕的打击，"她回忆说，"一天，一个可怕的男人——华恩克里夫勋爵直截了当地对我说：'你知道你父亲是同性恋吗？'我父亲一直以为是我母亲告诉我的。她从来没有说过，但他就是不信，这也是他们之间巨大怨恨的原因之一。"

　　从伦敦回到法国南部后，毛姆回归他的职业——写作，但社交活动的节奏几乎没有减慢。五十好几的毛姆保持着比较年轻的体态。虽然他的胡子修剪得整整齐齐，但脸上开始布满皱纹，黑眼睛下开始有黑眼圈出现，他梳了个背头，头发浓密，没有一根白发，身材仍旧纤细。他每天积极锻炼身体，在费拉角长时间散步、游泳、滑水，打

---

　　① crown，5先令的英国旧币，等于现在的25便士。

网球和高尔夫。到处有人邀请他，他也在家里款待宾朋，他的客人鱼龙混杂，有浪荡子，也有社会上的头面人物，毛姆不是一个仅凭社会地位将人划为三六九等的势利鬼，但他确实喜欢与公爵共进晚餐：他会被头衔和历史悠久的贵族身份所打动，有皇室成员在场时，他会暗自兴奋。在埃默拉尔德·丘纳德组织的一次午餐会上，拥有欧洲最敏锐的社会触角的查努尔爵士观察到，"毛姆对老朝臣哈里·斯通纳爵士的态度中夹杂着一丝谄媚，"查努尔爵士尖锐地指出，"哈里爵士对毛姆屈尊俯就时则带着一点轻蔑。"搬到法国南部后不久，毛姆就被邀请参加维多利亚女王之子康诺特公爵殿下在费拉角的别墅举办的晚宴。有一次，惊悚小说家爱德华·菲利普斯·奥本海姆来玛莱斯科别墅喝茶，他惊讶地发现穿着时髦白衣的毛姆和穿着他最漂亮的淡粉色衣服的杰拉德正在接待暹罗国王和王后。"一次奇怪的小聚会，"奥本海姆说，"我们的主人把主要精力放在王后身上，这也没什么好惊讶的，王后陛下虽然个子小，面孔、仪态和言谈却很迷人。她也会打网球。"大概就是在这次聚会之后，毛姆告诉跟他不熟的鲁德亚德·吉卜林，暹罗国王亲自将他的《如果》译成了暹罗语，国王说，找到令他满意的节奏和韵律真的好难。

在他的交友原则范围内，毛姆是热情好客的，他喜欢智慧的交谈，但这在蓝色海岸的侨民圈并不容易。不过，这里还是住了一些有趣的人，比如几个作家，写缅甸小说《漆女士》的F.坦尼森·杰西；《伊丽莎白和她的德国花园》的作者，好玩儿、恶毒的伊丽莎白·拉塞尔；还有靠畅销书《绿帽子》发了大财，在戛纳郊外买下一栋房产的迈克尔·阿伦。毛姆的法国朋友里最聪明、最有趣的要数贺拉斯·德·卡尔布恰，这个秃顶、快活的科西嘉胖子在圣马克西姆海边有一栋房子。他是法国出版社（Editions de France）的创始人和极右翼杂志《甘果瓦》的主编。

卡尔布恰是个聪明、放纵、有魅力、寡廉鲜耻的人，他热爱文学且知识渊博。他和毛姆在战后邂逅于伦敦，并结为好友。卡尔布恰的《甘果瓦》杂志发表了毛姆很多短篇小说；更重要的是，他帮毛姆在巴黎的舞台上推广他的戏剧作品，并安排翻译了毛姆的四个剧本《雨》《周而复始》《信》和《圣火》。译者布兰切特小姐是卡尔布恰的女朋友，毛姆不缺钱，卡尔布恰又希望为他的"小朋友"做点什么，于是他们决定让她和杰拉德平分这笔版税。"我有一个我深爱的秘书。"毛姆告诉他。

毛姆搬到法国来住，卡尔布恰很开心，他很喜欢这个英国人的冷幽默。"这么说，你喜欢法国咯？"一天，卡尔布恰对他说。"我喜欢生活在法国。"毛姆的回答中带着精致的微妙感。毛姆尊重卡尔布恰的编辑身份，和他在一起也很开心，但不喜欢他的政治观点，而且很清楚此人是个无赖。"他是盗亦有道那种人……不过，他很擅长讲滑稽、尖酸的故事……一个愤世嫉俗、厚颜无耻的人，我不可能不对他着迷。"

H.G.威尔斯也同样聪明，不同的是，他特别和蔼可亲，最近他在格拉斯给自己盖了栋房子。自从战前遇到威尔斯，他们就结下了愉快的友谊。毛姆对威尔斯的智慧和言谈着迷，但并不全然欣赏他的小说。在毛姆看来，威尔斯不是一个成功的小说家归因于他更感兴趣的是类型，而不是个体，结果，"他摆在你面前的不是个体，而是一个个活泼、健谈的牵线木偶，他们的功能在于表达作者想要抨击或辩解的观点。"现在他们成了邻居，于是经常见面。最初，陪在威尔斯身边的是他那个相貌迷人但令人讨厌的情妇奥德特·科伊恩。后来，H.G爱上了一个漂亮的俄罗斯女郎——莫拉·巴德伯格，他想摆脱奥德特，但她是个醋坛子，极力阻挠他的新恋情。发现毛姆是个富有同情心的倾听者后，奥德特开始向毛姆倾倒内心的苦水，把他的礼貌体贴误解为党同伐异。出于感激之情，她在她写的一本关于英国和英国人的小书上写了一段溢美之词献给毛姆。

> 我亲爱的威廉……在我无比困惑之时，你所给予我的无
> 畏、明智、坚定的友情令我感激不尽……你所拥有的诚挚的
> 精神和敏感善良的心灵令我欣赏不已，这也让你与我所认识
> 的男女区别开来。

这本书出版后不久，奥德特发现，她不在的时候，毛姆居然在玛莱斯科别墅招待 H.G. 和那个可恶的莫拉，毛姆的行为激怒了她，于是她立刻吩咐出版商撤掉未来版本中给毛姆的献词，并在给"亲爱的威廉"的一封信中表示自己受到了很大的伤害，痛斥了他的奸诈和残忍。

> 你并没有那么善良；你也没有那么敏感……我无法忍受
> 自己给你的献词，因为那些话是那么的虚假……哦，威廉！
> 哦，威廉！……不必回信。我再也不想收到你的来信或听到
> 你的消息了。结束了，这段肤浅、脆弱的友谊……

不用说，她的愤怒根本改变不了那两个男人的交情，而且毛姆越来越喜欢聪明、神秘的莫拉了，差不多像喜欢威尔斯一样喜欢。

一到夏天，外国人的数量就大大增加，所以不乏充满活力的伙伴。比如，尤金·奥尼尔①、歌剧演员玛丽·加登、查理·卓别林，还有在昂蒂布租下一幢别墅的美国评论家亚历山大·伍卡特。伍卡特将女演员鲁思·戈登和马克斯三兄弟之一的美国演员哈勃·马克斯介绍给毛姆，这两人都成了毛姆的朋友。若干年后，毛姆开心地得知哈勃在加州家中的"书房"里只有两本书，两本书上都有作者的签名：一本是萧伯纳送他的《圣女贞德》，另一本是《人生的枷锁》。

受邀留宿玛莱斯科别墅的朋友基本上可以分成两群，一群主要是已婚夫妇，另一群被一个观察者描述为"国际化的同性恋"。第一

---

① Eugene O'Neill, 1888—1953, 美国著名剧作家，表现主义文学的代表作家，一生共四次获普利策奖，并于1936年获诺贝尔文学奖。

群里有凯利夫妇、布莱特夫妇，弗利尔和他的太太帕特，艾伦和波比·普赖斯-琼斯，德斯蒙德·麦卡锡，一个来自巴黎的富有金融家雅克·兰德尔，还有和第一任妻子离婚不久便再婚的纳尔逊·道布尔迪。芭芭拉·巴克是毛姆所有女性朋友中跟他关系最近的一个，她经常被叫来充当女主人，她金发女郎的优雅，对八卦的热情，尤其是擅长打桥牌深受毛姆的欣赏；芭芭拉经常独自赴约，她那个浮夸不忠的外科医生老公艾弗·巴克很少陪她一起来。毛姆觉得这样挺好，他希望芭芭拉属于他一个人。他喜欢娇惯她，有一次他脑子一热，就送了她一件貂皮大衣。苗条、美丽、热情的她知道如何对付毛姆，既要顽皮，又要不乏尊重；他喜欢她的朴实和幽默感，她经常给他写信，他靠这些信来了解伦敦城最不检点的八卦新闻。"你的信是福利和乐事。"毛姆告诉她，"犹如一股伦敦的清风吹到了里维埃拉。"毛姆在玛莱斯科别墅的小圈子里还有小说家格拉迪斯·斯特恩，大家都叫她"彼得"。彼得是个大胖子，长了张圆脸，留着斯凯梗式的刘海，虽然不是什么美人，但跟她聊天也很开心，所以大家把她当宝贝。不过，令毛姆泄气的是她在餐桌上的贪婪，还有她一丝不挂晒太阳的习惯，那没有任何美感可言。不过，她是个好人，毛姆很尊重她的批评意见。"她是我认识的最不以自我为中心的作家，"他写信告诉他的侄女凯特，"越了解她就越觉得她可爱。"常客名单中还有毛姆的侄子和侄女，有时他们的父亲F.H.也会跟着一起来，"我想他们都玩儿得很开心。"1931年6月，毛姆在一次家庭聚会后写信给芭芭拉，"我知道姑娘们很开心。你知道，F.H.是打死也不会从他那两片严厉的嘴唇里吐露一句赞美之词的。"

　　第二群客人则全部为男性，一些有伴侣，一些独自前来，有的人和毛姆是一代人，有的则年轻许多。这些人中包括奥斯伯特·西特韦尔和他的情人戴维·霍纳，一个有魅力的男人，毛姆一度痴迷他；还有哈罗德·尼科尔森，他是那么的"友好、快乐、好相处"；哈罗德·阿克顿、雷蒙德·莫蒂默，诺埃尔·科沃德和塞西尔·比顿。
（坊间流传着一个很可乐的故事，埃德娜·文森特·默蕾①来到玛莱斯科别墅，见到毛姆、哈克斯顿、比顿和科沃德坐在阳台上，默蕾小姐拍手大叫道，"哦，毛姆先生，这是仙境！"）那两个野心勃勃的年轻人，戈弗雷·温和贝弗利·尼克尔斯也会定期应邀前来，温满怀羞辱回忆起初次到访的情形。那天，他穿了一身灰色的法兰绒套装。"这是八月的法国南部，不是温布尔登决赛日。"毛姆语气严厉，然后让杰拉德开车带他去买亚麻衬衫、裤子和帆布鞋。还有一个英俊的作家基斯·温特，有人在维尔弗朗什见到他和沃兄弟，也就是亚历克·沃和伊夫林·沃，在一起，这兄弟俩和他们的亲戚住在欢迎旅馆，于是，他们仨被邀请到玛莱斯科别墅吃晚饭。彬彬有礼的亚历克给毛姆留下了极好的印象，伊夫林则假装不知道毛姆是个大作家，称呼他为"医生"，这让毛姆很嫌弃他。（伊夫林和毛姆的关系很微妙。几年后，他被毛姆的一个老朋友戴安娜·库珀带到玛莱斯科别墅。伊夫林向哈罗德·阿克顿讲述第一晚的情形时说自己出了大丑，"第一天晚上他问我某人如何，我说：'一个口吃的同性恋。'墙上所有毕加索的画都白了。"）晚餐后，沃兄弟俩离开了，温特留下来过夜，第二天上午回到维尔弗朗什，他得意地对亚历克说："威利告诉他，他多么会用手指……"那年晚些时候，亚历克在伦敦的一个鸡尾酒会上看到毛姆和温特在一起。"基斯一边喝着酒，一边摸着威利的手，我看到威利的脸上划过一丝真切的欲望。"

毛姆与剑桥大学国王学院一位优秀的青年教师，人称"达迪"的乔治·赖兰兹的友谊则完全不在一个层面上。赖兰兹和他的中学教师朋友亚瑟·马歇尔和另外一个剑桥大学的年轻学者维克多·罗斯柴尔德来蒙特卡洛度假，并在那里遇见了毛姆。他们受邀来到玛莱斯科别墅，主人的接待方式让其中唯一的异性恋者罗斯柴尔德有点惊讶，他

① Edna St. Vincent Millay，1892—1950，美国历史上首位获得普利策诗歌奖的女性。

写道："萨默塞特·毛姆可能误会了我们此次来访的目的，至少在花园里和杰拉德·哈克斯顿散了一圈步后我得出了这一结论。"可以想见，主人向赖兰兹和马歇尔都提出了要求，一旦障碍排除，两个人，尤其是赖兰兹，很快成为毛姆那个小圈子的成员。金发碧眼、面庞粉嫩的赖兰兹是个热情洋溢、富有磁性的人。他是剑桥大学使徒会的成员，也是布卢姆斯伯里的常客，当时赖兰兹已经是公认的重要的莎士比亚学者；他也喜欢生活剧场，导戏和演戏，由他扮演的马尔菲公爵夫人被人们谈论了很多年；他还是一名出色的教师。赖兰兹比毛姆小很多，但很快毛姆就请他帮自己校稿，"在我看来，他的品位完美无瑕。"毛姆在《总结》中写道，还要求他给自己上了一系列英国文学课。马歇尔回忆说，赖兰兹一般边用餐边授课。饭大约吃了五分钟，一个磕磕巴巴的声音就会试探着问赖兰兹，"达-达-达-达迪，我有一个看法，乔治·艾略特在《亚当·贝德》中说，'行为决定我们，正如我们决定行为。'她真正的意思是……"接下来他会说一些自己的想法和观点。达迪会停下来思考如何回答他，但如果毛姆说的是陈词滥调，达迪就会微笑点头，说："是的，威利。"毛姆会瞄他一眼，然后嘟囔一句："我被-被-被责备了。"毛姆很喜欢这两个年轻人，他们很机智，会逗得他哈哈大笑，意味深长的是，毛姆身边这样的人极少——他们没有不可告人的目的，对他无所求。

毛姆的仁慈和慷慨也给赖兰兹和马歇尔留下了深刻印象，他们还觉得毛姆特别好玩儿，他们喜欢他讲的笑话，他的笑话比想象的来得更频繁、更好笑，而且他俩的性格跟他辛辣的幽默感非常合拍。"他喜欢逗人开心。"达迪说，"喜欢捉弄人。"这与人们普遍想象中那个毒舌男的形象相距甚远。在丽贝卡·韦斯特看来，毛姆可以很刻薄，"不可否认，很多人看到他，甚至一想到他就会感到一阵惊慌。"但他也可以很滑稽，有时候，他的笑话太冷，与其说巧妙，不如说会伤人。偶尔，他还会被一种奇怪的忧郁包裹着，这必然会在同伴们心头笼上一层阴云。"真是令人恼火，一切本该尽如人意，我却无法摆脱几乎没完没了的抑郁。"

1933年，他写信给钢琴家哈丽雅特·科恩："我受不了是因为，一般我的兴致很高，平时无论遇到什么倒霉事最多只会影响我一两天。"毛姆的羞怯让客人紧张；他的口吃也令人不安；此外，他还反感肢体接触。美国作家格伦韦·韦斯科特说："除非是安排好的，否则威利讨厌别人碰他，突然碰他一下，他就像被浇了柠檬汁的贝类一样颤抖。"不过，放松的时候，毛姆是个很好的伙伴。1932年7月住在玛莱斯科别墅的艾伦·普莱斯-琼斯说过，毛姆人很好，他的口吃确实让人担心，但感到舒服自在时，他温柔的"恶意"也很诱人。只是毛姆的好心情可能会消失得很快，因为他脾气的好坏在很大程度上取决于他跟杰拉德日常关系的起伏。这给格伦韦·韦斯科特留下了深刻的印象，韦斯科特年轻时就被带到玛莱斯科别墅见毛姆。这个金头发、孩子气、爱读书、迷人的男孩本应对毛姆有吸引力，相反，主人却一直挤兑他、刁难他。"他挑每个人的刺，眼睛似乎向外喷火……嘴巴像鳄龟嘴那样耷拉着……"韦斯科特说。"你和其他美国青年没什么两样，别以为读过普鲁斯特就什么都知道了。"毛姆暴躁地说。韦斯科特后来发现，毛姆那天耍脾气只是因为他跟哈克斯顿吵了一架。

类似的争吵越来越频繁，并开始严重到扰乱毛姆在玛莱斯科别墅精心营造的"奢华、平静、享乐"的氛围。对环境拥有绝对掌控权对毛姆而言至关重要：一切必须井井有条。杰拉德的任务是维持这种秩序，他清醒的时候做得很好。从个人层面来讲，杰拉德"快活的天性"对偶尔抑郁的毛姆是一种有效的解药。杰拉德负责活跃气氛，他的活力和热情抵消了雇主的谨慎和冰冷的缄默。正如亚历克·沃所言："哈克斯顿活力四射、精神抖擞，是个很好的伙伴，他善于交际，他拥有一切毛姆所没有的。"

杰拉德热情奔放，由衷地友好待人；他性格开朗、口齿伶俐、诙谐有趣，负责为客人提供娱乐和轻浮所需的种种元素，尤其是上午大家聚在泳池边时，他喜欢炫耀自己健美的体魄，并用优美的姿势潜入水底。玛莱斯科别墅的全男性聚会有一个惯例，每个人都要裸游。晚饭后，杰拉德也总是愿意找点乐子。"我过着一种特别安静的生活，发誓晚上绝不出门，"毛姆提醒要来玛莱斯科别墅的杰拉德·凯利，"不过，杰拉德在里维埃拉东奔西跑，他会给你所有你想要的快乐。"一些漂亮的男孩，比如尼克尔斯和温都得提防着杰拉德这个老手，"他说话从不吞吞吐吐，脑子里想什么就会直接说出来。"哈罗德·阿克顿回忆道，不过，毛姆的大部分客人都觉得哈克斯顿讨人喜欢。芭芭拉和彼得都很喜欢他，杰拉德·凯利的太太简说："他绝对是个可爱的家伙……你会情不自禁地爱上他。"

显然，二人的关系是平衡的，但毛姆对感情的投入要比哈克斯顿多得多，他用甜言蜜语劝诱爱抚比他小很多的哈克斯顿。"杰拉德·哈克斯顿对毛姆的精神控制是完全的、牢不可破的。"贝弗利·尼克尔斯说，亚瑟·马歇尔也有同感，"无论他表现得多么糟糕，威利依然痴迷于他。"马歇尔回忆说，一天下午，他、赖兰兹和毛姆三缺一等哈克斯顿打网球，忽然，他们见他溜溜达达穿过树林向他们走来。"哦，哈克主人来了。"毛姆轻声说，他脸上的表情和充满喜爱的语气，好像在说一个孩子。"毛姆像父亲一样容忍杰拉德的出格行为，要是换成别人，无论是谁，他一秒钟都忍受不了。不过，偶尔干些出格的事也是那个自大、英俊、性感的无赖自身魅力的一部分，是始终吸引毛姆的原因之一。那个精明的见证者贺拉斯·德·卡尔布恰很清楚他们之间的纠缠，他经常看到这两人在巴黎和法国南部出双入对。卡尔布恰说："那个秘书总是陪在毛姆左右，那个青年十分英俊、体格健壮、聪明友好……其实，他跟我那个看似严肃、节俭、冷静、自律的朋友一样挥霍无度、任性多变、大手大脚、过分放纵，他们把彼此了解得透透的。"

毛姆有时会无法应对哈克斯顿看似无耻的挑衅，难道这也是双方早已约好的玩儿法？一天，威尔斯、伊丽莎白·拉塞尔和莫拉·巴德伯格来玛莱斯科别墅吃午饭，毛姆说他刚刚洗了一个非常美妙的热水澡。"你手淫了吗？"杰拉德一副挑战的神情，盯着他问。其他人吓坏了，不知道该做什么，说什么；毛姆则泰然自若，慢悠悠地继续一边用勺子挖着鳄梨，一边说："碰-碰-碰巧，没-没-没有。"

他们的关系中有一种根深蒂固的既定模式。在远东和其他地方旅行时，杰拉德曾充当毛姆的皮条客，在法国南部，他也履行着同样的职责。他在海边游荡，出入各种酒吧，悄悄把年轻人从后门带进别墅。他最喜欢的狩猎场是"欢迎旅馆"。维尔弗朗什是个海军基地，舰队驶入港口时，俯瞰海港的幽静旅馆就会变成人声嘈杂的酒吧和妓院，在喧闹的爵士乐中，水手们跳舞、喝酒、打架，在离港前纵欲淫乐。一个同性恋老顾客充满赞赏地说道："好棒的地方——当'白帽子'出现在海港！"这种地方就像一块磁铁吸引着杰拉德。

一天晚上，他带回两个在第六舰队服役的美国人，其中一个人在参观书房时还顺走了毛姆的一支笔，后来他还恬不知耻地给毛姆写了封信，告诉毛姆那封信是用他的笔写的。大家对这种"勾当"心知肚明。水手们知道他们是来干什么的，提供服务后获得高额回报。但据说，杰拉德有时不仅满足于此，他跟尼斯的一个娈童淫媒还有牵连，倘若是真的就会有潜在的危险，毛姆对此不无忧虑，他再清楚不过，麻烦对杰拉德来说有致命的诱惑。有人说杰拉德就是个坏种。

更令毛姆焦虑的是杰拉德有赌瘾。从费拉角到著名的蒙特卡洛、尼斯和博利厄的赌场只有很短的车程。一夜又一夜，喝得醉醺醺的哈克斯顿独自或带着一群客人开车沿着海岸奔赴赌场。他在赌桌前一坐就直到凌晨，满面通红，指间夹着雪茄，喝着威士忌，肘边放一堆筹码。手气好的话，他会非常慷慨，满载礼物而归；一次，他带回一条大丹犬。还有一次，他用一晚上赢来的钱给毛姆买了一辆双座跑车。

毛姆很喜欢这辆车，开了许多年。但更多时候，哈克斯顿的手气奇差，输掉的钱多得吓人，于是，他们之间难免发生争吵，但最后还是"老板"买单。毛姆知道哈克斯顿是个酒鬼加赌棍，但他又说哈克斯顿也有好的地方。有时债务高达数千英镑，杰拉德不敢告诉毛姆，只能一次一次向伯特·阿兰森求助。一次杰拉德又输大了，不得不向阿兰森求助，事后他写信感谢阿兰森："再次感谢你的好心，这么快就回应了我发出的痛苦信号。我过了一个非常可怕的冬天，去了海边好几个赌场，一次也没回本。幸好，今年夏天对我露出微笑，赚了将近一万美元。我决定就此打住，冬天之前不会去赌了。"

食言很容易，尤其是在酒精的驱使下。他向来是个酒鬼，但后来经常喝到失控。哈克斯顿早晨现身时眼睛里布满血丝，晒成棕褐色的脸看起来是灰色的，有时，为了让脸色好看一点还得化化妆。尽管用了大量薄荷漱口水，依然满嘴酒气，拿牌的手都是颤抖的。到了晚上，他变得口齿不清，情绪介于快乐和愤怒的边缘，很容易就转化成暴力。"你为什么要喝那么多？"毛姆绝望地问他。"因为这样会让生活看起来美好一点。"他带着挑衅的口吻回答。醉酒的场面频繁出现，令毛姆既沮丧又愤怒，他很担心爱人变成混乱的制造者，就像一个主持圣诞晚会的失序之王，毁掉他平衡可控的生活。若非亲身体验，也许真的没人能理解娶一个嫁给酒的人是什么感觉。杰拉德的状况已经掩盖不住，他甚至在毛姆为康诺特公爵和他的妹妹路易丝公主精心准备的晚宴上让毛姆难堪。有时，杰拉德似乎幡然悔悟，发誓滴酒不沾，但毛姆刚一转身，他就给自己倒了一大杯杜松子酒，然后一饮而尽。

毫无疑问，毛姆和哈克斯顿的关系非常紧张，但直到几年后回想起来，毛姆才能完全面对问题的复杂性。杰拉德在很多方面遭受过挫折。他比毛姆小很多，1932年，杰拉德40岁，再过两年毛姆就60了，杰拉德精力充沛，可做的事却少得可怜，也没什么爱好。除了母亲留给他的一小笔遗产，他一切都要依赖毛姆，每年两千美元的薪水，提供食宿，既要做秘书，又要当管家；毛姆每年给他放一次假，他的假期通常是在奥地利或意大利度过。然而，对于一个有才智的男人来说，监督仆人和听写信件不是最有价值的职业，他的雇主在伦敦时，他有很长时间独处。他本可以离开，但有毛姆的保护，一切都很安全，有保障。杰拉德已经习惯了富裕安逸的生活，豪华旅游，住一流酒店，与有才华、有魅力的名人为伍。靠他自己绝对过不上这样的生活。但是，他又不甘居人下，甚至鄙视自己成为这样的人。他喜欢毛姆，非常崇拜他，但又桀骜不驯，有被囚禁的感觉。"有时单独和他关在那个大别墅里，我有想尖叫的冲动。"他坦承。尤其是在冬天，几天，甚至几个星期都没有任何社交活动，没有客人来住，天气阴冷多雨，冰冷的密斯脱拉风整日呼啸，毛姆则完全沉浸在他的写作里。杰拉德憎恶自己在毛姆的生活中只扮演一个边缘角色，尽管毛姆非常爱他，但他不能把自己全部献给杰拉德，因为他要把最重要的部分留给工作。有时候，毛姆陷入阴郁的情绪当中，变得沉默、疏远，这时杰拉德会倍感孤独，不过，事后毛姆就会逗他开心，他也就原谅了毛姆的一切。

后来，毛姆开始同情杰拉德的境遇。"怎么了？"他温柔地问他。"厌倦了。"他闷闷不乐地回答。毛姆想为他做点什么，比如，知道他喜欢摩托艇，就给他买了一艘，他将轰鸣的摩托艇全速开进海里，在维尔弗朗什港口漫无目的地晃荡。但酗酒依然没有解决，并且迅速毁掉了毛姆二十年前认识的那个男人的活力与魅力。毛姆向赖兰兹倾诉自己的不幸。"现在的杰拉德喜欢酒胜过喜欢我。"这一时期，毛姆在他的笔记本上写下了几句诗，可能表达的就是他对杰拉德的忧虑：

> 我无法想象失去你，
>
> 或者我们从此分离，

但我知道在你放荡的心中，

对我既无柔情，亦无爱意……

当你假装爱我时，我要谦卑地感谢你。

我用黄金买下你口中的恶意。

现在，我想象中的爱会持续到死亡已死……

爱的苦涩不在死活或别离，

而在厌倦。我的激情已熄……

我看着我空荡荡的心，沮丧地畏缩…

……我后悔。

我的痛苦、我的苦闷，我的极乐、我的狂喜。

毛姆一度以为他对哈克斯顿的爱已耗尽，但后来发生的一件事似乎改变了这一切。1930年初秋的一天，喝醉了的杰拉德跳进一个半空的游泳池造成椎骨开裂，脊柱错位，摔断了脖子，被送往巴黎做手术。杰拉德差点死了，但又奇迹般活了下来。他身上打着石膏，一动不动地躺在病床上，几个星期没有沾酒，回到玛莱斯科别墅后相当长的一段时间内，糟糕的日子似乎要结束了。毛姆终于感觉过上了平静的日子。

疲于应付杰拉德的同时，毛姆还在继续与艾伦交往，并从截然不同的艾伦身上获得巨大的宽慰。毛姆几乎无时无刻不在想念这个年轻人，每隔两三天就会给他写信，深情地叫他"艾伦，我的小羔羊""最亲爱的艾伦""艾伦，我的甜心"，他在信中表达渴望他在身边，热切盼望下一次见面，关心这个男孩的健康和福祉。如果有几天没收到他的回信，毛姆就会假装用责备的语气再去一封信。"可怜的家伙，你为什么不写信给我？你的上一封信很短，你病了吗？如果是这样，你到底怎么了？还是你爱着别人？……我不会给一个不给我写信的肮脏小家伙写信的……"艾伦有臆想病和自怜倾向，身体老不舒服，时常抱怨一百零一种小病，从粉刺到慢性神经衰弱。毛姆同情他，给他建议，甚至要为他支付所有的医药费用。每到圣诞节和他的生日，艾伦都会收到贵重的礼物——霍斯&柯蒂斯牌丝绸睡衣或者在安德森和谢泼德男装店为他定制的礼服。毛姆恳切邀请艾伦来玛莱斯科别墅，他偶尔会来，但每次都很紧张，他害怕杰拉德；其实大可不必，杰拉德根本没把艾伦放在眼里，他对艾伦的态度是温和的蔑视。

还是在伦敦更舒服，毛姆在伦敦逗留期间，艾伦会搬过去跟他同住。艾伦负责找住处，"你知道我想要什么样的，"毛姆写信给他，"两个卧室、一个浴室、一个客厅，独门独院……床要大，够我翻身。"艾伦已经不在画廊工作了，他在一个老情人的帮助下成为沃姆伍德·斯克拉比斯监狱和本顿维尔监狱一名正式的社会工作者，这个工作更符合他慈悲的天性。他还在刑满释放人员援助协会工作，并自愿为家乡的救世军服务。他靠给毛姆跑腿赚些额外的收入，安排旅行，预订戏票，寄送登喜路香烟、雪茄和烟草，给杰拉德买辛普森牌的灯芯绒裤子和他最喜欢的弗洛里斯牌白色风信子淡香水。

无论处于怎样的情绪状态，毛姆都不允许任何妨碍他的写作。他认为自身幸福与否都不该打扰艺术家的工作，工作比幸福更重要。1931年夏，他的主要任务是与美国剧作家巴特利特·科马克一起修改《面纱》。9月19日，毛姆来伦敦观看首演。两个星期后，在巴黎逗留期间，他观看了《旋风》（《圣火》）的演出，回到伦敦后，《第一人称单数》出版，这是1928年《英国特工阿申登》故事集出版后的第一本小说集。作为一本短篇小说集，《第一人称单数》从风格到内容都带有典型的毛姆烙印，尽管有两篇（《整整一打》和《灵机一动》）算不上他最好的作品。不过，有两篇故事很突出——《人性难测》和《异国他乡》（书名取自济慈的《夜莺颂》："……可能相同的歌在露丝那颗忧愁的心中/找到了一条路径/当她思念故乡/站在异邦的谷田中落泪。"）在《异国他乡》中，乔治与父母的斗争归根结底是种族和文化上的冲突，儿子为了认祖归宗排斥父母盲目接受的英国市侩主义。1939年在德国发表的一篇名为《种族问题》的文章利用毛姆的《异国他乡》支持纳粹的观点，表明种族障碍是自然存在的，犹太人无论在哪个国家都将始终身在他乡。毛姆精准地揭示了英国反犹主义的无限复杂性。上层社会势利的反犹主义者认为，犹太人，怎么说呢，有点普通；然而，犹太反犹主义者，比如小说中乔治的父母则不顾一切地隐瞒自己的犹太血统。

接下来的几年，毛姆继续保持高产，出版了一些短篇小说、两个剧本和一本长篇。后面的这部长篇小说《偏僻的角落》于1932年11月出版，毛姆又扯着满帆回到位于马来群岛的荷属东印度群岛。这部小说显然受到了康拉德的影响，充满了神秘感，并佐之以毛姆最喜欢的关于欲望、罪恶和幻灭的主题。愤世嫉俗、机智诙谐、风格优雅、明晰简洁。如果说有什么瑕疵的话，就是某些地方设计得略显笨拙，有几处毛姆式的乏味，但总的来说，娴熟的技巧和克制低调的风格给人留下了深刻印象。

1931年11月底回到法国南部后，毛姆立即着手下一个计划，并无意中引起了极大的关注。在接受一家报纸采访时，他未经考虑便说再写两部戏就将结束他的剧作家生涯。毛姆以为这件事只关乎自己，没想到就像著名拳击手宣布要退出拳坛一样引起了外界的极大关注。因此，1932年11月1日《因为效了劳》首演那晚的气氛异常火爆，充满期待的观众涌进环球剧院，离开剧院时却分成泾渭分明的两个阵营。《因为效了劳》源于毛姆对战争的憎恶，他敏锐地意识到国际关系的恶化强化了这种憎恶。虽然远离权力中心，毛姆对政治局势的发展十分警觉，而且颇有见地。

"我生活在欧洲大陆，"他告诉记者，"时时刻刻看到欧洲国家尽力武装到牙齿，这就是我为什么要写这部戏……我试图让今天的新青年们免于死在战壕里或在似乎即将到来的战争中失去五年的生活。"毛姆对这部新戏的反响没抱太大期望，果不其然，尽管拥有一流的卡司，这部戏不到两个月就下档了，在纽约的表现更糟糕，只演了三个星期。几十年后，《因为效了劳》被公认为毛姆的优秀剧作之一，但对于20世纪30年代的中上阶层而言，这种彻底的悲观主义令他们不悦。面对不稳定的政局和经济的急剧衰退，观众因作者缺少爱国心而愤慨，作者对前景的忧虑也让他们感到不适。也有人认为，作者的和平主义应该受到谴责，不过，还是有支持的声音，比如德斯蒙德·麦卡锡和詹姆斯·阿加特。但争论仍在继续，毛姆熟悉的两个文人——路易斯·马洛和卢埃林·波伊斯①之间的通信极好地体现了对立的观点。路易斯·马洛认为这是毛姆最好的戏，他感动得热泪盈眶，受到极大的震撼。波伊斯则认为《因为效了劳》自然有其抓人之处，但显然马洛对它的评价过高。在波伊斯看来，这部戏太过平庸——完全没有想象力，充满陈词滥调，不过是一部通俗的情节剧。

毛姆并没有被各种反应干扰，继续平静地实施他的计划，写他的最后一部戏《谢佩》。《谢佩》只演了83场，但作者不为所动。这是他想写的最后一部戏，他对成败已经看淡。自那时起，他再也没有萌生过一丝写戏的念头。三十年成功的职业生涯过后他关门修业，此前他写了二十七个原创剧本和三个改编剧本。毛姆憎恶戏剧，这种观点伴随了他的余生。虽然戏剧有无穷的魅力，但对他而言，那只是个令人沮丧和疯狂的世界，充满了幼稚的人，他想不明白怎么会有人醉心于此并坚持到死。1938年出版的回忆录《总结》中原本有这样一句话，但后来被删掉了，"我从来做不到把演员当人看。"毛姆凭借他的戏剧赚了很多钱，这些作品将继续被制作、翻译，改编成影视剧，但现在，他可以把注意力转向别处了。他告诉伯特·阿兰森，他想写小说和散文，这些体裁为说出心中所想提供了更大的余地，当然，肯定是没写戏赚钱多，但到了他这个年纪，也许只有白痴才会不去做自

---

① Llewelyn Powys, 1884—1939, 英国小说家、散文家。

己想做的事。

　　有趣的是，毛姆曾经说过，他只有在写戏时才会故意妥协，为了满足特定时期特定观众而去构思作品。现在，他终于可以摆脱这些，真正做让自己开心的事，在未来的十年和更长的时间里，他并没有放慢脚步，反而经历了创作的喷涌期，将他引至某些意想不到的方向。其中有一本野心勃勃的小说涉及到对作者有重大意义的经验；还有一些基于多年读书经验的散文和评论文章；也许最令人吃惊的，还是一些讲述内心私密的自传性作品。

第十三章

讲故事的人

抛开戏剧家的身份后毛姆的工作步调暂时变得悠闲了些。他的名字仍然不断出现在公众面前，即使他只付出了较小的努力。20世纪30年代，他出版了几本短篇小说集，包括《第一人称单数》和《阿金》，一本为《大都会》杂志写的极短的短篇小说的合集，还有《美国东西部》，一本短篇故事集的再版，陶赫尼茨平装本的毛姆作品集，海涅曼公司还出了一个口袋版的毛姆作品集，1931到1934年，海涅曼公司出版了六卷本的毛姆戏剧选集。30年代末，《周而复始》在伦敦被改编成电视剧。1933年，纳尔逊·道布尔迪请毛姆为一本厚重的英国散文诗歌选集《旅行者的图书馆》选择词条并撰写简短介绍。道布尔迪对市场的预判很准确，出版不到一年，美国已有七百所高校将《旅行者的图书馆》列为必读书目，毛姆意外发现自己竟充当了教育家的角色。渴望复制成功的道布尔迪于1939年出版了一本类似的短篇小说选——《讲故事的人》。

毛姆作为一个"讲故事的人"和一个短篇小说家最广为人知并广受赞誉。他122篇短篇小说都是先发表在杂志上，在街边和车站的书报摊就能买到，即使是对做梦都没想过进图书馆或书店的人。不过，有一个例外，《书包》被《大都会》杂志拒绝了，原因是兄妹乱伦的故事过于惊世骇俗。格连威·威斯考特认为，毛姆深受非文学、非官方、非学术界人士的喜爱，毛姆是"具有中等文化素养的人心中的大圣"。然而，威斯考特的同龄人中鲜少有人赞同这个观点。威廉·普罗默[1]在评论《阿金》时写道："毛姆的短篇小说是目前写得最好的。"毛姆经常选定的叙述者拥有无穷的诱惑力，这个老于世故之人目光敏锐，有充满讽刺的幽默感，他悠闲地抽着雪茄、喝着酒，专心向读者讲述随便哪一天在酒吧或俱乐部里遇到的普通人身上的某些令人着迷的东西。"他对人类非凡的学识就像一个经验丰富的自白者。"雷蒙德·莫蒂默说，"他从不会感到震惊。"毛姆看似简洁的方法掩盖了精心打磨的技巧，每个试图模仿的人都会明白这一点：在约翰·福尔斯[2]看来，"作家掌握毛姆式短篇小说的写作技巧就像画家掌握绘画艺术。"毛姆小说的特点是风格简洁、生动逼真、灵巧的对话和意想不到的结局，掩卷时会令读者感到震惊和欣喜。"他的情节冷静、致命，对时机的把握完美无缺。"雷蒙德·钱德勒说，他自己也是此种风格的专家。当然，有评论家会迅速加以反驳，认为他的故事不够深刻；始终缺少创造力、想象力和天赋，以及，用 V.S. 普里切特[3]的话来说，缺少康拉德或契诃夫那种"转化的激情"；然而，他的作品极好，有时近乎完美。

毛姆真正爱写的是短篇小说，他鼓励陌生人和熟人描述他们的经验，即使有时要为这个过程付出高昂的代价。他在笔记本上写道，"我觉得这是个很乏味的过程，需要极大的耐心……为了抓住二手信息中透露出的某个细微线索或偶然的词句必须做好聆听几小时的准

---

① 1903—1973，南非及英国小说家、诗人、文学编辑。
② John Fowles，1926—2005，当代英国著名小说家之一，代表作为《法国中尉的女人》。
③ Victor Sawdon Pritchett，1900—1997，英国小说家、散文批评家、编辑，经常为美国《纽约时报》等报刊撰稿，被称为"本世纪最伟大的英语文学评论家"。

备。"知道他有这种习惯，他的朋友会主动为他提供有用的素材。奇怪的是，毛姆似乎从来没在法国南部找到丰富的灵感。以里维埃拉，这个"可疑分子的阳光圣地"做背景的小说很少。或许是担心激怒他的邻居，否则他如何经得起那些点缀了从戛纳到蒙特卡洛海岸的丰富人物的诱惑。"他在里维埃拉的圈子很可怕，"赖兰兹说，"一群极其轻浮、富有的侨民……不过，结束工作后他想给自己找点乐子，喜欢观察那些人的蠢态。"赖兰兹这个彻头彻尾的布卢姆斯伯里成员对这类人只有蔑视。然而，另一方面，毛姆又很沉迷于奢华和财富的装饰，喜欢大西洋彼岸拥有大别墅和著名厨师的百万富婆把自己当名流崇拜。经常来他家充当女主人的几乎都是美国人——夏洛特·布瓦塞万、玛丽翁、贝特曼夫人，还有艾米丽·佘佛西，她是芝加哥一个肉制品包装大王的女儿，"歌唱家"牌缝纫机的女继承人黛西·菲洛伊斯，言语刻薄的奥托博尼公主和她声名狼藉的同性恋丈夫，臭名昭著的肯梅尔夫人（Lady Kenmare）——毛姆给她起了个外号——"Lady Killmore"，"杀死更多人"夫人——人们普遍认为她谋杀了五任丈夫中的四个。"他太容易被金钱打动，喜欢以百万富翁的身份与百万富翁们联系在一起。"西里尔·康纳利说话向来简单明了，"不过，他赋予了里维埃拉意义，使之不单单成为俗人的休养之地。"

冬天，许多别墅关门，主人们离开这里去往伦敦、巴黎或纽约，夏季的社交生活则近乎疯狂。夏季的大部分时间毛姆家中都有客人，他很高兴带他们去私人宅邸或时髦的餐馆用餐，当地最豪华的餐厅在蒙特卡洛赌场，那里夜夜笙歌，俯瞰大海的浮动舞台上还有精彩的歌舞表演。尽管毛姆很少赌牌，但他会在赌场吃晚饭，参加盛会，而且他和摩纳哥公国的统治者，放荡、英俊、有一半西班牙血统的皮埃尔王子十分要好。一天晚上，他在赌场看了一场可怕的特技表演，并因此写了那个短篇小说《舞男和舞女》。

毛姆在一个地方不会待太久，他制订了一个年度惯例，每年秋天和春天在伦敦住几个星期，由于毛姆的非居民税务状况，他每年在英国的停留时间不会超过九十天，夏天的一部分时间，他还要和杰拉德在欧洲大陆旅行。威尼斯和佛罗伦萨是他最喜欢去的，还有慕尼黑和维也纳，此外有两个行程固定不变，每年的八月份，他会去萨尔茨堡参加音乐节，去巴德加施泰因泡温泉。毛姆一直很在意自己的健康状况，他容易得肺炎，疟疾也反复发作。多年来，他经常去法国和意大利的温泉疗养地——维希、阿巴诺和布里德莱班，为了让杰拉德戒几个星期酒，每次毛姆都会尽可能带上他。奥地利特洛尔的巴德加施泰因是毛姆的最爱。他们入住豪华的王朝酒店，节制饮食，泡温泉，或者在加施泰因山谷中长时间散步。毛姆享受新鲜的空气，令人心旷神怡的徒步，只要晚上能打桥牌，他愿意忍受这种单调的生活。"巴德加施泰因的治愈效果惊人，"他告诉西比尔·科尔法克斯，"这个地方无聊死了，还贵得吓人……但我一辈子都没感觉这么好过。"

从巴德加施泰因开车去萨尔茨堡很方便，但那里有着截然不同的生活节奏，城里挤满了时髦的国际人士，萨尔茨堡音乐节对他们来说是不容错过的大事。上世纪30年代是萨尔茨堡音乐节最辉煌的时期，有两位著名的指挥家——托斯卡尼尼和布鲁诺·沃尔特，维也纳爱乐乐团和维也纳国家歌剧院会演奏一整天，从早晨到深夜。音乐对毛姆意义重大；他没接受过训练，不会演奏任何乐器，在专业人士，比如钢琴家哈丽雅特·科恩面前，他说自己"相当无知"，但他从欣赏音乐中获得了无限的快乐，他的爱好很广泛，一直对探索新经验感兴趣。在巴黎、伦敦、慕尼黑或维也纳，他经常去听音乐会和歌剧，尤其是瓦格纳的作品；萨尔茨堡则是他日历上的亮点。"我们看了一场可爱的《玫瑰骑士》，"1934年8月，他向塞尔·艾伦报告说，"我从来没听过比这部歌剧最后一幕更优美的三重唱；昨天晚上看了《魔笛》……明天听完威尔第的《安魂曲》我们就走了。"看演出的间隙，他还有很多社交安排，很多英国人、法国人、德国人和意大利人打扮成农民的模样，女人穿传统的巴伐利亚佃兜服，男人穿短裤，戴羽毛帽，他们在饭店和咖啡馆见面，或者去湖边野餐远足。"我好累，"他告诉艾伦，"自从我们到了这儿，每天四五个小时的音乐会、午餐会、晚餐会……但天气出奇得好，所有人都穿着提洛尔人的新衣昂首阔步。"杰拉德还买了条欧洲阿尔卑斯山民穿的那种皮短裤，为的是在里维埃拉制造点轰动效果。

毛姆去英国时当然不会带着杰拉德，他主要是跟艾伦·塞尔出双入对。毛姆的老朋友都比较喜欢这个年轻人：比如芭芭拉，彼得·斯特恩还曾邀请他去她在奥尔巴尼的家。1934年10月，毛姆第一次应邀前往奥斯伯特·西特韦家族在德比郡雷尼肖的领地时，塞尔也在受邀之列，奥斯伯特和戴维·霍纳欢迎他的到来，奥斯伯特的姐姐很是宠他。然而，毛姆不能跨越界限，带他去见那些吹毛求疵的人。杰拉德就不一样了：他基本出身于同一社会阶层，听口音就知道是个有教养的人，而且毛姆秘书的身份提供了完美的掩护。艾伦则不然，他是一个从东区走出来的伦敦佬。毛姆不可能把他介绍给家人，他向来对他们彬彬有礼，侄子和侄女们也把他当成可敬的人对待。

三个兄弟中，毛姆是最小的一个，也是迄今为止最有名、最有钱的一个，和他年龄最接近的F.H.却坚决不肯承认这个事实，他几乎从不提威利的任何小说或戏剧作品。不过，他本人也几乎达到了事业的顶峰：1928年他被册封为爵士，1935年被任命为议院法律议员，并被加封为终身贵族，成为了"毛姆男爵"。毛姆的大哥查尔斯就没这么走运了。他是一个安静、谦逊的人，据毛姆说，他是四兄弟中脾气最好的一个。查尔斯在巴黎做了一辈子律师，退休后，他和妻子以及他们的独子——幼时因一起事故导致瘫痪的儿子奥蒙德——搬到伦敦生活。1935年1月，奥蒙德去世，死时年仅25岁，六个月后，他的父亲也离开了人世，终年70岁。"查理的死是意料之中的事，"毛姆告诉杰拉德·凯利，"但对我来说依然是个打击，让我回忆起幼年和青年时的往事。他这个人特别好，也许是我认识的人里最好的，非常善良、无私、全无恶意。"

查尔斯之死并没有改变剩下的两兄弟间带刺的关系；他们心照不宣地相互尊重着，谨慎的敌意依旧存在，但这从来没有影响过毛姆对F.H.的孩子们的感情。三个女孩都结婚了，凯特和戴安娜都出版了小说，毛姆对她们的作品发表了有益的评论，但私下认为她们没有写作天赋。昂娜是个画家，出于某种原因，她和毛姆并不投缘，毛姆认为她的作品"不值一提"，而且毫不掩饰对她的厌烦。他只关注过她一次，那是因为她去了一趟霍洛威女子监狱，里面有个女犯人叫露比，是个妓女，专门接待古怪的客人，毛姆对露比的故事更感兴趣。

在F.H.所有的孩子里面，跟毛姆最贴心的是最小的罗宾。罗宾生于1916年，比他的姐姐们小十几岁，罗宾有一个可谓悲惨的童年，他畏惧他的父亲，在伊顿公学读书时也老挨欺负。他的姐姐们嫁人后，罗宾成了家里的独子，放假时和父母生活在一个冰冷、灰色、孤独的世界里。早年他对叔叔只有模糊的记忆："一个迷人的男人来看望我母亲，他衣着考究，有羊皮纸一般的肤色。"17岁的罗宾离开学校后，毛姆才开始对他感兴趣。他是个有礼貌的男孩，急于讨好他，总的来说，罗宾长得不赖，只是上嘴唇有点短，鼻子太尖。毛姆一直想要个儿子，于是只能把保护欲体现在他的男性情人们身上。现在有了罗宾，毛姆对这个侄子产生了强烈的父爱。那些年，毛姆的很多同性恋朋友都在议论这股情色的暗流，韦斯科特见二人如此亲近，说："我不觉得这跟情欲有什么关系，但威利确实很迷恋罗宾，逢人便说他有多了不起。"罗宾的处境也激发了毛姆的恻隐之心：他很清楚罗宾和他父亲之间的问题，这让他想起了自己。F.H.坚决认为儿子应该学法律，但罗宾想当作家，他自然会征求叔叔的意见。此外，在一个更敏感的问题上，毛姆也能帮到他。罗宾正在与自己的性取向作斗争，拼命想说服自己是个"正常人"，担心万一承认自己是同性恋父亲会作何反应。

1934年夏，罗宾在学校的最后一个学期，F.H.安排他在姐姐凯特的陪伴下去维也纳几个星期。听到这个消息，毛姆给罗宾写了一封信，任何一个年轻人都梦想从一个富有且经验丰富的叔叔那里收到这样一封信。"我只想说，我认为大城市的生活可能比你那对德高望重的父母想象的要贵一些，如果你手头不宽裕，可以给我写信，我会帮助你。遇到任何问题或麻烦，我建议你跟我交流，而不是你那对德高望重的父母。我过了很多年堕落但并非不快乐的生活，所以我知道，有些困难，即使教养最好的年轻人也无法时刻避免，你知道，作为一名坚定的犬儒主义者，我对人类的愚蠢抱有极大的宽容心。"

毛姆故意告诉F.H.，碰巧杰拉德也将在同一时间去维也纳，他会很高兴帮忙照顾这两个年轻人。F.H.听后大怒："那人是个酒鬼，他去了更糟糕。"他禁止两个孩子跟臭名昭著的哈克斯顿有任何接触。"我们还是接触了，当然，只是偶尔。"罗宾说，"我们去歌剧院的第一个晚上就见到了他，我失望极了，因为，他看上去一点也不邪恶：他是个四十多岁的男人，聪明、整洁、漂亮、身材瘦长、留着小胡子，笑声爽朗，面带天真的微笑……但一个星期后，杰拉德在葡萄酒屋喝得酩酊大醉后，我开始意识到，他并没有看上去那么天真。""17岁时我在维也纳学到了很多东西。"后来，罗宾写道。杰拉德提议开着毛姆的乌瓦赞跑车带他去威尼斯玩儿几天。他们住进一个双床间，就在这里，杰拉德表明了自己的意图。罗宾吓坏了，一把将他推开，杰拉德气呼呼地回到自己的床上。"我早就知道。"他嘟囔着关灯睡觉。还好，第二天杰拉德没再提这个茬，他对罗宾依然很好，还带他游览了威尼斯。

罗宾只比丽莎小1岁，但毛姆离婚后，这对童年时关系很近的堂姐弟就被迫分开了。丽莎17岁那年，西里尔安排她正式踏入社交界，在国王路的家中为她举办了一场难忘的舞会，出钱的自然是毛姆。丽莎同母异父的哥哥蒙特尼已经成为过去，丽莎相当于西里尔的独生女，是西里尔生活的中心。自从丽莎走入社会，野心勃勃的西里尔决定不仅要让丽莎嫁得早，还要嫁得好。西里尔每时每刻事无巨细地监督着丽莎。"她包裹在棉絮里，"丽莎的一个朋友说，"她和西里尔的关系非常非常近……近得过分。"丽莎任凭母亲摆布，一个八卦专栏作家形容她就像一只牵线木偶。丽莎的言行正确得近乎机械。她的内心似乎有一个声音在说："口令一：笑。口令二：说你有多喜欢这场聚会。"

毋庸赘言，毛姆没有参加女儿的舞会，他尽量与前妻保持距离。然而，有时他还是会被卷进去，西里尔故伎重演，跟税务局耍花招。1934年3月，他写信告诉芭芭拉："我得去趟税务局，他们让我替西里尔支付两千英镑的所得税。她发誓说，前四年她一直跟我一起住在玛莱斯科别墅。有点过分，哈？"这封信写自西班牙格拉纳达的阿尔罕布拉宫酒店。自从19世纪90年代去过塞维利亚，西班牙这个主题就对毛姆有强大的吸引力，这段时间他想再次回归西班牙这个主题。他有语言上的便利，而且阅读广泛，尤其是黄金时代的作家们。最初他想写本小说，将背景设置在16世纪，后来这个计划搁浅了，他打算写一本高度个人化的游记。1934年2月，他和杰拉德开着那辆跑车开始了为期六周的旅行，他们去了巴塞罗那、格拉纳达、马拉加、塞维利亚、科尔多瓦、托莱多和马德里。在科尔多瓦，他们很高兴遇到了艾伦·普莱斯-琼斯，毛姆的务实让普莱斯-琼斯很是惊讶。他们停下来，在一个小酒馆吃午饭，他看到毛姆走进厨房，用流利的西班牙语点了生火腿、一张玉米薄饼、鱼和一瓶上好的曼赞尼拉雪利酒。不过，跟毛姆在一起还是有压力的，晚上回到酒店，艾伦发现单独跟杰拉德在酒吧里喝鸡尾酒更加放松，那个"可恶又可爱的家伙"给他讲了带作家J.B.普莱斯丽去尼斯逛窑子的趣事。

《西班牙主题变奏》就是这次远行的成果，毛姆惬意地漫步于

15、16世纪的西班牙，以一种特殊的方式介绍西班牙的历史和文化，其间穿插着毛姆青年时在这个国家旅行时的记忆，用一种轻松且离题的方式分析伟大的小说家和剧作家，比如塞万提斯、卡尔德隆①、洛卜·德·维加②，以及一些宗教作家和神秘主义者，对西班牙的特点和生活方式的描述点缀其间，还有对伟大的画家们——委拉斯开兹、埃尔·格列柯③和苏巴朗——的作品的点评。从自传的角度来讲，埃尔·格列柯那部分最为有趣，毛姆探讨了这位画家有公认的同性恋倾向，并分析了同性恋艺术家的特点：

> ……同性恋者有一个鲜明的特点，即对某些正常人重视的东西缺少深层的严肃。他们的态度表现为，从空洞的言辞尖刻到充满讥讽的幽默。他倔强地对大多数人认为微不足道的东西给予重视，同时对人类认为对精神福祉不可或缺的普遍观点加以嘲讽……他的创造能量不足，但对讨人喜欢的粉饰有极好的天赋……他站在河岸上，冷漠、玩世不恭，注视着生命之河流动。

1935年《西班牙主题变奏》出版后，总体上反响冷淡，大多数评论家仅以礼相待。"圣十字若望④并不符合所有人的口味。"雷蒙德·莫蒂默为《新政治家》杂志撰文道。格雷厄姆·格林是个例外，他对天主教的情感恰好与作者对这个天主教国家的描述吻合："这是毛姆最好的书……我从来没读过比这本书更刺激、更有趣的书……毛姆作为一名艺术家达到了成就的顶峰。"

---

① Calderón，1600—1681，剧作家、诗人，西班牙黄金时代作家。
② Lope de Vega，1562—1635，文艺复兴时期西班牙的戏剧相当繁荣，成就最大的戏剧家是洛卜·德·维加。他是西班牙民族戏剧的奠基者，被西班牙人民誉为"西班牙的凤凰"。
③ El Greco，1545—1614，西班牙文艺复兴时期著名的幻想风格主义画家。
④ Juan de la Cruz，英文为John of the Cross，也译为圣十字架的约翰，1542—1591，西班牙诗坛巨擘、默观者、神秘学家。十字若望是神秘学家当中的佼佼者。

西班牙之旅很成功，自从养好伤，杰拉德似乎又变回了从前那个他：善良、随和、体贴。于是，毛姆开始计划去趟中美洲和加勒比地区，这是他们自1926年从南太平洋回来后的第一次长途旅行。然而，就在这时，情况开始迅速恶化，杰拉德又开始酗酒，而且比从前更严重，还伴随着间歇性震颤性谵妄^①。到了七月，情况没有好转，毛姆沮丧极了，别无选择，只能向杰拉德发出最后通牒。11月3日，他们终于起航，经由西印度群岛前往纽约。渡海之旅很愉快，毛姆分到一间豪华套房，杰拉德的状态极好，还成功地做了两次爱。每天早晨他都能收到一捆邀请他出席各种活动的无线电报，到了纽约港，一大群记者和摄影师上船询问毛姆的计划。原本希望和纳尔逊·道布尔迪以及他的新太太艾伦在他们长岛的家中清净几天，结果道布尔迪以他的名义组织了很多大型聚会。回到曼哈顿，住进丽思卡尔顿酒店后，毛姆立即陷入一片混乱之中：社交聚会、看戏、报纸采访、拍照、签名售书，好莱坞电影制片厂的头头们不停给他打电话，献上"好得不可思议的合同"，拒绝他们让毛姆感觉痛快异常。毛姆是个名人，走到哪儿都能被人认出来。传记作家利昂·埃德尔记得见到他时的兴奋之情，当时，这个大作家正在麦迪逊大道上散步，身材矮小的毛姆衣着整洁，无可挑剔，戴了顶软呢帽，手里牵着他的腊肠犬。他感觉最愉快的一次见面是和老朋友卡尔·范·韦克滕共进午餐，范·韦克滕给毛姆和哈克斯顿拍了一系列很棒的照片。虽然有众多应酬，哈克斯顿表现得很节制，毛姆对此毫无怨言。

毛姆在加勒比走了三个月，乘坐一艘又一艘不定期的货船，从一个岛到另一个岛。毛姆一直盼望这次旅行，本指望能为小说找些有趣的素材：吉卜林五年前来过此地，曾建议他这样做，但结果令人失望。海地是这次旅行的第一站，岛上的异国情调和颓废征服了后到的

---

① 又称撤酒性谵妄，或戒酒性谵妄，是一种急性脑综合征，多发生于酒依赖患者突然断酒或突然减量。

格雷厄姆·格林，却没给毛姆提供可用的东西。"这个地方确实风景如画，"他告诉艾伦，"但没有任何娱乐活动。"下一站马提尼克岛亦然，多米尼加和特立尼达同样沉闷无趣。商人和种植园主们整天就知道聊朗姆酒，"这是他们唯一的收入来源，他们的妻子也乏味得很。这几座岛上的生活没有南海地区和马来亚那种浪漫和兴奋。"在这百无聊赖的几个星期里，有那么短短几天毛姆还是感兴趣的，那是在南美大陆法属圭亚那的首府卡宴，他获准前往位于马罗尼河畔圣洛朗区的罪犯流放地。圣洛朗不太像监狱，倒像个小镇，六千名居民完全由囚犯和他们的看守组成；他们全部由船运出法国，少数人被送往条件更恶劣的地方，最臭名昭著的是魔鬼岛，但大多数被认为无害不会企图逃跑的人留在了圣洛朗。总督借给毛姆一栋平房住了几天，伺候他的人都是正在服刑的杀人犯。监狱长告诉他："别担心，他们都是老实人，东西可以随便放。"但毛姆出去时还是会锁上门，晚上睡觉时关上百叶窗。毛姆获准采访犯人，他最感兴趣的主题是悔恨，但所有采访对象中只有一个人后悔自己犯了罪。毫无疑问，圣洛朗是毛姆此行的亮点，他因此创作了小说《公职》。

毛姆和哈克斯顿从卡宴踏上漫长的回家之路，他们坐香蕉船沿墨西哥海岸先到了加利福尼亚，在好莱坞待了几天后在旧金山与伯特·阿兰森见面，然后坐火车去纽约，最后于1936年4月从纽约坐船回家。和往常一样，他们在瑟堡分开，杰拉带着沉重的行李回到玛莱斯科别墅，毛姆则去了伦敦。他迫切地渴望与艾伦·塞尔重逢。过去的五个月里，毛姆每隔几天就给身在英国的艾伦写信，描述旅行见闻，讨论艾伦未来的计划。每页信纸上都充满了深情，同时他像个慈父一般把艾伦的利益放在第一位。比如，有一个比艾伦年长的女人向他求婚。毛姆说："我很明白，无限的金钱与可能的奢华必定令人兴奋，有诱惑力，但是你要记住，成为有钱女人的丈夫是一项全职工作。我认识的女人里没有一个不锱铢必较的……况且，你要准备好放弃你的朋友……"最后这一点才是问题的关键。

事实上，毛姆已经把艾伦看做他的理想伴侣。他有魅力、工作效率高、脾气好；他喜欢旅行和音乐，了解绘画，而且有不错的鉴赏力；和杰拉德不同，艾伦从不喝醉，也从不大吵大闹；最重要的是，他很顺从。首先，毛姆是个作家，他对写作有强烈的自我保护意识；他需要保护隐私，让外人无法近身。多年来，杰拉德一直充当守护者和管理员的角色，但他再也无法依赖杰拉德了；不仅是他的行为破坏了毛姆所需要的孤独和平静，毛姆还要为他付出时间情感和精力，这是毛姆深恶痛绝的地方。目前一切还好，但毛姆怀疑这种状态能持久多久，担心又回到可怕的过去。他爱杰拉德，杰拉德在他的血液里，但他需要的是艾伦；抛弃杰拉德是不可能的，但艾伦对他的工作来说至关重要。1936年4月10日，毛姆抵达伦敦。他们讨论的关键问题是这个年轻人的未来。艾伦热爱自己的工作，还能给毛姆提供故事；有几次，艾伦带他去东区的穷街陋巷，有一次甚至安排他去了监狱，那道阴冷的监狱门打开时，毛姆起了一身鸡皮疙瘩。艾伦不可能立即全职为毛姆服务，但他们讨论了各种方案，毛姆希望艾伦来玛莱斯科别墅的次数更多一些。

回到里维埃拉，毛姆在家里只待了几个星期就又去了英国。四月，丽莎宣布订婚，她的未婚夫是圣詹姆斯法庭的瑞士部长之子，陆军中校文森特·帕拉维奇尼。帕拉维奇尼讨人喜欢、举止优雅、有魅力，性情温和，但西里尔对女儿的选择很失望，非要拆散这一对。在西里尔看来，文森特就是个普通的小伙子，既没钱，也没有贵族头衔，配不上她的女儿。但这次，丽莎反抗了：她爱文森特，决心要嫁给他，西里尔只能让步。1936年7月20日，21岁的丽莎在圣玛格丽特教堂举行了盛大婚礼。很多年来，她的父母第一次同时出现，丽莎挽着父亲的胳膊沿教堂的过道走向圣坛。之后在瑞士使馆举行的大型宴会上，毛姆对前妻谦恭有礼，西里尔几乎又差点爱上他。作为结婚礼物，毛姆给小两口买下了威尔顿街的一栋房子，西里尔负责装修。毛姆把玛莱斯科别墅借给他们度蜜月，这是丽莎第一次到别墅来，毛姆和哈克斯顿则搬出去让两个年轻人独处。起初，毛姆有点看不上帕拉维奇尼，称他是"丽莎的瑞士服务生"，但很快就被他的魅力和简单的幽默感征服了。让毛姆觉得好笑的是，他的女婿一点也不书呆子气，他爱看的两本杂志是《农夫与畜牧业者》和《鉴赏家》。

在巴德加施泰因、萨尔茨堡、布达佩斯和维也纳转了一圈后，九月初，毛姆在玛莱斯科别墅紧张地工作了一阵子，当务之急是最后润色一下他唯一一部与戏剧有关的小说《剧院风情》。1941年，这部小说被改编成舞台剧，1941年在纽约上演，1950年被搬上英国舞台，名字叫《大于生活》。此外，《剧院风情》在法国两次被拍成电影。2004年这本小说再次被搬上大银幕——《成为茱莉亚》，主演是安妮特·贝宁和杰里米·艾恩斯。《剧院风情》不是毛姆最好的小说，但1937年3月出版后，两个月内就在英国卖出了两万两千册，评论界对这本小说的反应不温不火，很多人为作者的写作技巧鼓掌，但也有人抱怨情感肤浅。

十月，毛姆又去了伦敦，和往常一样，他的日记本里写满了各种约会安排。月底他参加了在新寡的西比尔·科尔法克斯家举办的大型宴会。来的客人都是老朋友，大家都在谈论"辛普森问题"，据说，威尔士亲王要封她为爱丁堡公爵夫人，还要娶她为妻。过去的几年里，威尔士亲王和美国女人辛普森夫人的风流韵事成为上层社会的热门八卦，尽管最初英国媒体并没有报道。自从一月份乔治五世去世后，此事的重要性上升到了宪法层面，仅仅几周后，爱德华八世就要举行加冕典礼，突然，他们的关系引发了民众全国性的激烈讨论。毛姆认识沃利斯·辛普森很多年了，她和她的丈夫曾在布莱恩斯顿广场有套公寓。国王决定放弃王位，娶他心爱的女人，结果却触发了强烈的敌意，这令毛姆十分苦恼。"我是作家，会本能地站在别人的角度考虑问题，"毛姆给一个朋友写信道，"见过他的人说，那个可怜的家伙不刮胡子、不洗澡，蓬头乱发，用脚踢门，拿头撞墙，听了那人的描述，我十分困扰。令我震惊的是，他失势得如此突然，从受人民爱戴到被普遍蔑视。现在大街上那些曾崇拜他的人也骂他是垃圾，说谢天谢地，总算把他打发走了。"

12月11日，在克莱瑞芝酒店公共酒吧间的一个角落里，毛姆、埃迪·马什、奥斯伯特·西特韦尔和格雷厄姆·格林一起，从一个从门童那儿借来的收音机里听到了国王发表的自愿退位讲话。这时，压力太大的沃利斯·辛普森已经离开英国，逃到了法国南部，她要在那里熬过这几个月，把离婚手续办妥，好跟温莎公爵结婚。圣诞节那天，毛姆邀请沃利斯和她的姨妈贝茜·梅里曼来家里共进午餐，作陪的还有国会议员鲍勃·布斯比。显然，气氛有点紧张，但大家还是很开心。下午，毛姆和沃利斯搭档打了一局桥牌，毛姆说："恐怕我不是一个好搭档，"他把手放下说，"我手里只有两个王。"沃利斯说了句俏皮话："那有什么用？他们只会退位。"接下来的几个星期，毛姆一直对沃利斯很体贴，邀请她来家里吃饭，共度周末。"我想，她的角色很难演，"他说，"我怀疑没有哪个女人能把这个角色演好。"终于，在三月份，沃利斯准备离开戛纳去图尔的坎德城堡与公爵团聚，并在那里结婚。离开戛纳前，辛普森夫人给毛姆写了一封感谢信，说毛姆是一个善良的人。那个圣诞节，她感觉自己身处旷野之中，她从来没有忘记在那些困难和孤单的日子里，毛姆所给予她的同情与理解。

或许圣诞节那天杰拉德没在场是件好事。杰拉德躺在床上，得了严重的疟疾，毛姆以为过一两天就好，怎知病情加重。毛姆给他找来护士和专家，当地有个医生开车一天来三次给他看病。毛姆一度以为他要死了，还好，他挺过来了，而且身体变得越发强壮。毛姆情绪不稳，还担心得要命，幸好艾伦过来住了两个星期，给他带来了安慰。

不过，毛姆意识到艾伦和哈克斯顿的个性存在鲜明反差，艾伦虽然温柔，但很无趣。毛姆告诉戴维·霍纳："他永远不是那种聚会上的灵魂人物；所以，没有人跟我一起逗乐、开心，在花园里漫步时，我多么渴望哈哈大笑。"艾伦是可靠的，可以给人安慰的，但他身上缺少邪恶和机智，以及与杰拉德在一起时那种纯粹的兴奋感。"塞尔是个小猫咪，"一个认识他俩的朋友说，"哈克斯顿毛发直立，甚为粗鲁，像一头想要挣脱掌控的斗牛犬。"

杰拉德这次生病的好处是他再次下决心控制酒瘾。毛姆在给芭芭拉·巴克的信中说，他已经告诉杰拉德，他自己也知道，再喝酒就无异于自杀。如果他还喝的话就意味着宁可死，那么，一切就结束了，他会给杰拉德一笔养老金，他自己则会回英国生活。他可不想用余生来看护一个老酒鬼。当然，希望这一天不会到来。为了让杰拉德忙碌起来，也为了让他开心，毛姆给他买了一艘小游艇。天气好的时候，杰拉德几乎每天都出海，他对这个新玩具着了迷。同样令他着迷的还有一个陪在他身边的叫卢卢的男孩。16岁的卢卢是个男妓，漂亮得令人陶醉，他身材苗条，金发碧眼，皮肤晒成古铜色，他有柔软的嘴唇和甜美的笑容；他的两只手腕上都戴着金镯子，一天中的大部分时间只穿一条褪了色的泳裤。杰拉德很迷恋他，不在船上时，卢卢的大部分时间在玛莱斯科别墅度过，除了听凭哈克斯顿和毛姆的召唤，还为其他男客人提供服务，过后由杰拉德结账。尼科尔森和阿克顿也成为欣赏他的主顾，那年夏天，还有毛姆的侄子罗宾。

罗宾承受着来自父亲的压力，不得不去剑桥大学读法律，但业余时间他继续写作，并把作品寄给叔叔点评。毛姆没看出他有什么天赋，但还是决定帮他，并向他灌输自己的哲学。有一次，毛姆告诉罗宾："你的戏写得一塌糊涂……我想，你还是做好失败的准备吧。你这么自负的人恐怕很难承受失败的打击……不过，勇敢地承受失败是种很好的考验……我最后的建议是，不要让任何人看到你的屈辱。"

罗宾对传闻中的玛莱斯科别墅的高品质生活充满向往，问叔叔可否放长假期间过来住，表面上是为了集中精力写作，但等他到了才发现只有他和叔叔两个人，杰拉德去巴黎取新车去了，所有对投入里维埃拉迷人社交生活的期盼很快便消散在日常生活里。毛姆专心工作，整个上午待在书房里，下午在花园里遛狗，吃完晚饭后不久就上床睡觉。他们有很多机会展开坦率的讨论，罗宾特别渴望消除自己对同性恋的疑虑。他的叔叔既务实，又令人振奋，建议他接受真实的自己，尽情享受生活。"你很迷人，"他告诉他，"不要浪费你的资本。你的魅力不会持续太久的。"而且，毛姆让罗宾记住，同性恋身份不会给婚姻造成障碍，作为家中的独子，他有义务结婚并繁衍后代。

1938年，罗宾的父亲被任命为大法官，毛姆为他给家族带来的声望感到十分欣慰，况且，F.H.全凭一己之力坐到了如此高贵的位置。作为一名终身贵族，他不能将头衔传给后代，但作为一名大法官，他肯定有机会被授予世袭爵位，毛姆梦想着有朝一日能看到罗宾成为荣耀显赫的第二代毛姆子爵，这说明毛姆对旧有的贵族体系怀有深深的敬意。下一代人里只有罗宾一个男孩姓毛姆，所以他肩负重任。毛姆写信给罗宾，说他父亲没有理由不再活个十年、十五年的，可能有机会做到孟加拉总督，混得好的话，还可能成为印度总督。成为已故大法官的儿子无足轻重，成为贵族就是个人物了。

假期快结束时，杰拉德回来了。去年夏天他和罗宾在萨尔茨堡偶遇，现在可以再续前缘。回到玛莱斯科别墅的杰拉德慷慨地决定在罗宾回家之前给他一个难忘的夜晚。天黑后，他们先去了尼斯的赌场，然后去了两个偏僻小巷的酒吧，他们在那儿开心地喝到半醉，然后逛窑子，杰拉德掏钱让罗宾享受了一下。最后，凌晨时分，他们决定开车去维尔弗朗什看船。他们发现卢卢在船上，只见他头发蓬乱，嘴唇微微张着，四仰八叉地躺在一个铺位上睡觉。杰拉德立刻注意到罗宾一副神魂颠倒的样子。"玩得开心啊。"他对罗宾挤了一下眼睛，然后脚步踉跄地走了。

　　杰拉德继续喝酒，不过控制在一定范围内。他的雇主明确表示，他若想保住自己的位置，必须洗心革面。不过，情况并不乐观，两人关系内在的紧张不定搞得毛姆躁动不安，甚至考虑过放弃玛莱斯科别墅，在伦敦买套公寓，每年至少住上五个月。但目前这个极端的计划被搁置了，他要集中精力准备远东之旅，他打算年底去趟印度，第二年春天回来。夏天他是在国外度过的，去了他常去的慕尼黑、萨尔茨堡和巴德加施泰因，还和彼得·斯特恩一起去了斯堪的纳维亚，他很失望，"瑞典……好无聊的地方。"他还在家里招待客人，除了常来的芭芭拉，还有赖兰兹和阿瑟·马歇尔，以及他们剑桥的老朋友维克多·罗斯柴尔德，这次他带来了他的妻子芭芭拉·哈钦森，以及安东尼·布朗特爵士①和伯吉斯②。毛姆很享受与这些剑桥精英们为伍。

　　动身去印度前，毛姆决心写完对他个人来说很重要的一本书，这本回忆录他已经断断续续写了一段时间。"我已经把我知道的全都写进去了。"他告诉查尔斯·唐恩；但读者如果想读到很私密的细节一定会失望。用作者自己的话来说，《总结》"既非自传，亦非回忆录"，而是综述了他的职业生涯和智力教育，"我只是尝试着整理自己对生命历程中特别感兴趣的事物的想法。"第一部分讲的是他的童年和青年时代，更详细地讲述了他如何成长为一名作家。他在书中阐述了他最喜欢的三个原则：清晰、简洁和悦耳，谈到了一些他最崇拜的作家，如，德莱顿、斯威夫特、约翰逊博士、伏尔泰、司汤达和科莱特，以及影响了他的短篇小说风格的莫泊桑。毛姆还谈到了他的戏剧生涯，他似乎天生就能抓住对话的诀窍，并向剧作家们——契诃

① Anthony Blunt，1907—1983，剑桥大学三一学院的艺术教授，巴洛克艺术专家，英国艺术届的权威，同时兼任伊丽莎白女王的艺术顾问，但同时又是克格勃。后被削去爵位，剑桥五杰之一。

② Guy Burgess，1911—1963，剑桥大学历史系毕业，曾担任英国BBC广播主持人，英国军情六处探员，英国外交部长秘书等职，剑桥五杰之一。

夫和萧伯纳，尤其是易卜生（"近百年来我所看到的最伟大的剧作家"）致敬。毛姆本着令人钦佩的超然态度分析了自己作为一名艺术从业者的优缺点。

> 我不照自己的愿望写作，我照自己的能力写作……涌动的诗意和了不起的想象皆在我的能力之外……我拥有敏锐的洞察力，似乎能够看到很多别人错过的东西。

毛姆很清楚自己的能力，但依然表现出对自己被严肃评论家们普遍忽视这一事实的敏感。他抱怨，在他的祖国，只有西里尔·康纳利和德斯蒙德·麦卡锡这两位重要的评论家认真对待他的作品。

> 我二十几岁的时候，批评家们说我野蛮；三十几岁的时候，他们说我轻浮；四十几岁的时候，他们说我愤世嫉俗；五十几岁的时候，他们说我能干。现在我六十几岁了，他们说我浅薄。

《总结》的第二大主题是作者一生对哲学以及少年时代曾吸引过他的宗教的探索。毛姆总是很好奇，总是在寻找，渴望找到一种生活模式或者目的，毛姆常年贪婪阅读大哲学家的著作，从柏拉图到罗素，从基督教的神秘主义到《奥义书》[①]，但从未找到能给他带来安慰的信仰。毛姆作为自学者首先是一个智慧的追问者，希望悟出古往今来困扰人们的难题：比如，生命的价值是什么，人该怎样活着，宇宙的意义在哪里。虽然无法找回儿时失掉的信仰，但他仍不满足，困惑于理性的自我无法从宗教中寻得宽慰的沮丧。他总结说，或许他无处将息的内心对上帝和永生存有深切的渴望，然而，永生跟他的理智毫无关系。他无法将自己融入某种无所不包的信条之中，于是，他言之凿凿地说："生命没有理由，生活没有意义。"

[①] 印度最古文献《吠陀》经典的最后一部分，讲人与宇宙的关系。

　　虽然毛姆竭力保持一定的体面的距离，但《总结》中时而还是会暴露出惊人的坦率。关于爱的体验，毛姆说他虽然爱过很多次，但从来没有体验过得到回报的喜悦。他无法完全敞开心房；他爱的大部分人是不怎么在意他或完全不在意他的人，有人爱他时，他会觉得不好意思；没有什么比爱上不值得爱的人更可怜的了。性对他而言是身体感受到的最强烈的愉悦，但遗憾的是，由于天生难以取悦，他从来无法纵情享乐。作者透露，他是一个敏感、脆弱、多情的人，同时又是一个超然、不抱幻想的现实主义者，而并非人们以为的愤世嫉俗者；他选择做一个孤独者，一个可以享受某些快乐和幸福的忧郁之人。正如一位评论家所言，这本书揭示了"这个思维流畅、对世界无动于衷的男人其实有一颗易受伤和戒备的心"。

　　希望做到尽善尽美的毛姆将《总结》的校样寄给埃迪·马什和赖兰兹校对。在文本编辑方面，埃迪·马什尤其值得信赖。辞去公务员的职务后，他开始为一些著名的作家校稿，温斯顿·丘吉尔就是其中一个。能有毛姆这样的大作家向他咨询满足了他的虚荣心，他喜欢炫耀自己对语法、词源和风格细微之处的详尽了解。为了对他表示感谢，毛姆送给他几枚漂亮的印度18世纪的翡翠钮扣。"也许它们装饰过莫卧儿王朝听差男孩的衣袖。"毛姆告诉他。

　　1938年1月，《总结》出版后，大部分人称赞书中所表露的智力与情感的真诚，对作家与写作很有启发性的思考，更形而上学的段落则被礼貌地予以漠视。评论界的共识是，这本书的主要兴趣点在于毛姆的文学生活，而结论部分关于真善美，以及上帝和永生的说法则可忽略不计。不过，总的来说，这本书的可读性极强，也很有趣。《总结》的销量很高，很快就在美国售出十万多本。

　　出完这本书，毛姆继续筹划他的印度之行，他准备把玛莱斯科别墅租出去四个月。像往常一样，秋天他是在伦敦度过的，他还为丽莎的第一个孩子降生举办了派对，毛姆很开心得了个外孙：尼古拉斯·文森特·萨默塞特。接下来，毛姆集中精力准备旅行中的细节，他打算圣诞节前从热那亚出发，在孟买待五个星期。毛姆已经拿到了有名望的朋友给他的介绍信，比如他在里维埃拉的邻居阿迦汗，他自然盼着在德里时印度总督林利思戈侯爵能接见他。但后来出了个意外，让一切陷入混乱之中：印度办事处拒绝给杰拉德签证。毛姆非常愤怒，感觉受到了羞辱。行李已经收拾好了，改变计划已经太迟，再说，没有杰拉德，他如何应付得来。幸好，最后一刻禁令解除了，不过对方明确表示，官方不会正式承认毛姆先生现身印度次大陆。其实这并不重要，因为毛姆真正想了解的不是英属印度，而是印度土邦，由印度王公们统治的地区，尽管如此，这种轻微的刺痛还是没有被遗忘，而且给将来带来了令人遗憾的后果。

说来也怪，毛姆这么喜欢旅行和远东，为什么要等这么久才去印度呢？用他自己的话说，这都赖吉卜林。他一直以为好小说都被吉卜林写光了，后来发现这种想法毫无依据。他在加尔各答写给 E. M. 福斯特的信上说，"唯一遗憾的是吉卜林潜伏在我对这个国家的想象当中，阻止我二十年前来到此地。"虽然，1935年颁布的印度政府法案意味着这颗一百多年来镶嵌在大英帝国王冠上的明珠不久即将迎来独立，但毛姆对复杂的政治形势并不关心，这次他也不是找故事来的；他此行的主要目的是探讨印度的哲学和宗教，与宗教领袖和古鲁们[①]见面，针对他感兴趣的问题掌握第一手资料，并在这些内容的基础上创作一部小说，这就是后来的《刀锋》。

1938年1月，毛姆和哈克斯顿抵达孟买，整整三个月后才从那里离开。他们的第一站是果阿，然后去了特里凡得琅和印度最南端的马都拉岛，接着向北到了东海岸的马德拉斯、海得拉巴、内陆的比德尔和那格浦尔，然后到了加尔各答和贝拿勒斯，最后到了阿格拉、斋浦尔和新德里。林利思戈总督邀请他去总督府共进午餐，但哈克斯顿未被

[①] 古鲁，印度北部锡克教地区最初十名领袖之统称。

邀请，毛姆拒绝了。3月31日，他们从新德里回到孟买上了一条开往那不勒斯的船。尽管听过、读过很多东西，面对印度带给他的冲击，毛姆依然感到措手不及。无休止的旅行很累人，火车缓慢行进，天气热得时常叫人喘不过气来，但他还是被这里的一切所吸引，笔记本上记满了对这个国家的印象。果阿的白沙滩和空教堂，奥里萨邦的黑宝塔，贝拿勒斯恒河上的落日，熙熙攘攘的加尔各答，阿格拉泰姬陵的惊人之美。他终于明白什么叫震惊得窒息了，他心里有一种异样且美妙的感觉，仿佛心脏被扩大了。他同时感受到惊讶和欢喜，这大概就是自由的感觉。除了观光，更令杰拉德兴奋的是那几天丛林中开车打猎，他本希望射杀一只老虎，但他们在十五英尺高的树上一个竹子平台上等了好几个小时，老虎也没出现；最后，他射杀的一条鳄鱼和一只孔雀变成了他们的晚餐。

他们每到一处都会受到热情款待，被奢华包围，特拉凡哥尔邦主让他们住进皇宫里的一栋房子，他和哈克斯顿每人一间卧室、更衣室和浴室，还有一个餐厅和两个客厅。有一个管家和两个男仆负责照顾他们，一辆黄色的豪华轿车停在门口，常备一个司机和一个男仆。皇室般的待遇只有一个缺点，没有太多私人活动的空间。走访了这些印度土邦后，毛姆发现他们的主人礼貌、博学、大方、迷人；当王公们意识到他对拜见诗人和哲学家感兴趣时，他们很乐意帮忙，这与英国人的做派形成鲜明的对比，毛姆觉得英国殖民者很庸俗，而且心胸狭隘。他很反感殖民者对印度人那种不可一世的优越感，尤其是那些太太们，极少人有兴趣了解当地的文化习俗。一次茶会上，一个小官太太询问毛姆旅行的情况，当毛姆告诉她大部分时间在土邦度过时，她说："你知道，我们除了帮助他们，跟印度人没有任何关系。我们要跟他们保持一定的距离。"在座的人都同意她的说法。

毛姆此行的任务是考察印度宗教这一广阔的主题，希望洞察一直令他着迷和困惑的精神生活。做准备工作时，他阅读了大量相关资料，比如，查尔斯·艾略特的《印度教与佛教史纲》，拉达克里希南的《印度哲学史》，L.D.巴内特的《梵天知识》，还有他自己翻译的《奥义书》和《吠檀多》等。毛姆见到了很多宗教学者和老师，尽管他很努力，但怎么也搞不懂他们说的是什么，这种经历令他沮丧。在他看来，洞察无处不在的精神生活就像夜里借着闪电的光亮看到喜马拉雅山，但他依然固执地坚持。他遵照瑜伽修行者的指示，在黑暗的房间里盘腿而坐，脑子里一片空白，试图体会冥想的益处，他保持了那个姿势很久，以为早就过了师傅要求的三刻钟，结果一看表，才过了三分钟。他去印度各地走访哲人和圣人；目睹苦行僧剜出眼球，将钎子戳入脸颊；在海得拉巴，他通过福斯特的关系跟一个享有盛名的印度教圣人谈了话，可是，"他说的那些东西，我二十年前就从别处听到过。"他还见了一个苏菲派长老，他本希望听到不同的观点，结果发现这个穆斯林神秘主义者谈论的自我和神我与印度教老师的说法一脉相承。在毛姆看来，这就是问题的症结所在，所有印度思想家都在用同样的话语传播同样的教义，这样的鹦鹉学舌难免令人厌烦。毛姆希望他们至少能想出其他的隐喻、明喻和例子，而不是没完没了地重复"蛇和绳子"的故事。①

在马德拉斯附近的蒂鲁瓦纳马莱，毛姆拜访了著名的圣人拉玛那·玛哈西大师的道场，在那里，他有机会与一位英国圣人交谈，退休的英国军官A.W.查德威克少校已经转世为阿鲁那佳拉圣人。他在这个道场生活了很多年，他高兴地向毛姆详细解释了何为"业"和"转世"，并描述了他如何努力"实现个人自我与宇宙大我的交流，将源于自我的'我'与无穷的'我'分开"。但他的英国同胞毛姆到最后也没明白他说的是什么意思。

---

① 一个人进入一个黑暗的屋子里，看到一条晃动的影子，他认定那是一条蛇，于是被吓得半死。忽然，灯亮了，这时他才看清，原来只是一根绳子。这个故事就是佛经中的"于绳作蛇解，见绳知境无。若了彼分时，知如蛇解谬。"

　　毛姆和哈克斯顿是中午到的，正在查德威克房间外的阳台上吃饭时，毛姆突然昏倒。查德威克把他抬进屋里，放在自己的床上，毛姆苏醒后，感觉身体不舒服，不能去中央大厅听大师讲课了。玛哈西得知情况后，欣然答应前来见他，"玛哈西和毛姆对坐了大约半个小时，两人没说一句话，"查德威克回忆道，"最后，毛姆紧张地看着我说，'需要说点什么吗？不，玛哈西说，沉默本身就是最好的交谈。'"

　　虽然没有得到启蒙，但第一次印度之旅还是令毛姆兴奋，从孟买回家途中他就决定第二年再来一次。然而，世事难料，这个计划最终泡汤了。还在海上时，乘客们就每天从广播里听到关于欧洲局势吃紧的消息——西班牙内战，意大利墨索里尼的法西斯帝国主义，希特勒入侵并吞并奥地利。"奥地利的处境令我们不安……杰拉德的情绪更是低落，他有很多朋友受到了影响。"毛姆写信给艾伦·塞尔，"我一度担心这可能意味着全面战争，但目前看，还不至于。"

　　船在那不勒斯靠岸，毛姆的司机让和艾伦来接他们。他们从那不勒斯去了罗马和佛罗伦萨，哈罗德·阿克顿和他的父母在自家的石头别墅热情地接待了他们。毛姆还去看望了他的老朋友雷吉·特纳，发现他的精神极度抑郁。城市里挂满了法西斯的横幅：欢迎希特勒和墨索里尼来访，心爱的意大利发生的一切令雷吉震惊不已。此外，舌癌几乎让他完全丧失了机智风趣，不久后，他便去世了。不过，他还是陪他们参加了在佛罗伦萨郊区西特韦尔家族的中世纪城堡举行的聚会。

　　1938年5月，毛姆终于回到玛莱斯科别墅，享受看似即将到来的又一个里维埃拉田园诗般的夏天。玛莱斯科别墅或许是一个美丽、宁静的庇护所，但周遭的情况变得十分险恶。德国扬言入侵捷克斯洛伐克，他去不了萨尔茨堡和巴德加施泰因了。他虽然不认为有发生战争的危险，但奥地利的局势令人恐慌，外国人最好别去那个国家。毛姆已经开始帮助犹太难民进入英国和法国，他利用自己的影响力给他们找工作和住处，并向犹太慈善团体捐赠了巨款。而当国际笔会秘书赫尔曼·乌尔德向他筹款时，他只开出了一张十畿尼的支票以示同情。

　　九月的第三个星期，纳粹军队在捷克边境集结，毛姆离开蓝色海岸，让司机开车送他去伦敦。在巴黎以南的欧塞尔，汽车撞上一棵树后翻倒，他和司机都吓得够呛，毛姆伤得不轻，断了一根肋骨。他不想去私人疗养院，坚持要去他熟悉的一家巴黎酒店，艾伦会过来照顾他。"艾伦是个天使，"毛姆告诉芭芭拉，"有那么两三天，要是没人帮忙，我在床上都动不了身。幸好有外科医生照料，他还仁慈地给我打了吗啡。"几个星期过后，毛姆继续他的旅程，十月初抵达伦敦时，希特勒吞并了苏台德区，到处人心惶惶。不久张伯伦从慕尼黑凯旋归来，挥舞着手中的纸片，发表了名为《和平时间》的演讲。1938年11月1日，毛姆参加了由西比尔·科尔法克斯组织的晚宴，那天的客人里还有马克斯·比尔博姆、弗吉尼亚·伍尔夫，以及年轻的天才小说家克里斯托弗·伊舍伍德①。"那个年轻人掌握着英文小说的未来。"毛姆对伍尔夫说。伍尔夫不知道他不久前出过车祸，被毛姆的样子吓坏了，说他怎么跟个死人一样，像只落入陷阱或被捕兽夹夹住的动物。事实上，虽然身体疼痛，毛姆的心情却是愉悦的。过去的几年里，他一直对和平的可能性越来越悲观，他把这种悲观写在了他的新小说《圣诞假日》里。但是现在，随着英德签订和平协定，毛姆以为战争不会来了。

---

　　① Christopher Isherwood，1904—1986，享誉世界的英裔美国作家，他的小说集《柏林故事》入选《时代周刊》的"20世纪百佳英文小说"。

第十四章

宣传活动

毛姆一向对外宣称不喜欢观念小说、论战小说，极力反对把小说当成讲坛或讲台。他不止一次强调，如果读者想了解当下紧迫的问题，可以去找专著来读，而不是看小说。然而现在，毛姆的新小说做的恰恰是类似的尝试。1938年写成的《圣诞假日》不是从人物出发，而是为了传递一种信息：慷慨激昂地谴责欧洲内部发展起来的邪恶势力，以及德国、意大利和西班牙强大的独裁政权。自30年代初以来，毛姆就对维持和平的可行性和可能性抱有悲观态度，而六年前的《因为效了劳》中对此亦已阐述得很清楚。从那时起，他就一直怀着极度的忧虑关注着左派和右派之间日益激烈的冲突——法西斯主义的兴起，贫富差距日益扩大化——所造成的可怕威胁。在他看来，思路狭窄的英国对这种危险似乎认识不足。

《圣诞假日》首先是一则政治寓言，作者利用书中的三个主要人物——西蒙、丽迪雅和罗伯特阐明欧洲的思想斗争，并将法西斯主义、极权国家和被压迫者致命的延展性拟人化。可惜的是，三个人物都是二维的，冗长地讲述他们的各种二手故事单调得让人受不了。1939年，小说出版后招来了一些消极的评论：格雷厄姆·格林认为"处理得很笨拙"。不过，也有表示欣赏的人，比如，伊夫林·沃就说："从纯技术贴切的角度来看，我认为这是他最好的小说。"当然，出版商只关心销量：第一个月，这本书就在英国卖出了两万五千册。第二年，毛姆将《圣诞假日》的手稿拍卖，筹集资金帮助被法西斯政权逼得无家可归的欧洲作家。

1939年2月，《圣诞假日》出版时，毛姆在美国出差（这本小说十月在美国出版），他访问了芝加哥、纽约，去旧金山时住在伯特·阿兰森家，还在加州见到了尤金·奥尼尔。和从前一样，他接受电台采访，两分钟的访谈就能赚到五百美元，他还被好莱坞的邀约淹没。制片人大卫·塞尔兹尼克说："有人告诉我，目前看来，毛姆无论如何都不会考虑接电影方面的活儿，也没有任何迹象表明未来他会改变主意。"乘坐玛丽女王号邮轮从纽约回到欧洲的毛姆深感疲惫，渴望一年一度的休整。奥地利和巴德加施泰因是去不了了，他决定去蒙特卡蒂尼的温泉疗养地。"意大利人似乎都不相信会有战争，"六月，他给阿兰森写信道，"除非德国做下蠢事，我想，我们是安全的。"

七月，回到玛莱斯科别墅的毛姆不必改变计划或通知客人夏天别来。丽莎和她的丈夫带着一群年轻的朋友来打网球，吃野餐，晚上在蒙特卡洛的体育俱乐部吃饭、跳舞。这是里维埃拉最欢乐的季节。这里有很多戏院、露天音乐会、马展、烟花、舞会，还有即将在9月1日开幕的第一届戛纳电影节。然而到了八月初，不祥的迹象出现了，电影节被迫取消了。8月23日，苏德签订互不侵犯条约，气氛越发紧张。突然之间，到处都是当兵的，他们把帐篷扎在树林里；费拉角变成了一个戒备森严的军事区，机枪架在悬崖边，玛莱斯科别墅下面那条路的尽头驻扎了一支防空部队。所有度假者都匆匆回家——蓝色列车满员，道路交通阻塞，满载的轿车和装满士兵的卡车向北开，与正逃往南部的成群的难民相遇。八月的最后一个星期，二十四小时内，玛莱斯科别墅人去楼空，客人们突然收拾行李走人，大部分仆人也离开了：厨房女佣、男仆和他的妻子，所有的意大利人都回了意大利，司机让和两个园丁应征入伍，管家厄内斯特是瑞士人，也被召回了瑞士；只有厨师安妮特和一个女佣妮娜留了下来。与此同时，墙上贴出告示，要求所有私家游艇必须立即驶离维尔弗朗什港。毛姆决定把"莎拉"开到卡西斯，一个小得不会引起海军兴趣的港口。他和杰拉德开着车匆匆前往尼斯囤货，再把补给品装上船起航，还带上了两个年纪大到不用当兵的意大利船夫。

那天天气很好，毛姆回忆说："想到要离开危险区，心里有一种淡淡的兴奋感，我看书、睡觉、抽烟……享受那些天被骚扰之后的平静。"以杰拉德的名字注册的"莎拉"有四十五吨重，很宽敞，有一个客厅、两个铺位、一间浴室和厨房，还有船员休息区；挂在船尾的星条旗用来保证安全。沿海水域埋有大量的地雷，他们被迫绕行，第三天才到达土伦和马赛中间一个漂亮的小渔村邦多尔。似乎没有必要再往远处走了，他们决定留在那里，等风波平息后再安全返回。他们很快就在邦多尔过起了有规律的小日子，毛姆每天早起去海边的市场，这对他来说是全新的生活体验。"买鸡的时候，我战战兢兢，不知道那些死了的、没毛的动物到底是嫩还是老；我努力假装知道自己在干什么，怯生生地用一根手指去戳鸡胸，可是，湿冷的皮肉让我起了一身鸡皮疙瘩。"

随着时间的推移，国际形势越发严峻。9月1日，德国入侵波兰；2日，法国正式发起动员；3日，英法对德宣战。没什么事情可做，时间过得缓慢，天气变得阴冷，毛姆坐立不安，急着回家看情报部给他回信了没有。祖国在备战，毛姆再次渴望参与其中。他写信告诉德斯蒙德·麦卡锡，他本来构思了四本小说，但现在心烦意乱，根本写不了。每天，他只是贪婪地读报纸、听新闻。过了快一个月后，他和杰拉德决定回家，将船弃在邦多尔，无视各部门的禁令，明目张胆地钻进了一辆出租车，告诉惊愕的司机带他们去费拉角。还好，他们奇迹般顺利抵达。回到家后，他们发现门窗紧闭，不通风，没有家的舒适感，只有压抑的气氛，这样子很难安定下来，谁也不知道会出什么事。毛姆担心就这样无聊下去，不过，他还是收到了情报部的消息，他的精神为之一振，终于可以有所作为了。

1939年，情报部的情况有些混乱，不太清楚这位大作家到底能派上什么用场，后来他们发现毛姆可以在英法关系方面起到独一无二的作用：他不仅在法国生活了十多年，还备受法国人尊敬，所以，他有机会接触到很多外人接触不到的人，掌握很多外人无法掌握的信息。于是，他们首先要求他就法国对英国盟友的态度写一篇秘密报告；还要求他在英国发表一系列赞颂英法努力的文章。

毛姆立即收拾行李，动身前往巴黎。在那里，他被安排去前线采访，拜见时任情报局长的剧作家兼外交官让·季洛杜，以及为他提供必要的引荐和通行证的军备部部长拉乌尔·多特里。正是通过这些高层关系，他把一点点搜集到的信息谨慎地传递到伦敦。大部分信息是他在完成一天的工作后在席间听来的，法国人所表露出来的亲德情绪时常令他震惊。富裕阶层憎恶莱昂·布鲁姆[1]和他的社会党政府，他们被共产主义的威胁吓破了胆，公开承认他们相信由德国来统治更好，文明人不应该再满足于爱国主义这个观念。"希特勒征服法国又会影响到我们什么呢？"他们问，"我们的状况又不会更糟。"其他人的态度则更为谨慎，并在这个长了一双警觉的黑眼睛的沉默寡言、彬彬有礼的英国人面前注意着自己的言辞。狂热的亲法西斯分子贺拉斯·德·卡尔布恰，也是毛姆在里维埃拉的邻居，他是个狡猾透顶的人，他知道他的老朋友在干什么。"当心那个英国人。他是个间谍。从你们那儿得到的任何有意思的信息肯定第二天唐宁街就都知道了。"

---

① Léon Blum，1872—1950，法国政治家和作家，知名的文学和戏剧评论家。1936—1937年当上人民阵线联合政府的首脑，成为法国第一位社会党籍（也是第一位犹太人）总理，执政100天左右。

接下来的一个月，毛姆四处奔走，从东部的南锡开始，他先去
了塔西尼将军的总部，塔西尼将军镇定自若，倒是把毛姆吓坏了。接
着，他又前往马奇诺防线，"开着车穿过有浓雾的夜晚，军车里没开
灯，司机不认识路，车速每小时五十英里。"他们向他展示了德法边
境线上一座据说坚不可摧的堡垒。指挥官告诉他，倘若被包围，可以
坚守六个月，但令他有点惊讶的是，几个月后，德军在包围这座堡垒
不久就将其攻破了。他还下了朗斯的一座煤矿，参观了几家兵工厂，
这几个地方都在东部和巴黎附近。第三个星期，他来到法国西南部的
夏朗德省，视察了五十万来自阿尔萨斯和洛林的法国被疏散人员的安
置情况。最后一个星期是在驻扎在土伦的两艘军舰上度过的，许多情
景令毛姆触目惊心——固有的腐败、士气的低落、不同阶层之间严重
的分歧，为了达到宣传的目的，他必须隐藏个人的真实想法，内心好
一番挣扎。毛姆写道：

> 给我留下的印象是，法国人对英国的支援不足和对英国
> 士兵的行为普遍不满，法国人认为同盟者所表露的自以为恰
> 当的热诚更多是政策所致，而不是出自友好……在改善英国
> 远征军和法国的感情方面还有很多事可做。

为了朝这个方向迈进一步，毛姆在报纸上发表了一系列文章，
并结集成一本名为《战争中的法国》的小册子，从1940年三月出版到
五、六月份法国沦陷期间，这本书共售出十万多册。毛姆写这些文章
有一个特定的目的，即培养英国人对海峡对岸盟友的尊重与同情。文
章以一种由衷赞叹的口吻在读者面前呈现出一幅英雄主义的画面，但
过了不到两年，毛姆就在他的《纯属私事》中将这幅美好的画面毁掉
了，他在书中表明了自己的真实印象，澄清了某些事实。综合起来考
虑，将《战争中的法国》和《纯属私事》对比着研究还是蛮有意思
的。在参观完一座兵工厂后，毛姆在宣传文章中毕恭毕敬地感叹：

"我无法试图描绘我所见到的美好事物……以及其中的辛苦……每一个部分都完成得那么精美……用来制造所有致命武器的机器是独具匠心的奇迹。"而在后来的书中,他则明确表示,工厂里充斥的不满、蓄意破坏和频发的反抗事件多么令他不安。同样,他去夏朗德时亲眼目睹了生活在德国边境附近的法国家庭所遭受到的敌意。他们背井离乡,重新找地方安家,几乎一无所有地来到陌生之地,这些人遭到当地人,也就是他们的同胞们的愤恨,几乎得不到任何帮助。

此行的最后一站,毛姆访问了土伦的海军基地,他应邀观看了海上常规演习。这段时间,他待在两艘船上,一艘军舰和一艘鱼雷艇,军官和水兵们所表现出的漫不经心的态度惊得他目瞪口呆。在宣传文章中,他将这种放松的举止巧妙地描述为:"令人愉快的民主作风……下达命令时不像我们那么专横……无论是在工作时间还是海上的业余时间,官兵们都在船上随意吸烟。"而在《纯属私事》中,毛姆承认自己非常震惊:"我不由得注意到他们邋遢的外表,这与英美舰船上的整齐清洁形成了鲜明的反差,这种缺乏纪律的情景令我惊诧不已。"

圣诞节前不久,结束这次出行后,毛姆回到玛莱斯科别墅写文章。由于这个系列大受欢迎,他立即被召回伦敦讨论一个平行系列,将被译成法文的《家乡前线》。这是毛姆平生第一次坐飞机,那天的天气状况极其恶劣,延迟很长时间后,这架英国皇家空军的运输机终于从巴黎郊外的布尔歇机场起飞了,为了不被误认为是敌机,飞机不得不在海峡上低飞,最后降落在苏塞克斯郡某处的一座军用机场。他从这里被卡车送到最近的小镇,因为没有火车,他在那儿想法子租了辆车。

1940年春,在接下来的三个月里,毛姆不得不忍受时光的虚度,这在战时是不可避免的,情报部的人没想好让他做什么。毛姆形容自己像一只在马戏团表演的狗,虽然观众可能喜欢看它的把戏,但却总觉得跟整个节目单的调子不搭。这段时间,他出了两本书,《书与你》中收录了他对最喜爱的经典作品的评论和几个短篇小说；还有一本《原样配方》[1]，书中收录了毛姆的一些代表作。

与此同时，他的日记里充斥着平日里的社交活动——与西特韦尔共度周末；西里尔的公司歇业了，暂居巴黎；文森特被派往海外前，丽莎尽量跟他在一起；F.H.终于被授予世袭爵位，但令他失望的是，F.H.在议长的位子上没坐多久，宣战第二天，就被张伯伦改任为大法官。毛姆给他心爱的侄子罗宾准备了丰厚的零花钱，还给他留了一大笔遗产。他在给伯特·阿兰森的信中说："这意味着第二代子爵可以追求他决心从事的政治事业了。"在给罗宾的信中，他写道：

> 我准备立刻付给你两万五千美元，到我死时无需办理进一步的手续。不过，我劝你把钱交给伯特来管，他既聪明又诚实……倘若你死后无子嗣，如果你愿意的话，可以把这些钱（如果到时候这些钱还没被你挥霍一空的话）以某种方式为英国文学做点贡献；不过，倘若你死后无子嗣，我在九泉之下也不得安宁……

最近，最让毛姆操心的是罗宾，毛姆听说这个孩子学会了酗酒，于是迫使家庭医生向他下了禁酒令。还好，战争爆发后罗宾改过自新，立即报名加入律师学院，听到这个消息，毛姆十分欣慰。

五月初，毛姆回到法国南部，不到一周前，德国入侵荷兰。里维埃拉很平静，他获准把"莎拉"从邦多尔开回维尔弗朗什的老泊位，但游艇不许停靠在港口外面。食品短缺，尤其是咖啡，灯火管制，汽油严格定量配给，这大大减少了社交活动的机会。毛姆很高兴不用出去吃晚饭了，如果负担得起油费，一个星期还可以出去打两三次高尔夫球，他似乎没什么可抱怨的。然而，这一切突然结束了。5月28日，比利时和荷兰投降，英国远征军在法国北部大溃逃。6月10日，意大利

[1] The Mixture as Before，医学中"照原方配药"的意思。

参战，四天前，德军开进巴黎。整个蓝色海岸陷入一片混乱之中：几个小时内，一半摩纳哥人逃走，芒通和周边地区的人员被疏散。倘若意大利人占领里维埃拉，英国居民很有可能会遭到拘禁。毛姆对这种命运不作考虑：大不了吃安眠药。为了了解情况，他开车去了尼斯，发现总领事身边围了一群惊恐的人。焦急的等待过后，他们接到匆忙迁到波尔多的英国大使馆的消息，建议所有英国人尽快离开这个国家，目前停靠在戛纳的两条被政府征用的船会带他们走。第二天早上八点，乘客们在码头集合，每人允许带一小袋私人用品、一条毯子和够三天吃的食物。

那天匆匆吃晚饭时，毛姆为不久的将来制订了计划。持美国护照的杰拉德有豁免权保护，他要留下来几天，保住尽量多的藏画和最宝贵的财物，其中包括毛姆的笔记和未完成的小说手稿。安妮特和妮娜是意大利人，她们肯定是安全的。毛姆下令，倘若不得不放弃这座房子就杀死他心爱的腊肠犬厄达。考虑到早晨道路无法通行，他决定半夜出门。他匆忙拿了几件衣服、三本书、一条毯子和一个枕头，还在一个篮子里装满了方糖、茶、两包通心粉、一罐果酱和一条面包。如果他想要一个开罐器、一只盘子、一把刀、一个叉子、一个玻璃杯和一个茶杯，身边人也不会感到惊讶。和两个女佣道别后，他和杰拉德离开了玛莱斯科别墅。一路上，他们默默地开着车，每隔几英里，就有人晃动灯笼叫他们停下来，接受警戒哨兵的检查。杰拉德在戛纳克鲁瓦塞特大道上的卡尔顿酒店门口把毛姆放下来，然后互相告别；和第一次世界大战时一样，他们不知以怎样的方式，也不知何时才能再相会。

卡尔顿酒店里挤满了人，大多数人身穿晚礼服，很多人喝醉了，有点歇斯底里。第二天一大早，也就是6月23号，星期日，毛姆步行来到港口，眼前情景之混乱用语言难以形容。码头上有三千多人拎着大包小包向两个海关检查行李的柜台涌去。这些人形形色色，来自不同的社会阶层，有男，有女，有老人，有小孩，还有直接从医院来的病人，甚至有人是躺在担架上被人抬来的，被拒绝上船后，被迫掉头回去。时不时会开过来一辆豪华轿车，衣冠楚楚的人下车后加入等待的队伍，司机别无选择，只能弃车而去，将车钥匙丢向一小群在旁边看热闹的当地人。大日头底下，热度急剧飙升。毛姆看见两条船系泊在港口，不是想象中那种宽敞的邮轮，而是两条小小的运煤船。四个小时后，毛姆被带上船，和其他八十个人挤在一个狭小的空间里。到了晚上，船终于准备好启航了，五百名乘客中有很多富人，他们拥有豪华别墅，习惯住顶级酒店，如今却挤在为三十八名船员准备的空间里。船上蒙了一层煤灰，几乎没有可移动的空间，毛姆受不了拥挤和闷热，决定去甲板上睡，但铁的甲板太硬，睡得实在难受，黎明时，天很冷，第二天晚上，他又回到下面去睡了。

第二天早上，两条船抵达马赛港。等了一整天后，他们接到指令，加入前往奥兰的法国车队。他们在海上航行了一周，船上的条件实在恐怖。天气非常炎热，水供应短缺，厕所脏得要命，数量还严重不足，口粮极其有限；一天的大部分时间，人们都在排队等候，要么等着拿食物（四块甜饼干和一块咸牛肉），要么就是等着用五十个人用过的桶里的水快速清洗一下身子；所有人一身臭汗，身上粘着一层厚厚的煤尘。毛姆带的东西不全，还好有个好心的夫人给了他一张纸巾，还有一个人给了他用果酱罐装的饮用水。日子一天天过去，人们越发担心船会遭到鱼雷攻击，过度拥挤的状况也令人痛苦不堪：四个人疯掉了，还死了一个老太太。没有木筏，也没有救生衣，据说那个区域还有潜水艇。毛姆问他身边的一个退休医生，想要淹死的话，最好的办法是什么？自从那次在缅甸差点儿丧了命，他就很怕溺水。"别挣扎，"那个人建议，"张开嘴，让水灌进喉咙，不到一分钟就会失去知觉。"看到阿尔及利亚海岸，大家的情绪高涨起来：听说一艘邮轮会把大家带到英国。然而，船在奥兰靠岸后，一封无线电报通知船长立即在护送下前往直布罗陀。

毛姆的船当晚离开，那是一个星期天，星期二抵达直布罗陀。这时食物供应情况稍有改善：面包、水果和烟被带上船，想象在英国的土地上登陆后能洗个澡，喝杯酒，美餐一顿，再舒舒服服地走完最后一程，乘客们的心情为之一振。然而残忍的是，他们的希望破灭了。到了港口，他们被拒绝入境，成千上万的难民聚集在那里，没有更多的空间，也没有另一条船：他们还得坐这条船去英国。停留三日后，乘客们终于可以上岸了，而且是分期分批，两个小时的时间，每批五十人。毛姆在最后那一批人里，他一下船就立即跑去买了床被子、沙丁鱼罐头、水果罐头、威士忌和朗姆酒。准备再次出发前，船上的条件好多了，两百多名儿童、病人和70岁以上的老人下船了，船舱里宽敞多了，毛姆在三只筐上面放了两块木板，又在上面铺了床棉被，给自己在角落里搭了张床。

6月28日，船离开直布罗陀，最终于7月8日抵达利物浦。船上不那么拥挤了，可以相对容易地打发时间。上午，他翘着腿坐在坚硬的铁甲板上读柏拉图，下午则继续读他带来的两本小说：萨克雷的《亨利·埃斯蒙德》和夏洛特·勃朗特的《维莱特》。吃了可怜的晚餐后，尽管口吃，他还是会给愿意听的人讲故事。终于，他们看到了兰开夏郡海岸和默西河口。在船上过了二十天的毛姆浑身脏乎乎的，面容憔悴、身体虚弱、筋疲力尽。乘火车到伦敦那晚，他惊讶地得知英国媒体十分关注他的下落。"在法国依然下落不明的名人中有萨默塞特·毛姆先生。"6月24日《每日电讯报》的这则报道引起了毛姆家人的不安，一直等他们读到7月2日的《每日邮报》才放下心来。

几日必要的休整后，毛姆最关心的是回到工作中去。他在国内外做了一系列广播宣传，目的是增进英法两国的关系。他还接到情报部和美国《红皮书》杂志的约请写了一系列关于抗战努力和前线生活的文章。为此，他参观了伍尔维奇的兵工厂，进行了一系列采访，采访对象有英国陆军元帅艾伦·布鲁克将军、英国海军大臣 A．V．亚力山大，以及飞机生产部部长比弗布鲁克勋爵和劳工部长欧内斯特·贝文。他还抓住机会"以公谋私"，前去看望了驻扎在约克郡一个军营里的艾伦·塞尔。塞尔在那里负责管理基督教青年会为部队官兵提供餐饮和休闲服务设施的小屋。

这段时间，毛姆头一次也是唯一一次试图治好他的口吃。他意识到在公众面前和广播上讲话的机会越来越多，于是通过老熟人找到一个叫莱希的催眠师。他和莱希医生见了几次面，医生教给毛姆一种自我催眠法，他惊讶地发现，这种疗法确实管点用：私下交谈时他还是会口吃，但在公共场合演讲却完全不结巴了。只可惜，过了一段时间，莱希效应渐渐退去，但毛姆因此重拾了信心，从那时起，他在听众面前讲话就流利多了。

同时，战时条件下的伦敦的日常生活也在尽可能地正常进行。防空气球漂浮在头顶，海德公园伤痕累累，战壕挖得遍地都是，沙袋堆在商店门口和皮卡迪利大街的爱神雕像周围，邮政信筒、电线杆子和树上被刷出一条条白色的标记，帮助行人在宵禁时认路。毛姆还在伦敦的中心地带、出行便利的公园路的多切斯特酒店顶层订了一间套房。过去的几个月，这家摩登酒店的营业额激增：钢筋混凝土结构外加一个防毒气的地下掩体，人们普遍认为这里坚不可摧。几个内阁部长也住在这里，房间供不应求。毛姆经常在热闹的大堂遇见老朋友，在利物浦上岸两天后他就邂逅了西里尔。西里尔在德国入侵前不久离开巴黎，住进了这家酒店。实际上，战争初期两个人的关系很友好，几乎每天下午见面喝茶，丽莎也常和他们在一起，她和她母亲多么希望生活就这样继续下去，然而，希望换来的是伤心。

九月初，空袭开始了，最初是白天，后来夜夜有空袭，从黄昏一直持续到黎明。闪电战的前两晚，毛姆住在顶层，但几码远外海德公园猛烈的防空炮火声令他难以忍受，于是从第三个晚上开始，晚饭后，他就去地下室，和其他身穿睡衣和晨衣的人挤在一起，枕着枕头，盖着羽绒被，在地板上睡觉，一直到早晨五点到六点之间空袭结束。白天，他走在西区熟悉的街道上，眼前一片炮弹轰炸后凄惨的景象，人行道上到处是碎玻璃碴、裂缝和冒着烟的洞。一天下午，他和奈丽、F.H.一起去看坠毁在维多利亚火车站前院的一架梅塞施米特式战斗机的残骸。一天晚上，在威斯敏斯特参加完晚宴，毛姆与弗吉尼亚·伍尔夫走在白厅的街头，这时，天上出现一对轰炸机。他高喊着让伍尔夫躲起来，但噪声太大，她听不见。她没有躲起来，而是站在马路中央，将双臂伸向空中，似乎是在礼拜闪光的天空。然而，总的来说，晚宴极少：没有人肯晚上出去冒险。多切斯特酒店的酒吧和餐厅里人头攒动，人们靠烈酒保持镇静，聚会的气氛可喜地将他们与轮番空袭隔绝开来。

最近，达夫·库珀被任命为情报部部长，毛姆到伦敦后不久，他提出让毛姆去美国执行秘密宣传任务。美国的支持对英国至关重要，这是件棘手的工作，因为大部分美国人是孤立主义者，有仇英心理，会对任何带有外国宣传意味的东西存有深深的怀疑。显然，将基本上没有同情心的国家变成一个忠诚、积极的盟友是一项艰巨的任务，所以，英国政府必须小心行事：自1935年签订《中立法案》以来，外国间谍在美国宣传就被认为违法。为了避免露出可疑的迹象，英国驻华盛顿大使敦促这位著名作家来美国做巡回演讲——长期享誉美国的作家毛姆是理想的人选，美国听众会尊重他，更重要的是，会将他视为独立于政府控制之外的个体。美国参战前那两年半的时间里，很多英国著名作家走遍美国，也产生了极大的影响，但几乎没有人比毛姆更努力，也没有人像毛姆那样具有无法估量的价值。

毛姆爽快地答应了达夫·库珀。为了找个幌子，他联系了纳尔逊·道布尔迪，让他寄一封信过来，说迫切需要毛姆去纽约安排他的新书出版事宜。结果，这个诡计骗不了任何人：毛姆抵达纽约后不久，《纽约时报》就登出这样一篇访谈文章，劈头就是："威廉·萨默塞特·毛姆以英国特工身份来到美国。"九月末的一个下午，毛姆离开伦敦，在布里斯托尔过了一夜，第二天一早乘飞机去了里斯本。葡萄牙是个中立国，首都里斯本一派近乎节日的气氛，这里气候温暖，阳光灿烂，到处都是外国人，商店里不仅食品充足，还有别处弄不到的商品。毛姆并没有享受到多少好处，因为，他发现自己被安排在一家脏兮兮的小旅馆里，在去美国前不得不花几个小时排队等候接受资料审查，在护照上盖章。10月7日，他终于坐上泛美航空公司的一架豪华飞机，飞越亚速尔群岛和百慕大群岛，十六个小时后到达纽约。

像往常一样，他入住丽思卡尔顿酒店，并在那里等杰拉德从葡萄牙过来和他会合。严格的货币控制强加在这个英国人头上，不过，英国财政部谨慎地为毛姆做了安排，从他的美国版税中划拨一部分供他使用，从而让他享受到更高的生活标准。他几乎立刻投入到工作中：写文章，发表演讲，做访谈，参加筹款晚宴，帮助英国的战争救济书店卖书。他还做了很多广播节目，第一次是接受全国广播公司采访，在回答有关伟大战争小说的问题时，毛姆说："就像关于第一次世界大战最好的小说《西线无战事》源于德国战败，我希望并相信，关于这场战争的最好的书也将出于同一个源头，同样的原因。"听到这个情绪化的回答，观众席中爆发出雷鸣般的掌声。第一个月，毛姆在规模不一的集会上发表演说，从挂着国旗有三千人出席的酒店舞厅到有一百位女士参加的在私人宅邸举行的茶会。有时，只有他一个人发言，有时还有其他作家。不管在什么场合，毛姆都会小心翼翼地强调英美之间根深蒂固的联系。另一个他多次重申且经过精心选择的主题是新世界对奉行帝国主义的傲慢的旧世界的嫌恶和两个伟大的民主国家之间未来的伙伴关系。

等待杰拉德的空闲时间，毛姆每个星期给艾伦·塞尔写信汇报情况，并会见一些朋友，比如道布尔迪夫妇、亚历山大·伍尔科特①、多

---

① Alexander Woollcott，1887—1943，美国记者、评论家、演员。

萝西·帕克^①、乔治·西门·考夫曼^②、卡尔·范·韦克滕，还有看起来又老又憔悴又干巴的H.G.威尔斯和瘫痪、失明，但一如既往圣洁迷人的剧作家内德·谢尔顿，以及同住丽思酒店的埃默拉尔德·邱纳德，她在毛姆楼上有一间套房，每天下午他去找她喝茶，参加她组织的纽约最有沙龙氛围的派对。一天，毛姆和埃默拉尔德一起又遇到了作家格伦韦·韦斯科特，第一次见到韦斯科特是在玛莱斯科别墅，那次毛姆斥责了这个年轻人，但这次他却被韦斯科特金发碧眼的青春美貌迷住了，而且迅速找到了他们俩的共同点：和毛姆一样，韦斯科特也对性、文学和他人的生活抱有浓厚的兴趣；他是小说家；他曾和他的情人——纽约现代艺术博物馆馆长门罗·惠勒在法国生活过，他认识巴黎和纽约文艺界的每一个人。他非常钦佩毛姆，两个人很快成为好朋友，并发展出一种近乎父子的关系。韦斯科特感觉到毛姆想要的更多，同时感谢他老练到没有因此引起争端：格伦韦邀请毛姆去"石花"，他和门罗·惠勒在新泽西乡下的房子共度周末，他们长时间地谈论书籍和韦斯科特的写作——毛姆对韦斯科特的第一部小说《朝圣者鹰》持保留意见，鼓励他描写自己的性生活。

丽莎和她的小儿子，还有西里尔当时也在纽约。文森特去参军了，丽莎又怀孕了，七月份过后，她几乎立刻就病倒了，有一段时间病得还很厉害。她的女主人——纳尔逊·道布尔迪的姐姐吓得给她母亲发了封电报。毛姆和前妻的旧恨一触即发：他认为至少在孩子生下来之前，他的女儿应该安静地生活，最好住到乡下去；丽莎则打定主意让女儿和她一起住在曼哈顿，一旦康复，没有理由不过她自己选择的积极的社交生活。西里尔的真实想法是，丽莎这么时髦、漂亮，没准能遇到一个有钱人，好取代那个一文不名的文森特。丽莎心痛欲

① Dorothy Parker，1893—1967，美国作家，女性历史上最有成就的女权主义者和最成功的文学家之一。
② George S. Kaufman，1889—1961，美国剧作家，曾两获普利策奖。

绝。父亲的关心令她感动，她感觉他想继续做她的朋友，但她讨厌再次成为父母争吵的原因。最后，她选择和母亲合住在苏尔格雷夫酒店的一间公寓里，但有的时候，她宁愿保持独立自主。

1940年12月初，杰拉德终于到了纽约；见他安然无恙，毛姆很是欣慰，但发现他又开始酗酒，心立刻为之一沉。杰拉德到了不到两个星期，他们就去了芝加哥，在那里继续宣传。这里的听众明显更没有同情心，芝加哥是反对美国参战、主张不干涉主义的美国第一委员会的大本营。他们在伊利诺伊的那个月抽出几天时间去俄勒冈看望了杰拉德的一个前情人——英俊、酗酒的汤姆·赛斯特。他们还带着一个13岁的英国男孩丹尼尔·法森①一起旅行，他是赛斯特的教子，他的姑姑把他托付给他们照看。法森清楚地记得当时的情景：他不知道毛姆是个大作家，一直在火车上喋喋不休，毛姆礼貌地听他说话，哈克斯顿则很反感有这个孩子在身边。两个人的情绪似乎都很低落，法森后来说，印象中，杰拉德留着"一把姜黄色的大胡子，宿醉后，如果不沉默，脾气就很暴躁。"在俄勒冈期间，他们俩激烈地争吵过，赛斯特仍然迷恋醉醺醺的杰拉德，毛姆则沉默超然。三个成年男子给这个男孩买爆米花，带他去打保龄球，去电影院看电影，这个奇怪的小团体在美国中西部的一个小镇的街道上游荡。回到芝加哥后，毛姆把法森的姑姑叫到一边，提醒她赛斯特不适合陪伴这个年龄的男孩。

毛姆和哈克斯顿从芝加哥前往加利福尼亚，住在阿兰森家，那三个星期，旧金山成天下雨，毛姆尽职尽责地继续演讲。在西海岸，他巧妙地强调德国的威胁并非远在欧洲，而是在家门口。他说，希特勒渴望从不发达的南美地区获得取之不竭的原材料。同时，他试图拉开不屈不挠的英国和战败的盟友法国之间的距离，强调法国的惨败大部分归咎于早就弥漫在这个国家的腐败气息。法国有成千上万有骨气的人，但这远远不够。他认为，法国人贪婪、不诚实、自私、不道德。

---

① 法森后来成为作家、摄影师和电视台记者，著有画家培根的传记《情迷画色》。

得了流感后，毛姆发现演讲很耗神，但到了洛杉矶后，他终于松了口气。他和杰拉德住在比弗利山酒店，至少可以在泳池边晒晒太阳，放松一下。与芝加哥大胆对抗性的孤立主义比起来，加州人的态度很难定义。他感觉这里的人紧张兮兮的，绝大多数人愿意为英国提供援助，但绝大多数人又很担心卷入战争。伦敦遭轰炸的故事和照片把他们吓得要死。

致力于推动祖国事业的毛姆发现他在洛杉矶被逼入了绝境，在过去的很多年里，他一直拒绝所有电影方面的工作，他对这个媒介不感兴趣，也缺少必要的技能；但现在，他必须做出让步。大卫·塞尔兹尼克找他拍一部关于战时一个英国家庭的宣传片。塞尔兹尼克是电影界在商业上最成功的制片人之一，最近他的两部电影《乱世佳人》和《蝴蝶梦》获得了奥斯卡最佳影片奖。能有机会与世界闻名的作家签约他很兴奋，毛姆的大部分作品已经拍成电影。不过，塞尔兹尼克明白必须谨慎行事，他不希望疏远电影业和潜在的观众，更要求不能带有任何宣传的暗示。毛姆勉强同意了这桩交易。1941年3月初，回到纽约时，《黎明前的时分》的剧本已经写了三十页，但随后中断了数周，因为他去了芝加哥、费城和印第安纳州的拉斐特演讲。3月15日，丽莎的孩子出生，是个女儿，取名卡米拉。四月，毛姆的一个中篇小说《佛罗伦斯月光下》由道布尔迪公司出版。五月底，《黎明前的时分》终于完稿，毛姆和哈克斯顿回到好莱坞。这篇小说讲的是一个英国中产阶级家庭，家里有三个孩子，一个儿子是和平主义者，一个儿子是特工，还有一个女儿是漂亮的纳粹间谍。小说最先发表在《红皮书》杂志上，毛姆得到两万五千美元的稿酬。他计划先将这篇小说改编成电影剧本，再改编成长篇小说。不过作者对整个这个计划深恶痛绝，认为这是他这辈子做过的最繁琐乏味的工作。

他同意电影拍摄期间在现场，于是，他在绿树成荫的贝弗利山住宅区租了一栋房子，还雇了两个仆人。那儿离海两英里远，能感受到

凉爽的微风。这栋房子带一个非常漂亮的花园和一个游泳池，装修成
不令人反感的好莱坞意大利风格，花园里有一个工作室、一个客厅、
一个带酒吧的桥牌室、一个餐厅、一个面向花园的小小的早餐室；四
间漂亮的卧室，每个卧室都有浴室，楼上还有一个客厅。

　　终于安顿下来了，心里轻松了大半的毛姆开始写剧本，他已经
拿到了一万五千美元的预付款，每写一个星期就能赚到五千美元。他
的心情比较愉悦，又像在玛莱斯科别墅那样按部就班地生活起来：写
一上午，中午睡一觉，下午游泳、打高尔夫球，晚上招待客人或者去
别人家做客。杰拉德也很高兴回到加利福尼亚，他信誓旦旦地表示以
后会尽量少喝酒，尽情享受生活。不久后，丽莎也搬过来了，还带着
两个孩子和一个保姆。起初，接到邀请的丽莎很紧张，她很怕哈克斯
顿，担心无法生活在同一个屋檐下，但她父亲向她保证杰拉德几乎不
喝酒了，人也很善良，结果丽莎很快就发现根本不是这么回事。杰拉
德经常偷偷喝酒，客厅里有个吧台，吧台下面摆了一排斟满酒的杯
子，但看上去他手里拿的总是饮料。然而，毛姆和哈克斯顿似乎达成
了某种秘密协议，对此事只字不提。有一次，丽莎、毛姆和阿兰森夫
妇去太浩湖玩儿了几天，回来后发现哈克斯顿的谵妄症又发作了。

　　无论醉着，或是醒着，杰拉德依旧热爱生活，他给身在法国的卢
卢写信描述美好时光，他充分享受加州南部所能提供的一切：性爱、
游泳、赌博、买衣服、开豪车、喝酒，还有学开飞机。最令他兴奋的
是见到明星。他参加了一个大型聚会，整个好莱坞的人都来了，卓别
林、罗纳德·考尔曼、赫伯特·马歇尔和电影圈最漂亮的女人——海
蒂·拉玛，但他更喜欢罗莎琳·拉塞尔和洛丽泰·扬。他还在另一
封信中描述了毛姆举办的一次午餐会，道格拉斯·费尔班克斯和贝
蒂·戴维斯来了，杰拉德觉得戴维斯小姐很迷人，但长得真难看。戴
维斯小姐迷人是有原因的，因为1934年的电影《人生的枷锁》挽救了
她快速消失的职业生涯。"我一直在漫无目的地游荡，直到《人生的

柳锁》将我带出了迷雾。"她在接受采访时说。

可以预见，毛姆绝对不像杰拉德和丽莎那么迷恋好莱坞，他对美国电影演员和伦敦戏剧演员的态度差不多一样冷淡。他对奥斯伯特·西特韦尔抱怨大多数演员一点文化都没有，只有当加里·格兰特说他觉得塞尚不怎么样时，毛姆才感觉到那么一小束阳光。他向彼得·斯特恩详细说明了好莱坞的聚会有多么单调乏味："那天我去参加了一个聚会。八十个人共进晚餐。我跟主人聊了一会儿，问他认不认识这些人。'不认识，'他说，'你呢？'"

对于这个非常自律的人来说，不守时的毛病令毛姆恼火到极点：有一次，他准时赴约，女主人却刚刚上楼洗澡。演员的愚蠢自私和这个行业令人窒息的狭隘都令他厌烦透顶。有个典型的例子，一天晚上，著名演员埃罗尔·弗林来他家接丽莎出去玩儿，盟军难得取得一次胜利，报纸上铺天盖地全是关于这件事的报道，毛姆问他看没看新闻，他的回答是："你说的是米奇·鲁尼[①]？"

作家显然更合毛姆的口味，比如多萝西·帕克，英国人里有阿道司·赫胥黎[②]、剧作家约翰·范德鲁滕、神秘主义者和博学家杰拉德·赫德以及克里斯托弗·伊舍伍德[③]。伊舍伍德现居洛杉矶，他很高兴再次见到毛姆。"我很高兴再次见到威利，"他在日记中提到，"那只老鹦鹉，眨着又黑又平的眼睛，很专注，他的温文儒雅和催眠般的口吃。"他们都认为对方是个谜。在写给福斯特的信中，伊舍伍德将67岁的毛姆比作"一只贴满标签的旧格莱斯顿式旅行提包，只有上帝知道里面装的是什么"。毛姆则把活泼、孩子气的伊舍伍德说成"那个讨人喜欢的、你永远不可能真正了解的怪人"。两个人有很多

---

① Mickey Rooney, 1920—2014, 美国电影演员和艺人, 他曾获得多个奖项, 包括1个青少年奖, 1个奥斯卡终身成就奖, 两个金球奖和1个艾美奖。

② Aldous Huxley, 英格兰作家, 著名的赫胥黎家族最杰出的成员之一。阿道司·赫胥黎是英国著名生物学家、《天演论》作者老赫胥黎的孙子。《美丽的新世界》是他的代表作。

③ Christopher Isherwood, 1904—1986, 英国小说家, 代表作有《单身男子》和《柏林故事》。

共同点，毛姆在伊舍伍德身上发现不安的智慧、颠覆性的才智和广博的文化，这在加州其他人身上是看不到的。一天，伊舍伍德邀请毛姆去他工作的地方——米高梅电影公司。马克斯兄弟在那儿，还有哈珀，见老熟人来了，他们开心地冲向毛姆，后面还跟了一群人，他们"像魔鬼一样尖叫着"。伊舍伍德回忆说，"他们扑过来，拥抱他，亲吻他，威利接受他们的拥抱，面带羞涩和喜悦的微笑。"在好莱坞山，伊舍伍德家，他、毛姆和杰拉德谈论《奥义书》、印度经文、《吠檀多》和8世纪的哲学家商羯罗，这些都是伊舍伍德和赫德感兴趣的话题，他们是在加州很有影响力的古鲁——斯瓦米·帕拉哈瓦南达的门徒。

随时准备《黎明前的时分》开机的毛姆开始感到沮丧，宣传稿写腻了的他渴望写一本与战争无关的小说。他告诉伊舍伍德，他现在最想做的就是回到印度去。他给艾伦写信说，等战争一结束，他们就可以再次旅行了，杰拉德将返回法国收拾房子，艾伦来加州，他们一起坐船去印度。然而，从大卫·塞尔兹尼克的制片厂寄来的一封信猛地将毛姆从愉快的白日梦中惊醒：《黎明前的时分》的剧本被认为完全不可接受。"1932年以来我就一直在读剧本、看小说，但从未如此无语过。"一份内部备忘录这样开头，"简直不敢相信这是毛姆写的：杂乱无章、絮絮叨叨，没文化的垃圾，如此陈腐呆板；人物是最糟糕的中篇小说里常见的那种。我只是不知道该说什么，或者怎么说，除了为他好。毛姆先生最好把这个剧本撕掉、忘掉，拍出来肯定是个噩梦。"

接到通知后，毛姆的心情既轻松又愤怒，毕竟浪费了这么多时间。但他再也不想和电影有任何瓜葛了。《黎明前的时分》最终于1944年拍成电影，但不久就下线了，小说版只在美国推出，毛姆拒绝在英国出版这本书。他向埃迪·马什承认，他知道自己写得不好，心里不舒服，还试着安慰自己这是他为战争做出的贡献，但收效甚微，他希望英国人永远也读不到这本书，希望美国人尽快将它忘掉。

　　九月中旬，丽莎和孩子们离开加州返回纽约，一周后，毛姆和哈克斯顿也走了。他们先是开车穿过德克萨斯去了南卡罗来纳，目的是去查尔斯顿附近看望纳尔逊·道布尔迪，后者提议给毛姆在那附近盖一栋平房，费用以将来的版税支付，他可以在那儿安安静静地工作生活。毛姆听到这个建议很高兴，看到快盖成的小房子也很满意。到了纽约后，他兴高采烈地为新家购置家具，没完没了、枯燥无味的宣传令他厌烦，正好借此机会消遣一下。他还很高兴被邀请担任普利策戏剧奖委员会的评委，这是第一次有英国人被邀请参与此项活动。

　　然而，突然一切都变了。12月7日，日本轰炸珍珠港，美国参战。刚刚回到南方的毛姆感觉一下子卸掉了肩上的重担。战争剩余的时间里毛姆就生活在南卡罗来纳州的雅马西（Yemassee）。这座名叫"帕克的渡轮"的小房子坐落在卡姆比河边的一片沼泽地里，距大西洋岸不到一个小时的车程。雅马西是个村子，人烟稀少，距最近的镇子博福特二十六英里，距州首府查尔斯顿五十英里。这里的景色很单调，小河和狭窄的运河散布在沼泽地上，穿过一片片树林中的稻田，开阔的草地上有小红牛吃草。树木很是壮美，这里有高大的松树、桉树，叶子光滑的木兰树和古老的槲树，地上装饰着一层厚厚的西班牙苔藓；春天，山茱萸开花了，但花期很短，林地里覆盖着百合和野杜鹃。"乡下是荒凉的、孤独的、单调的"，毛姆说，但他在那里生活得很开心。

　　最近，道布尔迪根据老种植园风格盖了一幢大宅子，院子中央种上了杜鹃和山茶花。距这里两英里远就是毛姆那幢白色的平房，设计简单，但宽敞舒适：有三间卧室、每间都配有浴室，一个小客厅，一个大客厅连着阳台，一个餐厅，一个厨房，还有一个宽阔的入口；墙上挂着几幅玛莱斯科别墅藏画的复制品。离这所房子不远是用人生活区，还有一栋独立的小房子做毛姆的书房，书房里有一张大书桌、书架和一个开放式壁炉。照顾他日常起居的是一个黑人厨师诺拉和一个女佣玛丽，还有一个园丁叫"星期日"，他的侄子有时候也会过来帮帮忙。毛姆的礼貌给那两个女人留下了深刻的印象，他随便开个玩笑就能把她们逗得前仰后合。诺拉是个很棒的厨子，擅长做南方菜：秋葵汤、炸鸡、玉米饼都很合毛姆的胃口，但她拒绝做美国佬的食物，比如毛姆最爱吃的波士顿烤青豆。就像对玛莱斯科别墅的安妮特那样，毛姆也教诺拉做法国菜。过了没多久，道布尔迪夫妇第一次来毛姆家做客时惊讶地发现摆在他们面前的有法式洋葱汤、蓝鳟鱼、橙汁鸭和地道的杏仁蛋奶酥，玛丽和"星期日"还提供了专业水准的服务。

冬天纳尔逊在这里办公，春季天暖和起来时回牡蛎湾。道布尔迪夫妇住在这里时，编辑们带着他们的家属来来去去，偶尔毛姆也会参加他们的活动。但总体上他更喜欢只有这对夫妻在的时候，下午和埃伦打桥牌，晚上回自己家吃饭前跟纳尔逊喝上一杯。他很少见到差异如此巨大的夫妻。纳尔逊就像个海盗，高大、壮实、情绪化、爱炫耀，常在野外活动，喜欢打鸭子，开着大马力的摩托艇搅动河水；"吹牛皮挺唬人的"，酒量很大，波旁威士忌几乎从不离手，他将波旁威士忌恶心地形容为"切痰器"。埃伦则"有钱得离谱，人很好，有点害羞，不太好玩儿，但愿意取悦他人"；她是个温柔、胆小的女人，完全被她那个吵闹、独裁的丈夫制服了，她不整洁、没条理到不可救药，家务事弄得一团糟。"埃伦的管家能力是全美国最差的，"毛姆的一个朋友杰里·季普琴说，"烤肉端上来还没等转一圈就分没了，坐在她左边会饿死。"纳尔逊冲着她大吼"差劲的主妇"，她眼里含着泪问威利是怎么管家的，怎么能把他的小房子收拾得那么整齐。

由于燃料实行严格配给，他们很少有机会开车去乡下，毛姆和哈克斯顿通常会步行几英里路去道布尔迪家，他们还每天骑马，毛姆一直很喜欢这种运动方式。"我在原野上驰骋"，1942年4月他写道，"树林很漂亮，嫩绿的树叶在槭树的深绿和西班牙苔藓的灰色的映衬下显得那么艳丽；到处是一片片的白百合，还有运河两岸的鸢尾花。"本来杰拉德觉得一切都好，有那么一段时间，他钓鱼、打野鸭，过得很开心，但最近的酒馆也在几英里外，毛姆一如既往地沉浸在写作中，因此，他很快就厌倦了这种生活。他的身体也不太舒服，最近还犯了一次心脏病，于是他决定回纽约治病。他的健康状况比预期的还要糟，需要住院三个星期，然后去佛罗里达康复一个月。

美国参战后，毛姆以为可以专心写那本酝酿了三年多的小说了，但他想错了，他还得为美国人做事。毛姆的名字有巨大的影响力：由他主编的《当代杰作选读》在1943年出版一年内售出近一百万册。他再次被要求上广播、写文章，推销国防债券，向军队作有关美国劳军联合组织提供的休闲设施的报告；让他的心情降到最低点的事之一是被要求写一篇鼓舞人心的文章，鼓励美国人往英国寄蔬菜种子。

毛姆的客人里还有埃莉诺·罗斯福，她在参观完北卡罗来纳州立大学后来到雅马西。从20世纪20年代末开始，罗斯福夫人就是毛姆的粉丝；最近毛姆访问华盛顿后，他们喜欢上了彼此，毛姆称赞第一夫人勇敢、坚韧、有社会良知。1941年，毛姆去华盛顿观看《剧院风情》的演出，罗斯福夫人为他举办了晚宴。两个人都对美食感兴趣，从保存下来的少量通信来看，其中主要涉及的正是这个主题。"亲爱的埃莉诺，"毛姆用开玩笑的语气写道，"谢谢你的菜谱。我们会马上试一下，如果你发现我们全家突然都死了，你肯定知道原因。"罗斯福夫人还把她在"帕克的渡轮"拍的照片寄给毛姆。毛姆夸赞道："你真是个了不起的摄影师，我觉得你为人妻母简直是浪费，你应该做个伟大的艺术家，过着罪恶的生活。"

五月，南卡罗来纳州热得让人难受，毛姆去了纽约，但那里的热浪也同样来势凶猛，热得他什么也做不了，于是，他又搬到了马萨诸塞州海边，这里安静、凉爽，可以安心工作。他几乎闭门谢客，每天享受日光浴，去查帕奎迪克海边游泳，吃蛤蜊，看电影，沿着空旷的海岸步行数英里。他只在公共场合露过一次面——去电影院看《月亮和六便士》。

毛姆一直关心战事的进展，作为一个英国人，他不可能意识不到1942年英国的在声望下降——新加坡沦陷，失去了对马来亚和缅甸的统治权，第八军在利比亚惨败。从上一个冬天开始，罗宾和文森特就在北非作战。毛姆不太在乎他的女婿，他在乎的是他的侄子罗宾，想到可能会失去他，他很心痛。英国第八军正在非洲西部的沙漠里和隆美尔带领的非洲军团装甲师交战，伤亡消息不断传来。七月，毛姆听说罗宾受伤了，被送往埃及的医院。罗宾指挥的十字军巡洋战车被一枚榴散弹击中。最终，罗宾回到英国，并因伤退役。

在纽约过了一个秋天后，毛姆回到南卡罗来纳。1943年初，他终于完成了《刀锋》的第一稿。"写这本书的过程很愉快，我不在乎别人觉得好坏。我说出了自己心里想说的话，这才是关键。"这封信是写给卡尔·G.菲佛，华盛顿州立大学一个英文教师的，毛姆第一次见到他是在1923年。菲佛是个狂热的粉丝，非常依恋毛姆，经常写信给他，还去玛莱斯科别墅拜访过毛姆。毛姆喜欢这个聪明人，十分耐心且坦率地回答他没完没了的问题：1959年，菲佛出了一本关于毛姆的书，对毛姆不正确的描写有扩散的危害，毛姆开始后悔当初的坦率。不过，现在他需要菲佛帮忙指出一些语句和事实上不太恰当之处，毕竟这本书里的大部分人物是美国人，背景也设在美国。《刀锋》这个书名出自《迦托奥义书》中的一句话："一把刀的锋刃不容易越过，因此智者说得救之道是困难的。"无疑，这是毛姆最有趣的小说之一。书中谈到了最令毛姆着迷的三个主题：情欲、社会习俗和善良的本质，并阐明了物质与精神世界的分裂。自1944年4月19日出版时起，《刀锋》便产生了巨大的影响。西里尔·康纳利认为这是自《寻欢作乐》后毛姆最棒的小说。这本书销量巨大，一个月内便在美国售出五十余万册，而且对毛姆本人也有重大意义，能够得到赞赏，他深感欣慰。

《刀锋》出版时，毛姆人在纽约，这本书的成功让毛姆可以在长期因杰拉德造成的焦虑中暂时脱身。1943秋，杰拉德厌倦了在华盛顿当地的一个广播电台里无事可干，接受了纳尔逊·道布尔迪给他的一份差事——在长岛监管出版公司一个有近五十名员工的食堂。"杰拉德辛勤工作，为三千人提供食物，"毛姆写信给罗宾，"难得看到他早上六点半就起床去上班，晚上八点前就回家……他很多年没这么快乐了。"但不久后，哈克斯顿回到华盛顿为美国国防部的战略服务部门工作，接手了一份和情报有关的小差事。

杰拉德十分喜欢这份工作，兴致高昂，十一月，他来纽约出差时不停地跟毛姆念叨他的新工作。毛姆惊讶地发现他改头换面了。让他感到心酸的是，他第一次意识到如果这些年杰拉德不是跟他绑在一起会变成怎样一个人：一方面，毛姆成就了杰拉德，一方面又毁了他。于是，毛姆一劳永逸地打定主意，让哈克斯顿从事他的老本行，并说服他永远留在美国。再过几个星期就是毛姆70岁的生日了，他开始担忧自己的未来：他至少还想写一本小说，脑子里还在构思着几本非虚构类作品，但他觉得自己老了，开始管自己叫"老东西"，认为自己没多少年活头了。他需要平静的日常生活，必须确保余生摆脱掉杰拉德不断制造的危机。于是，互相陪伴三十年后，二人同意分开。毛姆让伯特·阿兰森给他准备三万五千美元，这样哈克斯顿每年能得到丰厚的收入。战争结束后，毛姆将返回法国，让艾伦——他亲爱的艾伦——取代杰拉德成为他的秘书，并负责玛莱斯科别墅的日常运转。十年来杰拉德并没有给过毛姆幸福，他认为艾伦可以。艾伦缺少杰拉德的活力，但他清醒、谦虚、亲切、温柔。毛姆的身体会越来越虚弱，他想要一个无私的、体贴的、能给他养老送终的人，小艾伦会很高兴这么做。计划安排好后，杰拉德定居华盛顿，毛姆继续留在雅马西写作。1944年1月25日，他一个人平静地度过了他的70岁生日。

毛姆要为《作家笔记》的出版做准备，他的最后一部戏《谢佩岛》也将在纽约再次上演，最后一幕有重大的修改。1944年，《谢佩岛》在纽约的演出遭遇了滑铁卢，和十一年前在伦敦时一样，毛姆对此无动于衷。四月底，住在华盛顿的杰拉德得了严重的胸膜炎，毛姆很担心，把他送进了美国最好的疗养院——纽约达可塔斯医院。X光透视结果显示，哈克斯顿感染了严重的肺结核，并且病情在迅速恶化中：他发烧，剧烈的疼痛只能靠吗啡控制。他猛烈地咳嗽，咽唾沫都成问题，他快速消瘦，痛苦不断折磨着他。虽然医生告诉毛姆杰拉德活下去的可能性不大，但毛姆还是想带他离开炎热潮湿的纽约，他认为或许科罗拉多干燥纯净的空气能带来一丝转机，但医生拒绝了他的提议，说杰拉德病得太重，不能换地方，大概几周内就会死去，而且要小心一点，不能让他知道病情。毛姆每天守在他床边好几个小时，悲痛欲绝。曾经的解脱、平静和乐观瞬间消失，曾经的爱和保护欲涌上心头。"尽管我早就知道这种生活方式会杀了他，但看到他快死了，我的心都要碎了。"毛姆向道布尔迪承认。

七月，杰拉德的病情依然没有改善，医生建议毛姆冒险带杰拉德去别的地方试一试。毛姆最后决定不去科罗拉多州，而是让救护车送他去纽约州北部的萨拉纳克，罗伯特·路易斯·史蒂文森曾在这里的阿第伦达克山疗养院治过病。令毛姆倍感安慰的是，山中的新鲜空气让杰拉德的呼吸顺畅了些，没那么痛苦了。他依然虚弱、憔悴，但总的来说，精神还不错，毛姆曾对萨拉纳克抱有很大希望。如果能熬过两三个星期，情况就不会太糟。他不知疲倦地照顾杰拉德，不忍心把他交给陌生人。有必要的话，他预备在萨拉纳克住上几个月，尽管住得不舒服，吃的也很差。他能找到的唯一跟他打桥牌的是"又咳嗽又吐痰正在康复中的病人……我想不起来还有哪个地方更让我讨厌"。毛姆每天去医院两次，上午、下午各一次，为杰拉德加油打气。他的态度是，很多人包括他自己在内都得过结核病，后来都痊愈了，所以，他觉得杰拉德没有理由不在一年内像从前一样强壮。然而，他眼看着杰拉德的身体一天天虚弱下去，有时他还会发飙，痛骂毛姆毁了他的生活，把他变成囚徒，他恨他。有一次，他服药后发狂，想到毛姆死后他会活得很开心竟然狂笑起来。绝望中，毛姆决定将他送到波士顿的新英格兰浸信会医院，让莱希研究所的专家给他看看。专家告诉他，唯一的希望是冒险做个手术，摘掉他的两根肋骨，这个手术最好是在纽约做。杰拉德被担架抬上了火车，四个小时后来到纽约。11月2日，杰拉德接受了手术。令所有人惊讶的是，杰拉德竟然下了手术台，毛姆预感他还会病很久。杰拉德半昏迷了三天，谁也不认识，医生只允许毛姆每次探视他几分钟。11月7日早，52岁的杰拉德·哈克斯顿与世长辞。

毛姆伤心欲绝，被悔恨折磨。1944年11月9日，在麦迪逊大道的圣詹姆斯圣公会教堂为杰拉德举行的葬礼上，毛姆痛哭失声。在回复如雪片般寄来的吊唁信时，毛姆倾诉失去挚爱的不幸与痛苦。"杰拉德的死给我造成了沉重打击，我很难应对没有他的生活。我迷失、绝望、孤独。"他告诉乔治·库克。而在给查尔斯·唐恩的信中，他写道："请不要写信，也不要表示同情，这样的信会将我撕成碎片。你明白，我太老了，承受不住这么多悲伤。"作家塞西尔·罗伯茨希望当面向他表示慰问，但听到电话里毛姆痛苦的声音，他大吃一惊。"我不想见到你！不想见任何人！我想死！"说完，他挂掉电话。他的另一个朋友，剧作家山姆·贝尔曼要将毛姆的一个短篇小说改编成戏剧作品，两个人约好在他的酒店房间共进晚餐，贝尔曼本以为能看到一些悲伤的迹象，但令他吃惊的是，并没有。贝尔曼回忆说，他依然一脸镇静、冷漠的表情。最后，贝尔曼认为必须提一下杰拉德了，就问："威利，你还没告诉我杰拉德是怎么走的呢。"说完他就后悔了。"求求你，"毛姆伤心地说，"别问了。"他哭着离开了房间，精心打造的形象瞬时间坍塌。

葬礼过后，毛姆着手执行杰拉德的遗嘱，这是一份简单的文件：私人物品留给毛姆，钱留给罗宾，罗宾几乎成了他的"荣誉弟弟"，出售巴黎那套公寓所得钱款将赠予卢卢。办完这些事后，毛姆离开纽约去了南卡罗来纳。战争即将结束，毛姆打算回法国，但想到玛莱斯科别墅，他心里有点犯怵，他告诉戴维·霍纳："我想，我会去试一下，但如果杰拉德的影子无处不在，在花园里徘徊，在牌桌上打发时间，我会受不了的。真要是那样的话，我就卖掉它，在英国乡下买栋小房子，可能在威尔特郡，就在那里了此余生。"

第十五章

布龙奇诺男孩

毛姆在哀悼死去爱人的同时也在哀悼自己的过去，那些与哈克斯顿一起旅行和冒险的年月。至关重要的是，作为一名作家，他哀悼的是将他那些经历写成小说的艺术冲动和灵感。"我生命中最美好的时光，那些四处游荡的时光都与他有着千丝万缕的联系，过去的三十年里我写的东西都和他有关，哪怕只是他帮我打的手稿。"杰拉德仿佛有护身符的能量，没有他就写不成了。在某种程度上来讲确实如此：毛姆在杰拉德死后创作的作品确实不多。

葬礼后毛姆离开纽约回到了他在雅马西的家，但刚一到那儿，他就感受到孤独的折磨，渴望艾伦·塞尔到他身边来安慰他。然而，艾伦暂时无法从约克郡的部队食堂脱身。于是，他的朋友们通过外交部让罗宾来美国几个月，并正式推出一本在英国创刊的杂志《护航》。这样的安排对他们双方都有利：毛姆很高兴见到心爱的侄子，罗宾也认为得到这个休养的机会很难得。1944年圣诞节前夕，他抵达美国，发现毛姆痛苦不堪，毛姆不止一次在他面前落泪。令他震惊的是，叔叔虽然身体健康，胡子刮得很干净，但脸上沟壑纵横，每天顶着黑眼圈，耷拉着嘴角，像一只忧郁的老乌龟，叔叔真的老了。

即使在最痛苦的时候，毛姆也从未停止过工作，而是继续履行早就制订好的计划。想要逃避现实，每天坚持写作是屡试不爽的好方法。十年前，他决定用四个剧本结束他的戏剧生涯，现在，他计划写四部小说。第一部是《刀锋》，接下来是两本历史小说，最后一本讲的是柏孟塞一个工人家庭的故事，但最后未能写成。1945年2月他将两部历史小说中的第一部交给埃迪·马什校阅。这本书于1946年出版后在大西洋两岸获得不少好评，道布尔迪公司印了两百五十万册，两个星期就卖了将近一百万册，电影版权也以二十万美元的价格售出。美国最有影响力的评论家埃德蒙·威尔逊在《纽约客》杂志上撰写了一篇长文。这是威尔逊读过的毛姆的第一部小说：长期以来，毛姆的某些批评意见令他恼怒，尤其是关于亨利·詹姆斯的，他认为，毛姆作为一名作家的声望被荒唐地高估了。

> "我时不时就会碰到一些有品位的人，他们告诉我应该认真对待萨默塞特·毛姆，但我怎么也说服不了自己，在我看来，他只不过是个二流货……我本希望从《时常》中获得愉悦，结果发现这是一本十分乏味、不可读的书，所以，不吐不快，只能写下这篇评论。"

毛姆一直很钦佩威尔逊，还建议并说服纳尔逊·道布尔迪于1946年出版了一本埃德蒙·威尔逊的短篇小说集。毛姆在一篇战时文章中说他是"美国最尖锐的批评家"，毛姆带着近乎超人的冷静面对这次毁灭性的攻击。"他向来不喜欢我，"他告诉埃伦·道布尔迪，"不过，没有人会被所有人喜欢，所以，我心平气和地接受埃德蒙·威尔逊的不喜欢。"

1945年5月8日是欧洲胜利日，别处的人都在疯狂庆祝，毛姆却无法感受到欣喜，因为他内心还在为战争造成的死亡和苦难悲伤着。他一心想回到战前的自由状态，希望旅行限制尽快解除，可以想去哪儿就去哪儿，想什么走就什么时候走。他盼望艾伦来找他，渴望回到法国，但目前看是不可能的。罗宾去纽约推销杂志时，毛姆不得不独自回到好莱坞，《刀锋》要拍成电影，需要他到片场来。原来的剧本不够好，被弃用了，他们问毛姆愿不愿意写。这次，毛姆怀着不寻常的热情写电影剧本，因为这部电影的导演是他的老朋友乔治·库克。二人初次见面是在1923年，当时年轻的库克是美国版《骆驼背》的舞台监督；六年后，库克放弃戏剧，改行拍电影，并获得了巨大的成功，他导演了凯瑟琳·赫本主演的《小妇人》和葛丽泰·嘉宝主演的《卡米尔》。他为数不多的失败的电影里包括由毛姆的小说改编的电影《比我们高贵的人们》，毛姆非常理性、镇定地对此表示理解。现在，库克邀请毛姆住到他家里，毛姆欣然接受了。不仅因为库克迷人、聪明，他也是个同性恋者，认识所有可靠的皮条客和男妓，并被公认为好莱坞兄弟会的狂欢大师。库克的泳池派对尤其受欢迎：迷人的女明星们被邀请参加午餐会，等她们走后，一群年轻貌美的男人，演员、服务生和机修工就会赶来参加下午的纯男性娱乐活动。此外，毛姆可以跟库克谈他喜欢的哈克斯顿。库克也喜欢毛姆，在一次采访中他说："威利喜欢犹太人。"

《刀锋》的电影版权被20世纪福克斯公司的达里尔·扎纳克以二十五万美元购得，可以理解，扎纳克不愿意花更多的钱请毛姆重写剧本，库克解释这个情况时，毛姆立即提出免费给他们写。扎纳克觉得毛姆的剧本很棒，建议公司给毛姆买幅画，价格一万五千美元封顶。毛姆很兴奋，自己从来没用这么多钱买过画。毛姆找门罗·惠勒帮他出主意，两个人开心地花了几个上午的时间拜访纽约的画商。最终，毛姆选了一幅毕沙罗的鲁昂海港风景，他被这幅画打动的原因是福楼拜创作《包法利夫人》时眼前就是这幅景色。门罗劝他买下马蒂斯的一幅雪景图，但毛姆一直对毕沙罗念念不忘，不买下来的话，他肯定会后悔，所以，他还是决定不要那幅马蒂斯的画了。电影项目很少能顺利进行，此外还有难以避免的拍摄进度问题，本来定好的主演来不了了，库克也有了别的工作，导演换成了别人；最后，毛姆的剧本也没用上，这部电影最终于1946年拍摄完成，背景换成了可怕的喜马拉雅山。

住在加州的这段时间毛姆一直催促艾伦快点过来：他想念有他在身边的舒适感，而且他发现越来越难应对没有秘书的生活了。然而，欧美之间的平民旅行依然成问题，很难获得出境许可。毛姆向身边每一个他能想到的有权势的人求助。为了做出优雅的姿态，毛姆还主动把他最著名的小说《人生的枷锁》的手稿赠给了美国国会图书馆。幸好英国外交部认可了毛姆在战时做出的努力，这是1945年9月的事，但直到圣诞节那天，艾伦才成功渡海来到新泽西，并从那里乘火车到了南卡罗来纳州。毛姆在火车站等他，他们已经有五年多没见过面了，那段时间，毛姆每个星期会给艾伦写信，渴望见到他温柔、性感的布龙奇诺男孩。然而，看到艾伦的第一眼他吓了一跳：艾伦不再是毛姆记忆中那个身材颀长的青年，而是变成了一个脸蛋圆嘟嘟的中年胖子。看到艾伦沉甸甸的花栗鼠一般的面孔，毛姆为艾伦失去的美貌痛心不已。"你或许曾经像个布龙奇诺男孩，但现在你看起来就像个堕落的弗朗斯·哈尔斯①。"毛姆的评价很刺耳。尽管如此，毛姆还是很欣慰可以跟艾伦团聚。艾伦立刻接手了杰拉德的所有职责：写信、打电话、购物、跟女仆们打交道。和杰拉德不同的是，他为人和善，乐意效劳，渴望满足雇主的每一个突发奇想。艾伦给毛姆带来极大的温暖和安慰，帮他分担了不少恼人的琐事。

三月底，他和艾伦去了纽约，然后在华盛顿待了几天。4月20日，毛姆将《人生的枷锁》的手稿交给了美国国会图书馆，并在座无虚席的柯立芝礼堂发表了演讲。他谈到文学和他作为小说家的职业生涯，说到《人生的枷锁》时他说，再次读到描写菲利普·凯瑞母亲之死的

① Franz Hals，约1581—1666，荷兰现实主义画派的奠基人，17世纪荷兰杰出的肖像画家。

段落，他依然会潸然泪下："回忆起六十多年的时光仍未消除的痛苦。"终于，5月29日，毛姆和艾伦从纽约起航，于六月的第二个星期抵达马赛。回首往事时，毛姆曾说，重新踏上法国土地的那一天是他一生中最快乐的日子之一。那年夏天，埃伦·道布尔迪恳切邀请他回南卡罗来纳，但被他拒绝了。"非常感谢你和纳尔逊让我在战时住在'帕克的渡轮'，但你知道，那对我来说只是一个临时的居所。我希望余生可以偶尔去纽约短暂访问，但总之，欧洲才是我的心之所属。"

他和艾伦在离玛莱斯科别墅不远的一家可以俯看圣让港的小旅馆住了下来。毛姆偶尔听到一些关于别墅现状的消息，令他欣慰的是，毁坏的情况并没有他担心的那么严重。别墅先是被意大利人占了，德国人还在花园里埋过地雷，但最严重的损坏是英国皇家海军试图炮轰费拉角顶部的一个信号灯时造成的。通过重金贿赂，毛姆很快组建了一支工程队来修补屋顶的破洞，更换破损的窗户。室内还要重新刷涂料，更换虫蛀的地毯和几乎所有的家具。德国人离开后，法国当地人几乎拿走了房子里所有搬得动的东西，包括陶器、餐具，甚至浴室门的插销。毛姆很高兴大多数员工回来了：安妮特，整个战争期间一直住在别墅里；管家厄内斯特从瑞士回来了，还带着他的妻子和两个年幼的孩子；司机让和一个叫路易斯的园丁也回来了。"我的老仆人们回来了，他们跟我一样很高兴……哦，你想不到这里有多么惬意，大海、蓝天、宁静、鲜花，还有整体的氛围。"

毛姆的当务之急是执行杰拉德遗嘱中给卢卢的遗赠。卢卢因感染结核病逃掉了兵役，战争最初的两年，他在玛莱斯科别墅进进出出，安妮特不太喜欢他。现在他去了巴黎，毛姆允许他住在杰拉德的公寓里，公寓出售后会将售房款移交给他。毛姆本来对哈克斯顿心爱的卢卢怀有一份柔情，但自从知道他鬼鬼祟祟做了些不当的事后开始对他极其反感。在开列资产损失清单时，毛姆发现酒窖里的酒被清空了，他本以为是意大利人干的，结果安妮特告诉他是卢卢把酒卖给了当地的酒商。不仅如此，卢卢还拿走了毛姆的一些个人物品，比如他最喜欢的两块手表。毛姆严肃地告诉他这些东西必须归还。对卢卢的信任动摇后，毛姆觉得不能让他在没有监督的情况下独自住在巴黎的公寓里。那年秋天，毛姆在伦敦给卢卢写了封信，告诉他，戴维·波斯纳，一个年轻的美国学生朋友不久后将到达巴黎，在他找到住处前将暂住在他那里。其实，毛姆已经跟波斯纳交代好了，让他去监视卢卢。

　　戴维·波斯纳是毛姆生活中一段不平凡的插曲。1943年春，在新泽西劳伦斯维尔读高中的17岁的波斯纳给毛姆写了封信，把自己说成诗人，并对《人生的枷锁》表达了狂热的赞美。毛姆很好奇，邀请这个男孩来他在纽约丽兹酒店的房间，见到波斯纳后，他立即感到被一股强大的、融合了魅力和欲望的潮水淹没了。戴维·波斯纳很肉感，高大、英俊、厚厚的嘴唇，橄榄色的皮肤，黑色的卷发。他坦诚地诱惑这个老男人，毛姆完全为之倾倒，后来还吹嘘说他被这个"庞大的犹太诗人……这个萨梯①般的好色之徒"强暴了。格伦韦·韦斯科特，这个对这段关系感兴趣的旁观者说，毛姆原以为这辈子不会再有爱情了，怎知接下来他便"卷入了这场小小的风暴……威利很骄傲，因为这个伟大的诗人凶猛地扑到他身上"。毛姆邀请波斯纳住在雅马西，野心勃勃的波斯纳欣然接受。"我太乐观了，"他后来回忆说，"毛姆作为情人，不是特别阳刚，在性方面相当有条不紊，不过，有时候我们会花很长时间爱抚……我们独处时，他可能是世界上最迷人的聊天对象。"毛姆对这个小伙子很着迷，他对文学的热情和广博的文学知识让他印象深刻，毛姆主动提出为他支付读哈佛大学的部分学费。战后，波斯纳去法国的索邦大学读书，去过玛莱斯科别墅几次，直到毛姆最终被这个年轻人的一意孤行和自私自利激怒，决定不再理他。后来被波斯纳征服的大作家还有W.H.奥登、托马斯·曼和安德

---

　　① 希腊神话中半人半羊的森林之神。

烈·纪德①。波斯纳在索邦大学和牛津大学毕业后出版了七本诗集，曾在纽约州立大学和加州大学任教，后来结婚并育有两子，1985年因艾滋病逝世于佛罗里达。

1946年9月，毛姆来到伦敦后发现，这座城市似乎耗尽了它全部的活力。伦敦人不可思议的冷漠，似乎对什么都不感兴趣。不过，他的大部分老朋友都活下来了，最开心的当属芭芭拉，她的儿子刚从日本的战俘营里放出来。毛姆的家人也都安好，罗宾的身体好多了，F.H.老了许多，但一如既往的枯燥、刻薄。他和毛姆因前一年工党获得压倒性胜利激烈地争吵，两个人针尖对麦芒，F.H.是个根深蒂固的保守派，强烈反对弟弟的社会主义观点。丽莎也和文森特团聚了，文森特在退役前升为上校，并因其在北非炮火下的英勇表现被授予优异服务勋章；不过，两个人分开的时间太久，夫妻关系变得很紧张，后来，他们决定离婚。"我希望我会像喜欢她的前任丈夫一样喜欢她未来的丈夫，"毛姆告诉伯特·阿兰森，"她假装不会再婚，但我一点也不信她的话。"与此同时，丽莎把母亲安置在瑞士的一家疗养院里，"该母亲，67岁，得了肺痨"，毛姆无情地写道，"据说，到了这把年纪，康复的希望不大，但我的印象是，该母亲是坚不可摧的。"

虽然战后征收惩罚性的高额税率，但无论以哪个标准来衡量，毛姆依然是个富有的人，他被公认为世界上最富有的作家，甚至超过了萧伯纳。自从他第一次在戏剧舞台上取得成功以来，他就对作家们很慷慨，无论老少，只要不走运的，他经常匿名资助，几乎有求必应，给身无分文的朋友开出巨额支票，除非，他有被人利用的感觉。随着他的名气越来越大，求助的人也源源不绝，规模和数量与日俱增。"上周的借款额达到三万六千英镑"，1960年他抱怨道，几个月后，"每次收邮件都会有一打人索要各种礼品、借款、担保和资金援

---

① Andre Gide，1869—1951，法国著名作家，保护同性恋权益代表。主要作品有小说《田园交响曲》《伪币制造者》等，散文诗集《人间食粮》等。1947年获诺贝尔文学奖。

助。"毛姆不堪其扰。他越来越老了，开始担心钱的问题了。他大方地资助丽莎和她的孩子们，还有罗宾，彼得·斯特恩和丧偶的芭芭拉手头拮据时，他也会供养她们。然而，毛姆对待金钱的态度很复杂，他喜欢谈论钱，会吹嘘自己赚了多少钱，而且强烈地意识到财富对他人的影响。钱给了他自由和隐私权，可以让他随心所欲，但也给了他很大的权力，他利用这种权力在生命的最后阶段对他人造成了毁灭性的影响。

战争结束后不久，毛姆终于设立了属于自己的"毛姆文学奖"，二十五年前他就有了这个想法。"百万富翁们总是愿意把钱送给大学和医院……但不会为艺术做任何事，"他解释说，"我很失望，吉卜林和巴里都没做任何事，我想，萧伯纳也会像他的妻子那样以愚蠢的方式处置他的财产。①所以，我想我应该现在就尽我所能，而不是等到死后。"一年一度的萨默塞特·毛姆奖由英国作家协会颁给一个三十五岁以下英国公民创作的虚构、非虚构或诗歌作品，五百英镑的奖金用于资助获奖者出国旅行。

第一年的评委是V. S.普里切特、历史学家C. V.韦奇伍德和桂冠诗人赛瑟尔·戴·刘易斯；1947年的获奖作品是A. L.巴克的短篇小说集《无辜的人》。虽然没有参与评审工作，但毛姆关注了整个评奖过程以及获奖者随后的职业生涯，比如，多丽丝·莱辛（1954）和金斯利·艾米斯（1955）。当毛姆在《星期日泰晤士报》上将艾米斯的获奖小说《幸运儿吉姆》选为1955年的年度图书时，他因把书中人物称为"人渣"而引发一场争论，但后来毛姆解释说："我很欣赏艾米斯的作品……他写的人是人渣，但这没有错。我写的很多人也是人渣。"

① 萧伯纳的妻子夏洛特要求将她的大部分财产用于改善爱尔兰人的行为举止，这个方案被萧伯纳的传记作者迈克尔·霍尔罗伊德形容为"夏洛特版的皮格马利翁实验"。萧伯纳根据皮格马利翁的希腊神话创作了同名社会讽刺剧《皮格马利翁》（又名《卖花女》），通过描写教授如何训练一名贫苦的卖花女并最终让她被上流社会认可的故事抨击当时英国腐朽保守的等级意识。

还有一件让毛姆挂心的事是建造国家大剧院，为此，毛姆规划了多年，献出时间和金钱，但只看到这个项目一再延期，"受不了政府的无动于衷和公众的漠然"。但战争结束后，这个方案似乎可行了，毛姆加倍努力，让其他剧作家也参与进来。"我希望得到你们的帮助，让英国人对国家大剧院产生兴趣。"1948年他写信给 J. B. 普莱斯丽："英国大概是唯一一个没有国家大剧院的欧洲国家，在我看来，这是一桩丑闻。"次年，国家大剧院法案终于获得议会通过，毛姆将八十幅戏剧画作赠给了管理委员会，他认为这是向前迈出的重要一步。毛姆的藏品令人印象深刻，其重要性仅次于加里克俱乐部的藏品，其中包括佐法尼的三幅油画，十五幅德·维尔德的作品，还有一幅精美的雷诺兹创作的戴维·加里克画像。1951年，这些画从玛莱斯科别墅被运到国家大剧院，可惜观众很少能见到。毛姆去世十一年后，国家大剧院终于在1976年落成启用，但挂这些藏品的计划遭到建筑师丹尼斯·拉斯登的强烈反对，他认为这些画与大剧院的建筑风格不符。

毛姆所有的慈善遗赠对象中，最出人意料的是他的母校坎特伯雷国王学校，毕竟他在那里读书时境遇并不愉快。然而，毛姆始终眷恋着那个地方，那片庭院和灰色大教堂的阴影笼罩下的古建筑。他始终认为自己扎根于肯特郡乡村，还时常回到惠斯泰布尔徘徊，去墓园给叔叔婶婶扫墓。学生生涯很难让他对坎特伯雷国王学校有好感，然而，战前不久，当母校陷入困境，时任校长加农·雪利，这个充满活力、足智多谋的人写信请求毛姆捐赠时，他还是给予了慷慨的回应。雪利倍受鼓舞，不辞辛苦地拉关系，经常给他写信，邀请他来学校参观，并最终将毛姆纳入校董会。雪利的一片苦心得到了回报，毛姆给母校捐赠了数千英镑，盖了新楼，建了网球场，购买了图片和家具，建了一座图书馆，还捐了一千八百册图书。他将杰拉德·凯利给他画的画像，还有他的第一本和最后一本小说《兰贝斯的丽莎》和《卡塔丽娜》的手稿赠给了母校。1952年，他向加农·雪利提了一个要求，希望死后葬在校园里。

1946年底，从伦敦回到费拉角后，毛姆的主要工作是写完小说《卡塔丽娜》。在十年前的《总结》中，毛姆曾说："小说家应该在职业生涯末期转向历史小说。"他自己也不确定《卡塔丽娜》出版后反响会怎样，但弗利尔和纳尔逊·道布尔迪都很满意。1948年，这本书刚一出版就被选为美国和英国的"每月一书"，第一个星期就卖出了九万三千册。写完人生的最后一本小说，毛姆长长地舒了一口气。

1946年圣诞节毛姆回到玛莱斯科别墅时，这里已经基本恢复到了战前的豪华标准。内勤人员的数量略有减少，但在男管家厄内斯特和女管家杰曼敏锐的目光下，这里保持着同样高标准且无懈可击的效率。安妮特又开始在厨房烹制美味佳肴，尽管食品持续短缺："大米、油、培根、香肠、咸牛肉、帕尔玛干酪、意大利干面条……还有一两罐凯乐斯果酱"是毛姆托美国朋友寄来的。画又挂起来了，银器和瓷器拆开包装，中国的观音像回到大厅。据说毛姆的那条腊肠犬在被占领期间被人烤着吃了，代替它的是三条京巴犬、一条微型犬和肯梅尔夫人送给他的一对纯种的贵宾犬。花园里缺了耳朵和鼻子的雕像修好了，莲花池里又放进了金鱼，遭到炮火严重损坏且杂草丛生的花园里又精心地种上了各种花草。1940年，离开别墅前不久，毛姆有一段时间情绪很乐观，当时种下的一些春天的球茎现在也开花了。汽车被意大利人开走了，现在车库里有一辆雪铁龙和一辆从美国运过来的全新的大别克车。总之，毛姆对这一切很满意，整体上甚至比以前更漂亮了。

不过，有一个巨大的变化，那就是杰拉德不在了。现在是艾伦·塞尔在管这个家。就餐时，艾伦坐在毛姆对面，艾伦在毛姆的屋顶书房下面的那个小房间里打字、打电话。很快，艾伦就像来了好多个年头似的，尽管他没能学会法语，但友好的态度和组织能力可以确保员工们快乐且顺利地完成工作。有了艾伦，毛姆不必担心争吵，或在客人面前出糗：艾伦很听话、性格温和、有礼貌，时刻渴望讨雇主欢心。确实，毛姆很快就完全依赖上了他，信任他、喜欢他，艾伦现在睡在杰拉德的卧室里，和毛姆的房间只隔着一间浴室。当然，一切并非完美：艾伦没有杰拉德的机智、魅力和老辣，更没有他的大胆。达夫妮·杜穆里埃曾让艾伦给她带一些珠宝去纽约，海关发现后，搜查了他的手提箱，并向他征收了关税。"这种事永远不会发生在杰拉德身上！"毛姆轻蔑地大声说道。当然，他也没有杰拉德的优雅和格调。夏天，艾伦穿着花里胡哨的衬衫绕着别墅慢跑，肥胖的大腿肉从包身的白色短裤里鼓出来；冬天，他会穿厚厚的双排扣西装，黑色的卷发和红彤彤的脸蛋给人感觉像个市府参事。艾伦也没杰拉德聪明，他对绘画有一点了解，但对其他的东西一无所知，他对读书也没兴趣，只是从美国订阅一箱又一箱的色情杂志；不过，他有一种忸怩作态的幽默感，有时会模仿一下什么人，毛姆觉得挺搞笑的。不管怎么说，毛姆还是需要他、倚靠他的，艾伦偶尔的讨厌和气人是毛姆必须为平和镇静付出的小小代价。

虽然从理论上讲艾伦在家里的地位跟杰拉德一样，但事实并非如此：杰拉德无论走到哪里都会被认为与毛姆拥有同等的社会地位；艾伦是工人阶级出身，说话带伦敦东区口音，而且态度逢迎，这必然将他置于不同的地位。其实不仅如此，最主要的是，他说话时总是漏掉词首的H这个音：毛姆的朋友们见他不太尊重艾伦，对他呼来喝去，偶尔还在众人面前训斥他，难免不把他当朋友，而是当成一个受主人青睐的雇员。大多数客人喜欢艾伦，很高兴看到毛姆的生活安定下来。艾伦显然是毛姆晚年理想的伴侣，用毛姆的一个朋友的话说，他是"威利第二个童年的保姆"。但艾伦又是怎么看待自己的处境呢？他对毛姆忠心耿耿，这一点无需置疑，他全身心地爱着毛姆。他在一本私人备忘录中这样写道："我不在乎他的缺点和恶习，我爱他的全部。"然而一切并非表面上那么平静。"我想，我很开心，有时候嘛，我不知道。"1946年12月艾伦写信给埃伦·道布尔迪，"生活很难应对，人也是一样。"

他拐弯抹角提到的"人"指的是毛姆的家人，艾伦一直暗暗对他们怀有深深的敌意。对此毫不知情的丽莎是他最仇恨的对象，从艾伦一住进玛莱斯科别墅，他的一些信中就流露出对她和她的孩子们的恶意，但只是在他们面前一点没有表现出来。"你来了，我真高兴，亲爱的！"见到丽莎，他会这么说，"来，抱一下。"对丽莎来说，艾伦似乎很适合她父亲，比那个可怕的杰拉德强多了，她很感谢他对她父亲做出的奉献。她的孩子们——尼古拉斯和卡米拉也喜欢跟艾伦在一起，他们跑到他的办公室，听他讲笑话，还用滑稽的声音给他们讲吓人的故事。丽莎全家都喜欢艾伦。没有任何一个人意识到表象下潜在的怨恨，而这种情绪目前只在他写给他信任的人的信中有所表露。"丽莎和她的孩子们都在这儿，"1947年夏天艾伦写信给伯特·阿兰森，"好烦人，我一点都不喜欢他们在这儿。"

1948年7月，不出毛姆所料，丽莎又结婚了。她的新任丈夫是林利思戈侯爵的小儿子、保守党下院议员约翰·霍普勋爵。就是这个林利思戈在1938年任印度总督时拒绝接待杰拉德·哈克斯顿的，毛姆对这种怠慢既没有忘记，也无法原谅，结果从一开始毛姆就不喜欢约翰·霍普。"他是头自负的驴，"他告诉埃伦·道布尔迪，"可是丽莎喜欢得不得了。"不过，他还是装出一副若无其事的样子，礼貌地给他未来的女婿写信，欢迎他成为大家庭的一员，并给这对夫妇汇去一张十万法郎的支票作为结婚礼物。他去伦敦参加了女儿的婚礼，熟练地扮演一个骄傲的父亲的角色，并在克莱瑞芝酒店举行的招待会上做了一个值得称赞的演讲。丽莎第二次来玛莱斯科别墅度蜜月，带着梅因布彻设计的婚纱和母亲找人从纽约偷运过来的丰盛的嫁妆。由于约翰急着回苏格兰打松鸡，丽莎于是把尼古拉斯和卡米拉留在姥爷身边一起过夏天。"这大大增加了暑期的乐趣。"毛姆告诉纳尔逊·道布尔迪，

"我必须说，他们很乖，但偶尔也很棘手。他们吃得像狼，睡得像睡鼠，像鱼一样游泳，其余的时间都像野兔一样在花园里乱跑。"

这是他给埃伦的回信，纳尔逊最近被查出患有酒精性神经炎，最终，他不得不将道布尔迪公司的总裁之职交予他的律师道格拉斯·M.布莱克。布莱克是公司的老员工，毛姆也十分尊重他。同时，纳尔逊的健康状况持续恶化：他已经被诊断出到了肺癌晚期，虽然手术看上去很成功，但他还是于1949年1月11日离开了人世，而再过五天就是他的60岁生日。毛姆真心喜欢纳尔逊，尽管他是个酒鬼；他去世前，毛姆去看过他，在给埃伦的吊唁信中，毛姆表达了对纳尔逊深厚的友谊和感恩之情。

虽然在过去的两年里，纳尔逊极少参与公司的业务，但毛姆依然是公司最宝贵的财富，他也得到了相应的待遇。尽管毛姆不再写小说有点令人失望，但即使毛姆退休也不成问题，他的名字无论与虚构还是非虚构作品连在一起都会保障几十万册的销量。或许质量没那么高，但没人在乎评论者的讽刺挖苦：对毛姆作品的评论早已不再重要。1947年，道布尔迪公司出版了一个毛姆的短篇小说集《不可征服的人》，其中收录了毛姆唯一一篇关于二战的小说，这则令人不寒而栗的故事将背景设在被占领时的法国，描述的是一个德国士兵和被他强奸的法国姑娘之间扭曲的关系。次年出版的《巨匠与杰作》①介绍了十部世界级小说。《星期日泰晤士报》的外国部经理伊恩·弗莱明②花三千英镑买下了这个系列的版权，弗莱明还亲自飞到尼斯与作者商谈。这个系列在报纸上连载了十五周，报纸销量每周增加五万份，占该报总发行量的10%。1949年，毛姆的《作家笔记》出版，内容是从他18岁起开始保存的十五卷笔记、备忘录和游记中精选出来的篇章，这本书的献词是"深情怀念我的朋友弗雷德里克·杰拉德·哈

---

① 英国海涅曼公司的版本叫《十大长篇及其作者》。

② Ian Lancaster Fleming, 1908—1964，英国作家和记者，以"詹姆斯·邦德"系列小说出名。

克斯顿"。上世纪50年代，毛姆的两本随笔集《随性而至》（1952）和《观点》（1958）出版。他在《随性而至》中回忆了他认识的作家们，其中对恩师奥古斯塔斯·黑尔有一番生动的描绘，还有亨利·詹姆斯、阿诺德·本涅特和H.G.威尔斯。书中还收录了一篇叫《侦探小说的衰落》的文章，原本系为西里尔·康纳利的《地平线》杂志所写，但康纳利思考良久后拒绝发表，他说："登在杂志上足够好，但对我来说不够好。"《观点》用很大的篇幅分析了短篇小说，评论了歌德、龚古尔兄弟、儒勒·雷纳尔，还有他1938年在印度遇到的一个圣人薄伽梵马哈希。

　　毛姆在他七八十岁时的影响力非但没有逐渐减小，反而越来越大。晚年的他甚至被视为英国文学界的老前辈，每次过生日，报纸上都会发表相关文章和访谈，数以百计的贺信和贺电被寄到玛莱斯科别墅。他在国内外获得各种荣誉，被牛津大学、海德堡大学和图卢兹大学授予荣誉博士学位。1954年，在温斯顿·丘吉尔的建议下，他被女王授予荣誉勋爵头衔，并在白金汉宫受到女王接见。"女王穿得很漂亮，看上去美极了。"毛姆告诉伯特·阿兰森，"她请我坐下来，我们谈了一刻钟，然后她说，'很高兴见到您，毛姆先生'；我起身，她也起身，我们握了手，我向她鞠了一躬，然后向后退了大约三步，接着转过身走出门。这一切是那么的轻松惬意。"1961年，毛姆被英国皇家文学学会推选为文学勋爵[①]，同时入选的还有丘吉尔、福斯特、约翰·梅斯菲尔德和历史学家G.M.特里维廉。这样的认可虽然可喜，但总归姗姗来迟，而且毛姆认为还不够。去白金汉宫接受他的文学勋爵称号后，毛姆在加里克俱乐部和赖兰兹、亚瑟·马歇尔共进午餐，他们向他表示热烈的祝贺。"难道你们不知道文学勋爵对我这样的人意味着什么吗？"他问他们，"这意味着'好样的，但是……'"毛姆那个小圈子里的人都知道他曾经拒绝爵士头衔（用他

[①] Companion of Literature，Companion是最下级勋爵。

自己的话来说，萧伯纳还是个先生，他却成为萨默塞特·毛姆爵士，这是荒谬的。），相反，他希望获得最高的荣誉——功绩勋章①。令他忿忿不平的是，哈代和高尔斯华绥，这些在他眼中不如他的小说家都被授予了功绩勋章。"我是英国在世的最伟大的作家，他们应该把这枚勋章授予我。"不可否认，大家心知肚明，毛姆的同性恋身份损害了他的声誉。他与杰拉德·哈克斯顿的关系的性质广为人知，而其他同性恋作家，比如休·沃尔波尔则更成功地隐藏了自己的私生活：沃尔波尔早在1937年就被封为爵士。

令人惊讶的是，出生在迪斯雷利成功取代格莱斯顿成为总理那一年的毛姆，现在竟通过电视这个新兴媒体获得了一大群新观众。1948年，他的四个短篇小说——《生活的真相》《异国他乡》《风筝》和《上校夫人》被拍成电影。毛姆亲自在电视上介绍这"四重奏"，电视台也煞费苦心，把他在玛莱斯科别墅的书房在演播室里原景重现。按照今天更自然的标准，毛姆的表演有点夸张，他一口温柔的爱德华七世时代的腔调，拼命想记起台词，手里不停地摆弄裁纸刀。不过，他还是很享受这种能当几天电视明星的经历，"四重奏"很成功，接下来是"三重奏"（《教堂司事》《娄威尔先生》《疗养院》》）和《安可曲》。

毫无疑问，毛姆享受他的名望，名望既可以带给他巨额财富，也有益于减轻因缺少评论界的称赞而带来的悲伤感。自从在电视上露了面，他无论走到哪里都会被人认出来，会被记者、摄影师、粉丝、文学系的学生、想当作家并向他征求意见的人和深情的文艺女青年们包围。他们期望他是一个"极其阴险且愤世嫉俗的人"。1950年，他去美国哥伦比亚广播公司做一个关于"三重奏"的节目时，美国艺术

① Order of Merit，是一种英国和英联邦勋章，由英国君主所颁赠，以嘉奖在军事、科学、艺术、文学或推广文化方面有显著成就的人士。功绩勋章是一项很高的荣誉，虽然有别于传统的勋章且不附带任何头衔，但不少人仍认为它是现今地位最崇高而尚未废除的勋章。

与文学协会为他举办了晚宴，他被皮尔庞特·摩根图书馆和华盛顿国会图书馆推选为荣誉会员。1956年，摩纳哥大公雷尼尔三世和格蕾丝·凯利在蒙特卡洛举行婚礼，毛姆是被报道最多的一位贵宾。这样的认可能给他带来切实的好处：酒店房间特价、加莱和多佛海关的快速通道、无论去哪个餐厅都会得到最好的位置。当然，名望的附属品并不都那么令人愉快，毛姆越来越不满很多跟他不熟的人占用他的时间。"三十年没见过面的人写信跟我说："亲爱的威利，我们必须见个面。'"他抱怨道，"他们在乎的根本不是我……只是想利用我来炫耀。"有一次他动了真气，他看到两个自称认识他某个亲戚的小青年在玛莱斯科别墅外头转悠，希望毛姆邀请他们进去住。"我不是动物园里供人观看的猴子，我憎恶别人这样对待我。"毛姆气愤地写信给他的侄女凯特：

> 我不认识你女婿，我认为他让朋友来"看我"十分放肆无礼。如果你能监督他不再这样冒犯我，我将不胜感激。

对生活要求如此之高会搞得很多年轻人筋疲力尽，但毛姆依然保持敏捷、结实、健康。"当他从游泳池里钻出来，躺在太阳地里，"电影导演加森·卡宁说，"我看到一个年老但结实的身体，布满了皱纹，但毫无瑕疵。"毛姆在饮食上向来很节制，午餐和晚餐不会超过两道菜，最多餐前喝两杯鸡尾酒。自律是非常值得的。罗伯特·布鲁斯·洛克哈特[①]在伦敦的一次晚宴上带着羡慕的语气描述74岁的毛姆的外表："威利八点钟准时到，看上去是那么的整洁、漂亮，他穿了一件淡海军蓝色的双排扣外套、一双黑丝袜和一副单片眼镜。他的身材棒极了，没有一点赘肉，对他这个年龄的男人来说，就像头小牛犊。他蜷腿坐在沙发上，露出一大块小腿和吊袜带。"

然而，这不仅仅是自律的结果。1954年，过完80岁生日后不久，

----

① Robert Bruce Lockhart，1887—1970，记者、作家、特工、英国驻莫斯科的外交官。

毛姆在瑞士一个由保罗·尼汉斯博士经营的诊所住了十天。韦威郊外的蓓莉诊所俯看日内瓦湖，提供一种被称作"活细胞疗法"的回春法，价格昂贵，而且显然具有革命性效果。他们从刚宰杀的绵羊体内取出羊胎，萃取新鲜细胞后注入人体。由于尼汉斯博士一直拒绝公布研究的细节，科学界对他深表怀疑，指责他鬼鬼祟祟赚大钱，但很多名人认为魅力四射的尼汉斯是个天才、救世主，对他和他的疗法给予了百分百的信任。来此渴望找回青春的人有诺埃尔·科沃德、格洛丽亚·斯旺森、玛琳·黛德丽、康拉德·阿登纳[①]、托马斯·曼、威廉·富特文格勒[②]、克里斯汀·迪奥[③]和查利·卓别林。最重要的客人要数教皇庇护十二世，他也在梵蒂冈秘密接受过治疗。毛姆和艾伦来到瑞士时，尼汉斯铺红地毯欢迎他们，邀请他们去他家里吃饭，带他们参观了诊所、屠宰场和实验室。尼汉斯向他们详细介绍了整个程序：在短短一个小时内，他们宰杀母羊，取出羊胎，将组织切片、绞碎，和生理盐水混合后用大号注射器注入客人的臀部。按照惯例，接受治疗者要在诊所住三个星期，但才过十天毛姆就受够了，回到法国后，他遵照医嘱三个月不沾烟酒。"感觉怪怪的，"回到玛莱斯科别墅后，他说，"既不难受，也没有特别好的感觉，就是怪怪的。"艾伦则很高兴自己重振雄风，于是逢人便讲。"威利·毛姆和他的娈童塞尔来我家吃午饭。"戴安娜·库珀告诉伊夫林·沃，"他们俩都在瑞士接受了活细胞治疗……塞尔变成了一只饶舌的汤姆猫……他用他那娘里娘气的伦敦东区口音说：'亲爱的，你想象不到是什么样——醒来后我发现支了顶"帐篷"。'"

1958年，毛姆84岁时又去了一趟尼汉斯的诊所。不过，他生活的

---

① Konrad Adenauer, 1876—1967, 德国公认最杰出的总理, 在他的领导下, 德国在政治上从一个二战战败国渐渐重新获得主权, 进而成为西方国家的一个平等伙伴; 同时通过实施社会市场经济医治了战争创伤, 创造了德国的"经济奇迹"。

② Wilhelm Furtwängler, 1886—1954, 德国指挥家、作曲家。

③ Christian Dior, 1905—1957, 法国时装设计师, 时尚品牌迪奥创始人。

其他方面都与战前一样：冬天和春天住在玛莱斯科别墅，去国外旅行几个星期，通常是奥地利、意大利和西班牙，去一趟温泉疗养地（维希、阿巴诺或日内瓦湖上的韦威），在里维埃拉过一个社交活动频繁的夏天，秋天则住在伦敦多切斯特酒店的套房里。在里维埃拉的毛姆是个慷慨的主人：1950年他写信给弗利尔，"你也许有兴趣知道，三个月内，不算早餐，我们给客人做了一千零六十顿饭。"他喜欢留人在家里住，尤其是那些自得其乐的人，只要不打扰他高度自律的日常生活就行。多年来，他见识了客人们的种种不良行为，现在他年纪大了，对违犯他家规的行为持零容忍态度。他像一个经验丰富的酒店管理者那样列出他最厌恶的行为，他认为最糟糕的行为就像纳粹长官对待他攻占的一个省——这些掠夺者整晚不关灯，烟头烫坏床单，借了书不还，借了钱也从来不还，有时候带来三个星期的脏衣服却希望等他们回家前给洗好、熨过……

从客人的角度看，毛姆则或许是个令人发怵的主人。"你永远不可能知道招待会变成什么样。"他的女儿回忆道，"他也许很友善，也可能非常可怕。"他认为不守时是最大的过错，只要到了开饭时间，他拒绝等来晚的人一秒钟。丽莎和孩子们跟他在一起时很紧张，她担心万一卡米拉或者尼古拉斯耽搁时间会招致父亲的不满。作家彼得·昆内尔形容毛姆是一个严格执行纪律的人，抱有此种想法的人不止他一个："他建立一种制度并要求客人遵照某种标准行事，若不照着他说的来，后果自负；任何欠考虑的言辞或小小不言的差错都会让他们陷入永久的耻辱。"剧院经理彼得·多贝尼就犯过这样一个小错，当时他还是个小伙子，刚订婚，准备结婚，毛姆邀请他来玛莱斯科别墅住一个星期。第一天下午，毛姆带着他沿滨海路散步，他们绕过一个拐角时，一辆车正好呼啸而过，车上载着几个小孩，车顶上还绑着一辆婴儿车。"再过一年，你就这样了。"毛姆咯咯笑着牵起他的手……语气中带着一点性暗示，昆内尔条件反射地把手抽了出来，但他马上意识到自己做了蠢事，不自在地对毛姆笑了笑，然而迎接他的是一脸冰冷的蔑视和敌意。他们继续向前走，沉默给人一种不祥之感……从此刻起，这个星期变成了一场纯粹的灾难。之后每次一起吃饭，毛姆虽然东拉西扯，但言语中却带着冷冰冰的、嘲讽的恶意，尖刻地批评他在戏剧方面的工作。

尽管粗心的人有被卷入的危险且陷阱重重，但仍有很多人趋之若鹜，玛莱斯科别墅是里维埃拉最有价值的地标之一。毛姆习惯了不仅他的朋友要求留下来，还有朋友的朋友，或者朋友的孩子留下来。尤其是在夏天，有时候他发现坐在身边的人没几个是他认识的。因此，不可避免的，一些关于不良行为和可怕丑态的故事会传播开来，并被添油加醋。毛姆有个"著名的同行"企图顺走满满一手提箱毛姆的初版书，那天他正打算从前门溜之大吉，结果走到楼梯底部箱子突然开了，结果被抓了个正着。坊间还疯传西里尔·康纳利从毛姆的果园里偷拿了三只鳄梨，康纳利对这种传言不胜其烦，哀怨地解释说："我不过是在花园里给他捡了几个被风吹落的果子。"最著名的是帕特里克·雷·法默尔和口吃者的故事，此后，只要提到毛姆就会有人讲这个段子。最初的版本是，旅行作家雷·法默尔被毛姆最喜欢的安·弗莱明带到玛莱斯科别墅住了几天。第一天吃午饭时的气氛轻松愉快，但到了晚饭时，喝得微醺的帕特里克·雷·法默尔兴高采烈地给大家讲了一个口吃者的故事。后来，"我们正喝着睡前酒，毛姆先生站起身，脚步蹒跚地走过来，伸出软绵绵的手，跟我握了一下，说……'好了，我要道晚安了，也许还应该说再见。我预计，明天你离开时，我还在床上。'说完他从容地走开了。"这件事搞得雷·法默尔很难堪，以为自己不够圆滑，被主人扫地出门了。许多年间，这件小事被演绎成一出华丽的情节剧，毛姆被描述成一个哥特式的怪物。"他脸上残酷的皱纹纠缠成一团……褶皱的皮间，短吻鳄的眼睛盯着我，变色、截短的毒牙间发出一声令人痛苦的咆哮。"然而，雷·法默尔似乎从来没想过毛姆当时有点耳背，可能根本没听见这个关于口吃者的故事，即使听见了，也不一定太在乎；别墅里人来人往，毛姆可能压根儿不清楚他是谁，或者真以为他第二天早上就走呢。

1952年嫁给作家伊恩·弗莱明的安·弗莱明是毛姆最喜欢的那类女人：和芭芭拉·巴克一样，她时髦、有趣、长舌，给毛姆写诙谐的长信，信中粗俗地评论他们共同的朋友。她一点也不怕毛姆。她的丈夫伊恩·弗莱明则在这位他钦佩的长者面前表现得毕恭毕敬。伊恩·弗莱明把他的第一本小说《皇家赌场》送给毛姆并高兴地收到他热情的回信：毛姆被詹姆斯·邦德的冒险经历所吸引，一口气读到凌晨时分。为了充分利用毛姆宝贵的评论，弗莱明问他可否从信中摘录他的一段话用来宣传这本小说。毛姆的回答是"不"。但这并不意味着他说的不是真话，而是一直以来总有人想让他写点吹捧的文字，但一律被他回绝了，哪怕是《创世纪》的作者也不行。弗莱明婚后不久来到玛莱斯科别墅，毛姆看到这对夫妻深爱彼此很是感动。可是，令他不解的是，为什么他们会用那么多条毛巾，多的时候浴室的地板上会摞着九条湿毛巾。后来他听说，弗莱明做爱的时候很有创造性，喜欢用湿毛巾抽打他的妻子，然后再用另一条毛巾将她的身体裹起来，平抚她的伤痛。

在《星期日泰晤士报》任职的弗莱明分身乏术，因此安经常自己来玛莱斯科别墅，和毛姆的老朋友们在一起，其中有迷人但暴躁的杰拉德·凯利。1948年，凯利接替艾尔弗雷德·芒宁斯爵士被推选为英国皇家艺术院院长，毛姆在给他的贺信中回忆了过去的时光："你还记得1904年的巴黎吗？我们都没有想到会有今天。"伊丽莎白二世正式访问艺术院时，凯利安排毛姆在宴会上坐在她右手边。"我想让女王开心，"凯利告诉伯特·阿兰森，"我问她可否让威利坐在她旁边，她说她害怕，我只好打消她的疑虑，告诉她，如果他愿意的话，他是最好的同伴，她同意冒这个险。"玛莱斯科别墅的客人当中跟毛姆最不对付的要算F.H.了，和他的儿女们一样，他很少来费拉角，虽然身体虚弱，但1950年他还是参加了弟弟的76岁寿宴。整个过程中，最令毛姆气恼的是 F. H. 称呼他"我的孩子"，而且一如往常，他没有流露出任何喜欢这次庆贺活动的迹象。他们之间的对抗是真实存在的。1954年，F. H. 出版了他的自传《白日将逝》，六百页的书里只简要地提到他的弟弟三次，最长的一次是书中的最后一句话："我不必描述我弟弟威廉·萨默塞特·毛姆的作品。"不过，从深层来讲，他们还是有感情的，二人的通信中时常会出现那种"你知我知"的冷幽默。一次 F. H. 收到一封写给毛姆的信后转交给他，毛姆用开玩笑的口吻回信道："满纸莎士比亚和培根"，后人会发现大法官以他弟弟"微不足道的名字"发表了戏剧作品和小说。"你完全可以认为自己写得像莎士比亚。"F. H. 回信道，"不过，听哥哥一句劝，别碰十四行诗。"

战后，蒙特卡洛的体育俱乐部大放异彩，每年夏天，格蕾丝王妃都会赞助一场世界巨星云集的演出。1958年6月，毛姆出席了一次这样的晚宴，体育俱乐部请弗兰克·辛纳屈[①]来唱歌助兴，诺埃尔·科沃德做司仪。科沃德和加森·卡宁当时都住在玛莱斯科别墅，也都留下了对此事的描述。当晚，毛姆他们几个和纽约的专栏作家伦纳德·莱昂斯夫妇坐在一张桌子上。据卡宁说，辛纳屈走下台后停在半道上，科沃德把他介绍给毛姆。辛纳屈说："你好哇，宝贝！"毛姆回答说："确实很好，不过算不上宝-宝-宝贝了。"卡宁说，他从未见过毛姆遇到如此奇怪的情形。当时有太多的人，太多的噪音，但毛姆欣然接受这一切，似乎很开心。"他有让自己快活起来的积极天赋。"毛姆离开前还走到房间中央的主桌向摩纳哥大公和王妃表达了敬意。更善于观察的科沃德的版本则略有不同，他注意到毛姆愉快的表象下的不耐烦。他在日记中写道：

---

① Frank Sinatra，20世纪的一代巨星，留下无数经典歌曲。他能歌善演，演技出色，三次获得奥斯卡奖，这位集歌手、演员、电台、电视节目主持人、唱片公司老板等多重身份的娱乐界巨头受到全球乐迷的爱戴。

今晚很混乱，人太多，令人窒息……威利越来越焦躁……终于，我用英语和法语介绍了弗兰克，他跳上台令人陶醉地唱了一个小时。弗兰克唱出的最后一个音符刚落，威利就起身回家了。我并不认为他很喜欢这场演出，或者他和艾伦都不明白弗兰克作为一名表演者有什么了不起的。

自然，毛姆还有一群知识分子朋友，比如历史学家和日记作者杰姆斯·李－米尔恩，他的妻子阿尔维德在罗克布伦有幢房子；毛姆告诉克里斯托弗·伊舍伍德和他特别年轻的情人唐·巴卡迪随时可以来费拉角做客；让·科克托①和他那个貌美惊人的男朋友"杜杜"也经常住在离玛莱斯科不远的一幢别墅里。拥有艺术家和作家双重身份的科克托是毕加索的密友，也是巴黎文学戏剧圈里的名人，科克托本该给毛姆带来很多东西；虽然他们时不时就见面，但从一开始显然两个人就不可能成为多么要好的朋友。科克托不太尊重"萨默塞特"（他总是这样叫他），认为他的作品油嘴滑舌、平民主义，毛姆则十分抗拒这个浮夸的法国人令人眼花缭乱的谈话方式，不屑于他"冗长的伪善"，以及总想成为焦点的决心。"科克托会为仆人的利益说话。"毛姆小声说，科克托听见了，当作恭维加倍努力。毛姆刚买了两幅毕加索的画，一天，科克托离开前停下来欣赏。他问毛姆是否认识毕加索，毛姆说不认识，他提议安排他们见面。毛姆回应道："他会打桥牌吗？"

20世纪四五十年代，毛姆买了很多画，他一直想多收藏些印象派作品，于是在纽约买了几幅他最重要的藏品——马蒂斯②、雷诺阿、皮萨罗、博纳尔、莫奈和郁特里罗的作品。很多艺术机构批评毛姆的品位太过陈腐，他主要关注的是视觉艺术的文学手法。"他喜欢一

① Jean Cocteau，1889—1963，法国著名诗人、剧作家、导演。
② 毛姆偶尔去拜访马蒂斯，他们是里维埃拉的邻居。一次毛姆告诉马蒂斯他买画是为了让家里"开花"，马蒂斯反感地哼了一声，说"这是纯粹的装饰"。

幅画是因为能读进去、写出来，而不是出于任何审美的原因。"哈罗德·阿克顿评论道。毛姆通过文章不可否认地支持了这个观点。1941年他为某杂志写的一篇文章中说："我不认为郁特里罗是伟大的画家，但有一次我偶然见过他的一张白色时期的作品，看得我很伤心。了解巴黎的人看到那些肮脏的郊区的街景，带着荒凉的气氛和怀有敌意的静寂，真是无限的悲伤。"这个时期，他还在巴黎和伦敦买画，毕沙罗、马蒂斯和西斯利的画，还有雷诺阿的一幅充满肉感的裸体画。他买的最后一幅画是一幅河景图——雷皮纳的《塞纳河上的巴黎》。一次，他和艾伦在邦德街一家著名的画廊门前经过，见两个男人正往里面抬一幅蒙着布的画，画布很脏，没安框，这正是他找了很多年的那幅画，尽管价格高得惊人，他还是痛快地买下了。他还很喜欢图卢兹·劳特雷克的一幅画《磨光工》，画中一个赤身裸体的男人正趴在那里给石头地板抛光。画商告诉毛姆，如果是裸体女人，他会要三倍的价，正因为买家们厌恶男性裸体，毛姆才得以一个非常合理的价格买下了它。原始、野蛮、令人不安，《磨光工》没有典型的劳特累克作品中的交际花和康康舞女，毛姆总是让客人们猜这幅画的作者是谁，猜不到，他就很开心，只有一次被人猜中了。

虽然喜欢视觉艺术，但毛姆知道自己是个门外汉，因此需要花大价钱购画时，他会向别人征求意见。除了早期的杰拉德·凯利和休·雷恩，他还向巴黎的大收藏家兼鉴赏家阿方斯·卡恩咨询过。就是卡恩让他知道了费尔南德·莱热[①]，毛姆买了一幅莱热向塞尚致敬的抽象画。后来，毛姆还向门罗·惠勒、让·科克托，以及最伟大的英国艺术史家之一、国家美术馆馆长肯尼斯·克拉克爵士征求过意见。战前，克拉克是美国艺术史家、意大利文艺复兴艺术权威伯纳德·贝伦森的学生，他和毛姆结成了牢固的友谊，毛姆欣赏克拉克的冷幽

---

① Fernand Leger, 1881—1955，法国画家，最早的立体主义运动领袖之一。他以浓重的原色调、机械般的形状和简单的粗线条轮廓描绘20世纪奔忙的生活。

默、一丝不苟和温文尔雅，也喜欢他优雅的太太简。克拉克第一次来玛莱斯科别墅时，像往常一样，毛姆让他猜《磨光工》的作者是谁。克拉克立即道出了图卢兹·劳特雷克的名字，没有片刻的犹豫。和他的导师贝伦森不同，克拉克尊重毛姆对绘画的感觉。毛姆参观完贝伦森的伊塔蒂别墅后，贝伦森说，这位作家"对视觉艺术无感到不可思议的地步。到目前为止，他称赞过的画都是最差劲的用来填空的东西"。克拉克则认为毛姆对所有艺术形式都有敏锐的感受力，绘画也包括在内。"大客厅雕刻精美的画框里装的是雷诺阿和莫奈的作品；楼道墙上挂着马蒂斯的作品；如果有人拿一幅他不知道的画家的作品的复制品给他看，比如保罗·克利的，他的反应出奇得快，而且很准确。有一次我拿蒙德里安的画给他看，让我惊讶的是，他说，非常好。"克拉克夫妇来费拉角住过几次，尽管他真心喜欢这里的主人，毛姆对他们也非常友善，但他们享受不到纯粹的愉悦，感觉相当紧张，尤其是到了晚上。"晚餐进入尾声时，该说的话说尽了。客厅太大，不适合舒适地交谈。他真正喜欢做的事是打桥牌，简不会玩儿，我会玩儿，但假装不会。有人请他出去打桥牌，我们总算松了口气，但这种时候太少了。有时他会带着我们拜访他的邻居，那些人住的大房子粗俗得令人无语……"

通过门罗·惠勒的引荐，毛姆认识了画家格雷厄姆·萨瑟兰。1947年，正在法国南部的萨瑟兰夫妇被邀请到玛莱斯科别墅做客，萨瑟兰立即被毛姆的"可画性"打动。此前，他从未尝试过肖像画，但毛姆同意给他当模特。于是，萨瑟兰夫妇搬进来住了一个星期，专心为毛姆画像。画布又高又窄，画中的毛姆坐在一只竹凳上，背景涂成厚厚的黄色，他的头上有几片象征东方的棕榈叶。毛姆稍微有点驼背，眼神忧郁，嘴角下垂，带着一丝讥讽的乐趣，给人感觉这个超然的观察者正在静静地观赏人性的脆弱。毛姆在接受采访时说："第一次看到这幅画时，我很震惊，后来我意识到，这比我所看到的自己丰富得多。"其他人也承认在这幅肖像中看到了他们认识的毛姆的另一面。杰拉尔·凯利开玩笑说，萨瑟兰把他的老朋友画成了一个上海妓院的老鸨，马克斯·比尔博姆则厌恶这幅画，感觉毛姆像是遭受过折磨。不过，毛姆本人对这幅画很着迷，主动要给萨瑟兰五百英镑买下来。第二天，艾伦手里只拿了三百英镑，他的解释是因为付的是现金，所以要打两百英镑的折扣。萨瑟兰虽然满腹牢骚，但也只能接受。从这幅肖像画开始，萨瑟兰的事业顺风顺水。《时代》杂志刊登了这幅画的照片，其他媒体也跟风照做，这幅画还在泰特美术馆展出过，结果，很多人请萨瑟兰给自己画像，比如报业大亨比弗布鲁克勋爵和丘吉尔。众所周知，格雷厄姆·萨瑟兰画的丘吉尔画像是应议会的委托要挂在下议院的，但丘吉尔被画中的自己那副伤心落败的模样吓坏了，他的妻子下令毁掉了这幅画。有趣的是，毛姆也越来越不喜欢萨瑟兰给自己画的那幅肖像，过了没多久就找了个借口把它搬出了玛莱斯科别墅。他向克拉克解释说："这幅画更适合挂在博物馆里，而不是私人住宅里。"但事实上，无情的画面和可怖的前景折磨着他，画家无意中用他的笔揭示了正在向毛姆逼近的凄凉晚景。

第十六章

背叛

1944年1月，毛姆70岁生日那天，他在笔记本上这样写道：

> 在欧洲大陆，他们有一个可爱的习俗，当一个有所做为
> 的人到了70岁，他的朋友、同事、弟子（如果他有的话）就
> 一起写一本散文集向他致敬。

但毛姆70岁生日时外面正在打仗，他人在美国，没有机会接受任
何形式的敬意；所以，直到十年后，他80岁时，这样的计划才付诸实
施。海涅曼公司委托小说家乔斯林·布鲁克编一本纪念文集，收集毛
姆的同僚们的文章给他做生日礼物。布鲁克向很多当年最优秀的文学
界人士组稿，有诗人、出版商、小说家和评论家，但都被他们一个
个礼貌地回绝。只有两个人接受了，他们是安东尼·鲍威尔①和雷蒙
德·莫蒂默。但两个人写显然不够，面对这种过分挑剔的退缩和对毛
姆作品普遍的缺乏尊重，布鲁克不得不放弃这个计划。然而，毛姆的
八十大寿并没有这样悄无声息地过去，媒体对此进行了广泛报道，
《笨拙》杂志还为毛姆画了张漫画，并配了一首歌谣：

---

① Anthony Powell，1905—2000，英国小说家，代表作为十二卷本的《与时代合拍的舞蹈》。

我享受昂蒂布和荣誉，思考我笔下的作品，

成为所有识字之人一辈子的一切：

富人的玛丽·科雷利[1]，穷人的安德烈·纪德，

一个讲述生活真相的史蒂文森，一个失去信条的吉卜林。

哦，我是特伦斯·拉蒂根[2]时，特伦斯还躺在婴儿床上，

电影、电视召唤我时，乌斯季诺夫早已被人遗忘。

虽然我酿造的啤酒是苦的，但我的蛋糕跟罪孽一样甜[3]，

他们给我带来我叹息过的月亮，往里面投了六便士还多
一点。

我在世上最愉快的秘密借阿申登之口说出，

人生的枷锁将我紧紧地束缚在南方的阳光里。

　　毛姆的老朋友里最慷慨的就要属康普顿·麦肯齐了，他在作家协
会的《作家》杂志上发表了一封公开信，说他不仅代表作家毛姆的同
僚们，也代表"正在享受你所给予快乐的全世界千千万万的读者和戏
迷以及这些人的父亲和祖父们"。麦肯齐表示，他对毛姆毕生的钦佩
可追溯至1897年他第一次读到《兰贝斯的丽莎》的时候："我崇敬你
将我们从维多利亚风格的桎梏中解放出来的大无畏精神。"此外，威
格莫尔街的时代书店还举办了毛姆手稿和初版书展，并在加里克俱乐
部为他举办了生日晚宴。席间，剧作家约翰·欧文提议为毛姆干杯，
随后毛姆本人发表了一篇讲话。欧文回忆说，毛姆的表现令人印象深
刻，"充满了机智、幽默、佳句，感情充沛。但快说完时，他突然停
下来，一动不动地站在那里，只有他的手在颤抖。几分钟后，他说，
'我在想接下来说什么！'说完，他再次陷入沉默。不一会儿，他又

---

① Marie Corelli，1855—1924，英国作家，她创作的小说词藻华丽、多愁善感，很受维多利
　亚女王的喜爱，在当时非常流行，如《两个世界的故事》《塞尔玛》《撒旦的悲伤》等。
② Terence Rattigan，1911—1977，英国剧作家，写了20世纪最重要的几部戏剧作品。
③《寻欢作乐》的英文书名是"Cakes and Ale"，即蛋糕和啤酒。

说，'很抱歉，让你们久等了！'接下来又是一阵沉默。突然，他的思维再次启动，优雅地完成了这篇演讲。他的脑子大概空白了两分钟，虽然一定是痛苦的折磨，但他表现得泰然自若。"

长久以来，这位享誉世界的作家不可避免地成为潜在传记作者的追逐对象。自20世纪20年代后期以来就出现了一大批针对他的作品的批判性研究，对那些写信向他了解情况的人，他总是乐于帮助且十分礼貌。对于这样一个不轻易流露感情的人来说，他回答问题的态度坦率得惊人，在某种程度上可以说是言无不尽。尽管如此，毛姆明确表示不想读他们的研究成果。他对一个美国学者理查德·科德尔解释说，这是一种病理缺陷，读到写他的文字，无论诋毁还是赞誉，他都会感觉不舒服。然而，对于传记，毛姆的立场更强硬，他坚决反对泄露他的私生活。1959年，毛姆的一个老熟人，当时在纽约大学做英文教授的卡尔·G.菲佛写了本传记书《W.萨默塞特·毛姆：坦率的肖像》，书中有八卦，信息不太准确，稍有恶意，但总体上是无害的，但毛姆对这本书厌恶至极，认为作者侵犯了他的隐私，他感觉被朋友出卖了：想不到菲佛会把他们的对话偷偷写进书里。

毛姆到了老年，知名的、不知名的作家们都频频向他提出申请，希望他能同意合作，至少不反对他们为他撰写大部头的传记，但毛姆不遗余力地保护自己，决定不允许出版任何和他有关的传记。他交代他的文学经纪人（1961年弗利尔从海涅曼公司退休后，他的工作由斯宾塞·柯蒂斯·布朗接手），他死后，他们也要继续拒绝这些申请者，不允许出版他的书信，尽可能让信件所有者销毁它们。毛姆自己也烧掉了手头所有的书面证据，包括很久以前阿诺德·本涅特、艾达·利维森①、H.G.威尔斯、杰拉德·凯利和戴斯蒙德·麦卡锡写给他的信。在毛姆的坚持下，艾伦·塞尔也不得不把手里的信付之一炬，甚至包括利顿·斯特拉奇写给他的情书。"我一直留着那些

---

① Ada Leverson，1862—1933，英国小说家。

信，"他可怜巴巴地回忆说，"万一威利有个三长两短，我可以卖掉它们。"不过，艾伦还是偷偷地留下了毛姆写给他的几十封信。

在毛姆人生的最后几年，英国对同性恋的态度更宽容了，尽管直到他去世两年后才通过了同性恋法改革法案。然而，毛姆绝对是他那个年代的产物，他强烈感受到必须隐瞒他的所谓反常的性取向。他一直十分在意体面：1954年，当特伦斯·拉蒂根召集大家在请愿书上签名支持因同性恋行为受到审判的年轻的爱德华·孟塔古时，只有毛姆和诺埃尔·科沃德两个人拒绝了。将善意的传记作家拒之门外让毛姆感觉比较安全，但他仍然要面对敲诈勒索的威胁。第一个人比较容易对付的，就是哈克斯顿的男友卢卢，中年时他去澳大利亚淘金，结果没发成财，于是想到手里有哈克斯顿、毛姆和很多名人写给他的信，比如哈罗德·尼克尔森，他知道如果将他们的关系的实质公布于众，他们不会太开心。卢卢给毛姆、艾伦、罗宾和丽莎写来一系列错字连篇的信，幸好一封附带支票的律师函就把问题圆满解决了。

然而，更严重的威胁变成了现实，这次来自家庭内部，不是别人，正是毛姆的侄子罗宾。毛姆所有的亲戚熟人中，只有罗宾把艾伦当朋友。两个人的关系一直很近，罗宾愿意倾听艾伦的苦衷，艾伦则充当罗宾和他叔叔之间的和事佬。罗宾遇到麻烦，艾伦会出面维护他，还让他了解别墅内部的情况。当然，艾伦知道毛姆所有的事，罗宾的好奇心也越发强烈。一天，两个人坐在泳池边，艾伦不慎透露了毛姆因不满罗宾的不负责任和自我放纵已大幅削减给他的经济供给。罗宾一直盼望过上不劳而获的舒服日子，听到这个消息，他既感到惊骇，又倍受打击。回到英国后，他写信给艾伦，请求艾伦替他在叔叔面前美言几句，让他撤销对他不利的决定。艾伦答应他会尽力而为，但必须等待合适的时机。同时，他表示愿意帮助罗宾完成一个短期见利的计划，写一本全面的毛姆传记，将自己的想法和盘托出。罗宾十多年前就向毛姆提出过给他写一本传记的想法，但被毛姆当场拒绝了；现在，有艾伦给他通风报信，再加上未来堪忧，他绝不会放过这个机会。于是，他怀着一定程度的惶恐写信给毛姆，说美国出版商维克多·韦布赖特给他预付了五万美元，显然，他无法拒绝这么好的提议，但同时，他又不想背着毛姆偷偷地写：

> 你知道，虽然靠写作挣到的钱足够我生活，但我没有一分钱的资本。父亲留给我的九千英镑都用来购买和装饰我在伦敦的小房子了，所以，我真正需要的是，如果你能给我的话，首先，同意我接受写这部长篇传记的提议，然后嘛，尽可能地帮助我……依我看，以我对你深深的钦佩和爱戴，至少我能比其他人写出更好的传记。

尽管罗宾信中所传达的情感的真挚性无需怀疑，但毛姆读这封信时还是嗅出了勒索的味道。于是，他立即付给罗宾五万美元，就是韦布赖特给罗宾的那个数，不过，有一个前提条件，他必须放弃所有关于毛姆的写作计划。罗宾在回信中似乎带着十足的诚意向毛姆保证一定会遵守他们之间的契约，并向他表达了感激之情。

过完八十大寿回到法国南部，毛姆发现有一千多封贺信正等着他。此外，每个星期还会收到五百多封业务和私人信件，还有大量粉丝来信，这些信几乎都要由艾伦·塞尔来处理。各种电话邀约也要通过艾伦。毛姆的秘书就像一个看门人，尽管有时也会感到慌乱疲惫，但他很享受这种荣耀和兴奋。尤其是在伦敦，他住在豪华的多切斯特酒店，记者们必须巴结他才有机会见到毛姆。其实，离开费拉角时，卸掉了肩上的重担，塞尔通常会更开心，而且他在别墅里经常身体不舒服。艾伦患有一种皮肤病——银屑病，一到夏天，天一热，病情就会加重。他还老犯痔疮，容易得肝炎：玛莱斯科别墅的食物很油腻，加上艾伦贪嘴，结果第二天他经常头痛、恶心，只能卧床休息。他总能用温馨亲密的方式对待毛姆的大部分朋友，因为通常他们也对他很友好。他以为人家会高看他一眼，事实上，并非如此。

一般来说，客人们都比较喜欢艾伦：他看起来是个可爱的家伙，总是忙忙碌碌的，"面带微笑……喷着很浓的香水，有可爱的黑头发、粉红的脸颊，胖乎乎的样子。"毛姆的医生罗萨诺夫这样描述他。但大多数人虽然嘴上不说，但心里觉得他有点无聊，糊里糊涂的，脑子不太灵光。艾伦会把很正常的礼貌、友好的表示理解为对他怀有深刻、永恒的情感。令人尴尬的是，艾伦在为雇主打完一封信后还会手写一段感情洋溢的话。举个例子来说，他总是在给"社交蛾子"吉瑞·齐普金的信上热切地说："你真是个达令……我很少爱哪个朋友会像爱你一样。"

对艾伦而言，人生的两大乐事是性和自怜。他沉迷于自怜，抱怨健康问题，神经紧张、多有压力，总担心雇主死后他会被扫地出门，衣食无着。他没完没了地谈论对未来的期望，或者唠叨生活没有盼头，说到将来的惨状，他的声音就会沙哑。他相信毛姆肯定一个子儿都不给他留，任凭他流落街头，而老弱的他不可能从头再来。这一切全是无稽之谈，毛姆从一开始就明确表示会供养他，但艾伦依旧抱怨个没完。一些毛姆的老朋友，比如乔治·库克实在是听腻了，曾试图让他变得理性起来，但艾伦不愿意听。吉瑞·齐普金很快就意识到，"他喜欢抱怨。"最后，齐普金给他出了个主意：把他需要的东西列一个单子，毛姆肯定愿意在上面签名，但艾伦偏不这么做，他只是抱怨。

齐普金还能满足艾伦的另一个癖好，安排人定期给他从美国寄色情资料。一箱箱的照片和杂志（经过精心伪装后逃避法国海关监管）从亚利桑那州的一个专业公司不时地寄过来，艾伦独自在卧室里享受这种激烈的乐趣。和杰拉德一样，晚饭后，艾伦也经常开车去维尔弗朗什溜达，也每每会扑向任何受邀前来玛莱斯科别墅的英俊小伙。艾伦的癖好在里维埃拉无人不知。他出手阔绰，因而很受欢迎，后街小酒馆里经常能见到他的身影，美国舰队来的时候，他一定会出现在码头附近。有时他会带新朋友回别墅，给他们香槟喝，让他们在游泳池里游泳，并在适当的时候介绍给毛姆。

尽管头脑愚笨、神经衰弱，但艾伦保障了毛姆高度结构化的日常生活，保护他、照顾他，并给予他无限的仁慈和同情。两个人的关系还是很和谐的，彼此知根知底。"（毛姆先生）对我十分慷慨，爱我和我身上的所有的缺点。"后来艾伦这样写道。然而，晚年的毛姆脾气暴躁，经常在艾伦面前表现出不耐烦，有时艾伦会被他骂得哭着冲出房间。这可能更令毛姆讨厌，也可能让他有内疚感，于是会在接下来的一两天特别温柔地对待他。偶尔，毛姆也会对艾伦发起肉体攻击，比如有一天下午，他们路过荷塘，艾伦朝着一只青蛙丢了块石头，毛姆差点把他打翻在地。不过，很显然，艾伦陶醉于这种戏剧性的场面：他喜欢被宠爱、被同情，毛姆的严厉给他的委屈提供了更加丰富的原料。

和毛姆生活在一起有极大的好处，其中艾伦认为最有价值的是有机会旅行。每年他们都会去欧洲旅行：德国、奥地利、意大利、葡萄牙和西班牙。1950年，他们去了摩洛哥，1953年去了希腊和土耳其，1956年去了埃及，他们在那里受到阿迦汗奢华的招待。战后，毛姆只去过美国两次，分别是1949年和1950年，他将《斯蒂芬·凯里的艺术气质》的手稿交给了美国国会图书馆。1959年，85岁的毛姆回到远东，去了拥有众多粉丝的日本，重游了当年的停靠港，新加坡、西贡、马尼拉和香港。抵达横滨时，数千人迎接这位伟大的英国小说家，同样的情景也在东京上演。当时住在京都的英国小说家弗兰西斯·金陪了他们一段时间，毛姆对日本的文化和生活的好奇给金留下了深刻的印象。"他仍然觉得还有一些重要的东西要学……他经常累得要死，但还是决定看够了为止。"

到了八十好几时，毛姆依然没有改变年轻时定下的规矩，每天早上猫在书房里写作，不过，现在他的右手上要戴一个有弹性的支撑物，而且用的是加重的钢笔。虽然不再写小说，毛姆依然是畅销书作家。他的书卖了将近八千万册，成为海外学校的英语教材，他的作品被翻译成欧洲所有的语言，还有俄罗斯语、土耳其语、阿拉伯语、日语和几种印度方言。他的戏剧作品继续在全世界上演；他的长篇小说和短篇小说一次次再版，销量在三部电视连续剧的推动下猛增；1957年甚至有一部根据《月亮和六便士》改编的歌剧被搬上舞台。当然，很多人找毛姆为自己的书写序，比如罗比·罗斯、埃迪·马什、查理·卓别林和格拉黛丝·库珀。他给阿迦汗的自传写了序言，还给儿时在巴黎的一个朋友维奥莱特·哈默斯利的第一本译著作了序。

　　1951年，毛姆出了本《吉卜林佳作选》，这些短篇小说都是他亲自挑选出来的，他对这位作家的感情一直有点矛盾。毛姆对吉卜林其人略知一二，第一次见到他是在19世纪90年代的一次晚宴上，毛姆记得席间他想，如果吉卜林再说一次"正人君子"，他就把玻璃水瓶朝他丢过去。20世纪30年代，吉卜林曾被带到玛莱斯科别墅用午餐，好玩儿的是，毛姆发现他变化不大。"他是个白人，"吉卜林谈论着一个他欣赏的家伙，毛姆已猜到他接下来会说什么，果不其然——"他是个真正的正人君子。"吉卜林说。吉卜林的女儿埃尔西·班布里奇请毛姆来编这本佳作选，为此，毛姆重读了吉卜林所有的短篇小说，他向彼得·斯特恩报告说："我一直在读吉卜林，读吉卜林，读吉卜林，状态最佳时，他是个圣手，最糟糕时，哦，我的上帝！"虽然开了这种玩笑，但毛姆的赞美是真诚的，尤其是关于印度的故事，他的评价慷慨且明智。"吉卜林是英国最伟大的短篇小说家，"他总结道，"唯一能与莫泊桑和契诃夫相提并论的短篇小说家。"

　　八十多岁的毛姆仍笔耕不辍，从某种意义上说，他别无选择。"事实是，写作跟喜欢喝酒一样，是个很容易养成却如恶魔般难以制服的习惯。"他向伯特·阿兰森解释道。然而，现在他岁数大了，灵感没了，想象力也枯竭了，他痛心地承认："我丰富的创造力已经成为过去，我很清楚我已经失去了我可能有过的才华……再也不是一个有创造力的作家是非常孤独的。你的人物已经不与你同在了。"1958年在接受一家报纸采访时，毛姆伤心地说："写作于我一直是一种病，但现在我必须满足于一天写一个小时，如果我的手允许的话，写书，而不是写人，这根本不是一码事，就像一个男人要跟他爱的却不能再在一起生活的女人离婚。"记者回忆说："他边说边紧张地揉着大拇指和食指间的肌肉。见我感兴趣，他说，'就是这个地方疼。写了这么多年了，肌肉已经不管用了。'"

过去的记忆越来越萦绕不散：他青年时的回忆、他的童年、他对母亲的爱，这是他所知的唯一得到回报的爱；他老是想起杰拉德，想起和他一起去南太平洋地区和远东的旅行。1953年，H.E.贝茨把一本短篇小说集献给他，其中的最后一篇小说将毛姆带回了很久以前，那段被他忘掉一半的关于东方的回忆。"我很激动，但同时很不快乐。哦，过去！"毛姆的语调令人心酸。相比之下，毛姆觉得他的日常生活黯然无色，他越发不安和不满，有那么一段时间他甚至考虑卖掉玛莱斯科别墅，搬到伦敦或洛桑去住。"我有好仆人、好食物、美丽的房子和漂亮的花园，但这并不能妨碍我无聊。"他向他的侄女凯特抱怨道，"如果没有一定量的工作要做，我在这儿一个月也待不下去。但工作只占据我上午的时间，还有接下来的一天要捱过去。"

虽然毛姆有很多社会活动要参加，但他的很多老朋友已经过世：1948年，埃默拉尔德·邱纳德；1952年，德斯蒙德·麦卡锡；1953年，埃迪·马什；1956年，马克斯·比尔博姆，他去世几个月前，毛姆还在拉帕洛见了他最后一面；1958年沉痛悼念伯特·阿兰森。他反倒是没有多么痛惜家人的离去。1958年3月23日，F.H.中风后死在卡多根广场家中，享年91岁。做了八年鳏夫的他一直由大女儿凯特照顾，他的死来得既不突然，也没给家人带来太大的悲痛。如果说，面对哥哥的死，毛姆的总体表现是无动于衷，那么，三年前的前妻之死则成了他欣喜的理由。战争结束后回到伦敦的西里尔搬进公园路的一间公寓，在那儿继续做生意，不过规模比以前小一些。人到古稀的西里尔不再如往常那般干劲冲天，她的大部分时间是在床上度过的，煲电话粥或者厉声向长期遭受她折磨的女仆和秘书下达各种命令。自从几年前得过一次肺结核，她的健康状况一直不稳定：心绞痛和支气管性肺炎于1955年7月25日夺去了她的生命，去世时她76岁。毛姆是从悲伤的丽莎那里得知这个消息的，丽莎给他发了封电报。"我不会虚伪到假装为西里尔的死深感悲痛。"他告诉芭芭拉，"她自始至终都从未停止过让我痛苦。"的确，他最强烈的感受是解脱，同时也摆脱了供养这个跟他已离婚三十年的女人的责任。"啦啦啦，不用再给生活费了，啦啦啦。"他一边用手指敲着牌桌，一边唱道。他既没有参加西里尔的葬礼，也没有出席在格罗夫纳礼拜堂举行的追思会，大家为了纪念她买雕塑赠给维多利亚和艾伯特博物馆时他也没出钱。

人生的最后几年，毛姆不断地想到死亡，想到他的人生会以怎样一种形式结束。"我就像一个在战时码头等船的乘客，不知道船会哪一天开，但我已经做好了准备，一接到通知就可以立即上船。"他在《作家笔记》的最后一页这样写道。他开始对自己老了的样子着魔，站在镜子前，哀叹耷拉的眼皮和满脸的皱纹。确实，这一时期，很多人在日记和回忆录里反复用蜥蜴类的动物比喻毛姆：鳄鱼啦、乌龟啦之类的。"一只在岩石上晒太阳的鬣蜥"；日记作家弗朗西丝·帕特里奇将毛姆比作变色龙，"他苍白的、沟壑纵横的脸，深陷的闪闪发光的眼睛，不慌不忙地张开有时黏在一起的两片嘴唇"；哈罗德·尼克尔森则说毛姆"让他想起缓缓爬过加拉帕戈斯群岛巨石的蜥蜴"；格伦韦·韦斯科特在看到毛姆只戴着一顶草帽跳进泳池时，想出了一个更快乐的形象，"威利身材匀称，但个子小小的，挺着个小肚锅，看起来就像童话故事里的青蛙国王。"老年的毛姆身体依然灵活健康，性方面也很活跃，不仅和艾伦，还有艾伦带回别墅来的男孩们。

他告诉韦斯科特，他认为纵欲是健康的。他仍然享受美食美酒，期待餐前的鸡尾酒（马提尼酒里加少许苦艾酒），继续对了解午餐和晚餐的菜单感兴趣。

20世纪50年代末，不无讽刺地将自己形容为"爱德华七世时代的破旧遗迹"的毛姆很少再邀请朋友来家中留宿。85岁的毛姆写信给杰拉德·凯利："多年来我乐于做的事已经令我筋疲力尽，我总是（或者几乎总是）很高兴我喜欢的人来和我一起吃午饭，但我只能招待到这种程度了。"他最喜欢的午餐客人也早已不再年轻，比如丘吉尔和加拿大新闻大亨、《每日快报》的老板比弗布鲁克勋爵。丘吉尔经常住在里维埃拉，作为他的同龄人，毛姆总是忍不住说自己比这个老朋友健康得多，说肤色粉红、白发稀疏、步履蹒跚、别人说什么也听不太明白的丘吉尔看上去像个"可怜的老赛璐珞娃娃"。比毛姆小5岁的马克斯·比弗布鲁克依然精神矍铄，他住在里维埃拉时两个人经常串门，还总让司机给对方送点小礼物——无花果、蜂蜜或者果酱什么的。

毛姆很少邀请朋友到家里来，但有些家庭成员例外。毛姆喜欢丽莎和他的外孙们、他的侄女们，还有罗宾，尽管他有时会有可疑的行为，而且毛姆早就清楚罗宾的雄心壮志不可能实现。1941年，罗宾和叔叔住在南卡罗来纳时曾大谈未来的计划和对写作的渴望。毛姆也曾给予他支持，但罗宾的某些性格特点让他感觉不舒服，特别是他的不勤奋和爱炫耀。"罗宾的缺点是，他对人本身没有兴趣，只对自己给别人的印象感兴趣。"他告诉凯特·布鲁斯，"这不是成为一名好作家应有的态度。"自从战事爆发以来，罗宾一事无成：他放弃了法律，放弃了农业，尽管享受过短暂的成功，他的中篇小说《仆人》还被拍成了电影，但他的作品依然稀松平常，不禁令人怀疑吸引他的不是写作本身，而是一些从业者，特别是他叔叔通过写作换来的奢华的生活方式。"罗宾和他小时候一样轻浮、三心二意。"罗宾快过四十岁生日时，毛姆抱怨道，"他从来就没有长大过，总是跟一些品行不端的人搅合在一起，胡乱花钱。他尝试过各种谋生手段，但无一成功。真可惜，他是个很不错的小伙子，要不是那么自满、贪杯，没准能做点成绩出来。"

最让毛姆劳神的是罗宾有酗酒的毛病，他有切身体会酒精如何毁掉一个人的职业生涯的体会。"生活在酒鬼中间是我的不幸。"他在《吉卜林佳作选》的序言中写道，"在我看来，他们最好的时候，无聊；最糟的时候，恶心。"罗宾端起酒杯时二者兼而有之，他的叔叔渐渐对他失去了耐心。父亲去世后，罗宾继承了子爵的头衔，作为第二代毛姆子爵，他立即开始仗势欺人，花巨资打动娈童和食客们。他相信叔叔死后自己将腰缠万贯，然而，他的期望没有他以为的那么安全。战前毛姆为罗宾建立的信托基金已经大幅增值，但毛姆越来越担心侄子不负责任的行为，于是决定抽取相当大的一部分放在丽莎和她的孩子们的户头里。毛姆认为没有必要把这件事告诉他的侄子：罗宾还有五万美元的本金，这笔钱的利息可以给他提供足够丰厚的年收入。

丽莎每年夏天来访总是令人愉快的。毛姆特别喜欢婴儿和小孩，尼古拉斯和卡米拉小时候毛姆对他们都很宠爱，同样他也痴迷丽莎跟第二任丈夫的两个小男孩——1950年出生的朱利安和两年后出生的乔纳森。至于他的女婿，他们没有任何共同之处：他和约翰表面上客客气气，但私下里毛姆觉得这个人很乏味，而且大家心照不宣，丽莎尽量不带他来。玛莱斯科别墅是个神奇的地方，尤其是对两个大一点的孩子而言：他们知道在外祖父面前要表现得乖乖的，否则他会突然失去耐心，发起脾气来很可怕。但这里有巨大的花园、网球场、游泳池，还有艾伦。艾伦已经变成了他们的玩伴和知己，随时准备逗得他们捧腹大笑。但人到晚年的毛姆性格变得越发令人捉摸不透，大家都会求助于忠诚的艾伦。他看上去是那么善良、能干，安慰他的雇主，让客人们放心，把一切安排得好好的。家人、还有孩子，然而丽莎本人完全没有想到艾伦会憎恶他们，并决心要欺骗他们。但事后想起来，确实有些迹象表明，事实并非看起来那样。卡米拉和尼古拉斯都记得艾伦曾经哄骗他们做淘气的事，想让他们捅大篓子；毛姆的几个朋友也发现他厚脸皮的表象下有更复杂的性格，看出其实他是个假殷勤、真敛财的人。克里斯托弗·伊舍伍德的男朋友唐·巴卡迪写道："艾伦的单纯和不起眼是装出来的。"艾伦·普赖斯–琼斯则将艾伦描述为"一个密谋者、阴谋家、热衷于自己的利益，一个惹是生非的家伙"。

自从来到玛莱斯科别墅，他就着了魔一般坚信丽莎和约翰·霍普想骗他，想夺走本属于他的东西。毛姆对艾伦一向慷慨，他给他设立了信托基金，为他提供丰厚的收益，还经常给他买礼物，不仅仅是送他钱和衣服——有一次给他买了一件貂皮大衣——还把画和在伦敦和纽约能拍卖出高价的手稿送给他。举个例子，1960年，德克萨斯大学以1200英镑——当时不菲的价格，买下了毛姆捐出来用于为伦敦图书馆筹款的中篇小说《佛罗伦斯月光下》。即便如此，艾伦依然不放心。或许是过去在他心中埋下了深深的不安全感。他死后，人们在他的一本备忘录中发现了这样一句话："父母让我遭受了严重的精神虐待。"无论这种妄想源自何处，总之，艾伦已经仇恨丽莎很多年，这种恨甚至波及到她的丈夫和孩子。他跟毛姆的几个最亲密的朋友念叨，偶尔也会用稀释过的口吻向他的雇主表达自己的忧虑，但毛姆厌倦且蔑视他没完没了的抱怨。"你死了，我可怎么办？"艾伦抱怨。"你就得住到寄宿公寓去了。"毛姆打趣他。见艾伦眼泪汪汪的，毛姆赶快说："哎呀，行了，你这个蠢货。"

他决心挫败他眼中霍普的邪恶计划，尽其所能让毛姆与他们为敌，但他必须小心行事。毛姆不是傻子，在他面前公然批评丽莎会弄巧成拙，但后来一个绝佳的机会突然自己蹦出来了。毛姆决定出售他收藏的印象派画作。艾伦趁机制造麻烦，麻烦越变越大，操纵并整个毁掉了毛姆的余生——他与女儿的关系，以及他死后很多年间在世人眼中的名望。

到了20世纪50年代中期，毛姆的藏画增值幅度巨大。从战争初期起购入的三十来件艺术品中，有九件是以丽莎的名义买的，其中包括雷诺阿的一张裸体画和毕加索的一幅画。从法律上讲，这些画属于丽莎，但她知道，在父亲有生之年，这些画必须留在玛莱斯科别墅。夏天丽莎来别墅住时，毛姆喜欢跟她谈论这些画和他的遗嘱，他几乎把一切都留给了她。1954以来，她一直是拥有玛莱斯科别墅那家公司的大股东——成立这家公司是为了规避遗产税。同时，毛姆也希望把别墅里的东西、他的钱和版税留给她和她的孩子们。"我想让你知道你将非常富有，"他告诉她，"你将是一个极其有钱的女人。"这样的谈话令丽莎有些尴尬，她说："始终处在一种友好的氛围里，当然，我认为他这么做十分慷慨。"父亲将巨额遗产的细节一一向她交代清楚，且就是在这些谈话中，他透露，她是在他和她母亲结婚前出生的，此前她毫不知情，听后十分震惊。讲述她出生时的情形时，他解释说，他会在遗嘱中特地标明"我的女儿"，而不单单提一下她的名字，以免他死后有人质疑她的地位。

要不是毛姆突然决定卖掉他的藏品，或许一切安然无事。1960年，蓝色海岸发生了一系列组织严密的艺术品盗窃案件，毛姆很担心。一天，圣让的市长专程登门拜访，提醒他，他的画肯定被窃贼盯上了，这更加重了他的不安。他不堪忍受保险库和报警器的烦扰，于是联系了邦德街的苏富比拍卖行，计划于1962年春举办一场高调的拍卖会，同时附带一本包装精美配有彩图的藏画集《自娱自乐》（Purely for My Pleasure），他要卖掉他所有的画，包括书房那块玻璃嵌板上的高更的画。为了进一步扩大宣传，毛姆说服霍普夫妇把丽莎的那九幅画也卖掉。"这对你们俩也有利，"他说，"现在就能拿到钱，不必等我死了以后。"1961年8月，丽莎每年来玛莱斯科别墅那段时间，双方达成友好协议。回到家里，丽莎像往常一样写信感谢父亲招待自己，同时确认同意卖掉属于她的那几幅画。

十月，毛姆像往常一样来到伦敦，丽莎给多切斯特酒店打电话约他见面，但接电话的不是她父亲，而是艾伦，艾伦的声音听起来怪怪的，紧张兮兮的：他说，他必须立刻过来见她，有急事要跟她商量。到了霍普夫妇在切尔西广场的家，艾伦突然告诉丽莎，她父亲被她那封"咄咄逼人"的信激怒了，拒绝跟她说话，也不想见到她。无论如何，她不要试图联系他，艾伦说，他会尽量让老头子平静下来，让他们达成和解。诧异的丽莎起初同意照艾伦说的做，但过了一个星期仍然没有听到任何消息，她又给多切斯特酒店打去电话，这次接电话的还是艾伦，他告诉她，她父亲气得发狂，还是不肯见她，同时坚持要求她放弃至少一半卖画的钱。她必须答应，艾伦说，毛姆的状态很可怕，而且还在迅速恶化，倘若她不听话，他可承担不了后果。艾伦的说法让她既惊骇，又受伤，丽莎给她的父亲写信：

> 亲爱的爸爸，你拒绝见我真的让我很难过。当我想到我们相处得那么愉快，就在六个星期前，你还对孩子们那么好，我们在玛莱斯科别墅过得那么开心……我没做什么错事，你怎么会突然生我的气呢？求求你，让我来见你吧，不要让我们之间再有任何类似可怕的裂痕。

结果，她收到的是一封律师函，表示毛姆不可能见霍普夫人，他们之间在某些问题上存在争议。困惑不安的丽莎给她父亲写了张字条，请他解释一下到底发生了什么事。她将这张字条连同那封律师函都给了艾伦，他又来见过她一次，逼迫她接受一半的销售款。艾伦第二次登门那天是个星期五。星期一艾伦给丽莎打来电话，令她惊讶的是，艾伦说她父亲希望她过去一起喝茶。他下了一条严格的指令，不许提那些画。据说，他把整件事都忘了。忘了，还是毛姆对此事全然不知？当然，丽莎没有提卖画的事。丽莎发现父亲非常高兴、友好，仿佛他们之间从来没发生过不愉快。几天后，毛姆和艾伦回到法国南部。

1962年4月10日，毛姆绘画藏品拍卖会在苏富比拍卖行举行，销售额为592，200英镑（合1，466，864美元）。毛姆当时在玛莱斯科别墅，参与了很多前期筹备工作的艾伦来到伦敦的拍卖会现场。拍卖前的那晚，他去了丽莎家，他的说话方式令她震惊又害怕。他的脸涨得通红，情绪非常激动。他说，她父亲已经做了决定，卖画的钱一个子儿也不给她，如果她非要不可，就剥夺她的孩子们的继承权。不过，别忘了，丽莎可是西里尔的女儿：到了这时，她已忍无可忍，她告诉艾伦，如果有任何剥夺她应得利益的企图就只好对簿公堂了，艾伦大骂她蠢货后摔门而去。

从那一刻起，毛姆向他唯一的孩子公开宣战，这也是二人不幸的根源。直到毛姆死后，丽莎才开始怀疑她和父亲决裂的原因，艾伦·塞尔难辞其咎。三十多年后，尼古拉斯·帕拉维奇尼在写给《泰晤士报》的一封信中回忆道："我母亲在她父亲生病期间一再提出想要见他，找他谈一谈，但都遭到了艾伦·塞尔的阻拦，从而不可能达成和解，这是令我母亲一直伤心的地方。"

毛姆快九十岁了，是个很老的老人了，他的思维在退化，抓住现实的力气也越来越小。有艾伦这个胖伊阿古①在耳边不停地说他家人的坏话，毛姆确信他们是背叛、贪婪的小人也不足为奇。艾伦给密友的信使人洞察到他深深的敌意。"丽莎，他那个卑鄙的所谓的女儿是个食腐肉的动物……是个婊子……让我心中充满了杀欲。她到处说'我爱我的爸爸，我想和他在一起。'她怎么不去死呢……她只对能从我身上得到什么感兴趣……这些人的贪婪和冷漠令人难以置信。"他告诉毛姆，有人看见丽莎和她丈夫在玛莱斯科别墅数钱、列清单，走来走去，仿佛他们才是别墅的主人，丽莎只对他的钱感兴趣。艾伦知道毛姆容易受到这种挑拨的伤害，因为自从战前的那次印度之行，他就

---

① 莎士比亚经典悲剧《奥瑟罗》中的反派人物，故事中伊阿古使尽各种手段使得主人公奥瑟罗听信其挑拨，亲手掐死自己的妻子后自杀。

对霍普家族耿耿于怀，但更重要的是那段不幸的婚姻使他对西里尔的憎恨从未停歇过：丽莎是西里尔的女儿，他在丽莎身上看到了太多西里尔的印记，他永远也忘不了她们母女之间的联系。

目前看来似乎没有任何和解的机会。"艾伦鼓动威利和丽莎作对，威利讨厌约翰·霍普勋爵，可怜的丽莎心神不宁，她是个谨慎且有野心的女人。"安·弗莱明向伊夫林·沃报告。毛姆的侄女戴安娜则各打五十大板，认为丽莎完全丧失了理性。"她身上有某种东西——也许是……对待金钱的冷静态度。"她试图说服丽莎对父亲给予更多的理解，但丽莎已经不可能后退了，她找来律师，决定起诉毛姆。艾伦则盼望他能出庭的那一天。"我只希望他把藏在心里很多年的话全都说出来。"他给罗宾写信道，"彻底毁了他们……他们活该。"毛姆"藏在心里很多年的话"是艾伦的制胜法宝，这是一个耸人听闻的消息：谁才是丽莎的亲生父亲？丽莎是非婚生女，这她已经知道了，丑闻的关键是，毛姆可能不是她的父亲。毛姆已经老态龙钟，艾伦很容易就能让他相信西里尔当年欺骗了他，丽莎的父亲肯定是她那半打情人中的一个。说服89岁的毛姆丽莎并非他亲生后，再努一把力，他就会否认他和丽莎的父女关系，然后，再将57岁的艾伦·塞尔收为养子。一旦办好收养手续，下一步显然就是剥夺丽莎的继承权，将艾伦列为他的继承人。不过，律师建议简化程序，不提西里尔有几个情人的事，而是说，丽莎出生时西里尔还是亨利·韦尔康太太，韦尔康从未否认过丽莎是他的女儿，所以，在法律上，丽莎是韦尔康的孩子，而不是毛姆的。为了确保丽莎颗粒无收，已经被怂恿得对女儿义愤填膺的毛姆打算索回这么多年他送给她的礼物，理由很清楚，她和她的孩子们"忘恩负义"。

这个案子办起来很复杂，毛姆常年定居法国，所以会牵涉到英法两国的法律，双方不得不雇用两个律师团队。案件审理过程十分漫长，令人揪心，诉讼费也高得吓人；而且不可避免地引起了媒体的极大关注，他们将整件事变成了一场畸形秀，一个充满了丑闻、八卦和伪善的闹哄哄的马戏团，同时装饰以不敬的笑话和滑稽的漫画。1962年7月3日，法国方面的听证会在尼斯的司法宫举行，摄像机记录了全过程，法院的最终裁定对丽莎有利，宣布没有证据表明约翰·霍普夫人不是萨默塞特·毛姆的女儿。根据英国法律，非婚生子女在父母结婚时即取得婚生子女资格；在法国，合法子女不能被剥夺继承权。艾伦·塞尔想被收养的企图泡汤了。在伦敦，经过一番争论后，针对别墅的所有权和苏富比的拍卖所得等问题双方在庭外达成了和解协议：毛姆同意支付丽莎那九张画50%的销售款，即229，500英镑，并同意支付巨额诉讼费。她将保留玛莱斯科别墅的所有权，但其余的一切，房子里的东西、钱、版税，这些本该属于她和她孩子们的东西将由毛姆自由决定其最终归属。

听证会和相应的报道给艾伦造成了极大的压力。"我是个爱好和平的人，所以，你能想象这些可怕的诉讼有多么折磨人。"他不知羞耻地抱怨道，"又不是为了我争来抢去，谁成想，批评和憎恨全都冲着我来了"。然而，毛姆的状态更糟，已经处于半疯癫状态的他卷入了愤怒和恐惧的旋涡，最地狱般的往事和与西里尔的婚姻带给他的折磨像鬼魂一般纠缠着他。如今这种困扰已经从无形变成了有形：韦斯科特建议毛姆写本自传，起初，毛姆对这个想法不屑一顾，后来他认真考虑了一下，并在与丽莎处于敌对状态下开始动笔。当然，他的出版商极力鼓动他这么做，还有他的邻居马克斯·比弗布鲁克，他预感在他的报纸《星期日快报》上连载毛姆的自传会给他带来可观的收益。成书正是比弗布鲁克所希望的样子，但书中的内容令第一个看到《回顾》打字稿的弗利尔深为震惊。显而易见，这本书的主题，对那场婚姻刻薄的描述是精神不健全的产物，简而言之，毛姆丧失了理智，暴露了他的年老昏聩。弗利尔的做法值得尊敬，他拒绝发表《回顾》，并说服道布尔迪也这么做，但比弗布鲁克没有这种顾虑。毛姆把这本书献给了艾伦·塞尔，比弗布鲁克与积极配合的艾伦合作，巧妙说服毛姆爆了更多的料，并安排了轰动一时的宣传活动。作为这本书的受益者，《星期日快报》付给艾伦三万五千英镑的连载稿费，美国的Show杂志付给他二十五万美元。艾伦很高兴，他终于感觉自己将来的生活有保障了。

《回顾》显然是智力欠缺的产物[1]。毛姆长篇大论地谈论生活中的插曲，粗略地描述了一下他的童年和受教育情况、作为一名剧作家的职业生涯、旅行和间谍工作；思考了宗教和哲学问题，提了一下视觉艺术；深情地回忆了他与苏·琼斯的往事；然后开始肆无忌惮地描述他与西里尔的关系，言辞之恶毒令世人惊愕。他告诉读者西里尔多么死皮赖脸地追求他，用假名在罗马生孩子，他不愿意娶她，她就试图自杀，他们在一起时可怕的争吵，她做生意时的欺诈行为，一切都以单调乏味的口吻记述下来。在这本书的结尾，毛姆将自己描述为"一个十分不完美且饱经痛苦之人"。他承认自己出了丑，还有他时常挂在嘴边的那句话——只有写下来才能摆脱常常令他彻夜难眠的回忆，经验告诉他，只有将阴魂不散的回忆变成白纸黑字方能得到解脱。

不过，这次他的"解药"失效了。1962年的9月和10月，《回顾》在《星期日快报》上连载的那几个星期，正如弗利尔所言——简直"天崩地裂"。毛姆被辱骂的信件淹没了，其中有很多是匿名信。典型的说法是："所有人都充分意识到你过了怎样可恶、肮脏的生活，你是英国的耻辱，你越早离开英国越好，记得带上你那个男朋友。"然而，很多朋友的反应对他的伤害更深，首当其冲的是西里尔昔日的朋友。"卑劣透顶。"诺埃尔·科沃德说。"一部老朽、可耻的作品。"格雷厄姆·格林在给《每日电讯报》的一封信中写道。丽贝卡·韦斯特说，毛姆是个"淫荡的小癫蛤蟆"。加森·卡宁则将这本书形容为"卑鄙、肮脏、令人难堪的玩意儿"。十月份，毛姆像往常一样来到伦敦，像往常一样去了加里克俱乐部，刚迈步走进一楼的酒

---

①《回顾》最终并未以书的形式出版。

吧，所有人立刻不说话了。几秒钟后，几名会员大摇大摆走了出去。毛姆被击垮了。他确信自己被排斥了，他严重地冒犯了这些人，打破了英国绅士的行为准则，没有人比他更了解这个准则。他曾欣赏、分析，偶尔嘲笑这个准则，但表面上看，他的整个一生又在遵守着这一准则。戈尔·维达尔说："随着《回顾》的连载，老毛姆亲手在他的纪念碑下埋下了地雷，并将其炸得粉碎。"与艾伦单独在一起时，他不知流了多少次眼泪，被内疚和自责深深地折磨着。十二月，两人回到玛莱斯科别墅，从此，毛姆再也没有回过英国。

毛姆一生取得了至高的成就，表现出无限的智慧，对人性有敏锐的洞察力，很少有人能料到晚年的他会陷入几乎无法自拔的痛苦之中。他时常从噩梦中惊醒，艾伦现在睡在毛姆的卧室里，以便在他醒来时随时安慰他，有时他起夜多达六次。白天，万念俱灰的他会愣愣地坐上几个小时，难以抑制地哭泣，什么安慰都无济于事。可怜的他从任何东西或任何地方都找不到慰藉。在《回顾》的末尾，他毫不妥协地表明："我既不相信上帝的存在，也不相信灵魂的不朽。"一直吸引他也一直令他困惑的宗教既没有给他带来信仰，也未能带给他安慰。《回顾》中描述了一次灵异现象：有一次毛姆去威尼斯，照常去学院美术馆看画，感觉累了就坐在委罗内塞①的那幅《利未家的宴会》前。画中的耶稣坐在一张长桌的中央主持宴会，侧着头和他左边的施洗者约翰交谈。毛姆凝视着这幅画，突然，他看见耶稣扭过头来盯视着他的脸。他后来试着解释说，这大概是错觉，但这件事仍使他的心灵受到了极大的触动。

快九十岁时，他变得躁动不安，非要去旅行不可，仿佛是在寻找家再也无法为他提供的避风港。艾伦心情沉重地说："他的身体很虚弱，但渴望旅行，这对我来说是莫大的焦虑。"事实上，毛姆糊里糊涂，加上越来越严重的大小便失禁，即便住在豪华酒店里也不太好处

① Paolo Veronese，1528—1588，意大利威尼斯画派画家。艺术大师提香有两个伟大的弟子：丁托列托和委罗内塞，他们同时被誉为"16世纪意大利威尼斯画派三杰"。

理。1963年10月在慕尼黑的四季酒店就发生了一些可怕的事，艾伦发誓说："如果没有贴身男仆和男护士在身边，他再也不想搀和了。"第二年去威尼斯那次更是巨大的灾难，他们不得不提前两个星期回家。艾伦终于告诉自己，旅行的日子已经成为过去。

然而，即使回到玛莱斯科别墅，艾伦也没办法消停。此时的毛姆很少有理智的时候，而且痛苦至极，他知道自己快要死了，开始渴望离开这个世界。"可怜的，可怜的威利，"艾伦写信给罗宾，"他不愿意吃药。他恳求我：'别想着让我活下去了，让我悄悄地离开吧。'"1964年1月25日，毛姆90岁生日那天，他被拍到浑身裹得严严实实的在阳台上踟蹰而行，陪在他身边的是弗利尔夫妇送给他的那只他心爱的腊肠犬乔治。《星期日快报》上刊登的一篇对他的生日访谈中引述了毛姆的话，他依然为母亲的离去感到伤心："直至今日，丧母之痛依然如在巴黎家中那日一般强烈。"他渴望死亡："我沉醉在这种想法里。在我看来，死亡能给予我最终且绝对的自由。"偶尔有老朋友来看望他，比如住在附近的诺埃尔·科沃德。"我去看了威利·毛姆，"1965年8月25日，他在日记中写道，"我很高兴，真的，因为他可怜得令人愉快。他正在绝望的噩梦中熬过最后的日子，这个可怜的家伙。他几乎不讲理了，当然，他也知道自己丧失了思考能力。我让他振作了一点，当然，我也只是想帮一把可怜的艾伦。"

艾伦的确处在水深火热之中。"狼来了"喊了这么多年，现在终于有抱怨的理由了。毛姆耳聋，视力也很弱，他无助、绝望，一切都要靠艾伦。更糟糕的是，老头子的情绪变动剧烈，时而泪流满面，时而哭哭啼啼，其余的时候则像被复仇女神附了身，以这样一具虚弱、萎缩的身体所不可能拥有的力量向艾伦发起攻击。"我和一个疯子关在一起。"艾伦写信告诉罗宾，"他的兽性令人无法忍受……他生活在一个属于他自己的可怕的世界里。"倒是罗宾常来玛莱斯科别墅，安慰艾伦，除非有人愿意陪着毛姆，艾伦简直就是个囚徒；仆人们不愿单独跟主人在一起，也不想做任何跟护理、喂食、清洗或打扫有关的工作。艾伦要干很多讨厌的家务活。罗宾说，要是叔叔发起疯来，他必须鼓足浑身勇气才能面对。不过，罗宾在玛莱斯科别墅的那些日子还是有收获的。老人头脑清醒时，罗宾会孜孜不倦地向他打听他的生活和他认识的人，然后急忙跑到楼上自己的房间，把他们谈话的内容逐字逐句记录下来，以备将来之用。他还认真记下了毛姆的衣着、情绪、外貌，甚至吃了什么东西。毛姆入睡后，罗宾就开始盘问艾伦，得循循善诱，艾伦才会说出多年来毛姆吐露给他的小秘密和他亲眼目睹的许多情景。

罗宾最后一次来别墅是1965年的7月，艾伦被囚禁的日子将在不久之后结束。"威利已经完全疯掉了，时刻处在恐惧和痛苦之中。"他写信告诉埃伦·道布尔迪，"他快不认识我了，经常在家里走来走去，嘴里嘟囔个不停，有时能持续三天三夜，他的精力太吓人了。"

绝望的艾伦决定联系丽莎，乞求她到玛莱斯科别墅来。丽莎已经有四年多没见过父亲了，11月3日，艾伦去火车站接她，他提醒她，毛姆疯了，可能会有暴力举动。尽管事先得到了提醒，丽莎见到父亲时还是吃了一惊，那么瘦小、干瘪的一个人，面部扭曲，时不时地呲着牙冲着她咆哮，偶尔还会伸出爪子一般的手向她扑过来。很显然，他已经不知道她是谁了。艾伦告诉她，他不能再这样继续下去了，他快要崩溃了。他们达成一致意见，将毛姆送回英国，他在那里可能被鉴定为精神失常。开车回博利厄的那晚，艾伦放声大哭，丽莎乘坐的火车驶出火车站后他还在哭个不停。

丽莎离开后，情况急转直下。十二月初，毛姆被地毯的一角绊倒，磕破了头，不久后，又患上了肺炎。救护车将他送到尼斯的英美医院，那里有他的私人医生罗萨诺夫医生照顾他。毛姆在这里待了一个多星期，躺在病床上，处于半昏迷状态，一楼的落地窗外有一个花园，从那里可以遥望地中海。越来越多的记者、摄影师和摄像师聚在医院门口，每天罗萨诺夫医生向他们简要通报毛姆的病情。一下子成了名人的他十分自豪，很享受表演的每一刻。与此同时，病房里的毛姆烦躁不安，米斯特拉风吹得窗棂格格作响。一个年轻的英国护士走进来，坐在他身边，发现她的病人焦虑困惑，迫切需要有人安慰。她给他披毯子时，他让她躺到床上去。"与性无关，"她说，"他要的是安慰。"他想再体会一下儿时被母亲抱在怀里的感觉，她拿出一个软垫子，垫在他背后，这样似乎能减轻他的痛苦。12月16日凌晨，毛姆去世了，这天离他的91岁生日只差一个月。值班医生被叫了过去。"他死了。"他证实道。艾伦接到电话后一小时内就从玛莱斯科别墅赶了过来。很快，他又开着车在夜幕的掩护下将毛姆的遗体运回了别墅。第二天上午，萨默塞特·毛姆于家中去世的消息向全世界发布，这样就避免了尸检。

死后在家里停灵了几日，供邻人们前来吊唁，媒体也蜂拥而至。12月20日，毛姆的遗体在马赛火化，当时只有艾伦一人在场。疲惫、悲伤的艾伦精神恍惚，怀里抱着一个小骨灰盒坐在火葬场的等候室里，时间似乎过去了好几个小时。终于，有个人走了出来，手里端着个盘子，上面蒙了块亚麻布。掀开那块布，里面露出几根长长的灰白色的骨头，骨头太大，烧不毁，那人向艾伦询问可否把骨头敲碎再装进盒子里。接着，那人从口袋里掏出一把锤子，卖力地干起活来。艾伦实在看不下去，跑到街上，呕吐起来。两天后，也就是12月22日，毛姆的骨灰被安葬在坎特伯雷国王学校的毛姆图书馆内，主持仪式的是该校校长和坎特伯雷当地的牧师，这个学校的男生们也在场，丽莎带着一小群人，包括她的丈夫和她的四个孩子前来为父亲送葬。

宣读毛姆的遗嘱时，艾伦·塞尔得知自己变成了富翁。玛莱斯科别墅归丽莎所有，罗宾有他的信托基金，同时他出了一系列关于毛姆的回忆录；毛姆死了没几个星期他就在发行量很大的周日报纸上告诉世人毛姆是同性恋，并继续向市场兜售更多类似的东西：《与威利对话》《萨默塞特和毛姆一家》《摆脱阴影》《寻找涅槃》等等。安妮特和司机让各获得两千英镑遗产，爱德华·麦卡沃伊画的毛姆肖像赠给尼斯市政府。其余的一切，别墅里的东西，所有的钱、所有的投资、所有的版税，以及出售手稿的全部收益都留给了艾伦，艾伦死后，剩余的钱将交给伦敦的皇家文学基金用来救济贫困作家。

然而，尽管艾伦机关算尽，却没能从巨额遗产中得到多少快乐。他搬进蒙特卡洛一套昂贵的公寓，里面塞满了原属于玛莱斯科别墅的珍品。他像从前和他的主人那样继续旅行，住伦敦多切斯特酒店、威尼斯格瑞提皇宫酒店、纽约广场酒店的豪华套房，他在帅哥、华服和大餐上挥金如土。然而，艾伦并不开心：他很孤独，想念和毛姆在一起时的快乐生活。很快，他便向病魔屈服了。他变得异常肥胖，患了令他十分痛苦的关节炎，后来又得了帕金森。1985年，他75岁，去世前不久，他向安·弗莱明（毛姆的朋友中仅有的几个还跟他保持联系的人之一）承认，他十分懊悔当初制造了那样的麻烦。

毛姆死后的声誉遭受了著名作家们必然要经历的下滑期。上世纪60年代，时代瞬息万变，很少有人愿意去读那些讲述旧秩序、帝国时代、丛林殖民地区官员或爱德华七世时代压抑的婚姻生活中太太们勾心斗角的小说。对此，毛姆不会感到惊奇，因为早在1946年他就预见到作家刚死时会扑腾出一点水花，紧接着就会被忽略数年。倘若他的作品有持久的价值，人们会对他重新提起兴趣，但沉寂期可能会持续二三十年。毛姆确实有先见之明，在过去的二十年里，毛姆的作品再次广受关注。毛姆很年轻时就学会小心翼翼地隐藏他充满痛苦的私密生活，然而，他在他的作品中找到了幸福和释放。他将创造性的行为描述为"最迷人的人类活动"，一个可以找到安慰的地方，"既讲出秘密，又不泄露秘密"。他对艺术的热爱以及诚心的奉献使他成为有史以来最受欢迎也最多产的作家。可以这么说，他将再次抓住未来几代人的心，他的位置稳如磐石：萨默塞特·毛姆，一个伟大的讲故事的人。

毛姆作品年表

此表分体裁按出版或上演时间顺序排列，已出版中文版的作品采用通用译名，未出版中文版的作品名则取直译，各种编选本和未以书籍形式发表过的文章和短篇小说不包括在内。

A. 1. NOVELS / 长篇小说

A. 1. 1.《兰贝斯的丽莎》Liza of Lambeth, 1897

A. 1. 2.《一个圣徒发迹的奥秘》The Making of a Saint, 1898

A. 1. 3.《英雄》The Hero, 1901

A. 1. 4.《克拉多克夫人》Mrs. Craddock, 1902

A. 1. 5.《旋转木马》The Merry-Go-Round, 1904

A. 1. 6.《主教的围裙》The Bishop's Apron, 1906

A. 1. 7.《拓荒者》The Explorer, 1907

A. 1. 8.《魔法师》The Magician, 1908

A. 1. 9.《人生的枷锁》Of Human Bondage, 1915

A. 1. 10.《月亮和六便士》The Moon and Sixpence, 1919

A. 1. 11.《面纱》The Painted Veil, 1925

A. 1. 12.《寻欢作乐》Cakes and Ale, 1930

A. 1. 13.《偏僻的角落》The Narrow Corner, 1932

A. 1. 14.《剧院风情》Theatre, 1937

A. 1. 15.《圣诞假期》Christmas Holiday, 1939

A. 1. 16.《佛罗伦斯月光下》Up at the Villa, 1941

A. 1. 17.《黎明前的时分》The Hour Before the Dawn, 1942

A. 1. 18.《刀锋》The Razor's Edge, 1944

A. 1. 19.《彼时此时》Then and Now, 1946

A. 1. 20.《卡塔丽娜》Catalina, 1948

A. 2. SHORT STORY COLLECTIONS / 短篇小说集

A. 2. 1.《东向礼拜》Orientations, 1899

A. 2. 2.《一片树叶的颤动》The Trembling of a Leaf, 1921

A. 2. 3.《木麻黄树》The Casuarina Tree, 1926

A. 2. 4.《英国特工阿申登》Ashenden, 1928

A. 2. 5.《第一人称单数》First Person Singular, 1931

A. 2. 6.《阿金》Ah King, 1933

A. 2. 7.《四海为家的人们》Cosmopolitans, 1936

A. 2. 8.《原样配方》The Mixture as Before, 1940

A. 2. 9.《环境的力量》Creatures of Circumstance, 1947

A. 3. TRAVEL BOOKS / 游记

A. 3. 1.《圣洁的天国：安达卢西亚见闻和印象》The Land of the Blessed Virgin, 1905

A. 3. 2.《在中国屏风上》On a Chinese Screen, 1922

A. 3. 3.《客厅里的绅士》The Gentleman in the Parlour, 1930

A. 4. ESSAYS / 随笔

A. 4. 1.《西班牙主题变奏》Don Fernando, 1935

A. 4. 2.《总结》The Summing Up, 1938

A. 4. 3.《战争中的法国》France at War, 1940

A. 4. 4. 《书与你》Books and You, 1940

A. 4. 5. 《纯属私事》Strictly Personal, 1941

A. 4. 6. 《巨匠与杰作》Great Novelists and Their Novels, 1948

A. 4. 7. 《作家笔记》A Writer's Notebook, 1948

A. 4. 8. 《随性而至》The Vagrant Mood, 1952

A. 4. 9. 《观点》Points of View, 1958

B. PLAYS / 戏剧

B. 1. 《佳偶天成》Marriages are made in Heaven （1896—97）

B. 2. 《赞巴小姐》Mademoiselle Zampa （1896—97）

B. 3. 《一个体面的男人》A Man of Honour （1898/1902）

B. 4. 《拓荒者》The Explorer （1899）

B. 5. 《油水》Loaves and Fishes （1902）

B. 6. 《弗雷德里克夫人》Lady Frederick （1903）

B. 7. 《多特太太》Mrs. Dot （1904）

B. 8. 《杰克·斯特劳》Jack Straw （1907）

B. 9. 《佩妮洛普》Penelope （1908）

B. 10. 《第十个人》The Tenth Man （1909）

B. 11. 《史密斯》Smith （1909）

B. 12. 《乡绅》Landed Gentry （1910）

B. 13. 《应许之地》The Land of Promise （1913）

B. 14. 《不可企求的人》The Unattainable （1915）

B. 15. 《比我们高贵的人》Our Betters （1915）

B. 16. 《小屋之爱》Love in the Cottage （1917）

B. 17. 《凯撒之妻》Caesar's Wife （1918）

B. 18. 《家庭和美人》Home and Beauty （1919）

B. 19.《周而复始》The Circle （1919）

B. 20.《陌生人》The Unknown （1920）

B. 21.《苏伊士之东》East of Suez （1922）

B. 22.《骆驼背》The Camel's Back （1923）

B. 23.《上坡路》The Road Uphill （1924）

B. 24.《忠实的妻子》The Constant Wife （1926）

B. 25.《信》The Letter （1927）

B. 26.《圣火》The Sacred Flame （1928）

B. 27.《养家糊口的人》The Bread-Winner （1930）

B. 28.《因为效了劳》For Services Rendered （1932）

B. 29.《谢佩》Sheppey （1932）

C. POSTHUMOUSLY PUBLISHED BOOKS / 遗作

C. 1.《十七个遗失故事》Seventeen Lost Stories, 1969

C. 2.《罗曼史中的旅行者》Traveller in Romance, 1984

D. EDITED BOOKS / 选编

D. 1.《旅行者的图书馆》The Traveller's Library, 1933

D. 2.《讲故事的人》Tellers of Tales, 1939

D. 3.《现代杰作阅读：现代英美文学导论》Great Modern Reading: W. Somerset Maugham's Introduction to Modern English and American Literature , 1943

D. 4.《世界十大经典小说》The Ten Best Novels in the World, 1948-49, 10 vols.

D. 5.《吉卜林佳作选》A Choice of Kipling's Prose, 1952

本书参考书目

《月亮和六便士》，上海译文出版社，2006年出版，傅惟慈译。

《在中国屏风上》，江苏人民出版社，2006年出版，唐建清译。

《寻欢作乐》，译林出版社，2006年出版，叶尊译。

《面纱》，重庆出版社，2006年出版，阮景林译。

《人生的枷锁》，上海译文出版社，2007年出版，张柏然、张增健、倪俊译。

《刀锋》，上海译文出版社，2007年出版，周煦良译。

《随性而至》，上海译文出版社，2011年出版，宋金译。

《观点》，上海译文出版社，2011年出版，夏菁译。

《木麻黄树》，上海译文出版社，2012年出版，黄福海译。

《总结》，译林出版社，2012年出版，孙戈译。

《毛姆短篇小说精选集》，译林出版社，2012年出版，傅惟慈、冯亦代、陆谷孙等译。

书中个别处引文引自上述译本，在此一并说明并向译者致以由衷谢意。